张光直作品系列

古代中国考古学

The Archaeology of Ancient China

张光直 著　印 群 译

生活·讀書·新知 三联书店

Copyright ⓒ 2013 by SDX Joint Publishing Company
All Rights Reserved.

本作品中文版权由生活·读书·新知三联书店所有。
未经许可，不得翻印。

图书在版编目（CIP）数据

古代中国考古学／（美）张光直著；印群译．—北京：生活·读书·新知三联书店，2013.11 （2024.3 重印）
（张光直作品系列）
ISBN 978-7-108-04338-2

Ⅰ.①古… Ⅱ.①张… ②印… Ⅲ.①考古学史－研究－中国－古代 Ⅳ.① K87-092

中国版本图书馆 CIP 数据核字（2012）第 280475 号

责任编辑	饶淑荣
封扉设计	蔡立国
责任印制	董 欢

出版发行　生活·讀書·新知 三联书店
　　　　　（北京市东城区美术馆东街 22 号）
邮　　编　100010
网　　址　www.sdxjpc.com
经　　销　新华书店
印　　刷　河北鹏润印刷有限公司
版　　次　2013 年 11 月北京第 1 版
　　　　　2024 年 3 月北京第 5 次印刷
开　　本　880 毫米 ×1230 毫米　1/32　印张 17.25
字　　数　387 千字　　图 347 幅
印　　数　15,001－17,000 册
定　　价　98.00 元

（印装查询：010 64002715；邮购查询：010 84010542）

在哈佛大学，80年代末期

与美国古人类学代表团访问中国社会科学院考古所,1975年

最后一次访问大陆，与张长寿（左）、冯浩璋考察商丘东周时期的夯土城墙（宋城），1997年

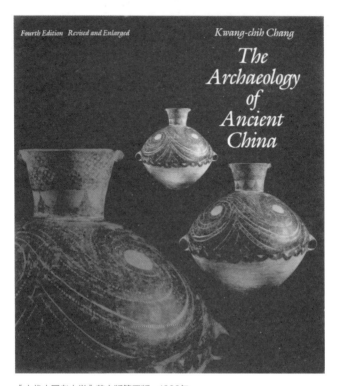

《古代中国考古学》英文版第四版,1986年

目　录

中文版自序 ··· *1*

卷首语 ··· *1*

序　言 ··· *1*
   一　传统的编史工作及文物的收藏 ···················· *4*
   二　近现代考古学 ·································· *16*

第一章　旧石器时代的基础 ································· *1*
   一　更新世时期的中国 ······························ *2*
   二　更新世早期的人类 ······························ *15*
   三　更新世中期：直立人与旧石器时代早期 ··········· *18*
   四　更新世晚期：智人与旧石器时代中晚期 ··········· *38*
   五　早期智人和旧石器时代中期 ······················ *40*
   六　晚期智人与旧石器时代晚期 ······················ *44*

第二章　早期的农人 ······································· *64*
   一　全新世早期环境 ································ *65*
   二　旧石器时代末期文化 ···························· *77*
   三　华北裴李岗及其相关文化 ························ *84*

四　华南的早期绳纹陶文化 ································· *100*

第三章　中国北方地区新石器时代文化的发展 ················ *110*
　　一　黄河中游的仰韶文化 ································· *110*
　　二　山东和江苏的大汶口文化 ····························· *172*
　　三　辽河流域及东北南部的早期新石器时代文化 ············ *192*

第四章　中国南方地区新石器时代文化的发展 ················ *214*
　　一　马家浜类型 ··· *220*
　　二　崧泽类型 ··· *224*
　　三　南京地区发现的与马家浜和崧泽类型并行的文化类型 ···· *228*
　　四　杭州湾南的河姆渡文化 ······························· *232*
　　五　长江中游盆地的大溪文化和屈家岭文化 ················· *243*
　　六　大坌坑及相关的东南沿海文化 ························· *256*
　　七　西南 ··· *262*

第五章　中国文明相互作用的范围与基础 ····················· *264*
　　一　山东龙山文化 ······································· *279*
　　二　良渚文化 ··· *289*
　　三　黄河中下游的龙山文化 ······························· *295*
　　四　齐家文化 ··· *324*
　　五　青龙泉三期文化 ····································· *332*
　　六　东南沿海地区文化 ··································· *338*

第六章　最早的文明：夏、商、周三代 ······················· *345*
　　一　文献资料上所载的以及传说中的早期历史 ··············· *346*

二　二里头文化及其对夏王朝的探讨 …………………… 360
　三　商文明的开端 ………………………………………… 377
　四　周文明的开端 ………………………………………… 400
　五　"三代"的兴起及其共同特征 ……………………… 425

第七章　"三代"以外的最早文明 ………………………… 433
　一　公元前2000年代的山东和苏北 …………………… 435
　二　冀北和辽河流域的夏家店下层文化 ………………… 441
　三　甘肃的辛店、寺洼和沙井文化 ……………………… 444
　四　长江下游的几何印纹陶文化 ………………………… 458
　五　长江中游盆地文明的兴起 …………………………… 474

结　语 …………………………………………………………… 483

跋 ………………………………………………………………… 489
译后记 …………………………………………………………… 500
中文版跋 ………………………………………… 陈星灿　501

中文版自序

　　The Archaeology of Ancient China 这本书已由美国耶鲁大学出版社先后出了四版，四版的年代是1963、1968、1977和1986年，这本中译本是根据1986年第四版翻译的。近四十年来，中国考古学的进展很快，新的材料层出不穷，一本根据当年的材料所作的对中国考古的综合研究，过不了几年便被新材料赶了过去，便需要作大幅度的修改。所以这四个版本实际上可以说是四本不同的书。第四版是1985年底完成的，到今天又快十年了。这十年来又出了许多新发现，按说又该写第五版了。但是我目前没有写第五版的计划。一方面是因为最近十年来考古期刊在地方上不断出新，我一个人已经没有办法将全国考古出版材料收齐。另一方面也由于第四版所建立起来的理论构架在今天看来还没有作基本上修改的必要。把第四版作基础，再把十年来出土的新材料择其重要的在适当的位置上插入，这本书还可以使用一段时期。在这篇序里面，我便想试试看将一些新材料稍作介绍，看能不能将这本中译本所代表的时代向前推进一些。

　　说到这本书的中译本，这本书为什么一直是用英文写的，为什么到今天才有中文版，这些问题都反映了当代中国考古学的一些特征。从1949年到80年代的初期，中国大陆的考古学者与国外考古界几乎没有接触，西方考古界在这几十年中在理论、方法、技术各方面重要的发明与发展，对中国考古学的影响可说是非常微小的。这些年中新发现的资料越来越多，可是对它们的研究和解释的方法，仍然停留在三四十年代的阶段，以用年代学（基于地层学和类型学）和古史分期（基于马恩的唯物史观）作框架来排比材料为主要的作业目标。在1962年出版的《新中国的考古收获》（北京：文物出版社）一书，综合建国十年来的考古新发现，便是一个很好的例子。用这种方法作出来的文章和报告，在史前史和古史的发展变迁的程序和动力上，很少有新颖的见解，但在材料的提供上，是比较客观的。所以这三十多年中的考古期刊与报告，提供了大量的客观史料，这是中国考古界在政治挂帅的困境之下所作的积极贡献。

60年代的初期，我在美国哈佛大学人类学系博士班毕业，写了一篇叫做 Prehistoric Settlements in China: A Study in Archaeological Method and Theory（1960）的博士论文。这篇论文所采取的基本方法论是50年代在美国盛行的所谓聚落形态的研究法（the settlement patterns approach），这种研究法把考古遗址当做聚落看，将聚落当做社群看。用这种方法来整理考古资料，主要的目的是将"物"在概念上转化成"人"。所以考古学的"资料"就转化成人类学的"现象"。以人类学的现象作研究的基本材料，我们便可以直接地分析文化差异与变迁的程序和因果关系。我在这篇论文里，便除了将考古材料分类排比以外，同时讨论了文化差异变迁的程序与因果关系。次年我便采用了论文的结论作为基本的框架将到1961年前后所有的中国考古资料作了一番整理，在1963年出版了 The Archaeology of Ancient China 的第一版。这本书既是用西方的观点整理中国资料的一种尝试，它便成为全世界各区域考古学研究的一个环节，所以它也就一向是全世界各区域考古学的基本参考书之一，也便是它一直用英文写作的原因。从第一版到第四版，这本书经历了很大的变化，变化的原因，基本上就是一个：那不断陆续出土的新资料，迫使我们随时检讨我们的解释理论，随时迫使我们将它修改、完善。例如第一版的解释框架是中国历史上传统的中原核心说。可是到了第四版，由于中原以外区域资料的大幅增加和这些区域很多文化被碳素十四定年特早，我们很自然地改用了区域多元性的新诠释。

就在80年代的初期，由于一连串内外的因素，中国考古学在理论和方法论上，产生重要程度不一的各种变化。1981年的《文物》第5期发表的苏秉琦和殷玮璋的《关于考古学文化的区系类型问题》一文，开始使中国考古学摆脱中原核心的窠臼，使区域考古和由之而来的许多文化演进交流等问题，成为研究的对象。这以后八九十年代中一连串的考古理论书籍、论文的出版和翻译，如张忠培的《研究考古学文化需要探索的几个问题》（载《文物与考古论集》1986），俞伟超主编的《考古类型学的理论与实践》（1989），俞伟超和张爱冰的《考古学新理解论纲》（载《中国社会科学》1992，6），北大青年教师和研究生举办的"走向二十一世纪——考古学的学习、思考与探索"座谈会（发言摘要载《文物天地》1988，3），南京博物院出版的《东南文化》中刊载的许多理论性的论文（如1992年第2期中的《中国考古学的思考与展望——张忠培先生访谈录》和李科威的《考古类型学的进化观与文化动力学问题》），中国历史博物院考古部编《当代国外考古学理论与方法》（1991），蒋祖棣、刘英译布鲁斯·特里格（Bruce Trigger）的《时间与传统》（1991），以及拙著《考古学专题六讲》（1986）等，90年代的中国考古工作者可以说是在考古理论和方法论上感觉十分饥渴的，因而在这种气氛与环境之下对于资料排比式的中国考古学的综合研究自然有不足之感。因为最近几年我出了几本中文书（除了上述的《六讲》以外，还有《中国青铜时代》一、二集），国内的读者对我的作品有一定程度的熟悉，所以对这本有长期历史的 The Archaeology of Ancient China 便产生了很大的好奇心。我相信这本书的中译本所以在今天问世，是有这样的一个时代背景的。这本书包括的范围很广，处理的问题非常复杂，里面一定有许多错误和不妥之处，我希望国内的读者不吝指正。

上面已经说过，本书的第四版出版于1986年，它所使用的考古材料的出版年代到1985年底为止。自1986年到今天（1993年），考古出版品中又积累了七八年的新材料。这些新材料照我的意见还没有影响到全书的结构，但在很多点和面上使我们对个别文化的了解，要丰富了许多。下面依原书的章目为序，将比较重要的新材料略作讨论。

（一）旧石器时代的基础

这几年来新出土和新发表的人类化石和旧石器地点又有多处，其中特别值得注意的有四川巫山（黄万波、方其仁等著《巫山猿人遗址》，北京海洋出版社，1991）和山东沂源（《人类学学报》1989，4）两处的猿人化石。

古人类学在中国的研究，自北京猿人第一头盖骨的发现（1929）已有六十多年的历史，不论在材料的数量上还是它们的重要性上，都已达到不能不为世界上讨论人类演化史者加以郑重考虑的程度（见吴汝康、吴新智、张森水主编《中国远古人类》，北京科学出版社，1989）。最近世界古人类学者两次座谈现代人类出现的理论问题（T.Akazawa, K.Aoki, T.Kimura, eds., The Evolution and Dispersal of Modern Humans in Asia, Hokusen-sha, 1992; R.W.Sussman, guest editor, "Contemporary Issues Forum: A Current Controversy in Human Evolution", American Anthropologist, Vol.95, No.1, 1993），在很多关键性的争论上，中国人类化石材料与研究都被学者举出来作为讨论的根据。

（二）早期农民（8000 B.C.—5000 B.C.）

全新世初期从旧石器的渔猎采集时代向新石器农耕时代的转变，还需要考古学家与许多自然科学家的进一步的研究，但近几年来在华北、华南都出了一些新材料。华南新石器时代早期较重要的新发现，集中在长江中游两处。其一是湖南北部的澧水流域（见《考古》1986，1、5；1989，10），尤以澧县彭头山最为重要，其年代可早到公元前6000年以前，出土绳纹、刻纹的陶器和大量的稻米，是中国现知最早的稻米发现（见《文物》1990，8）。比彭头山稍晚为石门皂市，再下去便接上下一个阶段的大溪文化。另一处是湖北西南部枝城市（原宜都县）的几处遗址，以城背溪为主（见《江汉考古》1988，6及1991，1），也出有与澧水流域相似的绳纹、刻纹陶器。

华北较早期的新石器时代遗址中最值得注意的有两处。其一是河北省中部徐水县南庄头遗址（见《考古》1992，11）。这里出土遗物很少，只有陶片十五片、石骨角器四件和有人工凿孔痕木棒、木块各一件。陶片都是素面的，石器中有磨棒、磨盘各一件。同出的动物骨头里面，除了野生种类以外，有可能是家养的鸡、狗和猪。最重要的资料，是这个遗址的好几个碳素十四数据，都在距今一万年上下，是现有华北最早的一处新石器时代遗址。华北发现另一处重要遗址，是河南省南部舞阳县的贾湖（见《华夏考古》1988，2及《文物》1989，1）。贾湖的遗物很像是裴李岗文化，但也有人主张应另立一个类型。贾湖的重要性在于它出土的器物所反映的这个时代的文化的丰富繁缛。它有制作精巧的骨器，包括一件多音阶的笛子。随葬物中有龟甲，上面刻有似是文字的符号。除此以外，较早的新石器时代文化中值得注意的还有山东临淄、章丘一带新发现的后李文化，似是比北辛文化为早，与裴李岗文化平行的一种新文化（《中国文物报》1992，6）。

在磁山文化以北，在年代上与磁山文化平行，但面貌与磁山文化迥异的一个较早的新石器时代文化，是近年来新发现的兴隆洼文化。过去我们知道在所谓东蒙南满地区，即辽河和大凌河流域，在公元前5000年到前3000年之间，这个地区已知道有三组不同的新石器时代文化，即西拉木伦河流域的富河文化在西，老哈河与西辽河的红山文化在中，辽河下游以沈阳为中心的新乐文化在东（见本书图138）。兴隆洼文化分布在红山文化区域，但远较红山文化为早，目前定年在公元前5500年以上，与本章的较早期新石器时代文化平行，是已知东蒙南满区最早的新石器时代文化。它的陶、石器与新乐、富河的相像，多是压印篦纹的平底棕褐色陶，但有它自己的特征（见《考古》1985，10；杨虎《试论兴隆洼文化及相关问题》，《考古学研究》，北京文物出版社，1986）。

(三)华北新石器时代区域文化的发展(5000 B.C. —3000B.C.)

中国考古学上研究史最久的仰韶文化是中国新石器时代文化里面所知最丰富的文化；几年来新发现的资料使我们对仰韶文化的了解更为完整与多面（见严文明《仰韶文化研究》，北京文物出版社，1989；巩启明《试论仰韶文化》，《史前研究》1983，1）。新发现的资料中最值得注意的是许多可能是有关宗教艺术的，这些资料综合看起来对仰韶文化中的巫术、巫师的性质和活动有明显的启示（见拙著《仰韶文化的巫觋资料》，《中研院历史语言研究所集刊》1994，64）。其中最为重要并为人注目的是河南濮阳西水坡的一个可能是巫师的墓葬。濮阳西水坡的仰韶文化遗址属于豫北的后岗类型，据碳素十四数据可早至公元前四千余年。遗址中有房基、墓葬和窖穴的遗存，但在这里要详细介绍的是南北一排的三组蚌壳堆成的美术图样。第一组在第 45 号墓葬：

墓主为一壮年男性，身长 1.84 米，仰身直脚葬，头南足北。……骨架的左右两侧，用蚌壳精心摆塑龙虎图案。蚌壳龙图案摆于人骨架的右侧，头朝北，背朝西，身长 1.78 米、高 0.67 米。龙昂首、曲颈、弓身、长尾、前爪扒、后爪蹬、状似腾飞。虎图案位于人骨架的左侧，头朝北，背朝东，身长 1.39 米、高 0.63 米。虎头微低、圜目圆睁、张口露齿、虎尾下垂、四肢交递，如行走状，形似下山之猛虎。……虎图案北部的蚌壳，形状为三角形……在这堆蚌壳的东面……还发现两根人的胫骨。(《文物》1988，3，3 页）

第二组蚌图摆塑于 M45 南面 20 米处，……其图案有龙、虎、鹿和蜘蛛等。其龙头朝南，背朝北；其虎头朝北，面朝西，背朝东，龙虎蝉联为一体；其鹿卧于虎的背上，……蜘蛛摆塑于龙头的东面，头朝南，身子朝北。

第三组蚌图，发现于第二组……南面……约 25 米。……图案有人骑龙和虎等。……龙头朝东、背朝北、昂首、长头、舒身、高足、背上骑有一人，也是用蚌壳摆成，两足骑在龙的背上，一手在前，一手在后，面部微侧，好像在回首观望。虎摆塑于龙的北面，头朝西，背朝南，仰首翘尾，四足微曲，鬃毛高竖，呈奔跑和腾飞状。……人骑龙和奔虎腾空而起，如在空中奔驰，则非常形象，非常壮观。(《考古》1989，12，1059页)

这三组蚌图的重要性，是将龙、虎、鹿等动物的美术形象与巫师密切地结合起来，将它们帮助巫师沟通鬼神上的作用，很明显地表示出来。看了这批材料后，我很快在《文物》1988年第11期写了一篇短文，引用了后世《抱朴子》和《三跷经》中道士与龙、虎、鹿的关系，来解释濮阳蚌图的意义，并指出这个"巫跻图像"的母题，在中国古代从仰韶文化一直延续到汉代。我这个看法，自然有我的偏见，因为这批材料有力地证实了我对三代青铜器上动物纹样的解释（见《中国青铜时代》1982）。

关于45号墓地布局，庞朴（《中国文化》1989，1）和冯时（《文物》1990，3）同时作了很有意义的新解释。因为巫师头朝南，他身左的虎在西，身右的龙在东，与后日四神中的龙虎的方位相同。巫师脚下的一组蚌壳和两根胫骨似乎象征北斗象，因此他们两位都将这座墓葬说成宇宙图，相信当时已有至少是雏形的二十八宿的观念。如果此说可信，那岂不是表示这个墓的布局正好象征巫师乘龙骑虎漫游宇宙？

除了仰韶文化以外，这个时期的北方地区中比较重要的新发现，是有关红山文化的。本书里已描述了东山嘴的礼制建筑与泥塑女像。规模更大，数量更多的礼制建筑（"女神庙"）和泥塑女像又在辽宁西部凌源、建平两县交界处的牛河梁遗址发现(《文物》1988,8)。牛河梁的遗迹主要包括女神庙和积石冢；女神庙内有彩绘墙壁画、泥塑人物与动物像的碎块和陶制祭器。在积石冢发掘的墓葬中发现许多玉器，有箍形器、猪龙形玉饰、环、璧、钩云形玉饰等等。这可说是中国新石器时代最重要的宗教性的一个遗址，同时它的艺术品，尤其玉器，也很值得注意。用玉和滑石雕塑的人像和各种鸟兽像还大量地发现于辽宁省东沟县的后洼遗址(《文物》1989,12)。

（四）华南新石器时代区域文化的发展（5000 B.C.—3000 B.C.）

近几年来整个长江流域都有丰富的新石器时代考古新发现，尤其集中于湖北、湖南洞庭湖两岸及江西鄱阳湖沿岸。材料尤其丰富的是有关大溪文化、屈家岭文化及江西和安徽的新石器时代文化。特别值得提出一下的是湖南澧县城头山的屈家岭文化的城址。这个有四个门、有护城河包围的圆形的城，定年于公元前2700年到前2000年，是中国最早的城址之一(《中国文物报》1992,10)。形状不一的城址，据说在屈家岭文化中已发现了五处。

因为我对台湾考古的兴趣，我个人对东南海岸，尤其是福建沿海考古特别注意。新发现的遗址中从这个观点来看最为重要的是福建平潭岛上壳丘头遗址(《考古》1991,7)。这里出土的陶器除了绳纹以外还有多数的贝壳压印纹，与过去金门出土的陶片相同，我目前把它当做大坌坑文化的一个类型(《考古》1989,6)。

（五）中国互相作用圈与文明基础

这章所讨论的在公元前4000年左右开始形成的"互相作用圈"（或称"互动圈"）和这个圈内各个区域文化因为互动与

互相影响而产生本质类似的平行变化和发展这些说法，经过这几年新材料的考验，不但证明了它基本的正确性，而且在很多细节上更加加强了。从公元前3000年开始，各区域的龙山文化不约而同地显示出许多共有的新现象，如城墙的建造、人祭人殉的使用、墓葬中大小规模的悬殊、专门制造的祭器和法器、似文字的符号和小件的铜器等等，都越来越明显地指出，各地的龙山文化时代，是中国历史上阶级社会和文明出现的时代。南京博物院的车广锦将"仰韶文化晚期、大汶口文化时期、红山文化后期、大溪文化晚期、良渚文化时期"称为"古国时代"（《东南文化》1988，5），与上文所说的意思在精神上是一致的。

这几年来各区龙山文化较重要的新发现，在这里可以举几个例子。龙山时代有城墙的城址，本书所报告的在山东有一处——章丘的城子崖，在河南有三处——淮阳平粮台、安阳后冈和登封王城岗。最近数年来，山东的有围墙的城址又新发现了三处：寿光边线王、淄博桐林与邹平丁公（见《考古》1993，4；《中国文物报》1993，20）。就是在城子崖也发现了一个新的龙山文化的城址，而原来的城址现在相信是属于晚于龙山的岳石文化的。这四个城址，从边线王到城子崖，自东向西一线，都在泰沂山地北侧平原地带，彼此相距35到50公里，很合乎古国的形象。河南有围墙的城址又增加两处，即郾城郝家台和辉县孟庄；孟庄的城墙长宽各400米，是河南龙山城址中最大的（见《中国文物报》1992，47）。

突出表现了山东龙山文化社会统治阶层的崇高地位的考古新发现，是临朐县朱封村的两座大墓。两墓都是六七米长，一个是一棺一椁，一个是一棺两椁。都有多色彩绘和随葬的玉器和精美黑陶（《中国文物报》1990，6）。重要性可能更大的是上述邹平丁公遗址中一片有十一个文字的陶片的新发现，这些字还不能认识，但是文字无疑（《考古》1993，4）。

良渚文化的新发现在研究龙山文化期社会性质上可能有重大的意义。首先，像山东的情况一样，良渚文化的许多遗址中有刻着符号的陶片，其中很多符号可以说是文字（见《考古》1990，10，904页；《东南文化》1991，5，182—184页；《文物资料丛刊》9，1985，8页）。但是良渚文化最重要的新发现是四处遗址：浙江余杭县的反山（《文物》1988，1），瑶山（《文物》1988，1），汇观山（《中国文物报》1992，5）与江苏昆山的赵陵山（《中国文物报》1992，30）。反山是一座墓地，发掘了的十一座墓葬中，出土了陶、石、玉、象牙、涂朱嵌玉和嵌玉漆器等一千二百余件。整个墓地在一个高台土坛上，它的位置和随葬物的丰富，都可表现墓中人物的重要地位。瑶山是一个方形祭坛，坛的南部挖了十一座墓葬，其中也出了大量的陶漆玉石器。汇观山也是个祭坛，出了四座大墓，是良渚文化中所见最大的墓，有棺、椁和大量的随葬品。赵陵山是座土筑高台，有大墓，又有明显的杀殉埋葬。从这些遗址看来，良渚文化已经有了相当高度的阶级分化，可以说具有相当的文明程度了。尤其值得注意的是这几个遗址中出土的玉器上雕刻着各种"人兽纹"，上与仰韶文化的巫跻母题，下与商周的人兽母题接连呼应，对当时的巫术与宗教有明显的启示。

（六）早期的文明：三代

近几年来黄河流域的三代考古学虽然没有什么突破性的新发现，但每一个文明都添加了重要的遗址。偃师的二里头在第三期两座大型基址之外，又发现了两座可能属于第一、二期的大型宫殿基址（《中国文物报》1993，8）。这个发现对二里头文化即夏文明的说法给了新的支持。商代考古则每一阶段都有新的工作。在安阳殷墟的小屯乙区东南发现了一个新的大型宫殿基址，将小屯宫殿宗庙区向东南扩充（《中国文物报》1990，7）。在殷墟郭家庄发现自妇好以后最为丰富的一座大墓，出土了青铜、陶、玉、石、骨、牙、竹等类器物共349件，包括青铜器288件（《中国文物报》1991，3）。在殷墟花园庄发现了一个甲骨坑，含856片甲骨，以大片卜甲居多，有字整甲达九十多版，字数多的达二百多字（《中国文物报》1991，49）。这个阶段的考古发现，还有郑州偃师商城的第二号建筑基址发掘出来的排列规整有序的大型排房式建筑遗存（《中国文物报》1992，49）。

从1991年秋季开始，中国社会科学院考古研究所与美国哈佛大学合作，在河南商丘地区进行考古调查，希望找到传说中"契都商"的商城。商是契、昭明、相土三代先公的故都，并且有商一代都是王室祭祖的中心。帝乙征人方的路线上有商，显然就在今之商丘。同时，后代殷商文明中的许多文化成分，与东海岸新石器时代文化有很大的类似，尤其是良渚文化。从东海岸到河南商文明的核心地带，正好沿着海路出入，商丘是必经之地。但在历史上由于黄河及其支流屡次泛滥，商丘一带被厚达十米的泥沙掩盖，所以古代遗址很难调查。上述的调查队使用各种地下探测仪器，做广泛的调查，已有初步的收获。

西周考古的重要新发现，是在镐京首次发现的大型宫殿遗址（《中国文物报》1992，20）。

（七）早期的文明：三代以外

中国传统历史上的三代，都在"河洛之间"。上一章所说的三代，便以中原为中心。但近几年来殷商文明考古上最重要、最值得注意的新发现,却是中原以外的殷商时期地方国文明。在北方有河北定州发现的晚商墓葬群,已经掘了四十二座墓葬,其中有四分之一是大型墓(《中国文物报》1991,48)。再向西北方向走,商代遗址和器物在河套一代已经发现很多(田广金、郭素新编著《鄂尔多斯青铜器》,北京文物出版社,1988)。

但最令人惊奇的商代地方文明的重要新发现,却在长江流域。第一个遗址是四川广汉的三星堆。这个遗址有城墙,有大量的房屋基址,有墓葬,有石器工场,但最为人所注意的发现,是1986年秋所发现的两座大型"祭祀坑",出土文物近千件,包括青铜礼器,可能是象征王权的金杖,还有许多大大小小的青铜面具和人像,人像与面具有纵目的、有眼球突出的,形态峻岐,是过去中国青铜时代遗址里从来没有见过的。此外,还有数十枚象牙,一棵悬着枝叶鸟兽的铜树和玉器。这批青铜器中的若干彝器和纹饰与中原的商器很是相似,但面具、人像、神树等物件,在中国这是首见。学者称这遗址所代表的文化为蜀或先蜀;它与邻接的文明之间的关系,还要做进一步的研究(见《考古学报》1987,2;《文物》1987,10;1989,5;《四川文物》1988,4)。

另外一个长江流域的重要发现,是江西新淦大洋洲的一座殷墓。这里面有随葬品一千九百余件,包括青铜器四百八十余件、玉器一千余件,还有陶器(《文物》1991,10)。这里青铜器的器形和纹饰,与中原的有同有异;很重要的一个异点,是它的五十三件青铜农具,包括犁、畲、耒、耙、铲、斧、钎、镰、铚等类型。本书里面屡次强调中国青铜时代的一个特色是青铜的使用集中于"国之大事,在祀与戎"。青铜时代的农业技术仍然停留在新石器时代阶段。这是我所说中国文明中财富的积累主要是靠政治手段来达成的这个结论的一个主要根据。大洋洲青铜农具的发现，在这一点上是需要仔细考虑的。

　　上面所列的新发现，只选了一些最重要或最引人注意的例子。在写的时候，有很多的感想，不知道是该乐观还是该悲观。可以乐观的是中国境内古代文化的历史，由于新材料的不断出土，越来越清楚，越丰富了。本书比1963年的第一版，无疑要好得多。后之视今亦犹今之视昔，将来如果再有第五版、第六版，一定会代表我们对中国考古学的知识的不断进步。但是中国考古的材料恐怕几百年也挖不完，我们今天能够知道的古史，即使已有了一个小小的系统，也只是沧海之一粟。这样想来，又不禁感觉悲观了。今天所写的这篇小序，在印出来时，也已是明日之黄花了。这样看来，我们考古工作者是永久不能满足的。假如我们今天的工作能对明天的工作有一点肯定的影响，便是很大的贡献了。

　　是为序。

张光直
1993.5.20

卷 首 语

　　50年代，当我还是一名研究生的时候，我在这个世界上最珍惜的财产之一便是 V. 戈登·柴尔德的《欧洲文明的起源》，该书是那个年代较进步的考古学著作。不过，麻烦的是该书的修订版不断出现，对于一位收入不丰的研究生来说，一遍遍地购买同一书名的著作难免会囊中羞涩。最后，到1957年，我购买了柴尔德先生在当年去世之前的该书最后一次修订本，我自认为至少不必再买新的修订本了。然而，我错了。我虽然不必再购买戈登·柴尔德先生新的修订版本，但我仍不得不去买其他考古学家关于该课题的新版书。简而言之，教科书内容必须跟得上田野发掘工作的进步。

　　这在中国考古学中更是非常正确的。当欧洲考古学至少已发展了一个世纪之后，中国现代考古学仅开始于60年前，从那时起，考古学家们不得不与各种战争和动乱相抗争。仅仅是在近35年间，特别是最近13年里，如果说考古学在研究中国古老文明方面已发挥了巨大作用的话，那么其结果是相对过剩的新考古资料需要得到进一步的消化。本书的第三版著于1975年，出版于1977年，距离本版本已有10年了。在这10年间，中国考古学进入了资料爆炸的时期。大量的新资料及其所揭示出的新问题使得以前的版本过时了。

既然《古代中国考古学》的本次修订版已属于从根本上重写，那它与以前的修订版相同之处甚少。其中，首要的变化是在本次修订版中，我不再倾向于论述古代中国考古学的所有方面以及引用每一条最新可用的资料。我希望本次修订版能构筑出一个较灵活的框架，它足以容纳下10年所出土的新资料，而不必做根本性变动。另一个主要的变化是本次修订版随文明的兴起而结束，不再包括公元前1000年以后非常丰富而复杂的中国古代史。其原因在于耶鲁大学出版社出版的中国早期文明系列丛书中，已有三部书分别探讨商、西周和东周文明，这三部书都由我任总编。

本书的序言实质上是《考古学与中国历史学》一文的再版，该文章刊载于《世界考古》（1981, 13, 156—169页）。我感谢《世界考古》的编辑惠准我在此处使用该文章。本书跋的再版也征得了有关方面（哈佛大学人类学系及其博物馆）的同意。

我要感谢许多人，他们帮助我使本修订版得以面世。首先，我感谢约翰·西蒙·冈吉海姆纪念基金会和全国人文学科捐赠基金的经费资助，这使我能够进行研究并写出这本书。近十年来，中美学术交流委员会、全国科学基金和全国人文学科捐赠基金保证了我在中国的研究，本书的每一行都与这种帮助分不开。然而，我在本书中所阐述的观点完全由我个人负责而与上述机构无关。

我的观点受益于中国的许多考古学家和历史学家，他们的数量之多以至于无法在此逐个点名致谢。在近36年间，他们无私地苦干，不为名，不为利，只为自身的事业，这赢得了我们由衷的赞佩与谢意。本书是献给他们的。

在本书的写作过程中，我得到了许多朋友及同事的帮助。我的研究助理珍妮特·基尔科·米亚莫特提供了多方面的帮助并负责定稿后的手稿打字。南西·拉伯特·布朗负责所有新地图及插图。尼科尔·罗斯莫尼瑞负责大部分照片。希尔·伯吉尔负责护封上的半山陶罐彩色照片。耶鲁大学出版社的琼斯·斯蒂芬妮细心而聪颖地编辑了手稿。戴维·古德里奇编制了索引。我向他们致以真诚的谢意。

序　言

我们在研究中国早期人类历史时，必须牢记中国大陆现在的面积大约为3 705 400平方英里，这与整个欧洲（4 100 000平方英里）以及美国的面积（3 615 000平方英里）差不多。从西南部的热带雨林到东北的亚寒带针叶林；从辽阔的青藏高原到东南部河网密布的丘陵地区；从西部的干旱地区到黄河下游的温带平原，中国大陆在地形、气候和植被方面都呈现出复杂多样的特点。在这些地理环境迥然有异的大多数区域内，人们细密地探寻着人类进化发展的踪迹。研究结果一致表明，在不同的地区，人们适应着各自独特的生态环境而生活。

关于中国南方和北方的划分，一直是人们居住环境的一条重要界线[1]，进而再考虑黄河流域在中国早期文化历史上特有的重要性。中国北方自身应一分为二，如此一来，在本书中将划分出三条主要的生态带：黄河流域、南方落叶林地区以及北方的森林草原地区。

中国地形以山脉丘陵为主，而在史前时代则可能大多为森林树木所覆盖。因此，史前居民的活动范围主要局限于大大小小的河流附近，而且多数大河的流向为自西向东流入太平洋。

---

[1] 见《中国之地理区域》，《大陆杂志》1952年第4期，第87—180页。

图1 被分成三个广阔生态地带的中国地理区域及地形：(1) 黄河流域：L（黄土地），YP（黄土平原），SP（山东半岛）。(2) 北方森林草原：MP（东北平原），KM（兴安岭），JM（燕山山脉），EMU（东北东部山地），M（蒙古）和S（新疆）。(3) 南方落叶林地带：YP（长江平原），SB（四川盆地），CMB（华中山区），SYH（江南丘陵），SC（东南沿海），CH（广东地区），SU（西南山地）。
(Base Map by Erwin Raisw, Courtesy Harvard-Yenching Institute. Adapted by Rowland Illick in G.B.Cressey's *Asia's Lands and Peoples*, 1951)

与我们研究相关的那些大河流域一般不穿过不同的植被带，由此它们可成为划分文化及地理圈的基础（图1）。

黄河流域：该区域包括黄河及其支流所流经的地区，还包括长江少数支流的上游以及河北平原上的几条单独的小河。黄河流域的地形大体上被进一步划分为三个地区：西边的黄土高原、东边的冲积平原以及沿海的山东半岛地区。这些地区大部分处于温带，夏天温暖，冬天寒冷，年降水量均匀。尽管其中部分地区的树木如今已被砍伐殆尽以致一些地方变成了半干旱地区，但从总体上看，黄河流域的植被特征是混杂的落叶针叶林。

南方落叶林带：黄河流域与南方落叶林带之间的中段分界线介于长江与黄河之间，即位于33°纬线附近，西段以秦岭为界，而东段则以淮河为界[1]。这条南北之间的分界线在气候、自然植被、土壤及农作物方面皆有明显的反映，详见表一[2]。

中国南方的大小水系构成了一张巨大的水网。这些水系包括长江、淮河和珠江水系以及几支地处西南和东南沿海的小水系。根据地形，中国南方被划分为三个主要区域：丘陵地区——南方的大部分地区属于该种地形，除淮河之外，上述各水系也都处于丘陵地带；长江上游及其几条支流所流经的四川盆地；长江下游及淮河所流经的江淮平原。中国南方有两个主要湖区：其中一个主要由古代云梦之泽和彭蠡之泽的残余所形成，该湖区地处长江中游的丘陵地带，以洞庭湖（湖北）和鄱阳湖（江西）为主；另一个湖区则位于长江下游及淮河平原，

---

[1] G.B.Gressey, *Asia's Lands and Peoples*, 2nd ed., New York: McGraw-Hill, 1951, p.99.
[2] Simplified from G.B. Gressey, *China's Geographic Foundations*, 2nd ed., New York: Mc Graw-Hill, 1934, p.15.

表一　中国南北方地理对比

北　方	南　方
有限的不稳定的降水，降水量为400—800毫米	降水丰富，降水量为800—1600毫米
冬天寒冷，夏天炎热，有少量降雪	冬天寒冷，夏天炎热，潮湿，冰雪不常见
半干旱气候	亚热带气候，夏天有季风雨及台风
未沥滤的石灰质土壤	沥滤的非石灰质土壤
高粱、谷子、小麦、大豆	水稻
4—6个月的生长期，一或二季作物	9—12个月的生长期，二或三季作物
落叶混合林及草原	热带及亚热带森林
冬天呈现的景色：褐色及棕褐色	四季常绿

包括洪泽湖和太湖等湖泊。

北方是森林草原地区。位于黄河流域以北并与之紧密相连的是现在的内蒙古及东北地区。从地理上看，该区域的形状与一个开口向南的马蹄铁形相似，其中心地带是东北平原，流经这里的辽河下游及松花江原先为混杂的落叶针叶林所覆盖。这块马蹄铁形区域的东段由东北山地构成，图们江、鸭绿江及黑龙江下游流经这里；西段是兴安岭、伊勒呼里山、黑龙江上游、松花江支流及辽河上游流经这里。这些山区的东部和北部生长着针叶林并有沼泽、湿地，西部则是大片草原，草原向西延伸到蒙古和新疆。在气候方面，整个地区的季节性和大陆性非常明显，冬季严寒，夏季温暖、短暂。

一　传统的编史工作及文物的收藏

在世界上，中国文明最为悠久并延续至今，其有记载的历史亦是最长的。中国人很早就研究历史，通过研究古代先民们所遗留的人工制品来了解过去的文化及文明,这也是治史的一个组成部分。甚至在东周(公元前770—前221年)及汉代(公元前206—公元220年)就有了某种形式的考古研究。当时,人们在日常生活中就使用着我们今天用作文物标本的青铜器、铁器、石器等,并在记忆中朦胧地存在着有关史前文化的一些传说,而且史前文化的遗迹和遗物还暴露于地面或埋在很浅的地下。韩非子(公元前3世纪)在《十过》中说:

> 昔者尧有天下,饭于土簋,饮于土铏。……禹作为祭器,墨染其外,而朱画书其内……殷人受之,……食器雕琢,觞酌刻镂。

卫聚贤认为,韩非子——这位战国时代的哲学家肯定见过一些出土的史前陶器遗存和殷代青铜器,并将它们与传说中的古代英雄人物联系起来,所以对古代器物进行了如此生动的描述[1]。西汉的司马迁考察过许多古代遗迹和遗物,这些遗存据说是属于在他之前各朝代的,司马迁把其中他认为可靠的资料载入了他的巨著——《史记》之中。一件更有趣的通过"考古"来探讨历史的事情见于袁康的《越绝书》中。袁康引用东周一位哲学家——风胡子与一位越王论刀剑的话:

> 轩辕、神农、赫胥之时,以石为兵,断树木为宫室,死而龙臧。……至黄帝之时,以玉为兵,以伐树木为宫室,

---

[1] 《中国考古学史》,上海:商务印书馆,1937年,第50—51页。
　　译者声明:张光直先生在本书英文原版中直接引用了多种中文文献,由于条件所限,有些中文文献难觅原文,无法逐字核对,凡此类情况只据英文原版内容而译。另外,为严谨起见,在译本中,将英文原版上的一些直接引用变为间接引用。以下同。在本书的翻译过程中,个别之处有所省略。

凿地……死而龙臧。禹穴之时，以铜为兵，以凿伊阙，通龙门，决江导河……治为宫室……当此之时，作铁兵。

在有关石器、青铜器和铁器这三个时代的说法上，袁康比丹麦的汤姆森早1000年，因此，袁康可以与卢克瑞斯并列，为最早提出这种划分法的考古学家[1]。

这些事例表明，中国的编史工作与中国文明本身差不多一样古老[2]。考古学通过物质遗存来系统地研究过去，在这种意义上，它一直是中国编史工作的一种工具。近代以来，田野考古学从西方传入中国。近年来，新的发掘又获得了大量新资料，这些新资料改写了中国历史。尽管考古学有新的科学后盾以及大量新发现所带来的声誉，但在中国，它仍然是编史工作的一种工具。只是作为这种工具，它比以前更有力量了。

可以说，中国的编史工作是相对独立的，它自成一体，几乎不受朝代及政权更替的影响。正如余英时所指出的：

> 中国史学史具有两个最大的特点：一是源远流长，一是史学传统一脉相承，不因政治社会的变迁而中断。[3]

由于新技能、新途径及新理论的出现，编史工作的内涵不断得以丰富，这其中就有考古学的贡献。中国考古学史上有两

---

[1] 《中国考古学史》，第58页。G.MacGurdy, *Human Origins*, New York: Appleton-Century, 1933, vol.1, p.9: "In his poem *De Rerum Nartura* Lncretius (about 98–55 B.C.) says: 'The earliest weapons were the hands, nails, and teeth; then came stone and clubs. These were followed by iron and bronze, but bronze came first, the use of iron not being known until later.'"

[2] For the role of historiography in ancient Chinese society, see my *Art, Myth, and Ritual: The Path to Political Authority in Ancient China*, Cambridge: Harvard University Press, 1983, chap.5.

[3] 余英时，《历史与思想》，台北：联经出版公司，1976年，第172页。

座里程碑，具有特别的重要意义：一个是 1092 年由吕大临编辑的《考古图》，这标志着金石学的开端；另一个是 1920 年第一个石器时代遗址的发现，这宣告了中国已进入以科学手段取得考古发现的时代。不过，回顾一下中国传统编史工作的某些特点和目的还是颇有裨益的。

首先，传统的中国编史工作有一个明确的道义上的目标。已故的阿瑟·莱特说："为什么如此重视研究过去，这究竟具有何种价值呢？"其答案是："首先，过去的成功和失败对于当代都具有指导意义……儒学的传统是以史为鉴。其次，鉴于'经书'（传统智慧的文集）是指导性的原则，历史则是为之提供解释和证明的。修史是继承圣人开创的伟大事业，通过研究历史可以了解人们在治世或乱世的不同遭遇"[1]。

既然历史记载着过去的得失，它就为将来的行动提供了指南。正如公元前 2 世纪中国伟大的历史学家司马迁所指出的那样"前事不忘，后事之师"。他呼吁人们（尤其是统治者）自尊自爱，并为子孙后代着想。"仲尼作《春秋》而乱臣贼子惧"，因为他们担心其所作所为会被载入史册，而为后人知晓。

既然中国传统的修史工作具有文以载道的意义，其最高境界是不受政局变化及意识形态潮流的影响。自从儒家思想占据统治地位以来，修史便成为与之并行的独立实体，实际上，史官直笔修史，不为权势所动，这早在"罢黜百家，独尊儒术"之前相当早的时候就已经开始了。下面这则广为人知的故事见于《左传》所载的公元前 546 年的条目中：

大臣崔杼杀死齐庄公，太史在官方史书上记载："崔杼弑

---

[1] Wright. Authur F, "On the Uses of Generalization in the Study of Chinese History", In *Generalizations in the Writing of History*, Louis Goeeschalk, ed., Chicago: University of Chicago Press, 1963.

其君。"崔杼大发雷霆，杀死了这位史官。太史的第一个弟弟接过这项工作，写的还是"崔杼弑其君"，他也被杀；第二个弟弟亦同样被杀。最后，第三个弟弟仍按其兄所写的来记载，崔杼不得不让步。这个记载一直流传至今，其中更为有趣的是，当齐国太史兄弟们先后被杀的消息传开之后，居于该国其他地方的另一位史官专程手持竹简赶到出事地点，准备如实记载，当他见到此事已被如实记载了以后才回家。

与中国传统修史工作的独立性密切相关的一个特点是重视具体的史实而不是简单的概括。通常在隔代所修的官方史书中，其主要部分是从帝王到商人及学者等重要人物的传记。据信，只要史官秉笔直书、如实记载，其道德教化就不言而喻了。史学家的个人观点清晰地独立于史实。司马迁说他著《史记》的目的是"通天人之际，究古今之变，成一家之言"。

中国传统史学的贡献是其自成体系的概括。阿瑟·莱特列举了下面两方面：1. 定期地总结历史——朝代更替及兴衰原因，诸如：朝代兴盛与统治者在位时间长短之关系，"牝鸡司晨"有亡国之兆，以及"官逼民反"等说法。2. 略语式的概括。例如：中国（暗示着中心性及优势性）；封建（封藩建国）等[1]。无疑，这些略语只是传统史学家所用略语中的沧海一粟，但我们可以从中管窥到历史发展的一些模式，这些缩略式的名词也就成了中国学者一直思考和讨论的焦点。

传统的中国学者也倾向于在中国地域范围内研究历史。阿瑟·莱特将这种中国中心论称为中国人的成见[2]。我们应进一

---

[1] Wright. Authur F, "On the Uses of Generalization in the Study of Chinese History", In *Generalizations in the Writing of History*, Louis Goeeschalk, ed., Chicago: University of Chicago Press, 1963, pp.41–45.

[2] 同上注。

步指出，正如钱穆所说的那样，中国历史展示于庞大而封闭的地理舞台上[1]。"二十五史"所涵盖的地理范围与其所记载的朝代的领土范围一致，不过所注意的中心始终是中国文明的空间中心，即所谓的中国自身。如果说中国传统的史学家对于发生在其境外的任何事物都不感兴趣，那是不符合实际的。宣传遥远的异地风土人情也是中国传统史学的重要组成部分，从《山海经》到《真腊风土记》皆是如此。不过，显然由于中国自身如此幅员辽阔、历史悠久，它自身的历史记载看来必定包括从过去所能汲取的全部经验教训。

作为修史工作的附属品，到了宋代（960—1279年）金石学开始兴起。根据李遇孙的统计[2]，宋代有61位学者可称得上是金石学家；据杨殿珣统计，有89部学术著作从那时起散佚[3]。在保存下来的30部宋代著作中[4]，最早的是吕大临的《考古图》，据认为成书于1092年。这部书图文并茂，描述了210件青铜器和13件玉器。器物的年代是从殷代到汉代，这些器物既有皇室收藏的，也有个人藏品。稍晚一点的《博古图》，最初编写于1107—1110年，然后于1119—1125年修改、扩充。《博古图》由王黼奉皇帝之命而编写，书中载录了839件器物。这些宋代著录建立了载录青铜器的传统，这些青铜器有的是皇室收藏的，有的则是个人收藏的。其载录的方式是将线图、铭文符号的摹写及对器物形状和大小的文字描述结合起来。这些著录也开创了用古典文献术语来标明器型及纹饰的传统。这些术语有一部分使用正确，余者则有争议。我们现在就谈谈这一点。

---

[1] 钱穆，《史学导言》，台北：中央日报社，1970年，第24页。
[2] 李遇孙，《金石学录》，1824年。
[3] 杨殿珣、容庚，《宋代金石佚书目》，《考古》1926年第4期，第207—231页。
[4] 容媛辑，容庚校，《金石书录目》，上海：商务印书馆，1936年。

这些著录的首要目的不是要建立一个新的学术分支，而该分支应以对古代文物的研究为基础，并作为历史学资料的一个独立部分而存在。不过，宋代金石学家所追求的也不仅是做资料的补充，吕大临亦在《考古图》序言中列举了其三个目的：探究礼制的起源，填补经史的空白，纠正以往学者的谬误。久已散佚的《先秦古器记》是一部更早的著作，其序言曾被其他著作引用过，在这个序言中，刘敞也说道：研究早期青铜器一定要在三个角度上有所突破。礼学家一定要弄清如何使用礼器；研究王朝世系的谱系学家一定要确认各王朝世系的适当顺序；文字学家一定要释读出铜器上的铭文[1]。

肯定地说，已有人着重研究了青铜器铭文，然而，吕大临和刘敞都看到了对于金石学家来说探究礼制的起源及其早期形态的重要性，也看到了研究经典文献中所未涉及的古代文化其他方面的重大意义[2]。不幸的是，宋代以后，金石学严重衰落。宋代以后的著录及金石学家的著作集中于铭文方面，而有关器物出土地点、器物造型及尺寸大小等资料都未受到重视，甚至有时干脆没有，这方面的资料在宋代却是被详细著录的[3]。

宋代金石学家开创了青铜器著录的体例，这种体例我们至今仍在使用着：描述性文字、绘图（现在有了照片）及铭文摹写（现在亦有了照片）。但是，除此之外，宋代金石学家还给我们留下了关于古代器物的命名法。正如鲁道夫所说："宋代学者关于礼器及其他青铜器的命名及分类法是对中国考古学的

---

[1] Trans. in Richard C.,Rudolph, "Preliminary Notes on Sung Archaeology", *Journal of Asian Studies* 22(1963), p.175.
[2] 关于宋代金石学，参见上注；《北京大学学报》（哲学社会科学版）1982年第1期，第66—76页；《食货月刊》（台北）1972年第2期，第1—13页。
[3] 李济，《中国古器物学的新基础》，台湾大学《文史哲报》1950年第1期，第63—79页。

一个基础性贡献,尽管其中有一些错误,可是那个时代的学者所建立起的分类及名称术语基本上今天仍在被使用着。"[1]

实际上,这些名称术语既有器型方面的,又有涉及纹饰方面的。让我们看看《博古图》上的两个例子:

条目:商瞿父鼎(卷一,页九)

器物线图(图2)

(铭文拓片摹写,并译成当时的宋体字)〔器物〕右侧,高5寸2分;耳高1寸,宽1寸2分;〔器身〕深3寸2分;口部直径5寸;腹径5寸2分;容量为2升2合;重2斤14两。三足。铭文为两个字,"瞿"和"父"。许多商代器物铭文中有"父"字,但"瞿"字的字义尚不清楚。不过,从字形看"瞿"字由两"目"符构成,与商代瞿祖丁卣铭文中"瞿"的两个"目"符相似。大概二者是一致的,它可能是一个人名或家族名称。器耳和足皆为素面,无纹饰。在口沿下有饕餮纹并以云雷纹为底纹。该器物年代久远,呈碧玉色。它肯定为商器。

条目:商父己鼎(卷一,页二十一)

器物线图(图3)

(铭文拓片摹写,并译成当时的宋体字)〔器物〕右侧,高5寸7分;耳高1寸1分,宽1寸3分;〔器身〕深3寸,口部直径5寸,腹径5寸2分。容量为2升2合;重3斤1两。三足。铭文为3个字:一个字为"禾",另两个字为"父己"。……该器耳和足皆为素面,该器三侧为饕餮纹,并以雷纹隔开。纹饰与父己彝相似;这两件器物可能属于同一时期。

这里有几点值得注意:鼎是指青铜器中那些有三实足者。

---

[1] Richard C.,Rudolpy, "Preliminary Notes on Sung Archaeology", *Journal of Asian Studies* 22(1963),p.176.

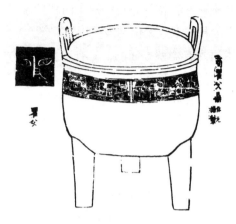

图 2　商代的瞿父鼎,著录于《博古图》,该图从 1528 年的一个明代版本上复制。
（With the Permission of the Percival David Foundation of Chinese Art, London）

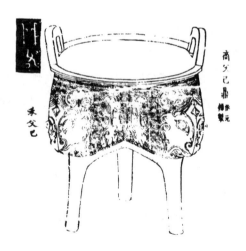

图 3　商代禾父己鼎,著录于《博古图》,该图从 1528 年的一个版本上复制。
（With the Permission of the Percival David Foundation of Chinese Art, London）

饕餮纹是指兽面纹饰。方形蜷线被称作雷纹。纹饰被用作断代尺度。铭文中的祖先名称也被用作断代尺度，即作为商朝断代的一个尺度。另一个断代尺度是器物外观陈旧程度。

尽管我们在根据器物造型、铭文内容、纹饰进行铜器断代方面成熟老练得多了，这是宋代以后知识积累并扩张的结果，不过，通过对一件器物进行断代，就金石学而言，既合理，又切实可行，这些方法我们至今仍在使用。"鼎"、"饕餮"，这类术语的运用代表了宋代金石学研究的一种基本状况，其方法如今仍被中国考古学家所遵循。

这种方法可被称为民族语义学方法。或许是由文献资料的易得性，该方法是中国考古学家所独具的。古代中国的礼器极端复杂，并有着多种名称术语。这些名称术语有的见于器物自身的铭文中，而更多的则见于古代文献中。例如："鼎"这个名称，见于许多鼎类器自身的铭文中，不过，这种标示着古代最重要礼器的名称亦见于大量古代文献中。实际上，"鼎"这个文字本身就是三足鼎的象形，所以，宋代金石学著录中用鼎来称呼这类器物是符合古代中国实情的。但有些名称术语却被用错了。例如：名称术语"敦"本是称呼东周时期一种球形容器的，而宋代的著录者却错误地用"敦"来称呼商、西周时期的一种盛食器，而这种盛食器应被称作"簋"。"簋"字本来出现于簋类器的一些铭文上，可宋代著录者在翻译铭文时却把"簋"字译成了"敦"字。而且一些古代的名称术语所包含的不只一种器物，而是指一大类器物，例如："彝"实际上是"礼器"的统称，而宋代学者却用它来称呼"簋"这种具体器物。

尽管有珍贵资料存在，使用古文献中现成的名称术语的做法并未规范化，宋代的金石学家开创了将古文献中现成的术语用于铜器著录的做法，但从那以后的金石学者却留给我们一份主观臆断色彩浓厚、十分混乱的术语学遗产。当代考古学家付出了巨大努力，将古文献中现成的术语与现代类型学结合起来，以区分古代青铜器类别[1]。尽管还没有设计出一套确定的名称术语体系，不过，我们似乎可以期望那种将古文献名称术语与现代类型学相结合的命名法，既富有意义，又颇为实用。十年前，我编写了一个目录册，共收录了四千余件有铭文的商代和西周青铜器，对其中的基本资料进行了分析并由此形成了一个可复原体系[2]。通过该体系，我们可查找到若干条非常有趣的资料。仅有甗、鼎、甑、簋、壶在具体器类上及名称上是适当的，其中甗、鼎、甑和簋是食器，壶是酒器。另一方面，尊、彝一般多被用作酒器。这证明从古代器物命名法中能够发掘出重要而有趣的资料，有关这方面的任何研究都必须结合历史文献进行。尽管宋代学者在运用这些名称术语方面尚不成熟，但他们确实给我们指明了道路。

宋代学者用"饕餮"一词来描绘纹饰，另一方面，这导致了相当大的混乱。在《吕氏春秋》这部富于哲理性的东周末年的文集中，有一段写道：

周鼎著饕餮，有首无身，食人未咽，害及其身。

在其他文献中，"饕餮"一词也喻示贪食者。宋代学者用"饕餮"来称呼见于古代青铜器上的兽面纹，并推测古代艺术

---

[1] 例证之一是李济，《记小屯出土之青铜器》，《中国考古学报》1948 年第 3 期，第 1—100 页。
[2] 张光直等，《商周青铜器与铭文的综合研究》，台湾：中研院历史语言研究所专刊第 62 号，1973 年。

图4 图中央是宝鸡出土的青铜酒器,图中的人物是清王朝的一些官员,为首的可能是端方(1861—1911)。他原来是这组器物的拥有者,现在该组器物由纽约大都会博物馆收藏。这张照片是劳伦斯·西克曼于1932年或1933年在北京获得的,承蒙他惠准在这里使用

家把饕餮这一形象装饰于酒器和食器上,是对贪婪和纵欲的警示。饕餮通常就成了对此种兽面纹的称呼,不过,其图像是否有更深层的含义,仍然是不得其解。

宋代以后,金石学逐渐衰落[1]。尽管它在中国的编史工作中仍占有一个重要位置[2],但收集古代器物主要是出于崇古或作为贵重装饰物,而不是出于其学术上的重要性。宋代学者所取得的学术成就也渐渐走下坡路(图4)。

---

[1] 李济,《中国古器物学的新基础》,台湾大学《文史哲报》1950年第1期,第63—79页。
[2] 朱剑心,《金石学》,上海:商务印书馆,1948年;马衡,《凡将斋金石丛稿》,北京:中华书局,1977年。

二　近现代考古学

由于1840—1842年的鸦片战争，中国人传统的以中国为中心的优越感瞬间消失，来自西方的影响开始在方方面面闯入了中国人的生活和意识形态之中，这些影响是深刻的。在20世纪初的几十年间，西方编史工作对中国史学家产生了深刻影响，此时的中国学者开始寻求对中国历史传说部分的证明依据，这些传说在中国上古史中至少占大部分[1]。地理学、考古学及其他能发现此类证明资料的科学在中国大有用武之地。李济说：

> 从本世纪开端起，地质学、古生物学及考古学的田野工作者在世界上扩大活动范围，田野资料的重要性大为提高，而且田野资料的获得超越了边界，旧中国——欧洲列强争夺的目标被迫向列强敞开大门，任凭白人为所欲为，这其中也包括科学的田野工作。地质学家、地理学家和古生物学家以及寻宝者涌到了远东，特别是中国……直到1911年辛亥革命之后，受教育的中国人开始觉醒。正如在欧洲那样，田野方法作为获取知识的一条途径在中国人的意识中占据了一席之地。[2]

随后李济描述了早期主要的西方田野工作机构——中国地质调查所。该所1916年在北京建立，西方科学家在那里工作，其中对中国影响最大的有：A.W.葛利普（美国），J.G.安特生（瑞典），步达生（加拿大），J.F.魏敦瑞（德国），德日进（法国）。

---

[1] Ku Chieh-kang, *The Autobiography of a Chinese Historian*, A.W. Hummel, trans., Sinica Leidensia series, Leiden: E.J. Brill, 1931.

[2] Li Chi, *Anyang*, Seattle: University of Washington Press, 1977, p.34.

在这些人中,安特生(图5左一)无疑对中国考古学产生了最强烈的影响。正如他自己所说:

> 有好多次,我幸运地成了先驱者……1921年是个喜庆的年头;在仰韶村发现了新石器时代居址,在黄河岸边,发现了始新世哺乳动物化石,在奉天发现了沙锅屯洞穴遗存,还有在周口店发现的更非凡的洞穴遗存,通过后继者的工作,那里已变得世界闻名。[1]

在上述发现中,1921年在仰韶村和沙锅屯的工作特别重要,因为在这些遗址中最先发现了中国史前文化,其特征是磨光石器和有黑或褐色纹饰的红陶钵及罐[2]。不久,安特生在甘肃又有了类似的发现,他在那里找到了一大批彩陶文化遗址[3]。这些发现都被称为仰韶文化,这些分布于中国北方大部分区域的彩陶文化遗址,最先为该区域史前居民的居住提供了具体的证明,安特生获得及分析考古资料的方法自然为中国学者所仿效,中国学者采用了相同的田野考古方法。

在这里,我无意去对安特生的考古方法做全面分析。不过,重要的是应该记住安特生及他与地质调查所的西方同行在地质及考古工作中所采用的一些主要方法,这些方法对中国考古学产生了持久而深远的影响。安特生及他的同行是地质及古生物

---

[1] J.G. Andersson, *Children of the Yellow Earth*, London: Kegan Paul, Trench, Trubner and Company, 1934, p.xviii.
[2] J.G. Andersson, "An Early Chinese Culture", *Bull.*《中国地质学会》1923年第5期,第1—68页。"The Cave-deposit at Sha Kuo T'un in Fengtien", *Palaeontologia Sinica*, ser. D., 1(1923).
[3] J.G. Andersson, "Preliminary Report on Archaeological Research in Kansu", *Memoirs*,《中国地质学会》,系列A,1925年第5期,第1—56页。

图5 从左至右：J.G.安特生、李济、郭沫若

学家，其主要的工作方法更适用于地质和古生物学研究，而不是很适用于考古学。他们的这些方法包括田野工作中收集资料的方法，将地层学与自然科学紧密结合以及标准化石的使用。在这方面，中国与西方的情况无根本上的差别，欧洲以外的早期考古工作相当多的是由考察者及博物学家做的。就中国的实际情况而言，特别重要的是这些早期的方法一直被应用着。

不过，这些方法并不糟糕。地层学在任何情况下都是年代学的基本方法，中国考古学家在中国地质调查所，特别是在新生代研究室的实践中所形成的与地质学家和古生物学家密切合作的习惯，有助于中国考古学较早形成了对人与地理环境关系的强烈兴趣，这种兴趣一直延续着。新生代研究室的建立与周口店北京猿人遗存的发掘及研究息息相关[1]。另一方面，尽管在那个时代，安特生的实践工作已经较为丰富，而且，其不当的结论也不难修改，但是，安特生对考古遗存采集品及地质学和古生物学标本的运用并没有达到对遗址或地层产生清晰了

---

[1] K.C. Chang, "Chinese Palaeoanthropology", *Annual Review of Anthropology* 6(1977), 137–159.

解的作用。不仅如此,安特生经常使用标准化石进行断代并以此进行有关历史的比较,从而对考古学产生了更持久的负面影响。尽管这种方法的不足之处早被发现,但在西方也常用。正如柴尔德于1935年在他那权威著作中所指出的那样:

> 地质学不仅教会了考古学家年代划分的必要性,它也表明了如何才能建立科学的年代序列。地层学准则便是借鉴地质学而来的……然而,考古学继续从地质学那里照搬其方法和概念,这些方法和概念并不能恰如其分地适用于人文科学。在地质学中,沉积岩的顺序的确是依层位关系而成的,一旦顺序形成,其中沉积岩的年代就可以通过所包含的典型化石来判断。考古学与之相似之处则是使用类型学断代法。器物组合的年代应由其所包含的几件典型器物来确定。[1]

他继续指出,文化比地质学及古生物学标准化石中所包含的内容丰富得多,然而,仅一把石斧或一块陶片的发现不可能对所处的整个时代有太大的重要性。不幸的是标准化石几乎是安特生的核心工作方法。通过对出自中国的少数几块彩陶片与西亚、中亚的彩陶片的对比,他发现陶片上有相似的线条、曲线或圆点,于是他便声称发现了这些地理相距遥远的区域的史前文化存在着很大的相似性,甚至是传承发展的渊源关系[2]。在1935年柴尔德的著名论断发表之前,安特生充分开展了他的工作,将标准化石断代法十足地用到了20世纪40年代,许多研

---

[1] Childe V. Gordon, "Changing Methods and Aims in Prehistory", *Proceedings of the Prehistoric Society for 1935*, p.1.
[2] J.G. Andersson, "Researches into the Prehistory of the Chinese", *Museum of Far Eastern Antiquities*15(1943), 1–304.

究中国物质文化的考古学家至今仍沿用这种方法。

如果安特生是现代考古学（以田野工作为基础，包括发掘）传入中国的代表，那么，从李济（图5）的身上则集中体现了中国学术界对新方法的掌握。如果说安特生及他的西方同事或许不知不觉地成了西方列强的文化追随者，总体上没有对中国和中国的科学承担义务，他们的活动是在国际社会内进行的，但并没有怎么直接触及中国人的生活，李济和他的中国同事及追随者则是爱国者，他们决心使中国考古学现代化，并使之成为中国编史工作的一种工具，这种工具在现代世界上是卓有成效的。在许多方面，李济堪称中国现代考古学之父，据说他对此当之无愧。

李济（1895—1979年）出生于湖北钟祥县一个富有的家庭。在进入现代学校之前，他受到了传统学术教育，先是在县里，后来则在北京。1909年，清华学堂录取了他，这是中国最早的仿效西方建立的现代预科学校和初级大学。1918年，他到美国留学，在马萨诸塞的克拉克大学先后获得了心理学学士及社会学硕士学位，后来于1923年在哈佛大学获得了人类学博士学位。指导他的哈佛大学教授主要是罗兰德·狄克逊和厄尼斯特·霍顿，从他们那里，李济受到了文化人类学和体质人类学的训练，经过这两方面的训练，他写出了博士论文——《中国人种族之形成》。关于考古学，他在哈佛大学仅从托兹尔那里学过，但在回国后这却成了他的主要职业。从他1923年回国到他1979年去世，在56年的考古生涯中，他创造了中国考古学史上的许多个"第一"。1923年，他发掘的山西夏县西阴村遗址，是中国学者考古发掘的第一个遗址。1928年，他成为国立中央研究院历史语言研究所考古组的首任负责人，也正是在1928年，历史语言研究所考古组指挥了殷墟的发掘，殷墟是晚商都城，在安阳附近。1945年，他被任命为中央历史博物馆的首任馆长，该馆是第一座国立中国历史博物馆。1949年，他最先在台北的国立台湾大学建立了考古人类学系，并担任系主任。最后，在60年代，他开始编辑体现百家争鸣的、由多位著者写成的中国历史古代卷，该书是第一部以考古和铭文资料为基础的中国古代史著作。

由于李济名副其实地创造了多个"第一"，他对中国考古学的影响是广泛而深远的。既然这里不是去评价其学术生涯，我必须简介一下当代中国考古学中仍留有他深深烙印的几个领域。首先是他所指挥的殷墟发掘，从1928—1937年的殷墟发掘在诸多重要方面标志着中国考古学的诞生，殷墟也成了年轻的考古学家们的培训基地。从50年代至今的中国考古学界的泰斗们大多在殷墟经受过锻炼：已故的中国社会科学院考古研究所所长夏鼐；已故的中国社会科学院历史研究所副所长尹达（别名刘燿）；（台北）中研院历史语言研究所原所长高去寻；历史语言研究所考古组原负责人石璋如；南京博物院首席考古学家尹焕章和赵青芳。这些考古学家每一位都对中国考古学作出过贡献，而他们也都在殷墟从李济和他年轻的同事梁思永那里接受过田野考古的技能及方法训练。梁思永是哈佛大学人类学系的另一位毕业生，他曾在阿尔弗莱德·V.基德尔的领导下参加过美洲西南部的发掘。

殷墟的发掘对于考古学、金石学及传统的编史工作的结合具有特殊的重要意义。如果这些最早的大规模的由政府组织的持续发掘是在一个史前遗址上，那么一个独立的属于社会科学范畴的考古学分支可能已在中国发展起来，可殷墟是一个进入文明以后的历史遗址，出土了丰富的文字资料：甲骨卜辞和青铜器铭文。而且，许多传世的青铜器，据说是出自这个遗址，这是历史上持续盗墓的结果。因此，对殷墟的任何考古研究都必须与传统的编史工作及金石学结合起来。这带来了两方面的结果：一个结果是已经建立了属于人文科学范畴内的考古学，它成为革新后的中国传统编史工作的一个分支，所以它也给传统的金石学带来了新生。另一个结果是由于上述这些原因，在中国的国家研究机构、博物馆系统及大学里，一直保留着考古学与历史科学相结合的传统。

据我看来，李济开展研究工作的倾向及取得的成果中有下列特点产生了尤为深刻的影响：他一生中坚持使用原始资料和科学的经过验证的资料（而不是前人所写下的教条）作为其信念和结论的基础，他提倡对遗物进行定量研究，他间或从文化人类学的角度阐释考古发现，他在研究中国时能够放眼世界。由于篇幅的原因，本文不能对李济的学术生涯做详细讨论，不过可能只要列举一下，就足以表明，就中国考古学而言，我们仍生活在李济时代。

安特生和李济所代表的新考古学及传统编史工作的所有主要方面，在1949年以后依然存在，这一年，中国共产党领导的中国革命推翻了国民党政权，建立了中华人民共和国。而在新政权的领导下，考古学呈现出两个新的重要方面，其结果也与从前迥然有异。首先，马克思主义的历史唯物主义成为理论指导；其次，考古学术机构成为有财政拨款的国家事业单位，考古学具有了意识形态性。

对于目前马克思主义在中国考古学中的指导地位，即使是短暂的一瞥，我们也必须追溯到30年代以及郭沫若（图5）。他从1950至1978年逝世前一直担任中国科学院院长。他是一位著名的作家、诗人，还是创造社的创建者之一。创造社是一些真正有创造性的文人的协会，20世纪20年代，郭沫若是一位激进的作家，同时还是一位具有共产主义倾向的革命者。1927 年，当蒋介石开始大规模搜捕共产党人的时候，郭沫若不得不流亡到日本达十年之久。在那十年里，他把大部分时间用于研究中国古代史，写出了几部学术巨著：《中国古代社会研究》、《两周金文辞大系》、《卜辞通纂》、《两周金文辞大系图录》。

郭沫若在十年流亡期间所写的这些以及其他关于中国古代史的研究著作，无疑确立了其巨匠的地位。他关于甲骨卜辞、青铜器铭文和青铜器形制演化的著作在今天仍是必读的[1]。甚至连他在中央研究院里的政治对手们（首先是李济）也如此叹服他这方面的著作以至于推选郭沫若为中央研究院的首批候选成员（这件事发生于 1948 年，具有讽刺意味的是郭沫若拒绝接受）。但郭沫若不是一位田野考古学家，他对于中国古代史研究方面的主要贡献是他的第一部著作《中国古代社会研究》（1930），在该书中，他首次认真尝试用马克思主义社会历史发展模式去阐释中国古代史，既然马克思主义认为在封建社会之前是奴隶社会及原始社会，郭沫若便由此将商朝作为原始社会末期，把周代当做奴隶社会。20 世纪 30 年代殷墟的发掘使得郭沫若修改了其观点，他在 1945 年出版的《奴隶制时代》一书中，对此做了重新划分，将商朝划为奴隶社会。根据正统的马克思主义方法，郭沫若重点研究了生产力和生产关系，在此基础上，将传统史学所强调的艺术、宗教以及意识形态其他方面进行了建设性的比较。

1949 年以后，郭沫若著作中的重要理论（中国古代史断代）和作为社会基础的经济发展水平的观点都成了全国古代史

---

[1] 夏鼐，《郭沫若同志对于中国考古学的卓越贡献》，《考古》1978 年第 4 期，第 217—222 页。

学家及考古学家先入为主的观念，这时，马克思主义成了党和国家的指导学说。考古学家们已尝试写古代史以解释新的考古资料。此外，考古学在其他方面也政治化了。既然毛主席说人民是创造历史的动力，考古学已开始对受剥削、受压迫者（例如刑徒）以及富贵者的遗存予以更多的关注。毛主席告诫说"古为今用"，因此，考古学家们尝试按照当时的适用性来评判其工作。在文化大革命期间，有一个短暂的"影射史学"时期，即用对历史事件的特定解释（经常是经过策划的）来服务于当时的政治目的，考古学也勉强卷入了所谓以"儒法斗争"的观点来看待中国历史的进程。

细观近 30 年的考古学出版物，就会发现政治倾向的持续反映。然而，我认为中国考古学还没有受到实质性影响，它在很大程度上仍忠实于中国传统的编史工作的独立性。在大多数考古报告及文章中，资料以及对资料的分析与意识形态术语共存，不过，在大多数情况下，二者可以清楚地分辨开，在重要方面以及长期效应上还没有彼此影响。这是件喜忧参半的事。喜的是资料还没有与变幻的意识形态重点缠绕在一起，密不可分。资料仍然是有用的。从长远的观点来看，对考古遗存的分析也是可用的。忧的是，由于一些必不可少的意识形态内容在考古研究上起作用，中国考古学一直缺乏复杂的方法，如果考古学家们能够对经验式的解决方法予以更多的关注，那就会取得方法论上的进展。例如，即使是强调与社会生产相关的内容，关于这方面的考古研究（如物质资料生产体制、聚落形态或贸易等）也是很欠缺的，古代社会组织及亲族关系一直是马克思主义关于社会发展理论的重点，而中国的考古学家一直满足于不加评判地引用摩尔根和恩格斯的话。这样，在中国有着突出或者说是可能有着独特迹象的那些领域内，一些有助于建立更出色的社会科学理论的良机就被错过了。例如，尽管历史学家参与了关于亚细亚生产方式性质的讨论[1]，但迄今为止，掌握着大量密切相关资料的考古学家还没有参加这些讨论。简而言之，即使新中国的考古学家们在理论上了解，且保持着警醒，就方法论而言，从总体上看，他们一直满足于继续采用李济及他那个时代的中外考古学家们的方式来处理考古资料。

不过，在文化大革命（1966—1976年）结束以后，特别是1979年以来，中国考古学已经历了一系列深刻的变革。在这些变革中，首要的是出版物的多样化和考古技术的创新，特别是在断代方面。无论是在理论和方法上，我们还处于一个变化和创新的时期。前途无限光明。

---

[1] 例如，侯外庐，《中国古代社会史论》，上海三联书店，1954年。

第一章　旧石器时代的基础

有证据表明，人类的存在至今仍局限于更新世时期，这是地质年代中离我们最近而又最短暂的一个时期，大约始于二三百万年前。到该时期末，距今大约 12 000 年前，人类开始用栽培植物的方法获得粮食并开始驯养动物，从而在人类进化史上开创了一个文化发展的新时代。在此之前的整个文化发展阶段，通常被称作旧石器时代。正如我们目前所知晓的，农业村庄的出现便使得"中国"文化传统在考古遗存中体现出来了。不过其基础孕育于更新世，中国境内那个时期的人口和文化是世界范围内的大事之一。

人们所说的中国境内更新世旧石器文化这一概念是 20 世纪才出现的新概念。根据传统的中国历史所据以建立的传说，原始时代的世界由一长串贤明的王统治着，有三皇、五帝。这个序列延续着，从最初的历史时期到公元前 2000 年，其中包括三代时期——夏、商、周。这些古代圣哲统治时期的累积年代的确将传说中的中国古代史开端置于更新世时期。然而，在科学的更新世考古学中，人类及其文化遗存必须出自更新世地层中才能据以为信，在中国直到 1920 年才从可信的更新世地层中出土了古代文化遗存。那一年在陇东庆阳的更新世地层中最先出土了旧石器时代遗存,其发现者是法国的桑志华和德日进[1]。不久,接踵而至的便是中国地质调查所在北京周口店发现的举世闻名的古人类化石遗存。通过近65年的调查(特别是中国科学院古脊椎动物与古人类研究所在近36年来的工作),如今已有一百余处旧石器地点见于报道[2],其年代范围贯穿于整个更新世的较晚阶段。为了展示这些遗存的特性并了解经历了漫长时光的人类化石和文化遗存的变化,首先,我们必须描述中国在更新世的地质和生物的主要特征及其发生深刻变化的经过,以使古人类及有关文化能被置于适当的生态学和年代学范畴中。

一 更新世时期的中国

更新世时期是自地球形成以来离我们最近而又最短的地质新纪元,其间以人类的出现和发展为特征,更新世由于地壳运动导致一系列相关联的地壳隆起,形成巨大反差的周期性气候巨变,海陆变迁及由此引发的侵蚀和沉积循环,动植物群为适应气候条件的变化而发展演化。以上所提及的仅仅是最突出的变化,由于有了关于此类变化及其变化过程的证据,使得我们有可能描述出更新世各时期的特征并将其联系起来。于是,其结论便可用作一个时代的标尺,以作出对该时期历史的一般结论并对发现于各地点的遗存组合进行断代。

---

[1] P.Teilhard de Chardin, *Anthropologie* 33(1924), 630—631; P.Teilhard and E.Licent, On the discovery of a Palaeolithic industry in Northern China, *Bull*.《中国地质学会》1924年第3期,第45—50页。
[2] *The Palaeoanthropology and Palaeolithic Archaeology in the People's Republic of China*, Wu Rukang and John W. Olsen, eds., New York: Academie Press, 1985. lists in the maps on its endpapers forty-five sites where remains of fossil primates and humans have been reported, and seventy-seven sites with Palaeolithic archaeological remains. Nineteen of the latter sites have also yielded fossils and are listed under the fromer category.

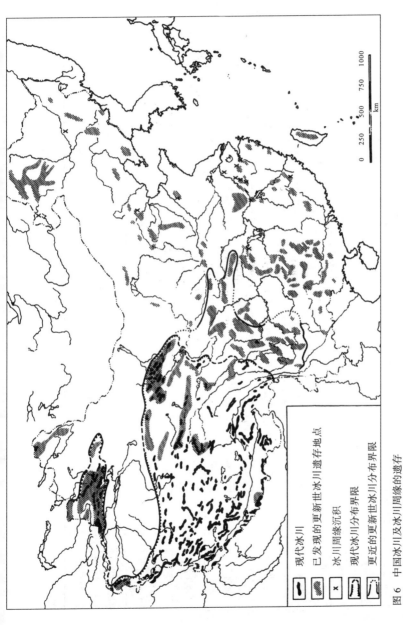

图 6 中国冰川及冰川周缘的遗存
（据《第四纪地质问题》，1964 年，图 10）

第一章 旧石器时代的基础

表二　第四纪冰蚀的初步关联

地区 冰川期/冰川名称	珠穆朗玛	天山	北京地区	渤海湾西岸	东北	华北	云南元谋	滇东黔西	湘西	江西庐山
较小的冰川期	绒布德									
冰川期	绒布寺	普利阿兹利科(音译)	百花山	第四冰川期	白头山	大理	大理	大海子(音译)	薛峰(音译)	庐山
间冰期	吉隆	塔克拉克	马兰		陈溪(音译)/白头山	丁村	苏家村(音译)	大龙潭(音译)/大海子(音译)	铁山(音译)/薛峰(音译)	
冰川期	加木拉	诺斯卡(音译)	碧云寺	第三冰川期	陈溪(音译)	庐山	铜山(音译)	大龙潭(音译)	铁山(音译)	庐山
间冰期	聂聂雄拉	泰兰(音译)/科克泰布爽(音译)	周口店	第三间冰期	洮儿河/陈溪	周口店	玉龙(音译)	海子头(音译)/大龙潭(音译)	常济(音译)	大姑
冰川期	泊里(音译)	科克泰布爽(音译)	龙骨山	第二冰川期	洮儿河	大姑	宗山(音译)	海子头(音译)	常济(音译)/铁山(音译)	庐山
间冰期	?	?		第二间冰期	白土山/洮儿河	火王岭	牛王山(音译)	丽原村(音译)/海子头(音译)	常济(音译)	大姑
冰川期	希夏邦马	?	泥河湾	第一间冰期	白土山	鄱阳 西侯度	马头山(音译) 元谋	丽原村(音译) 龙金村(音译)	铜目(音译)	鄱阳 大姑
间冰期			朝阳(音译)			龙川	元谋 龙川	丽原村(音译) 龙金村(音译)	铜目(音译)	鄱阳

Source: Sun et al., 1977.

在中国广泛存在着这样的证据，最直接的便是冰川和冰川周缘的沉积。李四光首先在江西庐山发现这类遗存，他辨别出了三处冰蚀：庐山、大姑和鄱阳[1]。另一处较晚的冰蚀被发现于云南大理，发现者是 H.V. 威思曼[2]。在大约最近 30 年，在全国发现了相似的遗存（图 6），尽管有许多迹象表明可能还有一两个冰川期存在于较早的阶段[3]。有关 4 个冰川期和 3 个间冰川期的观点已被广泛接受[4]。

与冰川和间冰川的间隔密切相关的是发现于更新世岩层中的沉积与侵蚀循环，其分布遍及中国的河边台地和洞穴裂隙沉积物中。自从 20 世纪 30 年代以来，华北晚新生代河流流域的一般结构已被很好地识别出来：在底部覆盖着上新世底层的是早更新世的红土（午城黄土）淤积，上面依次叠压着中更新世离石期黄土淤积及晚更新世的马兰期黄土（图 7）[5]。近来对非常厚的黄土纵剖面研究已获得了关于更新世气候条件的丰富资料。例如：在陕西中部洛川附近的黑木沟纵剖面，该纵剖面深达 130 米，包括午城、离石和马兰期黄土，经古地磁测定，其年代为

---

[1] Bull.《中国地质学会》1933 年第 13 期，第 2—15 页；*Lu Shan during the Ice Age*, Monographs, Inst. Geol., Academia Sinica, ser. B,2(1937);《中国第四纪冰川》，北京：科学出版社，1975 年。

[2] Hermann von Wissmann, "The Pleistocene Glaciation in China", Bull.《中国地质学会》1937 年第 17 期，第 145—168 页；"Die quartäre Vergletscherung in China", *Ztschr. Gesell. Erd. Berlin* (1937), 241–262.

[3] 孙殿卿等，《科学通报》1979 年第 7 期，第 307—309 页；"The early glacial of the Chinese Quaternary began about 3.5 million years ago ,and its termination cannot have been later than 2.6 million years ago. It may be named the Hung-yai Glacial."

[4] 晚近研究，见李永昭，《地质学报》1973 年第 1 期，第 94—101 页；南京大学地理系地貌学教研室：《中国第四纪冰川与冰川问题》，北京：科学出版社，1974 年；孙殿卿等，《地质学报》1977 年第 2 期，第 101—107 页；孙殿卿等，《科学通报》1979 年第 7 期，第 307—309 页；中国地质学会，《第四纪冰川与第四纪地质论文集》第 1 集，北京：地质出版社，1984 年。

[5] 《第四纪地质问题》，北京：科学出版社，1964 年，第 45—64 页；《陕西蓝田地区新生界》，北京：科学出版社，1978 年。

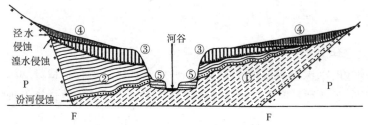

图7 华北一个新生代晚期盆地的构造。F=断层；P=古生代岩石。①上新世遗存；②三门期早段，更新世早期；③周口店期红土及基部砂砾，更新世中期；④马兰期黄土及与之共存的沉积物，更新世晚期；⑤冲积层。

（From H. L. Movius, Jr., *Transactions, Am. Phil. Soc.*, n.s.38, 1949, p.344）

240万年前。关于这个剖面黄土及其原始胶质的创始类型，其花粉和微小的哺乳动物化石，在微量分布、磁化率、碳酸钙含量及其他地球化学指标（诸如三氧化二铁与氧化亚铁的比率）上的差异，其结果构成了气候变化状况的波动曲线[1]，这个曲线图表与太平洋深海岩心的曲线相似[2]。关于洞穴裂隙淤积的研究，最详细的是在周口店第一地点及其他地点所进行的。表三表明了近来关于洞穴地层学、测时年代学及气候方面的研究收获[3]。

与上述研究相关的是对海平面变化的研究，这是通过取自沿东海岸大陆架的岩心而进行的。通过分析岩心中动物遗骸及植物花粉的变化并进行碳十四断代，科学家们能够确定海侵的顺序、年代及当时的气候状况，特别是在更新世的较晚时期（图8）[4]。

---

[1] T. S. Liu et al., "The Loess-Paleosol Sequence in China and Climatic History", *Episodes* 8(1985), 21–28; F. Heller and Liu Tung-sheng, "Magnetos tratigraphical Dating of Loess Deposits in China", *Nature* 300(1982), 431–433.

[2] N. J. Shackleton and N. D. Opdyke, "Oxygen Isotope and Palaeomagnetic Evidence for Early Northern Hemisphere Glaciation", *Nature* 270(1977), 216–219.

[3] 杨子赓、牟昀智，《科学通报》1981年第13期，第807—810页。

[4] K. O. Emery et al., "Post-Pleistocene Levels of the East China Sea", In *The Late Cenozoic Glacial Ages*, Karl K.Turekian, ed., New Haven: Yale University Press, 1971, pp.381-390; 汪品先等，《地质学报》1981年第1期，第1—12页; Huang Jinsen, "Changes of Sea-Level since the Late Pleistocene in China", in *The Evolution of the East Asian Environment*, 2 Vols., Robert O.Whyte, ed., University of Hong Kong, 1984, vol.1, pp.309-319.

表三　周口店晚新生代地层 *

年代（10^4 年 BP）	时期	洞穴地层			气候条件
1.2（C^{14}）	全新世				凉爽→温暖潮湿→凉爽干旱
1.83（C^{14}） 4.9（热发光） 23（U-系）	更新世晚期	山顶洞		第4地点	半干旱的温带气候；在寒冷间隔时平均气温可能比现在低 5℃—6℃
25.6（U-系）	更新世中期	周口店组	周口店第1地点	1—3 层	温带半干旱气候
29—31（热发光）				第 4 层	向干旱过渡
				第 5—6 层	半湿润的温带气候
46.2（裂变径迹）				第 7—11 层	半干旱气候趋向于干凉，有短暂的温暖湿润的间隔
				第 12—13 层	半湿润的温带气候
70（古地磁）		龙骨山组	第 1 地点 岩心层 14—15 层		温和而趋向于干旱；上部向暖湿及半湿润过渡
80±（古地磁） >100（古地磁）	更新世早期		第 1 地点岩心层 16—17？	第 12 地点	半湿润暖温带气候
?	上新世		漏斗形物，第 1 地点		北亚热带的半湿润森林草原气候
			第 14 地点		湿热的亚热带气候

* 以杨子赓、牟昀智的文章为基础，见《科学通报》1981 年第 13 期，第 807—810 页。

图 8　更新世晚期（距今 7 万至 1.5 万年）中国海岸线的变化
（From Huang Jinsen 1984; see.n.11）

在确定地质年代及其气候情况时，动、植物（特别是孢子）化石是特别有用的。无论是华北还是华南，其更新世早、中、晚期每个阶段的动物群都有数量庞大的哺乳动物化石标本为依据，但对华南动物群所进行的新研究表明，南方动物群的重叠性大于北方。华北更新世早期以冀北桑干河的泥河湾动物群及沿黄河中游的三门早期动物群为代表，包括首次出现的，诸如：象属、马属、犬属、熊属、绵羊属等以及从旧种类演变而来的常见种类，诸如鬣狗、犀牛和剑齿象等。在该动物群中，有许多上新世特征的种类已消失，该动物群完全可与欧洲的威勒弗朗钦动物群及印度、巴基斯坦的希瓦利克上层的动物群相比，更新世中期动物群以周口店动物群为代表，其中除剑齿虎之外，较早的上新世动物种类进一步减少，并首次出现了许多新的属甚至种类，包括：人属、肿骨鹿、貉属、麝属、猴猕属等，更新世早期的三门马、犀牛等许多种类仍存在。最后，在黄土及相关的河湖沉积中所发现的更新世晚期动物群中，有更新世中期遗留下来的种类，如：最后鬣狗、肿骨鹿、犀牛和现代哺乳动物。诸如：智人等以及典型的更新世晚期动物种属[1]。

华南的更新世动物群与华北的大不相同。从华南丰富的石灰岩洞穴中出土了相当早的哺乳动物化石（经常成为中药中的成分——"龙骨"），其中包括剑齿象和大熊猫，这种动物群便被称作大熊猫——剑齿象动物群[2]。从发现的情况来

---

[1] 裴文中，《中国第四纪哺乳动物群的地理分布》，《古脊椎动物学报》1957 年第 1 期，第 9—24 页；Han Defun and Xu Chunhua, Pleistocene Mammalian Faunas of China, in Wu and Olsen, eds., *Palaeoanthropology and Palaeolithic Archaeology in the People's Republic of China*, pp.267–289.

[2] W. D. Matthew and W.Granger, "New Fossil Mammals from the Pliocene of Szechwan", *Bull. Am. Museum Nat.Hist.* 48(1932), 563–598; E.H.Colbert, "Pleistocene Mammals from the Limestone Fissures of Szechwan, China", *Bull. Am. Museum Nat. Hist.* 102(1953), 1–134.

看，相似的动物群向南延伸到东南亚，被称为中国—马来亚动物群[1]。尽管与北方相比，华南动物群旧种类存在时间较长，现代种属出现较早，整体变化没有北方的明显，不过古生物学家通过近36年来的研究，已将华南发现的主要哺乳动物化石种类扩大到118种[2]，将更新世动物群发展史细分为早期、中期和晚期阶段[3]。

关于中国第四纪的古植物学研究，主要依靠孢粉学：研究最好的是陕西蓝田[4]、周口店[5]、上海地区[6]以及喜马拉雅山一带[7]。尽管在全中国范围内与气候波动相对应并能反映气候变化状况的其他资料的研究情况还不是很清晰。然而，一系列的气候波动还是被揭示出来了。这些情况将在后面提及。

在上述地质学、古生物学、古植物学资料的基础上，研究中国更新世的学者们在过去的半个世纪中曾尝试过各种方案以使关于更新世的各种细致划分形成全国范围的总地层，这些学

---

[1] G. H. R. von Koenigswald, "Eine fossile Saügetierfauna mit Simia aus Südchina", *Proc. Kon.Akad. Wetensch. Amsterdam* 38(1935), 872–879.
[2] 黄万波，《华南洞穴动物群的性质和时代》，《古脊椎动物与古人类》1979年第4期，第339页。
[3] Minchen Chow, "Mammalian Faunas and Correlation of Tertiary and Early Pleistocene of South China", *J. Palaeontol. Soc. India* 3 (1958), 123–130; 裴文中，《中国第四纪哺乳动物群的地理分布》，《古脊椎动物学报》1957年第1期，第9—24页。李炎贤，《我国南方第四纪哺乳动物群的划分和演变》，《古脊椎动物与古人类》1981年第1期，第67—76页。
[4] 中国科学院植物研究所、地质部新生代孢粉组，《陕西蓝田地区新生代古植物学的研究》，见《陕西蓝田新生纪现场会议论文集》，北京：科学出版社，1966年，第157—182页。
[5] 孔昭宸等，《科学通报》1981年第17期，第1065—1067页。
[6] 刘金陵、叶萍宜，《古生物学报》1977年第1期，第1—9页；竹淑贞等，《科学通报》1980年第5期，第220—223页。
[7] 徐仁等，《科学通报》1973年第6期，第274—277页；周昆叔等，《地质科学》1973年第2期，第133—151页。

者中的一些代表人物是裴文中[1]、德日进[2]、小哈勒姆·L.莫维斯[3]、刘东生[4]、吉恩·埃格尼[5]以及贾兰坡[6]。当代关于更新世全中国范围地形学的简要描述以1983年香港会议纪要为代表，其名称是《东亚环境之变迁》[7]。凡是认真研究中国史前史的学者们一定要查阅此类研究以便将早期遗址及相关的发现置于适当的年代学和环境学背景中。

然而，考虑到正在进行的关于中国更新世的多学科研究工作的速度及多样性，在许多地域性地层关系成功确立之前，本书若采用任何一种全中国范围的更新世地层方案都为时过早。而建立一个关于中国更新世的非常普遍的框架当然是可行的，在此框架中，更新世被细分为早、中、晚段，每段都与一个有特色的大动物群以及地质学上的细致划分和可能存在的冰蚀相联系。许多的主要遗址可能适于这个框架，这是在测时学资料的基础上进行的，这些资料也迅速丰富而适用起来[8]（表四）。在对一些主要的

---

[1] Wenzhong Pei, *An Attempted Correlation of Quaternary Geology, Palaeontology and Prehistory in Europe and China*, Inst. Archaeol., University of London. Occasional Papers, No.2. Geochronological table No.1, 1939, pp.3–16.
[2] P.Teilhard de Chardin, *Early Man in China*，Peking：Inst. Géo–Biologie 7(1941), 1–99.
[3] Hallam L.Movius, "Early Man and Pleistocene Stratigraphy in Southern and Eastern Asia"，*Papers of the Peabody Museum of American Archaeology and Ethnology, Harvard University* 19(1944), 1–25.
[4] 《第四纪地质问题》；也见 K.C.Chang, "ChinesePalaeoanthropology"，*Annual Review of Anthropology* 6(1977), 137–159.
[5] Jean S. Aigner, "Relative Dating of North Chinese Faunal and Cultural Complexes"，*Arctic Anthropology* 9(1972), 36–79；*Archaeological Remains in Pleistocene China*, Bonn: Deutsches Archäologis chcs Institut, 1981.
[6] Lanpo Jia, *Early Man in China*, Peking: Foreign Languages Press, 1980 (Table at end entitled "Tentative Chronology of Some Human Fossils and Cultures in China").
[7] Robert Orr Whyte ed. *The Evolution of the East Asian Environment*, University of Hongkong. Centre of Asian Studies, 1984, p.3.
[8] A master scale of Pleistocene loess deposits is provided by magneto–stratigraphical dating: see F. Heller and T.S. Liu, *Nature* 300(1982), 431–433; *Geophys .J.R.Astr. Soc.*77(1984),125–141; T.S. Liu and C.S. An, *Geochimica* 1984(2), 134–137. For palaeomagnetic studies of specific sites, see below in the text under individual sites. Chronometric data have also

考古遗址所进行的描述及讨论中，涉及了古环境方面的资料。

表四　中国更新世及主要的古人类和旧石器遗址年代一览表

年代（10^3）	测年技术	遗　　址	资料出处*	动物群	沉积物	冰川	具体分期
10—18	放射性碳素断代	周口店山顶洞	—				
18—23	铀系法断代	周口店山顶洞小南海	Ch'en et al. 1984				
10—24	放射性碳素断代	小南海	—				
11	放射性碳素断代	虎头梁	—				
11.2—11.7	放射性碳素断代	札赉诺尔	—				晚更新世
15.9—36.2	放射性碳素断代	下川	—	黄土动物群	马兰黄土	大理	
28.1—28.9	放射性碳素断代	峙峪	—				
32—40	铀系法断代	水洞沟	Ch'en et al. 1984				
37—50	铀系法断代	萨拉乌苏	Ch'en et al. 1984				

（接上页）resulted from a comparison of Pleistocene climatic cycles and variation of $CaCO_3$ contents in Chinese loess profiles with the palaeomagnetic stratigraphy of deep-sea cores in the Pacific；参看卢演侨，《地质科学》1981年第2期，第122—130页；刘东生、丁梦林，《人类学学报》1984年第3期，第93—101页；徐钦琦、尤玉柱，《人类学学报》1984年第1期，第62—67页。Other chronometric techniques that have been utilized for our purposes here include the uranium-series, amino aced, thermolumines cence, fission-track, and radiocarbon datings；见陈铁梅、原思训、高世君，《铀子系法测定骨化石年龄的可靠性研究及华北地区主要旧石器地点的铀子系年代序列》，《人类学学报》1984年第3期，第259—269页；J.W.Li and T.H.Lin,《地质科学》1971年第1期，第56—61页；裴静娴，《地质科学》1980年第4期，第403—405页；郭士伦等，《科学通报》1980年第25期，第384页。The relative Chronological formula of Brainerd and Robinson to sequence mammalian fossil assemblages has also been used fruitfully；参看陈铁梅，《用Brainerd-Robinson方法比较华北地区几个主要晚更新世化石动物群的年代顺序》，《人类学学报》1983年第2期，第196—202页。For general discussions of recent chronometric data and studies, 参看 Wu Xinzhi, Wang Linghong, Chronology in Chinese Palaeoanthropology, In: Wu Rukang, John W Olsen：*Palaeoanthropology and Palaeolithic Archaeology in the People's Republic of China*. Walnut Creek: Left Coast Press, 1985,pp. 29-51; G.C. Pope, *Proc. Nat. Acad. Sci*, 80(1983), 4968-4992。

续表

年代 (10^3)	测年技术	遗　址	资料出处*	动物群	沉积物	冰川	具体分期
44—52.8	放射性碳素断代	萨拉乌苏	—				
88—114	放射性碳素断代	许家窑	—				
110—125	铀系法断代	许家窑	Ch'en et al. 1984				
135—175	铀系法断代	周口店第4地点	Ch'en et al. 1984				
160—210	铀系法断代	丁村	Ch'en et al. 1984				
180—230	铀系法断代	大荔	Ch'en et al. 1984				
220—256	铀系法断代	周口店第1地点（1—3）	Ch'en et al. & Hsia 1982				
300	热释光断代	周口店第1地点（4）	Pei & Sun 1979				
355	铀系法断代	周口店第1地点（6—7）	Hsia 1982				
370	氨基酸外消旋法断代	周口店第1地点（3）	Li & Lin 1979				
390	氨基酸外消旋法断代	周口店第1地点（8—9）	Li & Lin 1979				
>400	铀系法断代	周口店第1地点（8—9）	Hsia 1982			大姑	
420	铀系法断代	周口店第1地点（8—9）	Chao et al. 1980	周口店动物群	离石黄土		中更新世
417—507	裂变径迹法断代	周口店第1地点（10）	Kuo et al. 1980				
460	氨基酸外消旋法断代	周口店第1地点（11）	Li & Lin 1979			庐山	
>500	铀系法断代	周口店第1地点（12）	Hsia 1982				
520—610	热释光断代	周口店第1地点（10）	Pei 1980				
500—600	古地磁断代	元谋	Liu & Ting 1983				

续表

年代（10^3）	测年技术	遗址	资料出处*	动物群	沉积物	冰川	具体分期
530	古地磁断代	陈家窝	Ch'eng et al. 1978				
650	古地磁断代	陈家窝	Ma et al. 1978				
>510	氨基酸外消旋法断代	公王岭	Li & Lin1979				
>500—800	古地磁断代	公王岭	Ma et al. 1978				
1000	古地磁断代	公王岭	Ch'eng et al. 1978				
				泥河湾动物群	午城黄土	鄱阳龙川？红崖？	早更新世
							上新世

* 表四的资料出处：

陈铁梅、原思训、高世君，《铀子系法测定骨化石年龄的可靠性研究及华北地区主要旧石器地点的铀子系年代序列》，《人类学学报》1984年第3期，第77—87页。

裴静娴、孙建中，《"北京人"遗址灰烬物质热发光年龄及其地质意义》，《科学通报》1979年第18期，第849页。

夏明，《周口店北京猿人洞骨化石铀系年龄数据——混合模式》，《人类学学报》1982年第2期，第191—196页。

李任伟、林大兴，《我国"北京人"、"蓝田人"和"元谋人"产地骨化石中氨基酸的地球化学》，《地质科学》1979年第1期，第56—62页。

赵树森、夏明、张承惠等，《应用铀系法研究北京猿人年龄》，《科学通报》1980年第4期，第192页。

郭士伦、周书华、孟武等，《用裂变径迹法测定北京猿人年代》，《科学通报》1980年第8期，第384页。

裴静娴，《周口店洞穴堆积物及大同火山烘烤层的热发光年龄》，《地质科学》1980年第4期，第403—405页。

刘东生、丁梦林，《关于元谋人化石地质时代的讨论》，《人类学学报》1983年第1期，第40—47页。

程国良、李素玲、林金录，《蓝田人地层年代的探讨》，见中国科学院古脊椎动物与古人类研究所编《古人论文集》，北京：科学出版社，1978年，第151—157页。

马醒华、钱方、李普等，《"蓝田人"年代的古地磁学研究》，《人类学学报》1978年第4期，第238—243页。多个碳十四数据发表于《考古》和《文物》的相关文章中。参见 Wu Rukang, John W. Olsen: *Paleoanthropology and Paleolithic Archaeology in the People's Republic of China*. Walnut Creek: Left Coast Press, 1985, pp.31-33。

二 更新世早期的人类

尽管人类的猿类祖先分类及其种系发展尚有争议,不过,近年来这类化石在中国已出土了许多[1]。古代类人猿的牙齿化石已在云南[2]、甘肃[3]和江苏[4]出土,在云南禄丰石灰坝出土了大量的腊玛猿化石(包括5个头盖骨、颅骨和下颌骨碎片及数以百计的牙齿)[5]。尽管有些古人类学家排除了腊玛猿与人类和现代猿类的共同祖先有亲缘关系的可能性[6],但大多数古生物学家仍认为这些中新世灵长类的化石属于人类的猿类祖先[7]。

中国上新世的古代类人猿遗存迄今未见。对于中国人类进化的早期历史来说,上新世和更新世早期的遗存起着关键作

---

[1] Wu Rukang, Xu Qinghua, Ramapithecus and Sivapithecus from Lufeng, China, In: Wu Rukang, John W.Olsen: *Paleoanthropology and Paleolithic Archaeology in the People's Republic of China.* Walnut Creek: Left Coast Press, 1985, pp. 53–68.

[2] Woo Ju-kang, "Dryopithecus teeth from Keiyuan, Yunnan Province", *Vertebrata Palasiatica* 1957 (1): 25–33.

[3] Wu Rukang, Xu Qinghua,Ramapithecus and Sivapithecus from Lufeng, China, In: Wu Rukang, John W.Olsen: *Palaeoanthropology and Palaeolithic Archaeology in the People's Republic of China.* Walnut Creek: Left Coast Press, 1985, p.67.

[4] 顾玉珉、林一璞,《人类学学报》1983年第2期,第305—314、401页。

[5] 徐庆华等,《科学通报》1978年第9期,第554—556页;徐庆华、陆庆五,《古脊椎动物与古人类》1979年第1期,第1—13页;吴汝康等,《科学通报》1981年第18期,第1125—1127页;陆庆五、徐庆华、郑良,《古脊椎动物与古人类》1981年第2期,第101—106页;吴汝康、韩德芬、徐庆华,《人类学学报》1982年第2期,第101—108页;吴汝康、徐庆华、陆庆五,《人类学学报》1983年第1期,第1—10页。

[6] 参看 Wu Rukang,Xu Qinghua,Ramapithecus and Sivapithecus from Lufeng, China,In: Wu Rukang, John W. Olsen: *Palaeoanthropology and Palaeolithic Archaeology in the People's Republic of China.* Walnut Creek: Left Coast Press, 1985, p.66; Wu Rukang (Woo Ju-kang) and Charles E, Oxnard,Ramapithecines from China: evidence from tooth dimensions. *Nature* 306(5940)1983:258–260;Wu, R., and Oxnard C. E. Ramapithecus and Sivapithecus from China: some implications for higher primate evolution. *American Journal of Primatology* (5)1983: 303–344。

[7] Wu Rukang, Xu Qinghua, Ramapithecus and Sivapithecus from Lufeng, China, In: Wu Rukang, John W.Olsen: *Palaeoanthropology and Palaeolithic Archaeology in the People's Republic of China.* Walnut Creek: Left Coast Press, 1985, p.66.

用,不过目前仅有巨猿化石的年代被定为更新世早期(及中期)[1]。虽然已知的中国最早的直立人化石严格地说只能早至更新世中期之始,不过学者们认为最早的真正的人——直立人可能于更新世的较早阶段就出现于华南了[2]。

在大约是更新世早期的沉积物中,有二三组人类文化遗存。大约50年前,在河北桑干河流域的泥河湾层,桑志华和德日进发现了一块所谓的多面体石头及一些骨片[3]。艾比·布鲁伊尔认为该石块和部分骨片上有人工修饰痕迹[4],可他的观点没有被广泛接受[5]。在泥河湾以西约一公里的上沙嘴村,从一层粗砂中发掘出了一把石英岩斧,还有一具古菱齿象的颅骨,发掘者认为其年代为更新世早期[6]。1978年,在山西阳原和河北蔚县的桑干河流域所进行的广泛调研,使小长梁遗址得以发现(图9)。该遗址出土了800余件石制品及可能经过人工修饰的骨片,还有鬣狗属、三趾马属、三门马属、瞪羚属动物二化石,还有属于典型泥河湾期的其他遗存[7]。经古地磁测定,小长梁遗存所暴露

---

[1] G. H. R. von Koenigsward, *Anth.Papers, Am. Mus. Nat. Hist.* 42(1952), 301-309; Franz Weidenreich, *Anth. Papers, Am. Mus. Nat. Hist.* 40(1945), pt.1; Pei Wen-Chung, "Discovery of Gigantopithecus Mandibles and other Material in Liu-cheng District of Central Kwangsi in South China", *Vertebrata Palasiatica*(2)1957,65-71; W.C.P'ei, *Am. Anthropol* 59(1957), 834-838; W. C. P'ei and J. K. Wu, *Acta Palaeontol. Sinica* 4 (1956), 477-489; 裴文中、李有恒,《古脊椎动物学报》1958年第4期,第193—200页; 董悌忱,《古脊椎动物与古人类》1962年第4期,第375—383页; 许春华等,《古脊椎动物与古人类》1974年第4期,第293—306页; 吴汝康,《巨猿下颌骨和牙齿化石》,《中国古生态志》总第146册,新丁种第11号,北京:科学出版社,1962年。

[2] Zhang Yinyun, Gigantopithecus and "Australopithecus" in China, In: Wu Rukang, John W. Olsen: *Paleoanthropology and Paleolithic Archaeology in the People's Republic of China*. Walnut Creek: Left Coast Press, 1985, p.69-78.

[3] P.Teilhard, *Anthropologic* 45(1935), 736.

[4] H.Breuil, *Anthropologic* 45(1935), 746.

[5] H. L. Movius, Jr., Transactions, *Am. Phil.Soc.*, n.s38(1948), 345.

[6] 盖培、卫奇,《古脊椎动物与古人类》1974年第1期,第69—72页。

[7] 尤玉柱等,《科学通报》1979年第8期,第365—367页; 尤玉柱等,《中国第四纪研究》1980年第1期,第1—13页。

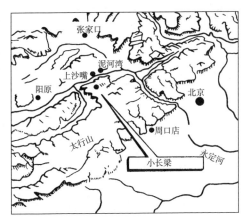

图 9　泥河湾附近的考古遗址
（据《科学通报》1979 年第 8 期，第 365 页）

出的地层横断面顶部年代为 152 万年前，底部约为 300 万年前。据此，该遗址所出石制品的年代被界定于这两个数据之间[1]。对该遗存的断代似乎是可靠的，这些石制品中有 12 件据认为有二次加工的痕迹，即：一件砍砸器和十一件刮削器（图 10）。

另一个年代相似的遗址是晋西南的芮城西侯度遗址。该遗址发现于 1959 年，于 1961—1962 年被发掘。从一条高出黄河河床的 170 米黄土溪谷的一个砂砾层中，出土了一组石制品及与之共存的泥河湾期哺乳动物化石，包括几种已灭绝的动物，如：古菱齿象、鹿、三门马属等等。这些动物表明当时这里是河湖密布的平原地形，气候特点是凉爽的季节性气候。石器又以石英岩为主，有 6 件石核，7 件石片，6 件刮削器，7 件砍砸器。有一件从附近采集到的棱柱形大尖状器也被置入该石器组合中，另外还有两只有切割痕迹的鹿角以及被烧过的骨骼、鹿角和马牙[2]。

---

[1] 汤英俊等，《古脊椎动物与古人类》1981 年第 3 期，第 263 页。
[2] 贾兰坡、王建，《西侯度——山西更新世早期古文化遗址》，北京：文物出版社，1978 年。

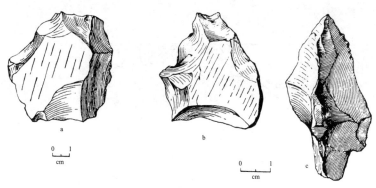

图10　小长梁石器（a. 砍砸器；b. c. 刮削器）(《中国第四纪研究》1980年第5期)

泥河湾遗址和西侯度遗址（图11）都很重要，值得注意。两处遗址的动物群有力地表明了其年代为更新世早期，其石制品也令人们颇受启迪，为进一步探索提供了依据。

三　更新世中期：直立人与旧石器时代早期

在中国，首要的更新世中期遗址是周口店，不过，通过近年来的考古工作，已发现了与周口店同期的大量遗存（图11）。

1　蓝田公王岭和陈家窝

1963年，中国科学院古脊椎动物与古人类研究所新生代研究室（IVPP）在陕西蓝田西北约10公里远的陈家窝村附近发现了一块猿人下颌骨。该遗址位于周口店西南方向，二者大致相距1000公里[1]。1964年，在秦岭山脉北部丘陵的公王岭发现了一具人类头盖骨，其年代与陈家窝的近似，该遗址在蓝田以东十多公里的地方[2]。在蓝田所发现的下颌骨和头盖骨大

---

[1] 吴汝康，《古脊椎动物与古人类》1964年第1期，第1—12页。
[2] 吴汝康，《古脊椎动物与古人类》1966年第1期，第1—16页。

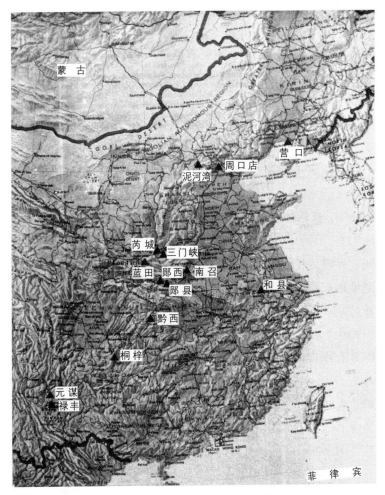

图11 中国更新世早、中期的古人类及旧石器时代文化遗址

概都属于女性,其形态特征与北京人非常相似,不过其特点比北京人更原始。例如:眉脊更粗大、颅骨壁更厚、脑容量更小(约780CC,爪哇人的脑容量为775—900CC,北京人为850—1300CC,现代人为1350CC),在其他几个重要方面,蓝田人也表现出了原始性(图12)。吴汝康认为,蓝田人无论与北京人,

还是与爪哇直立人相比，都具有更原始的特点，并认为蓝田人与爪哇猿人粗健型最相似[1]。更有趣的是，蓝田人下颌骨缺少第三臼齿，这在化石人标本中是一种罕见的发育不全的现象。据加恩先生的说法，第三臼齿发育不全的现象在现代人类中主要见于一些美洲印第安人、爱斯基摩人及许多亚洲人[2]。

从地质学观点来看，蓝田人化石所在地层与周口店地层有着广泛的相似性。蓝田人的颅骨和下颌骨都出自灞河岸边的沉积物中，灞河源自秦岭山脉，在西安附近注入渭河（图13）。在陈家窝，下颌骨出自微红色的土层中，与更新世早期沉积物之间有界线，其动物群化石不禁使人联想起周口店动物群[3]。该遗址沉积物的孢粉学资料反映出当时处于间冰期环境中，阔叶林及草本植物茂盛[4]。公王岭所发现的颅骨出自离石黄土沉积物中，其位置高于更新世早期沉积物界线，其共存的动物群具有周口店和万县动物群相混合的特点，包括三门马、肿骨鹿、剑齿象等[5]。该动物群明显比陈家窝动物群更原始[6]，这使得一些学者认为公王岭头盖骨的年代比陈家窝的下颌骨早得多[7]，该观点为以后的古地磁断代所证实[8]。公王岭化石是迄今中国最古老的人类化石。

---

[1] 盛张，《文物》1976年第6期，第40—44页；另外的观点参看 J. S. Aigner, W. S. Laughlin, The Dating of Lantian Man and His Significance for Analysing Trends in Human Evolution, *Am. J. Phys. Anthrop.* 39(1973): 97—109。

[2] S.M. Garn, Human Races, zd ed., Spring field, I 11: Thomas, 1962, p.29.

[3] 中国科学院古脊椎动物与古人类研究所编，《陕西蓝田新生界现场会议论文集》，北京：科学出版社，1966年，第17页。

[4] 同上，第172页。

[5] 同上，第17、287页。

[6] 计宏祥，《古脊椎动物与古人类》1980年第3期，第220—228页。

[7] J. S. Aigner , W. S. Laughlin, The Dating of Lantian Man and his Significance for Analysing Trends in Human Evolution, *Am. J. Phys. Anthrop.*39(1973): 97—109.

[8] 程国良等，《蓝田人地层年代的探讨》，见中国科学院古脊椎动物与古人类研究所编《古人类论文集》，北京：科学出版社，1978年，第151—157页。

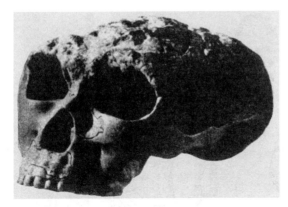

图12 陕西蓝田公王岭出土的头盖骨复原模型
（本照片承蒙中国科学院古脊椎动物与古人类研究所惠准使用）

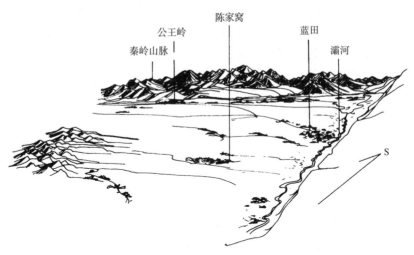

图13 蓝田旧石器文化遗址
（据《陕西蓝田新生界现场会议论文集》，1966年，第122页）

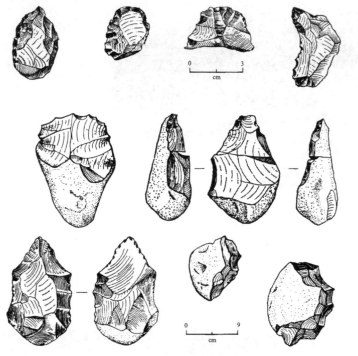

图14　蓝田石器（据《古脊椎动物学报》1976年第14期，第200、202、203页）

蓝田人的居址必须寻找。200余件石英及石英岩制品已从地层中采集到，这些地层与人类化石所出地层是相关联的：这些石制品包括石核、石片、砍砸器、砍砸工具以及手斧（图14）。其中一些砍砸器和砍砸工具较大，横断面大致成棱柱形，被称作"大尖状器"[1]。一件有水平截头的石片似乎比蓝田人的其他石器及

---

[1] 戴尔俭、计宏祥，《古脊椎动物与古人类》1964年第2期，第155页；戴尔俭，《古脊椎动物与古人类》1966年第1期，第30—32页；中国科学院古脊椎动物与古人类研究所编，《陕西蓝田新生界现场会议论文集》，第151—152页；戴尔俭、许春华，《考古学报》1973年第2期，第4—15页；魏京武《古脊椎动物与古人类》1977年第3期，第223—224页；盖培、尤玉柱，《古脊椎动物与古人类》1976年第3期，第198—203页。

北京人的石器先进得多，不过其出土位置比人类化石所在的层位靠上许多，所以其年代尚未确定[1]。石英的使用和石片及砾石工具的盛行使人联想到周口店石器特点，但是蓝田石器最主要的特征是大尖状器、大圆盘形砍砸器、交替剥片而成的砍砸器、刮削器以及石球。常见于周口店的"两极"石片及石核未见于这里。

2 元 谋

长期以来，云南元谋盆地就以出土大量的更新世哺乳动物化石而著称[2]，不过直到1965年该盆地才成为古人类学所瞩目的中心，当时在上那蚌村出土了两颗人类门齿（图15），它们属于同一个体，大概是一位青年男性的[3]。根据牙齿的具体情况，它们被定为直立人[4]，可是牙齿化石所出土地层中的动物群主体被划分为更新世早期[5]。这个偏早的年代得到了古地磁学的有力支持，古地磁学将含化石地层的年代测定为160万—170万年前[6]。然而，通过古地磁学对标本的重新测定，已将元谋遗存的年代修正为50万—60万年前，这样就属于更新世中期了[7]。

---

[1] 戴尔俭，《古脊椎动物与古人类》1966年第1期，第30页。
[2] E. H. Colbert, *Am. Mus. Novitates* 1099(1940), 1–10；裴文中，《古脊椎动物与古人类》1961年第1期，第16—30页。
[3] 胡承志，《地质学报》1973年第1期，第65—69页。
[4] 同上注；周国兴、胡承志，《古脊椎动物与古人类》1979年第2期，第149—162页。
[5] 尤玉柱、祁国琴，《古脊椎动物与古人类》1973年第1期，第66—80页；林一璞等，《云南元谋早更新世哺乳动物群》，见中国科学院古脊椎动物与古人类研究所编《古人类论文集》，第101—125页；计宏祥、李炎贤，《古脊椎动物与古人类》1979年第4期，第318—326页；周国兴、张兴永，《北京自然博物馆研究报告》1980年第5期。
[6] 程国良等，《地质科学》1977年第1期，第34—42页；Li Pu et al., *Scientia Sinica* 20(1977), 645–664。
[7] 刘东生、丁梦林，《人类学学报》1983年第1期，第40—48页；Geoffrey G.Pope, *Proc. Nat. Acad. Sci.* 80(1983), 4988–4992.

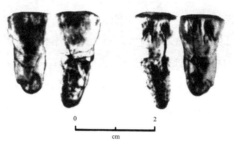

图15　元谋人门齿，前面（左）和舌面（右）
（据胡承志，《地质学报》1973年第1期，第70页）

1973和1975年，对元谋盆地所进行的考古发掘出土了17件石质工具（其中10件是从地表采集的）、骨片、木炭和烧骨，这些东西大致出自牙齿化石所出土的区域。大多数石器是石英岩，可识别的器型是刮削器和尖状器[1]。要阐述元谋石器组合的性质还需要更多的发掘。

3　周口店

周口店遗址于1920年由安特生首次发现，他认为这是一处潜在的人类化石出土地点。作为一处古人类学地点，周口店实际上是指北京旧城以西42公里处的一连串石炭岩山丘。周口店是山丘脚下村庄的名称（图16）。在周口店遗址有许多洞穴和裂隙，其中含化石的至少有26处。有5处，即第1地点、第4地点、第13地点、第15地点以及山顶洞出土了旧石器，发掘工作从1921至1937年，后来又从1959年至今。龙骨山第1地点是最重要的，从该地点不仅出土了数量庞大的系列石

---

[1] 张兴永、周国兴，《文物》1978年第10期，第26—29页；文本亨，《云南元谋盆地发现的旧石器》，见《古人类论文集》，第126—133页。

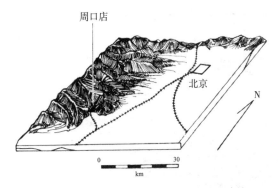

图 16　周口店洞穴遗址与北京老城及西山的位置关系
〔Based on J. G. Andersson, *BMFEA*（*Bulletin, Museum of Far Eastern Antiquities, Stockbolm*）15, 1943, p.21〕

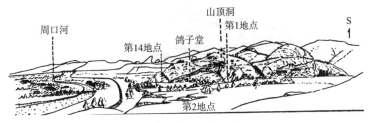

图 17　周口店龙骨山（据刘泽纯,《人类学学报》1983 年第 2 期）

器，而且出土了大量人类化石（图 17）[1]。

　　这是一处洞口朝向东北的居住洞穴，长约 175 米，宽约 50 米，堆积物厚达 40 米以上，是经过漫长时间而积累成的（图 18）。

---

[1]　关于周口店遗址发掘的参考书目，可参看 K.C.Chang, *Arctic Anthropology*1, No.2(1963), p.31. 经典的研究可见 D. Black et al. *Fossils Man in China*, Peking, 1933, 和 H. L. Movioes, Jr., Trans. *Am. Phil. Soc.* 38(1948)。五六十年代的发掘报告参看 Chia Lanpo, Report on the excavation of Sinanthropus site in 1958, *Vertebrata Palasiatica*1(1959), 41–45；赵资奎、戴尔俭,《古脊椎动物与古人类》1961 年第 4 期，第 374—378 页和邱中郎等,《古脊椎动物与古人类》1973 年第 2 期，第 109—124 页。1978—1982 年大部分发掘资料发表于吴汝康的《北京猿人遗址综合研究》，北京：科学出版社，1985 年。试掘成果参看 Wu Rukang, Lin Shenglong, *Scientific American* 248, No.6(1983), pp.86–94。两篇最著名的研究史的文章是贾兰坡的《北京人之家》，北京：人民出版社，1975 年；贾兰坡、黄慰文,《周口店发掘记》，天津：科学技术出版社，1984 年。

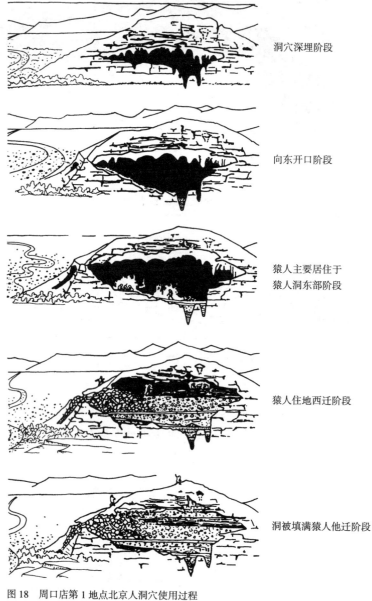

图 18　周口店第 1 地点北京人洞穴使用过程
　　　（采自任美锷,《中国科学》1981 年第 3 期）

在抗日战争全面爆发之前，洞穴堆积约发掘了1/3，1978年以后，西端也被发掘，共划分出13个自然层，自顶部至底部，从第1层到第13层。堆积物被划分为三期：

（1）底部砾石层，由第11至第13自然层构成，该层是由红土包裹砂子和砾石而成；

（2）中下部的角砾岩层，为第8至第10自然层，包括鬣狗化石；

（3）上部角砾岩层，第1至第7层，包括最后鬣狗的骨骸。人类化石遗存和文化遗存都仅见于第1至第11层。额外的第14至第17层都是通过在第13层之下开掘的一口深井而被划分出的。从已知的底部至顶部，洞穴堆积总计厚达40米。根据系统化的测年技术手段（表四），从有人类遗存的最早层位——第11层算起，该洞穴大致被连续居住了20余万年以上。

长时期居住所形成的遗存为研究自然环境及气候变化提供了宝贵资料，这些资料有助于将该遗址置于其所处的较大的更新世背景中，也有助于将它置于人类形态学和文化现象的演化序列中，就此三方面已经进行并正在继续进行许多新的发掘。关于环境变化，尽管总的来看，周口店地区当时的气候与现在多少有些相似(只是稍微温暖湿润些)[1]，科学家已运用了各种资料，包括孢子和孢粉[2]、哺乳动物化石[3]以及碎屑

---

[1] 徐钦琦、欧阳涟，《人类学学报》1982年第1期，第86页；李炎贤、计宏祥，《科学通报》1980年第23期，第1088页；贾兰坡，《地层学杂志》1978年第1期，第53—56页。

[2] B.Kurtén. New Evidence on the Age of Peking Man, *Vertabrata Palasiatica*4 (1959), 173-175；徐仁，《第四纪研究》1965年第1期，第77—83页；孙孟蓉，《第四纪研究》1965年第1期，第84—96页；J.Hsu, *Scientia Sinica* 15(1966), 412；孔昭震等，《科学通报》1981年第17期，第1065—1067页。

[3] 李炎贤、计宏祥，《科学通报》1980年第23期，第1087—1088页；李炎贤、计宏祥，《古脊椎动物与古人类》1981年第4期，第337—347页；徐钦琦、欧阳涟，《人类学学报》1982年第1期，第80—88页。

状洞穴堆积的矿物构成[1]，以得到气候波动的连续性状况，结果表明，自此开始有人居住以来，计有三个主要的寒冷冰川期（图19）[2]。就动物学而言，周口店第13地点[3]与第1地点基部砾石层在时间上一致，第4地点[4]和第15地点[5]与最晚的上部角砾岩层时间一致或更晚。大批的打制石制品出自第1地点的角砾岩层和第15地点；人类化石全部来自第1地点的角砾岩区域。已知第13地点出土了一件石制工具（图20），在第1地点底部砂砾层中采集到了两件石制品[6]（关于其是否为人工制品尚有争议）。

第1地点所发现的人类化石包括14件头盖骨、一百余枚牙齿、颅骨后部，属于40余个个体[7]。人们通常所说的"北京人"有着种种拉丁语化的名称，如："北京中国猿人"、"北京直立人"等。无论叫什么名称，"北京人"都具有人类的特征：直立的姿势、较多的脑容量（平均1075CC）以及制造和使用工具的能力（图21）。另一方面，下列特征亦使"北京人"有别于现代人：头盖骨低平、头盖骨骨壁相当厚，颅顶正中有明显的矢状嵴，没有下颌。除此之外，"北京人"还有其他

---

[1] 沈丽琪等，《地质科学》1981年第1期，第60—65页。
[2] 刘泽纯，《人类学学报》1983年第2期，第172—183页。
[3] W.C. P'ei, *Bull.* 中国地质学会 13(1934),359-367.
[4] W.C. P'ei, *Bull.* 中国地质学会 19(1939),207-234；顾玉珉，《周口店新洞人及其生活环境》，见《古人类论文集》，第158—171页。
[5] W.C.P'ei, *Bull.* 中国地质学会 19(1939),147-187.
[6] Chia Lan-po, Report on the excavation of Sinanthropus site in 1958,*Vertebrata Palasiatical* (1959), 41-45; 赵资奎、戴尔俭，《古脊椎动物与古人类》1961年第4期，第374—378页；另参看张森水，《古脊椎动物与古人类》1962年第3期，第270—279页。
[7] D.Black,*Palaeontologia Sinica*,ser.D,7(1927),1-28; F.Weidenreich, *Palaeontologia Sinica*,n.s.D,1(1937); *Palaeontologia Sinica*,n.s.D,10(1943); Woo Ju-kang,Chao Tze-kuei, New Discovery of Sinanthropus Mandible from Choukoutien, *Vertebrata Palasiatica*4(1959), 169-172; 邱中郎等，《古脊椎动物与古人类》1973年第2期，第109—124页。

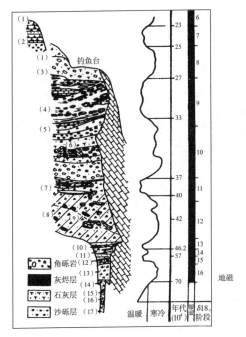

图 19　北京人洞穴遗存所反映出的古代气候曲线
　　　（据刘泽纯,《人类学学报》1983 第 2 期）

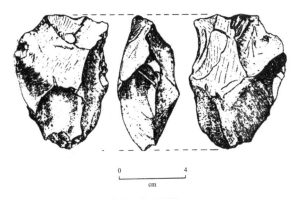

图 20　周口店第 13 地点出土的砍砸器
　　　（From H. L. Movius, Jr., *Transactions, Am. Phil. Soc.*, n.s. 38, 1949, p.391）

图21　北京人女性头部复原以及据以复原的颅骨
（From Franz Weidenreich, *Palaeontologia Sinica*, n. s. D, 10, 1943, pl.48）

的特点，如齿系与齿冠的特点，这些特点使得北京人被置于与爪哇直立人相同的范畴，所有的体质人类学家都承认二者之间的密切联系。根据一条股骨的长度，魏敦瑞推断一位成年男性的身材仅为156厘米，而女性身高约为144厘米。按现代标准衡量北京人的寿命很短：40%死于14岁之前，活过50岁的仅占3%[1]。魏敦瑞认为这些人中有许多岁数不大就受伤夭折。

在大多数情况下，除少量的颅骨后部碎片之外，周口店所出土的中国猿人仅有头盖骨……堆积物中简直没有长骨和脊椎骨等。这些头盖骨似乎是猎头者的战利品，而且所谓的猎头者通常是在头颅尚新鲜时，砸开头骨，吃掉其中的骨髓。许多的头盖骨上的痕迹也表明，死者是因受重击导致颅骨破裂而死亡的。[2]

---

[1] F.Weidenreich, *Chinese Med. J.*55(1939), Peking.
[2] E.A.Hooten, *Up from the Ape*, New York : Macmillan, 1949, p.304.

北京人的食物结构中明显有一部分是其同类的肉、脑及骨髓。不过，他们的主要食物是野生动物肉，其中 70% 是肿骨鹿，这是根据洞穴内所发现的骨化石而推断出的，他们所食用的其他野生动物包括豹、洞熊、剑齿虎、鬣狗、象、犀牛、骆驼、水牛、野猪和马[1]。洞穴中所发现的许多木炭、烧过的石头以及燃火后遗留的红烧土面，表明北京人能够很好地管理火并烧烤食物[2]。北京人砍下山丘上的树用作燃料，并使用木材。洞内发现了一些坚果，可能是从被伐下烧火的树枝上掉落的，不过，北京人也很可能采集野果用来补充其食物[3]。除了可能被切割使用的骨片之外[4]，北京人的工具主要由十万件石制品构成，这为研究北京人的文化提供了基本资料[5]。根据中国科学院古脊椎动物与古人类研究所的张森水近来对 5897 件标本的研究，北京人的石器具有以下特征（图 22）[6]。

1. 以石片石器为主。

---

[1] 裴文中，《周口店猿人产地之肉食类化石》，《中国古生物志》丙种第 8 号第 1 册，实业部地质调查所，1934 年；刘后一，《古脊椎动物与古人类》1973 年第 1 期，第 86—97 页。

[2] D.Black,*Bull.*《中国地质学会》1931 年第 1 期，第 107—108 页；H.Breuil, *Bull.*《中国地质学会》1931 年第 1 期，第 147—154 页；*Anthropologie* 42(1932), 1–17；*Anthropos* 27(1932), 1–10.

[3] R.W.Chaney, *Carnegia Inst.Wash.Bull.*n.s.3(1935), 25, 199–202；*Bull.*《中国地质学会》1935 年第 14 期，第 99—113 页；R.W.Chaney and L.H.Daugherty, *Bull.*《中国地质学会》1933 年第 12 期，第 323—328 页。

[4] H.Breuid, *Bull.*《中国地质学会》1931 年第 11 期，第 147—154 页；*Anthropologie* 42(1932), 1–17; *Palaeontologia Sinica*, ser. D, 6(1939), 7–41; W.C.P'ei, *Bull.*《中国地质学会》1932 年第 12 期，第 105—108 页；裴文中，《考古学报》1960 年第 2 期，第 1—9 页；贾兰坡，《考古学报》1959 年第 3 期，第 1—4 页。

[5] W.C.P'ei, *Bull.*《中国地质学会》1931 年第 11 期，第 109—139 页；P.Teilhard and W.C.P'ei, *Bull.*《中国地质学会》1932 年第 11 期，第 315—358 页；D.Black et al., *Fossils Man in China*, H.L. Movius, Jr., Papers, Peabody Museum, Harvard University, 19(1944), Transaction *Am. Phil. Soc.* 38(1948).

[6] 张森水，《古脊椎动物与古人类》1962 年第 3 期，第 270—279 页；第 1 地点石制品报告详见裴文中、张森水，《中国猿人石器研究》，《中国古生物志》总号第 168 册，新丁种第 12 号，北京：科学出版社，1985 年。

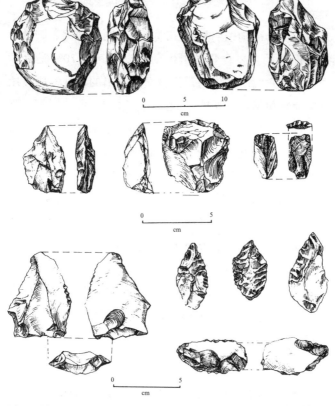

图 22　周口店出土的旧石器时代石器，上排为第 1 地点石器，下排为第 15 地点石器（Based on H. L. Movius, Jr., *Transactions. Am. Phil. Soc.*, n. s. 38, 1949, 图 35、37—39 页）

2. 北京人制造的石器主要通过单面打击法，然后通过锤击法进行第二步加工。制造石器的主要原料是脉石英。

3. 许多石片石器未经第二步加工却有使用痕迹。

4. 许多工具及石制品没有常规形式。

5. 纵观整个地层堆积，北京人制造石器工艺有着巨大的灵活性和多变性。

6. 在大多数情况下，第二步加工的边沿呈曲线形，显示出第二步加工所遗留的打击点疤痕，表明石器加工工艺是相当原始的。

7. 石器种类差别不明显。主要的器类是刮削器、砍砸器、尖状器和石钻。不过，许多石器有多种用途。

张森水的结论是，如此的石器制造工艺具有旧石器时代早期的特点，从石器组合来看，北京人与东亚和南亚的旧石器时代早期文化更为相似，而与欧洲和非洲的差别较大。早在1944年，莫威尔斯即指出：东亚和南亚的旧石器时代早期的石器制造工艺，即巴基斯坦的索安文化、上缅甸的安雅辛文化、爪哇的巴芝丹文化以及北京的周口店文化形成了所谓的砍斫器传统，这与欧洲和非洲的阿布维利文化及阿舍利文化的手斧文化及从修整好的石核台面上打下石片的工艺特点形成了鲜明对比（亚洲的打制石器特点是以卵石制工具，仅有少量的疤痕，通常器类简单）[1]。东亚旧石器早期文化有自身特点，可现在人们想知道它与西方同期文化的差别是否被扩大化了。近来对较新资料所进行的分析表明上面的概括有点简单化。现在，包括张森水在内的几位中国考古学家认为，周口店的石制品有着明确的器型，并且相当复杂，这一点在堆积的上部表现得更为突出[2]。在北京人的12个形态特征的基础上，主要是铲形门齿、下颌骨隆突等，魏敦瑞认为北京人的一些基因遗传到了居于同一区域的现代蒙古人身上，但是这一观点远未被普遍接受[3]。

北京人化石（包括五个近于完整的头盖骨）是经过严格的科学发掘，从资料齐全层位关系明确的沉积层中出土的，

---

［1］ Movins, *Papers, Peabody Museum, Harvard University* 19 (1944).
［2］ 邱中郎等，《古脊椎动物与古人类》1973年第2期，第109—124页。
［3］ F. Weidenreich, "The skull of Sinanthropus pekinensis", *Palaeontologia Sinica* 10 (1943), pp.1–485; But see J.K.Woo and N.N.Cheboksarov, *Sovietskaia Etnografia* 4, 1959, 3–24.

同时，还为我们提供了关于更新世中期动物群及旧石器时代早期石器加工工艺的丰富资料，是中国对世界学术的重要贡献，是古人类学的最伟大收获。不过，虽然北京人化石在地下安然埋藏了50万年，没有被自然界的剧变所扰动，可是在它们出土后仅15年，便丢失了。尽管北京于1937年被日军占领，中国地质调查所新生代研究室的科学家在周口店所进行的工作一直继续到1939年。后来在1941年，美国和中国重庆当局决定将化石运到美国安全保管，他们将北京人化石装箱之后运到秦皇岛（位于北京东北的一个有港口的小城市）的一个仓库，交美国海军保管。就在这时，珍珠港事件爆发了。珍珠港事件所带来的混乱使得北京人化石失踪，或是从库房丢失的，或是随船沉没了，此后再不知其下落[1]。1950年以后，北京周口店第1地点又出土了一些北京人化石，包括几颗牙齿、一件头盖骨、一件下颌骨和几件长骨，然而对于那些失踪的北京人化石来说，这些新收获只能算作小的补偿。

4 其他遗址

近年来，发现了许多其他的更新世中期古人类及其考古学文化遗存。其中一些经过了严格的地质学断代，其余的则是在一定的形态学及类型学研究的基础上而被置于该时期的。该时期，中国境内直立人数量明显增多。在此，我由北向南列举一下主要发现。

辽宁省南部营口市附近的金牛山遗址非常重要，它是一处洞穴裂隙遗址。抗日战争之前，这里就曾采集到哺乳动物化石。

---

[1] For an account of the circumstances of the disappearance of Peking man fossils and some recent efforts to recover them, so far without success, see Harry Shaoiro. *Peking Man*. New York: Simon and Shuster, 1975.

1974—1976年，辽宁博物馆在该遗址进行了发掘，揭露出了上层和下层，根据其各自的动物群，这两层的年代分别为更新世晚期和中期[1]。无论上层还是下层都发现了石器，其中下层出土的有刮削器和小尖状器，大多由脉石英制成。在1984年秋天，通过进一步发掘，一具不太完整的人骨架出土了，报告中将其称为直立人或早期智人，该遗址所出土的人类化石包括头盖骨、脊椎骨、肋骨、骨盆、一些肢骨和手骨以及足骨[2]。

本溪庙后山遗址在年代及文化内涵上都与金牛山人相似，该遗址也位于东北南部，属辽宁省[3]。

在蓝田以东约150公里的晋西南芮城县匼河村附近至少11个地点出土了大量与金牛山人年代相似的石器。1960年，来自中国科学院古脊椎动物与古人类研究所的科学家们在该遗址发掘。上述11个地点都出土了旧石器，这些旧石器出自一层不结实的沙砾中，该层处于厚厚的一层微红土下，同时又处于一层泥灰质土的侵蚀面之上。与这些旧石器共存的动物群有三门马、德氏水牛、肿骨大角鹿、扁角鹿、犀牛、三趾马、师氏剑齿象。根据该动物群（而不是地层学）匼河遗存被置于更新世中期，不过该遗存可能早于周口店第1地点的主体阶段，而与周口店第13地点大致同时期[4]。

除了少量的脉石英之外，匼河的石器主要由石英岩砾石制成，其中，许多石器还保留着砾石外皮。从各地点共收集到53件石核和66件石片，在这些石制品中有少数几件有使用痕

---

[1] 张镇洪，《古脊椎动物与古人类》1981年第2期，第185、186页；金牛山联合发掘队，《古脊椎动物与古人类》1978年第2期，第129—136页。
[2] 《人民日报》1984年11月29日。
[3] 张镇洪，《古脊椎动物与古人类》1981年第2期，第186页；匡瑜，《考古与文物》1982年第2期，第32页。
[4] 贾兰坡，《匼河》，北京：科学出版社，1962年，匼河遗址的年代序列参见此文。邱中郎，《古脊椎动物与古人类》1962年第3期，第291—294页；贾兰坡，《古脊椎动物与古人类》1962年第3期，第295—298页。

迹和第二步加工痕迹。此外，有19件肯定经过第二步加工的石器，它们被划分为5种类型：砍斫器7件、刮削器7件、三棱大尖状器1件、小尖状器1件以及石球3件。匼河人的石器制造工艺与北京人一样非常原始，其特点是以石片为主（石核的利用率低）、疤痕大，特意打制出的台面较少。从类型学的角度来看，周口店和匼河的石器绝大多数都以砾石制成，也都以石片石器为主，都具有莫威尔斯所说的以砍斫器为传统的特点，且都处于旧石器时代早期的发展水平上。但是周口店的石器制造工艺似乎略微复杂一点：用石片疤相交脊棱为打击点（而不是用砾石外皮），在第二步加工及器型方面更为精致，另一方面，在蓝田和匼河都发现了三棱大尖状器，而北京周口店却未见出土。即使在旧石器时代早期华北可能就形成了石器制造方面的地域特色，这种一致公认的差异性非常重要。

与匼河石器（包括石片、砍斫器、大三棱尖状器和石球）颇为相似的打制石器已出土于山西的几处遗址[1]和豫西北三门峡的水磨沟、会兴沟[2]，豫西南南召的小空山[3]，从地质学角度来看，其出土层位与匼河的相似。在南召的另一个地点——杏花山，采集到了一颗人类的前臼齿，它与更新世中期动物群共存[4]。

在华中和华南，近来的主要发现是1980和1981年出土于皖中和县龙潭洞的直立人头盖骨和其他化石[5]。这些化石包括

---

[1] 汤英俊等，《人类学学报》1982年第2期，第156—159页；文本亨等，《人类学学报》1983年第3期，第231—235页；李超荣等，《人类学学报》1983年第3期，第236—246页；王向前、陈哲英，《人类学学报》1984年第1期，第82页。
[2] 黄慰文，《古脊椎动物与古人类》1964年第2期，第162—177页。
[3] 张维华，《中原文物》1982年第1期，第31—36页。
[4] 邱中郎等，《人类学学报》1982年第2期，第109—117页。
[5] 黄万波等，《科学通报》1981年第24期，第1058—1060页；黄万波等，《古脊椎动物与古人类》1982年第3期，第248—256页；吴茂霖，《人类学学报》1983年第2期，第109—115页。

一件头盖骨、一块额骨碎片、一块顶骨碎片、一块下颌碎片和九枚牙齿。头盖骨属于一位青年男性。颅穹窿低矮、额骨明显后倾，有发达的眉嵴和枕嵴，脑容量为1025毫升。和县人头骨在总形态上与北京人相似，但似乎更进步些[1]。与和县人共存的动物群包括剑齿虎、肿骨鹿等周口店动物群的种类，不过，该动物群也有华南动物群中常见的大熊猫、剑齿象和貘。一种意见认为，这里所发现的小型哺乳动物似乎将该遗址与周口店第1地点第5层联系起来[2]，而另一种意见则将该遗址与周口店第1地点第4层和第3层相联系[3]。

在和县以外，砾石砍斫器和石片石器已出土于湖北[4]和贵州[5]，地表及附带性的考古采集已进行于四川和广西[6]。如今，据报道，直立人牙齿已被发现于贵州桐梓、湖北郧县[7]、郧西[8]和建始[9]。这些使得我们想到了20世纪30年代晚期凯尼格斯

---

[1] 吴汝康、董兴仁，《人类学学报》1982年第1期，第2—13页。
[2] 郑绍华，《科学通报》1982年第11期，第683—685页。
[3] 徐钦琦、尤玉柱，《人类学学报》1984年第1期，第62—67页。
[4] 李炎贤、袁振新、董兴仁等，《古脊椎动物与古人类》1974年第2期，第139—157页；周国兴，《考古与文物》1980年第3期，第1—3页。
[5] 裴文中等，《古脊椎动物与古人类》1965年第3期，第270—279页；吴茂霖等，《古脊椎动物与古人类》1975年第1期，第14—23页；李炎贤、文本亨，《贵州黔西观音洞旧石器时代文化的发现及其意义》，见中国科学院古脊椎动物与古人类研究所编《古人类论文集》，第77—93页；吴茂霖，《人类学学报》1984年第3期，第195—201页。
[6] D.A. Hooijer, *Southwestern J. Anthropol.* 7 (1951), 77–81; D. C.Graham, *J. West China Border Res. Soc.* 7 (1935) 47–56; H. de Terra, *Pleis to cence Formations and Stone Age Man in China*, Peking: institut de Geo-Biologie, 1941, pp.36–37; Teihard et al.,*Bull.*《中国地质学会》14 (1935), 179–205.
[7] 许春华，《湖北郧县猿人化石地点的发掘》，见中国科学院古脊椎动物与古人类研究所编《古人类论文集》，第175—179页；吴汝康、董兴仁，《古脊椎动物与古人类》1980年第2期，第142—148页；吴汝康、吴新智，《古脊椎动物与古人类》1982年第1期，第1—8页。
[8] 群力，《人类学学报》1983年第2期，第203页。
[9] 高建，《古脊椎动物与古人类》1975年第2期，第81—88页；张银运，《人类学学报》1984年第2期，第85—92页。

沃德先生在香港一家药店所发现的另一颗牙齿，据他认为，这枚牙齿最初出土于华南某地的微红色土层中[1]。目前，所发现的新资料填补了北京人与爪哇人之间在华南的缺环，不过我们需要多得多的遗址以了解其文化。

四　更新世晚期：智人与旧石器时代中晚期

如上所述，人类形态和制石工艺在延续时间长达20万年的北京周口店洞穴遗址中经历了逐渐而明显的变化。吴先生和林先生在其文章中指出：

> 北京人化石的时间跨度大，使我们得以追踪其形态变化，特别是通过北京人在该遗址的漫长居住史来追踪其脑容量的增加。第8和第9层出土的4具头盖骨平均脑量……为1075CC。第3层出土的一具头盖骨……脑量为1140CC……
> 从第8至第11层所出土的石器代表了最早的文化……以重量超过50克、长度超过60毫米的大型工具为特点，并且任意使用直接打击法、碰砧法和砸击法打制石片。在此阶段，石器中用诸如砂岩等较软的材料制成的为15%—20%。到了中期阶段……碰砧法实际上已不再采用，用砸击法来产生两极石片成了打制石片的主要方法。其结果是重量不足20克，长度不到40毫米的石器所占比例增至68%。相比之下，大型工具减少至12%。到了北京人的最后阶段……石器制造技术也明显是最先进的：石器变得更小，石质也更好。在从第1至第5层所出土的石器中，细

---

[1] Auth. Papers, *Am. Nluseum Nat. Hist.* 43(1952), 308.

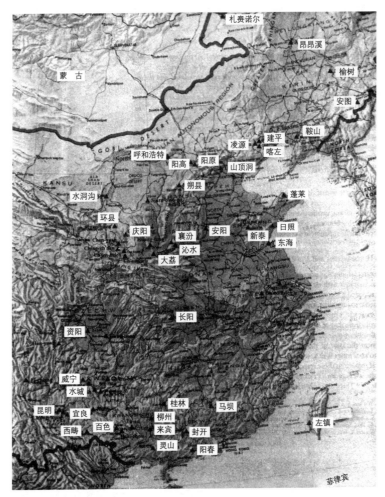

图 23　中国更新世晚期古人类及旧石器文化遗址

小石器所占比例急剧上升到总数的 78%，而大型石器进一步减少，仅占 5%。尽管工具……仍主要由石英制成，不过石质粗劣者如脉石英所占比例更少，在最晚的地层中，燧石工具所占比例增加到 30%。[1]

---

〔1〕 R.Wu and S.Lin, *Scientific American* 248, No.6(1983), 92.

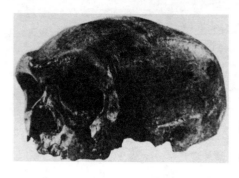

图24 陕西大荔人的头盖骨
（本照片承蒙中国科学院古脊椎动物与古人类研究所惠准使用）

在周口店北京人生活时代之后不久，如果铀系法断代可靠的话，大约在20万年前，人类化石形态和打制石器都有了质的提高，这一点颇为重要而且有事实为证，该时期人类化石及打制石器的分布也更为普遍了。以上的情况在我们对更新世晚期主要遗址的简要描述中表现得更明显（图23）。

五　早期智人和旧石器时代中期

1978年在陕西东端的大荔县甜水沟出土了一件人类头盖骨，同出的还有181件石制品及哺乳动物化石[1]。1980年，该遗址被第二次挖掘，又发现了384件石制品及新的哺乳动物化石[2]。大荔人的头盖骨（图24）为一青年男性，其形态特征属于早期智人[3]：

> 他与周口店的直立人有着显著的差别。其颅骨最宽处不接近于颅底，而是有所上移。顶骨间的距离为136毫米……

---

[1] 王永焱等，《科学通报》1979年第7期，第303—306页；吴新智、尤玉柱，《古脊椎动物与古人类》1979年第4期，第294—303页。
[2] 张森水、周春茂，《人类学学报》1984年第1期，第19—29页。
[3] 吴新智，《中国科学》1981年第2期，第200—206页。

这使得大荔人与其他许多早期智人相似。颅骨壁的厚度略小于北京人的平均数，却超过西方大多数早期智人。[1]

关于大荔人的绝对年代晚于已测出三个数据：古地磁测定大荔人年代晚于73万年前，铀系法断代为18万至23万年前，热释光断代为41000至71000年前[2]。在表四中，仅有铀系法断代数据被选中，因为古地磁关于大荔人晚于73万年前的数据没有实际意义，而热释光断代数据来自第8层，该层晚于出土了头盖骨的第3层。铀系法断代所得出的数据距今有20万年，且将大荔人即刻衔接到北京人年代之后，它揭示出中国境内人类开始由直立人步入智人。

大荔人的打制石器也体现出重要的创新性。总的来说，石器比周口店的小（长度不到4厘米的超过90%），第3层出土的石器中由燧石制成的超过80%，仅有10%的以石英为质料。主要器类为刮削器、尖状器、石锥和雕刻器，而未见砍砸器和石球。以石片石器居多，第二步加工时的修理技术相对粗劣。

在距今20万年这个时间范畴内的另一处遗址是位于晋南汾河流域的襄汾丁村。这里1954年出土了三枚人类顶骨化石[3]。这里的石器加工技术比那些旧石器时代早期遗址先进得多，丁村人的石器制造技术仍体现出了砍砸器传统并亦以石片石器为主，石器加工工艺相当精致，各种器类包括：三棱大尖状器、

---

[1] Wu Xinzhi and Wu Maolin. Early Homo sapiens in China, In: Wu Rukang, John W. Olsen：Paleoanthropology and Paleolithic Archaeology in the People's Republic of China.Walnut Creek: Left Coast Press, 1985, p.93.
[2] 王永焱等，《科学通报》1979年第7期，第306页。
[3] 裴文中等，《山西襄汾县丁村旧石器时代遗址发掘报告》，中国科学院古脊椎动物研究所甲种专刊第2号，北京：科学出版社，1958年；吴新智，《古脊椎动物与古人类》1976年第4期，第270页。

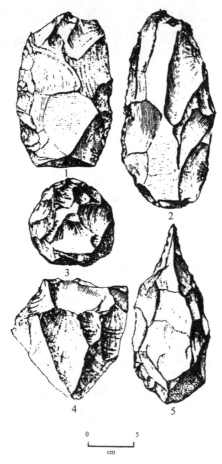

图 25　丁村旧石器时代文化遗址出土的石器
（采自《新中国的考古收获》1962 年，第 5 页）

多边形刮削器、石球、小尖状器、刮削器、砍砸器（图 25）。用交互打击法加工的石核石器数量增多，在进行打击之前台面经常被修理，最重要的是有些石片石器边缘平行，可能是下一个阶段才出现的长石片之前身。特别值得一提的是，丁村石器中的三棱大尖状器和石球，从类型学的角度来看，它们显然继承

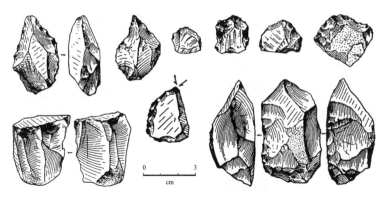

图 26 薛家窑旧石器时代文化遗址出土的石器
（据《考古学报》1976 年第 2 期，第 102—107 页）

了黄河中游旧石器时代早期的传统。

发现于晋东北阳高许家窑（地处桑干河流域）的人类化石在时间上略晚一点，不过，化石形态仍显示出早期类型特点。这些人类化石包括 11 块顶骨碎片、2 件枕骨、1 件下颌骨碎片和 2 枚牙齿。该遗址在泥河湾以西不远，于 1974、1976 和 1977 年被发掘[1]。这些化石的具体形态表明其具有"介于华北直立人和现代智人之间"[2]的特点。另一方面，这里出土了将近 2 万件石制品和骨器，还有大量的脊椎动物化石，石器的特征为形体小，出现了具有重大意义的刃缘精细加工技术，石球数量多。石器类型中应特别提到的是雕刻器、小尖状器、多种样式的刮削器（包括拇指甲状的细小刮削器，图 26）。该遗址石器加工技术中的进步成分显示出向旧石器时代晚期石器加工技术发展的特点。

---

[1] 贾兰坡、卫奇，《考古学报》1976 年第 2 期，第 97—113 页；贾兰坡等，《古脊椎动物与古人类》1979 年第 4 期，第 277—293 页；吴茂霖，《古脊椎动物与古人类》1980 年第 3 期，第 229—238 页。

[2] R.Wu and X.Wu, op cit. (n.110).

中国北方这三处遗址所发现的早期智人都属于旧石器时代中期，与之年代及形态相当的人类化石据报道也已见于华南石灰岩洞穴堆积中，但未发现共存的石器。这些发现包括湖北长阳所出土的一件上颌骨和一枚前臼齿[1]，安徽巢县所出土的一件枕骨[2]，广东马坝所出土的头盖骨[3]。所有这些人类化石都被描述为具有尼安德特人的特征。

六　晚期智人与旧石器时代晚期

我们所列出的少量年代数据（表四）表明旧石器时代中期（20万—5万年前）的古人类学及考古学遗址为我们提供了介于相对统一的中国旧石器时代早期文化与其高度分化的旧石器时代晚期后裔之间的重要环节[4]。的确，从距今5万年前开始的旧石器时代晚期文化异彩纷呈，在一些地区该时期文化遗址分布得相当密集（图23）。下面就概述一下主要区域内的该时期文化遗址。

1　黄河中游地区

这是典型的河套文化地区，以萨拉乌苏遗址和水洞沟遗址为代表。河套地区*指的是黄河中游北部草原，在那里黄河向

---

[1]　Chia Lan-po, *Veterbrata Palasiatica*3 (1957), 247–257.
[2]　许春华等,《人类学学报》1984年第3期, 第202—209页。
[3]　广东省文化局,《文物》1959年第1期, 第47页；Pricincial Museum of Kwanung, Canton, Preliminary report on the excavation of human and mammalian fossils locality at Mapa, Kwantung,*Veterbrata Palasiatica*2 (1959), 104; 吴汝康、彭如策,《古脊椎动物与古人类》1959年第4期, 第175—182页。
[4]　Qu Zhonglang, The Middle Palaeolithic of China, In:Wu Rukang, John W.Olsen: *Paleoanthropology and Paleolithic Archaeology in the People's Republic of China*. Walnut Creek:Left Coast Press, 1985, p.208.
*　译者注：原文Ordos, 直译为鄂尔多斯, 不过此处的鄂尔多斯却是指整个河套地区, 故译为河套。

北流，转向东，又折回向南；该地区包括现在行政区划中的宁夏东部、内蒙古西南部、陕北、山西西北部。在整个该地区发现有旧石器时代遗址，不过，自1920年以来，特别是在黄河和萨拉乌苏河流域发现很多，这些发现被统称为河套文化。河套人的人类化石遗存有1枚门齿、3件额骨、1件顶骨、1件面骨、1件下颌骨和几件长骨[1]。除了那件顶骨所体现出的原始性状之外，河套人化石形态不足以作为任何确定研究之代表，不过，必须提到的是河套人门齿内面亦呈铲形。另一方面，河套文化的石器颇为著名。虽然大约已有七八组遗址被发掘并被报道[2]，但最著名的遗存出自内蒙古南部萨拉乌苏河流域的小桥畔[3]以及黄河东面宁夏东部的水洞沟[4]。根据对这些遗存的多方面研究[5]，河套文化石器的主要特点被概括如下（图27）：

1. 旧石器时代早期的两个基本技术要素，即使用石片以及卵石来制造工具，这两个特征仍保留于河套文化的制石工艺中。

---

[1] E.Licent et al., *Bull.*《中国地质学会》1926年第5期，第285—290页；汪宇平，《文物参考资料》1957年第4期，第22—25页；汪宇平，《古脊椎动物与古人类》1963年第2期，第190—191页；Woo Ju-kung,《古脊椎动物学报》1958年第4期，第208—212页；董光荣等，《科学通报》1981年第19期，第1192—1194页。

[2] K.C.Chang, A typology of settlement and community patterns in some circumpolar societies, *Anthropol* 1(1963) (2), 32-33.

[3] P.Teilhard, *Anthropologie* 33(1924), 630-631; P.Teilhard, Fossil man in China and Mongolia, *Natural History* 26(1926), 239-242; P.Teilhard and E.Licent, *Bull.*《中国地质学会》1924年第39期，第46—48页；E.Licent and P.Teilhard, *Anthropologie* 35 (1925), 220-228; M.Boule et al., *Le Paléolithique de la Chine*, Paris:Inst. Paléontologie Humaune, Memoir No.4, 1928.

[4] P.Teilhard and E.Licent, On the Discovery of a Palæolithic Industry in Northern China, *Bull.*《中国地质学会》1924年第3期，第45—46页；E.Licent and P.Teilhard, On the Basal Beds of the Sedimentary Series in Southwestern Shansi. *Bull.*《中国地质学会》1925年第35期，第206—219页；P.Teilhard, *Natural History* 26(1926), 239；汪宇平，《考古》1962年第11期，第588—589页。贾兰坡等，《古脊椎动物与古人类》1964年第1期，第75—83页。

[5] 包括我于1959年在法国古生物与古人类研究所时做的关于萨拉乌苏和水洞沟遗存的研究。在此对法国古生物与古人类研究所的热忱帮助表示极大的感谢。

2. 然而，重要的技术进步也体现于河套文化石器中。砍斫器很少。更重要的是石片是交互打击加工而成的，石核和石片台面经过修理，石片形状较一致。

3. 两种石片最为常见：三角形石片和长石片（边沿平行的石片），与之相对应，石核呈龟背形和柱形等。砾石石器、石片石器及长石片，同时存在的这几个要素所体现出的东方特色与西伯利亚旧石器时代晚期文化相一致。

4. 在石器组合中，经二次修整的所占比例很小，不过，石器的几个种类已定型。其中包括沿三角形石片的一条或两条长边修整而成的石器，很可能是刮削器；沿三角形石片端部附近的两条边修整而成的尖状器；经过二次加工修整而成的长石片；用长石片端部所制成的刮削器；用长石片端部所制成的雕刻器（有几种样式）。

总的说来，河套人的长石片与西欧奥瑞纳等文化类型的石叶相似，不过这里显然罕有琢背石叶。此外，河套人的石器清晰地显示了一种倾向：石器种类不再是通用型的、有多种用途；每一种石器只有若干单一的用途。石器用途划分得越具体，功效也就越明显。不过，每种工具的使用范围更受局限，只适用于一定的环境和对象。考虑到这些方面，我们不能不认识到对有疑问的地质时期进行非常细致研究的重要意义（其地域性的演化序列和细微的年代分期），而中国现阶段恰恰缺乏本学科的这种研究。通过比较萨拉乌苏遗址和水洞沟遗址，裴文中和李有恒注意到：

> 萨拉乌苏和水洞沟遗址的第四纪遗存形成于相同的时间、相同的流域、相同的条件下，连地层也可以认为是相同的。可是这两处遗址在动物化石及石器方面所存在的差异表明，它们在更新世晚期所处的地理环境是有区别的。

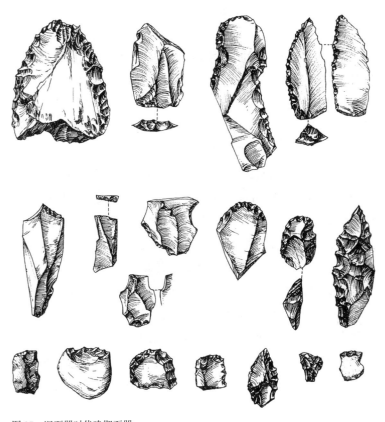

图 27　旧石器时代晚期石器
　　　　上排：水洞沟遗址出土；下排：萨拉乌苏遗址
　　　　（From M. Boule et al., *Le Paléolithique de la Chine*, 1928）

特别是生活于萨拉乌苏地区的大量哺乳动物，表明当时该地区比现在更湿润，植被也更茂盛，有大量动物供人类猎取。不过这里可用于制造石器的石料较稀少，当地居民只好制造细小的石器。另一方面，水洞沟一带哺乳动物较少，这意味着当地更干旱而贫瘠，人类的生活资源匮乏。但是，这儿的石料较丰富，大量的石器得以制造[1]。

---

[1] 裴文中、李有恒，《古脊椎动物与古人类》1964 年第 2 期，第 114 页。

裴文中和李有恒的上述推断似乎是有道理的，但该说法可能赋予人类及其文化因素的角色过于被动，水洞沟和萨拉乌苏遗存的差别可能恰恰是主动适应的结果。细石器在后冰期的早段十分流行，此时地面上被茂密的植被所覆盖，猎物丰富，这些都为复合工具的发展提供了有利条件，复合工具是以骨为柄，加上细小的石刃而构成。早在更新世的最后阶段由细石器制成的复合工具很可能已进入气候相对湿润而植被繁茂的地区，例如：萨拉乌苏一带。河套文化自身内部开始出现一种文化倾向，即石器方面的地域差别已经形成。

据报道，许多其他旧石器时代晚期遗址已被发现于河套以西及以南的黄河中游，这些遗址分布于陕西渭水流域的黄龙[1]、乾县[2]以及陇东和陕西西部泾水上游的环县[3]、庆阳[4]、镇原[5]、泾川[6]、常武[7]。黄龙和泾川出土了人类化石，其余的遗址出土了石器。与河套文化相比，这些遗址所出土的石器以石英岩石片（经常制成刮削器）和石球为特点，石叶和雕刻器等罕见。

2 山　西

近三四十年黄土高原上的山西已被证明是一个有着丰富的旧石器时代考古遗存的中心区域，这在很大程度上得益于当地两位

---

[1]　王令红、李毅，《人类学学报》1983年第4期，第315—319页。
[2]　邱中郎，《人类学学报》1984年第3期，第212—214页。
[3]　谢骏义，《考古学报》1982年第1期，第35—47页。
[4]　谢骏义、张鲁章，《古脊椎动物与古人类》1977年第3期，第211—222页。
[5]　谢骏义、许俊臣，《考古》1983年第2期，第97—100页。
[6]　刘玉林、黄慰文、林一璞，《人类学学报》1984年第1期，第11—18页；张映文、谢骏义，《考古与文物》1981年第2期，第5—10页。
[7]　黄万波、郑绍华，《人类学学报》1982年第1期，第14—17页；盖培、黄万波，《人类学学报》1982年第1期，第18—29页。

精力旺盛的考古学家，已故的王择义和王建。在这里的旧石器时代晚期遗存中，首要的遗址是位于晋北与河北相邻的峙峪[1]和虎头梁[2]以及晋南的下川[3]。

峙峪遗址发掘于1963年。该遗址出土了一块人类枕骨化石、2万余件石制品、1件经琢磨的石盘，许多被火烧过的石头和骨骼，明显由人折断的动物骨片，5000余枚动物牙齿。代表性动物有鸵鸟、鄂尔多斯鹿、瞪羚、披毛犀、马和驴及几种牛，反映出其年代为更新世晚期，同时反映出其环境特点是：

宽广而较干旱的山边草原地带，夹杂着灌木丛，由夏至冬温度变化幅度大，年平均气温比如今低[4]。

依考古学家们的术语，峙峪遗址的石制品包括：两极石核、两极石片、多面石核和石片、细小石片、小砍斫器、小尖状器、小刮削器、小雕刻器以及其他种类石器（图28）。实质上，这些石器与河套人遗址的种类相同，但是，峙峪石器遗存以许多精细加工的小工具为特色，包括小尖状器、雕刻器和楔形石核刮削器。这里所发现的一件马的肱骨表面上有一组刻划痕迹，尤玉柱将其解释为猎取一只瞪羚和一只鸵鸟的场景。如果这一解释正确的话，这将是中国旧石器时代唯一可确认的艺术作品。

发掘于20世纪70年代早期的阳原虎头梁遗址，位于河北省西北部，是一处重要的旧石器时代晚期遗址。该遗址在已发

---

[1] 贾兰坡等，《考古学报》1972年第1期，第39—58页；尤玉柱、李壮伟，《考古与文物》1982年第5期，第44—48页；尤玉柱，《科学通报》1982年第16期，第1008—1010页。
[2] 盖培、卫奇，《古脊椎动物与古人类》1977年第4期，第287—300页；盖培，《人类学学报》1984年第3期，第244—252页。
[3] 王建等，《考古学报》1978年第3期，第259—288页。
[4] 贾兰坡等，《考古学报》1972年第1期，第47页。

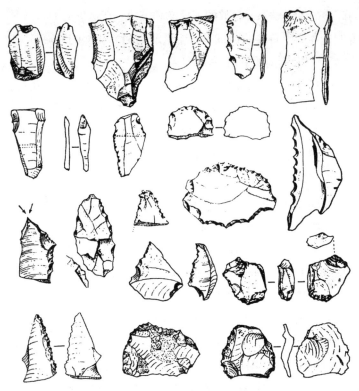

图 28 晋北峙峪遗址出土的旧石器时代晚期石器
（采自《考古学报》1972 年第 1 期，第 49 页）

掘的中国旧石器时代遗址中，是第一处展示了对石片和骨片进行加工修整平面分布格局的遗址，这里出土的所谓楔形石核，十分有特点（图 29），长期以来一直令研究亚洲与美洲文化联系的学者们感兴趣。

　　晋西南的沁水县下川是一座小镇，学术界以下川为名称来称呼发现于垣曲、沁水和阳城的遗址群，下川文化遗址大多于 1973 年被发掘。石器主要以燧石为石料（占 92%），石制品主要由小长石片制成，种类多样，其中一些是独具特色的或至

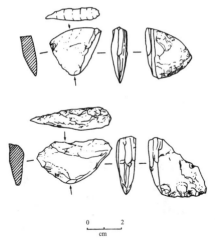

图 29 虎头梁遗址出土的楔形石核
（据《古脊椎动物学报》1977 年第 15 期，第 293 页）

少是其他文化遗址所罕见的。常见石器种类是雕刻器、刮削器和尖状器，有特色的石器包括琢背小刀、石核刮削器、尖刮削器、小三棱尖状器（图 30）。与河套人的石器组合相比，下川石器组合与西欧旧石器时代晚期的更为相似。其许多石器又于 1979—1980 年在下川以西的浦县薛关遗址中出土[1]。

3 中原北部

该地区有两处洞穴遗址位于黄土高原东部外缘及华北西部山区，即豫北的安阳小南海遗址[2]和北京周口店山顶洞遗址[3]，

---

[1] 王向前等，《人类学学报》1983 年第 2 期，第 162—171 页。
[2] 安志敏，《考古学报》1965 年第 1 期，第 1—27 页；J.S.Aigner, The Asiatic-New World Continuum and the Origin and Development of Bering Sea Mongoloids, with Special Emphasis upon the Aleuts, *Anthropologie* 10 (1976) (2-3), 39-50.
[3] 裴文中，《周口店山顶洞动物群》，《中国古生物志》新丙种第 12 号，1940 年，第 1—84 页；Pei Wenzhong. The geological distributions of Chinese Quaternary mammal fauna,《古脊椎动物学报》1957 年第 1 期，第 9—24 页。

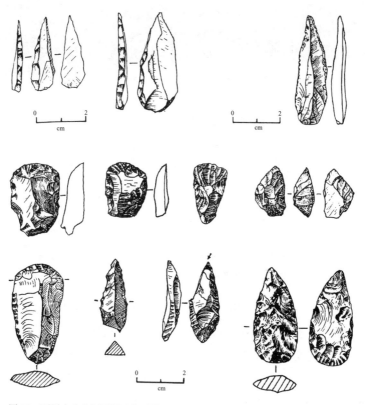

图 30　下川出土的旧石器时代石器
　　　（采自《考古学报》1978 年第 3 期）

这两处遗址可能介于 1 万至 2 万年前。小南海遗址位于豫北安阳西南 30 公里的丘陵地区，是一处石灰岩洞穴遗址。1960 年在这里发现了古代居址，同时还发现了萨拉乌苏动物群。这里出土了 7000 余件石器，其中约 90% 由燧石制成，不过，经第二步加工修整的仅约 100 件。其石器组合为砾石石器、石片石器和长条形石叶，这些与河套人的相似，甚至比萨拉乌苏遗址的更具细石器倾向性。少数器类（特别是一系列利用石片边缘而成的较大刮削器）是这里的特色石器，可该遗址雕刻器却不

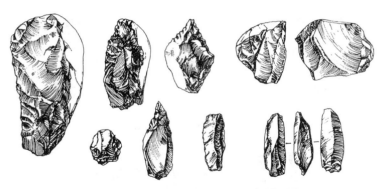

图 31　河南安阳附近小南海洞穴遗址所出土的旧石器时代晚期石器
　　　（采自《考古学报》1965 年第 1 期）

发达（图 31）。

　　周口店山顶洞是最著名的旧石器时代遗存之一，其动物中既有更新世存留的最后鬣狗、象，还有完全被确定为现代种属的智人、麋鹿等以及一些生活于南方温暖气候的种属。该遗址可能是一处埋葬场所，而未见集中居住的迹象。该遗址出土的人工制品包括一些石器（刮削器、石片、砍斫器）和丰富的骨角制品（有加工痕迹的骨、角和骨针，以及穿孔兽牙——狐狸、鹿、野猫、虎的牙齿等），还有软体动物壳及鱼骨（图 32）。根据裴文中的观点，山顶洞人生活于石灰岩洞中[1]。附近的森林中有虎、豹、熊、狼出没；草原上有中国鹿、赤鹿和瞪羚；还有平原以及游动着大鱼的湖泊。山顶洞人在森林中狩猎，在湖泊中捕鱼，制作了丰富的骨制品及贝壳制品。该遗址出土的水生贝壳也表明当时存在着或是广泛的贸易联系或是长距离的季节性迁移。在洞穴之中所发现的人类遗骸明显为七具，既然颅骨或颅骨碎片及下颌骨被

---

〔1〕 裴文中，《中国史前时期之研究》，上海：商务印书馆，1948 年，第 72、73 页。

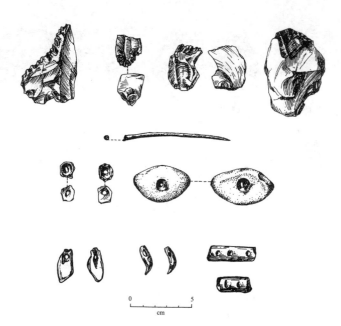

图 32 周口店山顶洞出土的人工制品
（From W. C. P'ei, *Palaeontologia Sinica*, ser. D, 9, 1939）

保存下来了，魏敦瑞判断出在这些遗骸中有一位年过 60 的成年男子，一位相对年轻的成年男性，两位年轻的成年女性，一位青少年和两位儿童。有趣的是，头盖骨上都有凹陷、破裂或穿孔，魏敦瑞认为这"明显是当头皮还存在的时候，头部受钝器或利器重击而成"。魏敦瑞由此推论这些遗骸属同一家庭，该家庭成员"在一次突然袭击中丧生，被肢解之后投入此洞穴中"[1]。这种说法似乎有道理，但其他解释亦不能排除。骨架周围的部分泥土撒有赤铁矿粉，暗示出可能举行过某种埋葬仪式。裴文中指出颅骨上的伤痕可能是由于后来洞顶岩石塌落而造成的。因此完

---

[1] F. Weidenreich, *Bull. Nat. Hist. Soc. Peiping* 13(1938–1939), 163.

全可能是该家庭(如果是一个家庭的话)死于当地的一种传染病,而由其亲属或同伴将他们葬于洞穴之中。

山顶洞人颅骨的另一个令人感兴趣的方面是其种族特征。魏敦瑞根据对三件保存最好的成年人头盖骨的形态学分析确信"他们代表着三个不同的种族,最适合的分类为原始蒙古人种、美拉尼西亚人和爱斯基摩人"[1]。这个结论导致了已故的厄尼斯特·A.霍顿在其《从猿以来》一书中讨论了山顶洞人的种群,其标题是《娶爱斯基摩人和美拉尼西亚人为妻的中国老丈夫》[2]。近来出土于华南的旧石器时代晚期人类(这将在以后提到)对于解决山顶洞人的种族问题大有帮助。吴新智根据近来对模型的研究,将山顶洞人的标本一概划分为蒙古人种[3],即使蒙古人种和大洋洲黑人可能都由以资阳人和柳江人共同为代表的更新世晚期层位的先人发展而来,那么,似乎到全新世开始时,华北和西南以及印度支那的人口已分化得足以被分别称作蒙古人种和大洋洲黑人了。

4 东北及内蒙古东部

在东北南部的辽宁省已出土了一批旧石器时代晚期遗址,其中包括辽西的建平[4]、凌源西八间房[5]、喀左鸽子洞[6]以及辽东的营口金牛山[7]和鞍山仙人洞[8]。建平和金牛山(上层)都出土了人类的肢骨;其他遗址则只出土了石器。鸽子洞石器遗存

---

[1] F.Weidenreich, *Bull. Nat. Hist. Soc. Peiping* 13(1938–1939), 170.
[2] E.A.Hooten, *Up from the Ape*, The Macmillan Company, 1931, p.401.
[3] 吴新智,《古脊椎动物与古人类》1961年第3期,第191—203页。
[4] 吴汝康,《古脊椎动物与古人类》1961年第4期,第287—288页。
[5] 辽宁省博物馆,《古脊椎动物与古人类》1973年第2期,第223—226页。
[6] 鸽子洞发掘队,《古脊椎动物与古人类》1975年第2期,第122—136页。
[7] 金牛山联合发掘队,《古脊椎动物与古人类》1978年第2期,第129—143页。
[8] 傅仁义,《人类学学报》1983年第1期,第103页。

以石片、刮削器和尖状器为特色,该遗存曾被断代为更新世中期,但根据对其动物群的重新考察,将其年代修订为更新世晚期。其他遗址以小刮削器和尖状器为特色,在金牛山遗址有骨尖状器。

再往东,到吉林省。在安图[1]和榆树[2]出土了旧石器时代的人类及石器遗存。在北面,昂昂溪[3]和札赉诺尔[4]也发现了该时期遗存。在札赉诺尔遗址,发现了石器、骨器、角器和柳条编织物,它们与猛犸象等动物共存。

1976年,在内蒙古呼和浩特附近的大窑村发现了一处旧石器时代晚期的石器制造场[5]。

5 东部沿海

近年来,在山东新泰、日照和蓬莱[6],江苏东海、丹徒[7],浙北的建德[8]发现了少量遗址,这些遗址出土了可能属旧石器时代的前陶器遗存以及人类遗骸。其中,重要的发现仅是苏北东海大贤庄遗址,该遗址出土的石片刮削器和石核脊棱刮削器富有特点[9]。

---

[1] 姜鹏,《古脊椎动物与古人类》1982年第1期,第65—70页。
[2] 孙建中等,《古脊椎动物与古人类》1981年第3期,第281—290页。
[3] 黄慰文等,《人类学学报》1984年第3期,第234—243页。
[4] V.J.Tolmatchor, *Eurasia Septentrionalis Antiqua* 4(1929), 1-9; P.Teilhard, *Early Man in China*, p.78.
[5] 内蒙古博物馆、内蒙古文物工作队,《文物》1977年第5期,第7—14页。
[6] 戴尔俭、白云哲,《古脊椎动物与古人类》1966年第1期,第82、83页;吴新智、宗冠福,《古脊椎动物与古人类》1973年第1期,第105、106页;李步青,《考古》1983年第1期,第70页;徐淑彬、杨深富,《人类学学报》1984年第3期,第295页;徐淑彬、杨深富,《考古》1985年第5期,第385—388页。
[7] 李炎贤等,《古脊椎动物与古人类》1980年第3期,第239—246页;李文明等,《人类学学报》1982年第2期,第169—179页。
[8] 韩德芬、张森水,《古脊椎动物与古人类》1978年第4期,第255—263页。
[9] 李炎贤等,《古脊椎动物与古人类》1980年第3期,第239—246页。

6 西南地区

更新世晚期，中国西南地区（广东西部、广西、贵州、云南以及四川大部）形成了一个历史文化单元（在以后的史前时期亦是如此），该单元有着既不同于东南亚，亦有别于上文所述地区的自身特点。这里发现了许多古人类学及考古学遗存，特别是在石灰岩洞穴中（该地区以喀斯特地貌为特色，石灰岩洞较多见），这里所发现遗存的更新世年代序列主要通过共存动物群来判断，其中包括这里现在已灭绝的动物，诸如：巨貘、大熊猫、剑齿象等。从文化上来看，整个区域内的许多遗址已出土了具有旧石器时代早期特点的砍砸器，不过，在同样多的遗址中，可以见到更分化、更先进的文化遗存。前者的遗址见于广东和广西；而西南地区的其他遗址似乎更加分化。

粤西的封开黄岩洞、阳春独石仔洞[1]和广西桂林的宝积岩洞[2]、新州长蛇岭[3]、百色上宋村[4]的遗存很好地证明了该地区旧石器时代晚期砾石石器的种类（图33）。

关于黄岩洞洞穴遗址的石器，有学者指出：

大多由自然砾石制成，种类粗大，主要的打制工作仅在一个方向的一边。工艺粗糙而简单，在大多数情况下，未见第二步修整[5]。

对于宝积岩的石器而言，有学者有着同样的描述：

---

[1] 宋方义等，《古脊椎动物与古人类》1981年第1期，第85、86、98页。
[2] 王令红等，《人类学学报》1982年第1期，第30—35页；邱立诚、宋方义、王令红，《古脊椎动物与古人类》1980年第3期，第260页。
[3] 广西文物工作队，《考古》1983年第10期，第865—868页。
[4] 李炎贤、尤玉柱，《古脊椎动物与古人类》1975年第4期，第225—228页。
[5] 宋方义等，《古脊椎动物与古人类》1981年第1期，第98页。

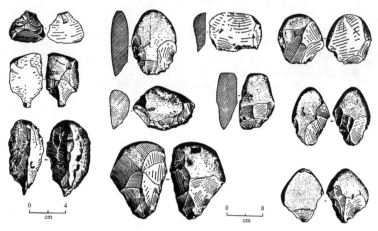

图 33　广西新州出土的旧石器时代石器
（采自《考古》1983 年第 10 期，第 867 页）

皆为砾石工具；砾石的自然面被用作未经修整的台面[1]。百色的石器以砾石工具为特色，单方向打击，器形粗大[2]。

在四川、贵州和云南，发现了许多旧石器时代晚期遗址，这些遗址均有相同的砾石工具，这构成了一个重要的文化因素，不过，总而言之，都以石片的使用为特色（图 34），有时是由同一河流的砾石打制而成，但经常用的是其他河流的，所用石料更易断裂。在贵州，黔西观音洞[3]、威宁草海区[4]、水城硝灰洞[5]、兴义猫猫洞[6]的石片制品颇为著名。尽管其器

---

[1]　王令红等，《人类学学报》1982 年第 1 期，第 33、34 页。
[2]　李炎贤、尤玉柱，《古脊椎动物与古人类》1975 年第 4 期，第 227 页。
[3]　裴文中等，《古脊椎动物与古人类》1965 年第 3 期，第 270—278 页；李炎贤、文本亨，《贵州黔西观音洞旧石器时代文化的发现及其意义》，见中国科学院古脊椎动物与古人类研究所编《古人类论文集》，第 77—93 页。
[4]　吴茂霖等，《人类学学报》1983 年第 4 期，第 320—330 页。
[5]　曹泽田，《古脊椎动物与古人类》1978 年第 1 期，第 67—72 页。
[6]　曹泽田，《古脊椎动物与古人类》1982 年第 2 期，第 155—164 页；曹泽田，《人类学学报》1982 年第 1 期，第 36—41 页；《史前研究》1985 年第 2 期，第 47—55 页。

物种类与北方的区别很大,这些石器以石片(燧石、硅质石灰岩、砂岩和火山岩)制成,而不是以石叶制成[1],在最大的发掘遗址——观音洞遗址,超过60%的石制品经过了第二步加工修整,几种器类很定型,包括刮削器、端刮削器、砍斫器、尖状器、凹面刮削器和雕刻器。虽然猫猫洞遗存以其众多且精制的尖状器、凸面刮削器以及骨、角制品而富有特色,但贵州所发现的其他遗址则是相似的。尽管富林遗存以其石叶和更复杂的制造工艺而与众不同,而云南宜良[2]、呈贡[3]和丽江[4]以及四川的铜梁[5]、富林[6]和资阳[7]所出土的石制品却都具有相同的特征。

大量的旧石器时代晚期的人类化石已出土于西南地区。重要的发现有四川的资阳人[8]、广西的柳江人[9]和云南的丽江人[10]。这些人的体质特征都完全属于现代人的变异范畴之内。柳江人的颅骨形态有一些与大洋洲黑人类似的特征,而无论柳江人还是资阳人、丽江人的颅骨都表现出了与现代蒙古人种相

---

[1] 李炎贤、文本亨,《贵州黔西观音洞旧石器时代文化的发现及其意义》,见《古人类论文集》,第83、84页。
[2] 李炎贤、黄慰文,《古脊椎动物与古人类》1962年第2期,第182—189页。
[3] 胡绍锦,《古脊椎动物与古人类》1977年第3期,第225—228页。
[4] 卫奇等,《人类学学报》1984年第3期,第225—233页。
[5] 李宣民、张森水,《古脊椎动物与古人类》1981年第4期,第359—371页;张森水等,《古脊椎动物与古人类》1982年第2期,第165—179页。
[6] 杨玲,《古脊椎动物与古人类》1961年第4期,第353—359页;张森水,《古脊椎动物与古人类》1977年第1期,第14—27页。
[7] 李宣民、张森水,《人类学学报》1984年第3期,第215—224页;吕遵谔等,《考古学报》1983年第3期,第331—344页;范桂杰、胡昌钰,《考古与文物》1984年第4期,第39—41页。
[8] 裴文中、吴汝康,《资阳人》,中国科学院古脊椎动物与古人类研究所甲种专刊第1号,北京:科学出版社,1957年,第1—71页。
[9] Woo Ju-kang. Human fossils found in Liukiang, Kwangsi, China, *Vertebrata Palasiatica* 3 (1959), 109–118.
[10] 云南省博物馆,《古脊椎动物与古人类》1977年第2期,第157—161页。

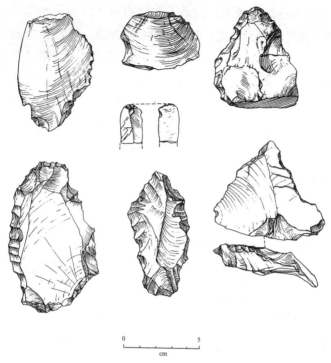

图 34 贵州黔西和云南宜良出土的旧石器时代石器
上排为宜良石器（据《古脊椎动物学报》1962 年第 6 期，第 184—187 页）
下排为黔西石器（据《古脊椎动物学报》1965 年第 9 期，第 277—299 页）

同的特征。此外，若干的人类牙齿被发现于广西都安[1]、西畴[2]和云南昆明[3]以及贵州水城[4]。

中国旧石器时代考古研究所处的阶段，决定了其当务之急是获得发现与进行发掘，进行类型学的阐释与比较，对遗址和遗

---

[1] 赵仲如等，《古脊椎动物与古人类》1981 年第 1 期，第 45—54 页。
[2] 陈德珍、祁国琴，《古脊椎动物与古人类》1978 年第 1 期，第 33—46 页。
[3] 张兴永等，《古脊椎动物与古人类》1978 年第 4 期，第 288、289 页。
[4] 曹泽田，《古脊椎动物与古人类》1978 年第 1 期，第 67—72 页。

存进行时空排列。新的遗址被连续报道，每处新遗存都有助于形成新的年代学与类型学框架。为此，我在阐述时选用最通用的框架，其结果是形成了关于整个更新世人类历史的三个主要阶段：

距今 100 万年前至距今 20 万年前：直立人及旧石器时代早期。

距今 20 万年前至距今 5 万年前：早期智人及旧石器时代中期。

距今 5 万年前至距今 1.2 万年前，晚期智人及旧石器时代晚期。

与旧石器时代中期阶段相比，第一阶段和最后阶段的时间界限更确定，不过中期阶段的材料真正足够丰富。旧石器时代早期不像我们曾经根据很少的资料所想象的那样简单而没有地域差别[1]。贾兰坡、尤玉柱以及其他人将旧石器时代早期的匼河遗址与周口店第 1 地点相比较，发现了两个明显不同的方面：匼河遗址，以三棱大尖状器、既宽又厚的大石片制成的各种砍斫器和石球为特色，而周口店第 1 地点的石器特征是有着多种多样的细小石器，它们由不规则的小石片制成，有小而细致的第二步加工[2]。对于这种观点应给予认真对待，不过，它必须在扩大的资料范围基础上经受再次检验。然而，随着更新世晚期遗存发现的增多及其多样性和复杂性的日益明显，那种认为旧

---

[1] Fumiko Ikawa-Smith, "The early Palaeolithic Tradithic of East Asia", In: *Early Palaeolithic in South and East Asia*, Fumiko Ikawa-Smith, ed., The Hague: Mouton, 1978, pp.1-10; Yi, Seonbok and G.A. Clark. "Observations on the Lower Paleolithic of Northeast Asia." *Current Anthropology* 24:2 (April 1983): 181-202.

[2] 贾兰坡等，《考古学报》1972 年第 1 期，第 54 页；贾兰坡、尤玉柱，《考古学报》1973 年第 2 期，第 25 页；Jia Lanpo and Huang Weiwen, On the Recognition of Chinas Palaeolithic Cultural Traditions, In: Wu Rukang, John W.Olsen: *Paleoanthropology and Paleolithic Archaeology in the People's Republic of China*. Walnut Creek: Left Coast Press, 1985, pp.259-265.

石器时代早期匼河与周口店两种不同体系延续了整个更新世并成为更新世之后大不相同的农耕及畜牧文化前身的观点已被证明是过于简单化了。目前描述旧石器时代晚期遗存时按下列区域进行：黄河中游、山西、华北平原、东北、东部沿海以及西南地区，不过，甚至在同一地区内，重要的差异已经辨别得出，例如：水洞沟与萨拉乌苏遗址，晋南与晋北，广西与西南的其他地区。除了地域性差别之外，华北的旧石器时代晚期文化也以其石叶制品为特色，这包括诸如龟背形石叶、雕刻器、小尖状器和各种刮削器以及复合工具等专用工具的激增。

旧石器时代中期这一术语可被用来标示距今 20 万年至 5 万年前的石器遗存，该时期石器遗存具有过渡的性质。在旧石器时代早期的砍斫器、三棱大尖状器和石片刮削器仍占据重要位置，不过，石叶开始大量出现，一些旧石器时代晚期的器物已出现于石器组合中。尽管其中未见一个属典型的尼安德特人形态范畴，旧石器时代中期的人类化石在形态上也具有从直立人向晚期智人过渡的特点。

旧石器时代早、中、晚期这一框架太通用以至于不能将中国的旧石器时代年代学序列与其他地区的年代学序列相连接，它并不够精确，不过它是开放而灵活的，至少在每一点上足以容纳在不久的将来必然出现的大量新资料和新研究。对于需要更多具体资料和更多论战资料的读者来说，许多更系统化的以西方语言文字撰写的关于中国旧石器时代的著述是可用的[1]。

---

[1] Jia Lanpo, *Early Man in China*, Foreign Languages Press, 1980; Wu Rukang, John W. Olsen. *Paleoanthropology and Paleolithic Archaeology in the People's Republic of China*. Walnut Creek: Left Coast Press, 1985; Aigner, Jean S. Important Archaeological Remains from North China. In *Early Paleolithic in South and East Asia*. F. Ikawa-Smith, ed. 1978, pp.163-232; Jean S. Aigner, *Archaeological Remains in Pleistocene China*. Munchen: C.H. Beck Press, 1981,351.

在某种意义上，中国旧石器时代考古学将超越发现、描述和类型学分析而进入对古人类行为的探讨，研究下面这样的课题，例如："直立行走，增加前肢的使用，具有能动性的食物分配，劳动分工以及家庭基础的建立"，还有"谋生手段，诸如合作狩猎，可食用的植物之采集，吃食物之前所做的准备工作"[1]。关于美国对中国旧石器时代考古学的影响，必须说明的是将有关术语传入中国，这是在任何真正意义上的考古工作付诸实施之前进行的，而以1978—1982年周口店发掘项目为代表的中国考古学已取得了长足的进步，我们希望这样的研究能够被广泛运用并服务于人类学目的。如今，通过中国旧石器时代考古学的研究足以确认这样的事实，即更新世末期中国的大片区域居住着相当数量的人口，他们以渔猎和采集为生，其生产工具各有特色并具有专门化的特点。该事实足以为我们提供关于中国史前史下一阶段的基线，这下一个阶段就是农耕生活的开始。

---

[1] R.Wu and S.Lin, In: Wu Rukang, John W.Olsen: *Paleoanthropology and Paleolithic Archaeology in the People's Republic of China*.Walnut Creek:Left Coast Press, 1985, p.16.

第二章 早期的农人
（公元前 8000—前 5000 年）

当代中国 80% 以上的人口是农民，我们知道，中国人的生活方式自历史的开端以来，没有农业是不可想象的。随着近几十年考古学的发展，考古发现已将中国农业的发端上推到很接近全新世的开始。全新世在地质学上属于现代。从时间跨度上，这意味着生活于中国境内的人，仅在 1% 的时间范畴内见到了农业。在这以外的其余时间里，中国农民的先人从事狩猎、捕鱼和采集。通过上一章对整个旧石器时代考古学遗存的描述，可能会给人以如下的印象：整个旧石器时代，人类的文化是原始的，构成其物质文化的主要内容是凿石器。这样的印象是再糟糕不过的了。仅用石器遗存来代表我们祖先的物质文化是考古保存上的偶然事件，因为，我们知道，无论是从少数保存至今的非石器文化遗存（诸如西欧的洞穴艺术）来进行考古研究，还是从现代渔猎民族的情况来推断，我们旧石器时代的祖先对环境有着充分的了解，富于能使他们与环境中的对手进行竞争的机智，也有超出其原始生活的宇宙论和宗教信仰。实事求是地说，旧石器时代的人们为后来所有的发展奠定了基础。以后我们还有机会回到这一点上，因为，当我们考察中国文明的一些基本特色时，我们将认识到它们经常可以被追溯到那些为我们遗留下砍砸器、刮削器和雕刻器的（旧石器时代的）

人们。到了距今 13000 年至 10000 年前，我们的旧石器时代先民们的活动范围遍及中国，他们已经做好了迈出下一步的准备，即向农业转变。

一　全新世早期环境

全新世的开端，以大理冰期的终结，更新世动物群的灭绝和现代气候的出现为标志，距今 13000 年至 10000 年前[1]。当时的地形与今天的有着相当的差别。在以后的几千年间（实质上是整个史前史和中国农业的早期历史），尽管其间存在着波动，但气候是更温暖而潮湿。在温度最高的时期，华北东部平原高度突降的部分被水淹没，其他的部分则成为沼泽；山东实质上成了孤岛，水和沼泽将其与华北西部高原隔开；黄河在如今的豫中地区流入东海；沿海平原和沼泽以及黄河中游流域被森林所覆盖；长江中游流域的湖泊比现在的大，沿长江口海岸被水淹没。如今关于中国早期的全新世环境的证据包括有沿东海岸海平面的变化，植被发生变化地区所分布的泥炭层及其他沉积物层位，全国各地所发现的花粉和孢子，古代动物的骨骸遗存以及有关的文献记载和参考资料。

近来，对东海岸边大陆架[2]和内地沿旧海岸线的古代海洋软体动物遗存[3]所做的研究已揭示出更新世后期海陆变迁

---

[1] Liu Dongsheng et al., *Striae* 16(1982),21–23. 文中称全新世始于距今 1 万年，as do most contenmporary authors.C.C.K'ung and N.C.Tu（《植物学报》1980 年第 22 期，第 330—338 页）和张启锐等（《地质科学》1983 年第 3 期，第 259—268 页），however,on the basis of the same Peking pollen profile, place it at 13000 and 12000 and B.P.,respectively.

[2] K. O. Emery et al. In: *The Late Cenozoic Glacial Ages*, Karl K.Turekian, ed., New Haven: Yale University Press, 1971, pp.381–390.

[3] 赵希涛等，《科学通报》1980 年第 6 期，第 279—281 页；赵希涛、张景文，《地质科学》1981 年第 1 期，第 29 页。

的循环过程，据有人估计，在距今40000至30000年间（大理冰期时），海平面比现在低约70—80米。在距今24000至22000年间，海平面上升了挺多，仍比现在低30—40米，但在距今18000至15000年间的末叶，海平面又退至比现在低110米。随着全新世的开始，由于冰块和冰川的融化，海平面急剧上升，到距今7000年接近于现在的高度，大概在距今6000至5000年间。在更新世后海侵高峰时，海平面至少比现在还高6—7米。从那以后至少还有三次波动，波动高度在4—5米，直到最近200年，此时出现了海退的趋势[1]。冰期后海侵的后果之一是海岸线达到了内陆，在现在的海岸线以西（图35）。

与当时位置更靠西的海岸线相互作用的结果是黄河三角洲和华北冲积平原之形成。黄河发源于青海的山脉，在它到达下游（位于现在的冲积平原）之前要在黄土高原上形成58万平方公里的流域面积，夹带着大量淤泥，据估计，目前每年达16亿吨[2]。史前时期，在过量砍伐加剧对黄土地的侵蚀之前，黄河的含沙量可能较小，不过，现在的华北冲积平原（从郑州市一带的豫中——来自西边高原的黄河水，从那里倾泻而出到现在的海边）无疑已经形成，这主要是黄河淤泥积累的结果。丁龙翔（Ting lung-hsiang）以历史文献为基础推断出从1195至1855年，黄河冲积层每年平均积累3.9毫米[3]。大概

---

[1] 林景星，《地质学报》1977年第2期，第109—115页；C.P.Min and P. H. Wang,J. T'ung-chi University, 1979(2), 109–125; 郭旭东，《地质科学》1979年第4期，第330—340页；汪品先等，《地质学报》1981年第1期，第1—12页；沈承德、周明富，《科学通报》1981年第3期，第162—165页；刘泽纯，《科学通报》1983年第7（应为17——译者注）期，第1062—1064页。

[2] Y. L. Tsou, Supplement to Fu-tan Hsüeh-pao (Social Sciences): Special Issue on Historical Geography, 1980, pp.12-23.

[3] 丁龙翔，《中国地形》，台北，1954年，第202—203页。

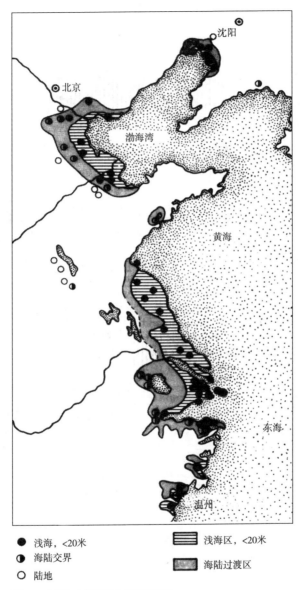

图 35 中国海全新世最大规模的海侵
（据《地质学报》1981 年第 1 期，第 8 页）

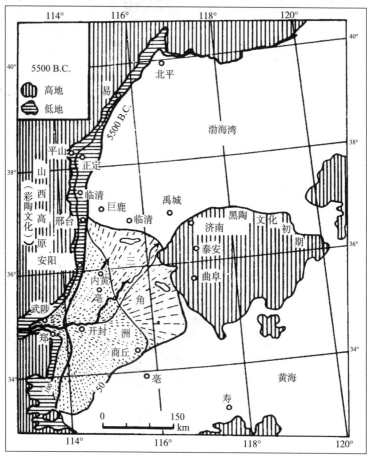

图36 华北平原的形成

(a) 公元前 5500 年之前；(b) 公元前 2300 年；(c) 公元前 1300 年

(From Ting Su, *Bull. Inst. Ethnology, Academia Sinica* 20, 1965, pp.60–62)

(b)

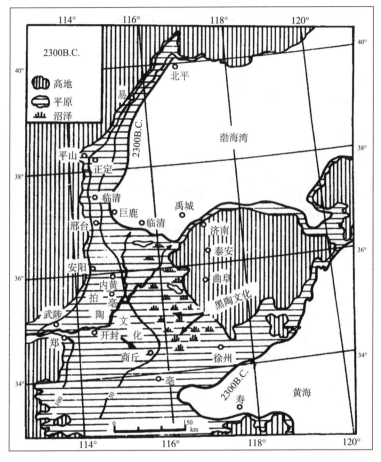

第二章 早期的农人 69

(c)

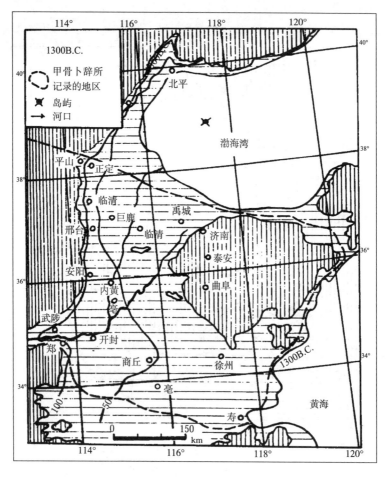

图 37　秦汉时期的云梦之泽
　　（采自张修桂的文章，见《复旦学报》1980 年第 2 期，图 1）

地将这个数字试用到全新世的整段时间上，我们必须承认，在冰期后的海侵高峰期，华北平原很可能尚不存在（图 36）[1]。当时，华北一带人们居住的主要低地是位于西边高原东部的山丘以及山东高地附近的山丘。用当今的术语来说，当时人们居住的低地位于沿太行山的冀西部分，核心区在河南沿太行山和中条山一线，还包括沿泰山的山东地区及鲁东高地。

　　冰期后更绿更湿的自然景观并不局限于北方。长江上的三个主要湖泊（洞庭湖、鄱阳湖和太湖）全都是冰川期后海侵所形成的更大水域的组成部分[2]。古代文献上的云梦之泽（图 37）[3]和彭蠡之泽[4]使得作为今日其残存者的长江上的三

---

[1] S.Ting, *Bull. Inst. Ethnology, Academia Sinica* 20(1965), 155–162.
[2] T.F. Huang et al., *Oceanologia et Limnologia Sinica* 7(1965), 396–426.
[3] T'an Ch'i-hsiang,*Supplement to Fu-tan Hsueh-pao(Social Sciences): Special Issue on Historical Geography*,1980, pp.1–11; Chang Hsiu-kuei, *Fu-tan Hsueh-pao (Social Sciences)*, 1980(2), 40–48.
[4] C.H. T'an and H.K. Chang, *Fu-tan Hsüeh-pao (Social Sciences)*, 1982(2), 42–51.

大湖泊相形见绌，那两大古代湖泊在史前和上古时代对于长江中游居民的生活起着重大作用。另一方面，在海侵高峰，太湖是海岸边上的一个海湾[1]。所有这些都将在以后随其地域文化史一同被充分描述。

冰期后中国更温暖的温度和充分的湿度有利于其境内的海岸、湖滨及江河流域植被的生长，许多古代森林的实物遗存已被发现于华北，其具体层位是在顶层的次生黄土或灰黄色冲积层之下的泥炭中[2]。对这些泥炭和与之相关的中国许多地方的冰期后沉积物中的花粉和孢子所进行的研究（其地域范围从辽南[3]、北京及其附近地区[4]、冀东平原[5]、上海和杭州湾地区[6]、台湾[7]到新疆乌鲁木齐以及喜马拉雅山[8]）已揭示出了一个连续的包含有森林生长和减少以及其构成情况的格局。以辽南的情况为例（图38），这里的全新世地层由三个阶段构成：属于全新世早期的普兰店期（距今10000至8000年），全新世中期的大孤山期（距今8000至2500年）和全新世晚期的庄河期（距今2500年）。在全新世早期，桦树林密集分布遍及辽宁，其间点缀着落叶阔叶林（主要是榆树）。与现在相比仍然更寒冷而

---

[1] 吴维棠，《地理学报》1983年第2期，第113—126页。
[2] J.G.Andersson, Essays on the Cenozoic of Northern China, *Mem.*,《中国地质学会》，系列A，1923年第3期；刘金凌等，《第四纪研究》1965年第1期，第105—117页。
[3] *Geochinica* 1974(1),25—26；*Scientia Sinica* 1977(6),603—612.
[4] C.C.K'ung and N.C.Tu,《植物学报》1980年第22期，第330—338页；张子斌等，《地质科学》1981年第3期，第259—265页；张英礼等，《地层学杂志》1984年第1期，第56—61页；K.S.Chou, *Huan-ching Pien-ch'ien, Ren-chiu* (Studies of Environmental Changes), 1(1984), 35—42.
[5] 杨子赓等，《地质学报》1979年第4期，第263—279页。
[6] 竹淑贞等，《科学通报》1980年第5期，第296—299页；H.C.Sun et al.,《植物学报》1981年第23期，第146—150页；K.F.Wang and Y.L.Chang,《历史地理》1981年第1期，第126—131页。
[7] M.Tsukada, proc, *Nat. Acad. Sci.* 55(1966), 543—548.
[8] Liu Dongsheng et al., *Striae* 16(1982), 21—23；参见第一章，本书第10页注释[7]。

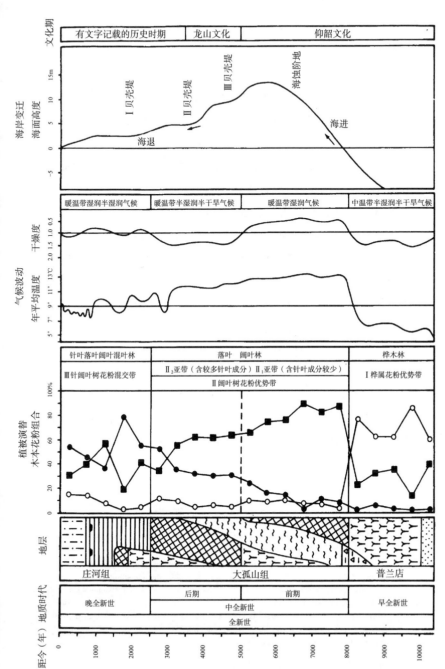

图 38 近 1 万年来辽南自然环境的变化（采自《中国科学》1977 年第 6 期，第 612 页）

干燥，然而，普兰店期的气候已有了显著的改进。第二期，即大孤山期，阔叶落叶林分布得更密集（大多是栎树和桤树），它们取代了原先的桦树林和干旱的、生长于盐沼的以及半干旱和半湿润地区的植物，沿着岸边或山坡广泛地生长。在该阶段后来的部分，阔叶落叶林逐渐被针叶林（主要是松树）所取代。大孤山期早段（距今8000—5000年）或许是冰期后气候最适合的时期，年平均气温比现在高3℃—5℃。从距今2500年前开始（庄河期），气候变得更凉爽、更湿润，森林变得针阔相混杂。蕨类植物和草本植物繁盛，损害了森林，最终占据了平原、山谷、岸边和坡地[1]。从距今7700—5600年，北京地区的气候也达到了最适合的状况（比现在高3℃—4℃），从距今7500—5000年，上海的气候最为适宜（比现在高2℃—3℃），台湾气候在距今8000—4000年达到了最适宜的状况（比现在高2℃—3℃）。由于温度比现在升高了2℃—4℃，使得现在生长于长江流域的森林当时也生长于华北[2]（图39），给当时北方居民以更富饶的自然环境，其利用价值优于现在的半干旱环境[3]。与依据孢粉学基础所复原的当时更碧绿、更温暖、更湿润的中国自然景观相一致，从史前泥炭和居址中出土的动物群遗存也表明该时期动物们出没于更茂密、更具南方风格的森林

---

[1] *Geochinica* 1974(1), 25-26; *Scientia Sinica* 1977(6), 603-612.
[2] Chi-wu. Wang, The Forests of China. Harvard University Maria Moors Cabot Foundation for Botanical Research Maria Moors Cabot Foundation Publication, No.5, Harvard University, 1961, pp.71, 91,131.
[3] 参看 Ho, Ping-Ti, *The Cradle of the East*, Chinese University Publications Office, Hong Kong, 1975, for a different view, which attributes present-day climatic and vegetational environment to prehistoric and early historic North China. In a recent restatement (Journal of Asian Studies 43. 1984, 723-733), Ho insists that palynological study of the Western North Chinese loess confirms this view, but the loess samples from Western North China he uses in his book for this purpose came from Wu-ch'eng loess, which is totally irrelevant to a postglacial climate。

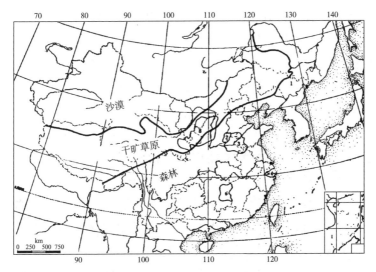

图 39　历史时期中国主要植被带
　　（采自《中国自然地理》,《历史自然地理》,1982 年,图 3∶1）

中。根据许多关于冰期后早期地质遗存及史前和早期历史遗址的报告[1],其动物群除了至今生活于北方的动物种类之外,还包括麋鹿、水牛、竹鼠、大象、犀牛、貘和水鹿。北方森林中大象的存在在早期历史文献中也得到了进一步证实[2],在文献中也多次提到鲁西南一个叫空桑的湿润的软土地带[3],从而进一步确定了先前的地形学探讨。

---

[1]　J.G.Andersson,Researches into the Prehistory of the Chinese,*BMFEA*15（1943）,pp.35-40; 德日进、杨钟健,《安阳殷墟之哺乳动物群》,《中国古生物志》丙种第 12 号第 1 册,1936 年; 中科院考古研究所,《西安半坡——原始氏族公社聚落遗址》,北京: 文物出版社,1963 年; 贾兰坡等,《古脊椎动物与古人类》1977 年第 2 期,第 150—156 页; 贾兰坡、卫奇,《古脊椎动物与古人类》1980 年第 4 期,第 327—333 页。

[2]　M.C.Ch'en, *Renching Journal of Chinese Studies* 20(1936), 485–576; W.T.Meng, *Rü-kung* 1(1934); 胡厚宣,《甲骨学商史论丛二集》,齐鲁大学国学研究所,1945 年。

[3]　关于空桑,参看傅斯年的《夷夏东西说》,见《庆祝蔡元培先生六十五岁论文集》（下册）,中研院历史语言研究所,1935 年,第 1132—1133 页。

对当时温暖、湿润并为森林所覆盖的中国环境之认识（迄今中国的水滨低洼地区仍如此），能使我们想象出一个有着各种丰富动植物资源的环境（或一个存在着大量微观环境的广阔区域），旧石器时代末期的人们在全新世之始就有效地开发着这一环境中的资源。当研究农业起源的学者们假设这些从事渔猎采集活动的人向早期的耕种者及动物驯养者过渡时，他们倾向于同意多种多样的丰富的环境资源是一个前提，因为仅这些环境资源丰富地区的人们才能够进行关于驯化的尝试[1]。为了解并证明中国向农业转化的过程，考古学家和生物学家将必须认真调查全新世开始前后的几千年间所发生的变化。中国已开始了对驯化的猪、狗及其野生祖先的研究[2]，但是，用于了解自然界禾本科植物、块茎植物及树木栽培的植物学研究尚未开始。N.I. 瓦威勒早就认识到："在特产品种之多和潜在的栽培植物种类之广方面，中国与植物类型起源的其他中心相比是引人注目的。"[3] 李惠林将华北和华南有特色的栽培植物列成表格，这些植物肯定来源于当地野生植物[4]，这些野生动植物在冰期后早期环境中颇为丰富，旧石器时代晚期的居民以它们为食物、织物、纤维及用作其他用途——进行栽培试验。

---

[1] C.O. Sauer, *Agricultural Origins and Dispersale*, New York: Am. Geog. Soc., 1952; L.R.Binford, "Fost-Pleistocene Adaptation", In *New Perspectives in Archaeology*, New York: Aldine, 1968; S.R.Binford and L.R.Binford, *Archeology in cultural systems*, Chicago: Aldine, 1968, pp.313-341.

[2] Olsen, S.J. and Olsen, J.W. "The Chinese wolf, ancestor of new world dogs", *Science* 197(1977): 533-535.

[3] N.I. Vavilov. *The origin, variation, immunity and Breeding of cultivated Plants: selected writings*. Chronica Botanica Co., 13(1949/1951), p.26.

[4] 李惠林，《东南亚植物栽培之起源》，香港：香港中文大学，1966年。

二 旧石器时代末期文化

目前,冰期后早期阶段的考古遗存属于两个难下定义但清晰可辨的阶段:1.旧石器时代末期文化,最可能是接在大理冰期之后,这样就是在距今1万年后,不过大多数没有陶器;2.最早的陶器文化,有些(并不都是)被证明出现了农业。

在该时期,对于旧石器时代末期文化,我们了解得很不充分,但我们必须详细了解该时期,从而弄清农业在中国开始的过程。值得描述的这方面遗址有十多处(图40),它们属于两个不同的组群。第一个组群是由华北及北部毗邻地区的遗址组成,在这些遗址中有细石器遗存。第二个组群包括洞穴遗址和西南地区的其他遗址,在该组群中,发现了与上文所描述的旧石器时代晚期相同的文化遗存,并与现代动物群共存。

在北边的细石器组群中,较为重要的有陕西东部朝邑的沙苑和大荔[1],河南中部的许昌灵井[2]以及晋南蒲县的薛关遗址[3]。尽管在某些情况下,我们不能完全排除这种可能,即这些遗址所出土的琢制石器是其他地方的包括陶器在内的更大体系文化的组成部分,但是,它们实质上是史前文化发展的晚期,没有陶器共存表明它们处于前陶器阶段,这种可能性的提出是根据山东临沂凤凰岭发现的细石器加工工场遗址,那里几

---

[1] 安志敏、吴汝祚,《考古学报》1957年第3期,第1、2页;Chang Shen-shuai, Discover of Late Paleolithic artifacts in Inner Mongolia and North-west Shansi, *Vertebrata Palasiatica*(3) 1959, 47-56.
[2] 晓平,《古脊椎动物与古人类》1966年第1期,第86页;周国兴,《考古》1974年第2期,第91—108页。
[3] 王向前等,《人类学学报》1983年第2期,第162—171页。

图 40 中国旧石器时代末期及相关的遗址

百件细石器及石片与龙山文化陶片和磨光石器共存[1]。

我们方才提到的晋南薛关遗址与下川附近的旧石器时代晚期遗存有联系。薛关遗存与下川的相似，都以脊棱形和半锥形石核、小石叶、小石片、多种样式的刮削器、弹头形尖状器、雕刻器、琢背石叶等等为代表。仅有的一个碳十四数据为距今13550±50年，将该遗址置于更新世与全新世之间。

陕西沙苑遗存的年代不确定，不过据认为其年代始于冰期后早期阶段。1955和1956年在陕东中部的大荔县和朝邑县交界处的一个区域（位于一个大沙丘的西部，当地人称作沙苑）内的15个地点采集到了文化遗物。这些采集到的遗物有石片、石制工具、骨片，遗物上有明显的滚动痕迹，没发现居住层，表明原来的文化遗存已被几个世纪以来的夹带砂粒的强风所摧毁。沙丘的经常移动可能也扰乱了原来的分布。因此，文化遗物偶然被集中在15个地点，实际上原来不只这些。

地表采集到的器物标本共计519件，是中国科学院考古所的发掘者挑选出的。这些标本中的大多数由琢制石片及工具构成，其中仅少数几件经过了二次修整。其余的包括两件磨光石锛——大概是后来的扰入物，一颗骨珠，一件贝壳装饰品和一件石饰品碎片。琢制石器主要分为两类，即细石器和石片石器。细石器由小石片和石叶构成，质料为燧石、砂岩、玛瑙、蛋白石、玉石和浅色含硅砾石，其加工方法为间接打击法和压片法。这时出现的修整技术在大多数情况下局限于单面。器物种类包括，细石器有石核、叶形尖状器、小石叶、尖状器、镞、刮削器。石片石器由砂岩、浅色含硅砾石制成，偶尔也有玛

---

[1] 徐淑彬，《考古》1983年第5期，第385—388页。

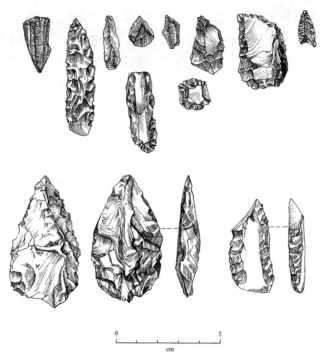

图 41 沙苑遗址出土的石器
（采自《考古学报》1957 年第 2 期，第 5、8 页）

瑙。总的说来，这些石片比细石器大，但其最大长度仍不到 9 厘米。根据采集者的观点，这类石片石器主要由直接打击法制成，其中包括尖状器和刮削器（图 41）。

尽管沙苑遗存需要更精确的断代，但它仍是近年来华北史前考古的最重大发现之一。它是华北第一个恰如其分的细石器遗存（可能属冰期后早段），表明了与东北、蒙古和苏联西伯利亚细石器文化的联系，由此展示了一个存在于华北的后来文化所据以发展的基础。另一方面，该遗存中莫斯特风格的石片反映出它与该地区旧石器时代晚期河套文化所存在的确凿联系。

豫中许昌西北的灵井遗址于1965年采集了石器遗存，但直到1974年才全部发表有关资料，该遗址的发现证明了细石器遗存在华北中部的存在。这里采集到的1353件石英、燧石和石英岩制品包括砾石工具、石片工具和细石器，细石器的数量最为庞大，包括小石核、小石叶、刮削器和雕刻器，还出土了两件人类股骨。与石器共存的哺乳动物化石包括更新世动物，诸如：犀牛、鸵鸟、赤鹿、大象、马、驴，说明灵井遗存的年代可达更新世末期，大概与周口店山顶洞遗存年代相当。

华北其他的细石器遗存年代不能确定，它们在其所在地文化发展序列中的位置并不总是清晰的。晋北的两个遗址[1]中包含有少量陶片，已处于新石器时代的边缘。青海发现了两处旧石器时代遗址，一处遗址（达玉台）出土了由砾石琢制的"石刀"，另一处遗址（拉乙亥）经碳十四断代为距今6745±85年。这两处遗址似乎与东边的已开始成熟的农业文化时代相同[2]。内蒙古的两处细石器文化遗址[3]可能体现了后来的草原文化形式，不适于被称作前陶器时代，正如其中一处遗址的花粉所反映的那样，揭示了寒冷干燥的沙漠平原环境[4]。东北中部和北部发现了海拉尔等三处细石器文化遗址，全面展示了石器种类，但至少其中两处遗址已出土了少

---

[1] 陈哲英、吴永春，《考古与文物》1984年第3期，第1—4页；裴文中，《大同高山镇之细石器文化遗址》，见《雁北文物勘察团报告》，北京：中央人民政府文化部文物局，1951年，第23、24页。

[2] 王国道、刘国宁，《考古》1984年第7期，第577—581页；盖培、王国道，《人类学学报》1983年第2期，第49—59页。

[3] 王国范，《考古》1983年第8期，第673—678页；内蒙古自治区博物馆等，《考古》1975年第1期，第23、24、26页。

[4] 周昆叔等，《考古》1975年第1期，第25、26页。

量陶片[1]。这些遗址中大多年代未确定，为我们将细石器作为年代或文化实体来研究提供了用武之地[2]。

冰期后早段，在秦岭—淮河线以南普遍存在着另一种不同的情况。琢制石器广泛分布于四川[3]、广西[4]、云南[5]、广东西部甚至远至珠江三角洲[6]。缺乏可靠资料使得地域演化序列的分类极端困难，但该地区的一些重要遗存提供了线索。在四川盆地，琢制石斧的地理分布表明了其使用者的活动范围[7]，但是代溪遗址缺乏地层学证据。关于这些琢制石斧在前陶器时代文化背景中的相互联系，我们所知甚少。然而，关于云南和广西的有关情况，我们知道得多些，在这里的石灰岩洞和岩石躲避处发现了琢制石器、贝丘和烧焦的动物骨骼。1956年，在广西来宾县麒麟山发现了文化遗物、烧焦的骨骼、两块石英岩石片、一件石英岩砾石制成的砍斫器和一具不完整的人颅骨。它们出自淡黄色的角砾岩层中，与鹿骨、野猪和大量的软体动物壳共存。人颅骨碎片包括上颌骨的大部分、硬腭、右颧骨和枕骨。据报道，颅骨属于一

---

[1] 关于顾乡屯遗址，参看 Shigeyasu Tokunaga, Nobuo Naora.*Jin-ruigaku-Zasshi* 48(1933); *Report of diggings at Ho-chia-kou, Ku-hsiang-tung, Kirin, Manchouko*. Tokyo: Waseda University, 1934；关于新巴尔虎左旗遗址，参看盖山林，《考古》1972年第4期，第20—23页；关于海拉尔遗址，参看安志敏《考古学报》1978年第3期，第289—315页。

[2] 安志敏，《考古学报》1978年第3期；佟柱臣，《考古学报》1979年第4期，第403—422页；贾兰坡，《古脊椎动物与古人类》1978年第2期，第137—143页。

[3] Te-kun Cheng, *Archaeological Studies in Szechwan*. Cambridge University Press, 1957.

[4] W.C.P'ei, *Bull.*《中国地质学会》1935年第14期，第393—412页；贾兰坡、邱中郎，《古脊椎动物与古人类》1960年第1期，第39页；顾玉珉，《古脊椎动物与古人类》1962年第2期，第193—199页。

[5] M.N.Bien and L.P.Chia,B*ull.*《中国地质学会》1938年第18期，第327—348页。

[6] 梁钊韬，《古脊椎动物与古人类》1960年第1期，第38页；莫稚，《考古学报》1959年第4期，第1—15页；彭如策等，《文物》1959年第5期，第75页；Schofield, W., "Implements of Palaeolithic Type in Hong Kong", *Hong Kong Naturalist*, 6(1935), pp. 272-275；R.Maglioni, *Hongkong Naturalist* 8(1938),211.

[7] Te-kun Cheng, *Archaeological Studies in Szechwan*. Cambridge University Press, 1957.

位老年男性。其形态特征肯定为智人，但扁平颧骨及鼻部骨结构特征据说表明该颅骨不属于蒙古人种[1]。在云南邱北附近黑景隆的一个岩石遮避处遗址已出土了除炭和灰烬层及两件燧石石片外的许多植物种子和动物骨骼[2]。1959年在广西西部东兴县马郎矶村附近的马郎船山和西樵村附近的鸭蹼山遗址发现了相似的遗存。这两处遗址的地层分为四层：顶层土；夹杂着陶器和新石器时代工具的贝壳层；由包含着丰富琢制工具的凝结物和贝壳所形成的层位；底层的红砂岩。第三层的文化遗存为有特色的石核石器，包括手斧、砍斫器等，大部分保留着砾石的原有外皮。共存的动物群全都是现代的动物种类[3]。

在珠江三角洲地区，已发现了出土琢制石器的前陶器时代遗址。除了发现于香港地区的有点难确认的遗物之外[4]，自从1955年以来在广东南海县西樵山已出土了非常重要的遗存[5]。西樵山是一座休眠火山，面积为12平方公里，周围有溪流和干涸的池塘环绕，位置在广州西南约70公里。围绕着山丘，已发现了14个史前文化地点。这些遗址可被归结为三种类型：前陶器遗存、亚新石器时代遗存、新石器时代遗存。这后两个将在以后讨论，但这里应说明的是这三种类型共同代表着以琢制石器为特色的下层文化。发现于前陶器时代文化的石器以及那些存在着陶器和磨光石器的文化中

---

[1] Chia Lan-po, Wu Ju-kang. Fossil human skull base of Late Paleolithic Stage from Chilinshan, Leipin District, Kwangsi, China, *Vertebrata Palasiatica* 3(1959), 37-39.
[2] M.N.Bien and L.P.Chia, *Bull.*《中国地质学会》1938年第18期，第345—346页。
[3] 梁钊韬,《古脊椎动物与古人类》1960年第1期，第38页。
[4] Schofield, W., "Implements of Palaeolithic Type in Hong Kong", *Hong Kong Naturalist* 6 (1935); Proc.3rd Far Eastern Prehist.Congr.1938, p.243.
[5] 莫稚,《考古学报》1959年第4期，第1—15页；彭如策等,《文物》1959年第5期，第75页。

的石器都包括石片和石核石器，它们由燧石及砂岩制成。石核石器明显与我们所熟悉的有砍斫器传统的文化一致，但石片石器中的一些台面经过了加工，其中许多是端刮器、尖状器和石叶。这里也已识别出了一种成熟的细石器文化遗存，包括小石叶和雕刻器[1]。再向东，在台湾岛东海岸的长滨附近[2]，已发现了一种相似的石器遗存。

三　华北裴李岗及其相关文化

如果上文描述的那些文化遗址都是属于大约1万年前在全新世开始时居住于中国的渔猎采集者们的，而且是在他们及其直系后裔中出现了关于农业的至关重要的尝试，那么在华北地区还有约1000至1500年的关键性时间差距有待于当代考古学的解释，而在南方这个差距正在被缩小。

在华北，现代考古学已将已知最早的新石器时代农业阶段一再上溯。从20世纪20年代至40年代已知最早的新石器时代文化仰韶文化（其名称来自河南渑池县仰韶村，1921年由J.G.安特生发掘[3]）被安特生断代为约公元前2500年[4]。在随后的几十年间，随着许多新石器时代遗址被发现，考古学家们已经确认新石器文化不只一个或一个阶段，现在已经清楚新石器文化开始的时间一定是大大早于公元前2500年，许多文化在公元前3000年代末期中国文明史开始前就已经形成

---

[1] 曾骐，《考古与文物》1981年第4期，第1—13页。
[2] 宋文薰，《长滨文化——台湾首次发现的先陶文化（简报）》，《中国民族通讯》1969年第9期，第1—27页。
[3] J.G.Andersson, *Bull.*《中国地质学会》1923年第5期。
[4] J.G.Andersson, Researches into the Prehistory of the Chinese, *BMFEA* 15 (1943), p.295.

了。可是仅仅是在20世纪70年代早期,中国的实验室开始公布碳十四年代数据,研究新石器时代的学者们得到了充分的依据,将仰韶文化的开始年代上推至公元前5000年代[1]。后来在70年代后期,一系列似乎无论在地层学(在某些遗址)还是测年学方面都早于仰韶文化的新文化遗址开始见于考古发现中。这些是华北的裴李岗及其相关文化遗址以及陕西汉水上游遗址。

尽管早就有出自这些早期文化层位的个别遗物的发现,已发现的早于仰韶文化的第一个文化遗址是冀南武安县磁山遗址,该遗址于1976年至1977年进行了首次发掘[2]。随后,在豫中伏牛山东麓发现了许多有着相同文化内涵的遗址,其发掘得最大、最出色的是新郑县裴李岗遗址[3]。这些新发现进一步澄清了陕西许多新石器文化遗址底部遗存的性质,这些遗址的主要遗存属仰韶文化,尽管没有清晰辨别,但其底部遗存似乎与主体遗存间有区别[4]。如今这些早期遗存已被识别为与磁山和裴李岗遗存性质相同,并被置于相同的文化发展阶段。

这种新的文化遗存目前已被发现分布于四处可明确界定的遗址群,每处遗址群都展示了其自身的地域特点(图42)。第一处遗址群由冀南的磁山及其附近遗址组成,位于太行山

---

[1] 仰韶文化的第一批碳十四测年数据是(皆为距今):5890±110(ZK-38),5730±100(ZK-121),5670±100(ZK-122);参看中国科学院考古研究所实验室,《考古》1972年第5期,第56—58页。
[2] 《考古》1977年第6期,第361—372页。第一次发掘简报公布了两个碳十四数据,分别是距今7330±105年和7355±100年。
[3] 《考古》1978年第2期,第73—79页。
[4] 苏秉琦,《考古学报》1965年第1期,第55、56页;郎树德、赵建龙,《考古与文物》1984年第6期,第56—63页。

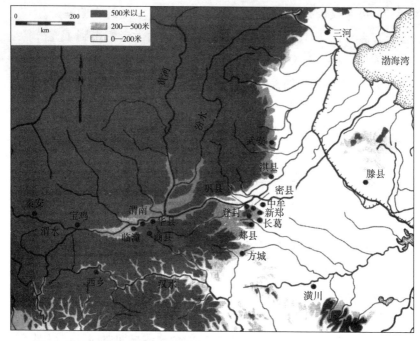

图 42　磁山、裴李岗及其相关文化的主要遗址

东麓[1]。第二处遗址群至少包括河南的 40 处遗址,从北向南有:淇县花窝[2];中牟的叶王和冯庄[3];密县莪沟[4]和马良沟[5]及其他遗址[6];登封的东岗岭[7];巩县的铁生沟[8]和赵

---

[1]《考古》1977 年第 6 期,第 361—372 页;《考古学报》1981 年第 3 期,第 303—346 页。
[2]《考古》1981 年第 3 期,第 279—281 页。
[3]《考古》1979 年第 3 期,第 206、207 页。
[4]《文物》1979 年第 5 期,第 14—17 页;李绍连,《文物》1980 年第 5 期,第 20—27 页;《河南密县莪沟北岗新石器时代遗址》,《考古学集刊》第 1 辑,北京:文物出版社,1981 年,第 1—26 页。
[5]《考古》1981 年第 3 期,第 282—284 页。
[6]《考古》1979 年第 3 期,第 208 页。
[7]　同上,第 208、222 页。
[8]《文物》1980 年第 5 期,第 16—18 页。

城[1]；新郑裴李岗[2]、沙窝李[3]、唐户[4]、西土桥[5]；郏县水泉[6]；方城大张庄[7]；潢川鲁寨[8]。河南遗址中大多数位于伏牛山东麓，不过有少数几个是沿洛河平原上的小河流分布的。第三处遗址群（到1982年有15处）位于从陕东到陇东的渭水沿岸，也沿丹江（汉水的一个北部支流）上游分布，该遗址群包括陕西华县元君庙和老官台[9]；渭南北刘[10]；临潼白家村[11]、陕县紫荆[12]；宝鸡北首岭[13]；甘肃秦安大地湾[14]。最后一处遗址群在陕南，秦岭南面，在汉水上游，包括西乡李家村[15]和其他几处遗址[16]。总而言之，这些遗址沿中国北方西部高原东边较矮的台地分布，朝向介于西部高原和山东之间的沼泽和湿地，还沿渭水进入西部内地，至少到了陇东。近来对山东大汶口文化[17]和川东以及鄂西的大溪文化[18]所进行

---

[1]《考古》1979年第3期，第222页。
[2]《考古》1978年第2期，第73—79页；《考古》1979年第3期，第197—205页；《考古》1982年第4期，第337—340页；《考古学报》1984年第1期，第23—51页。
[3]《中原文物》1982年第2期，第14页；《考古》1983年第12期，第1057—1065页。
[4]《考古》1979年第3期，第206页；《河南新郑唐户新石器时代遗址试掘简报》，《考古》1984年第3期，第193—196页。
[5]《考古》1979年第3期，第206页。
[6]《考古》1979年第6期，第562、563页。
[7]《考古》1983年第5期，第398—403页。
[8] 杨履选，《中原文物》1981年第4期，第59页。
[9]《考古学报》1980年第3期，第297—304页。
[10]《考古与文物》1982年第4期，第1—4页。
[11]《考古》1983年第3期，第271、272页；《考古》1984年第11期，第961—970页。
[12]《考古与文物》1981年第3期，第33—47页。
[13]《考古》1979年第2期，第97—106、118页。
[14]《文物》1981年第4期，第1—15、96页；《考古与文物》1982年第2期，第1—4、9页；《文物》1983年第11期，第1—30页。
[15]《考古》1961年第7期，第352—354页；《考古》1962年第6期，第290、291页；魏京武，《李家村新石器时代遗址的性质及文化命名问题》，见《中国考古学会第一次会论文集》，北京：文物出版社，1979年，第14—22页。
[16] 魏京武，《考古与文物》1981年第4期，第65、69—77页。
[17] 见第三章。
[18] 严文明，《中国考古学年鉴》，北京：文物出版社，1984年，第12、13页；严文明，《文物》1985年第3期，第24页。

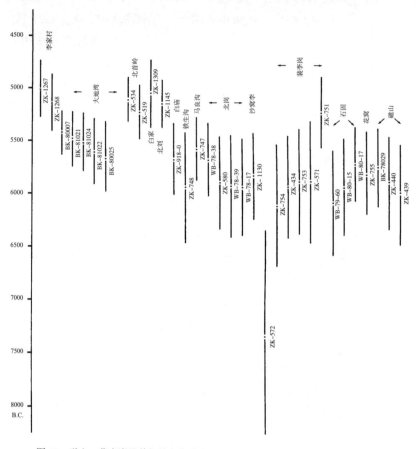

图 43 磁山、裴李岗及其相关文化碳十四数据

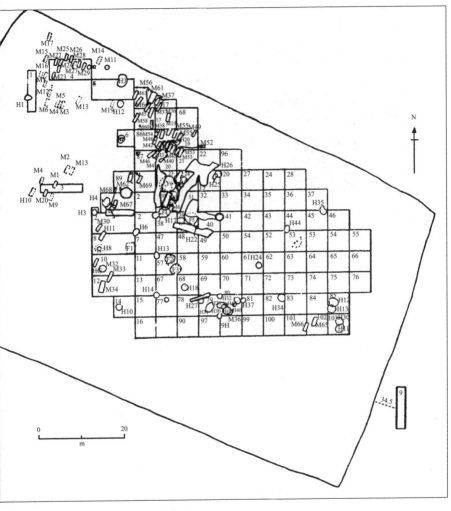

图 44　河南密县莪沟遗址的发掘区
（采自《考古学集刊》第 1 辑，1981 年，第 2 页）

第二章　早期的农人

图45 河南新郑裴李岗遗址的一部分墓葬
（采自《考古》1979年第3期，图版1）

的研究表明这些文化存在着非常早的阶段，可早至与裴李岗、磁山等文化相当。滕县北辛发现的大汶口文化最早阶段遗存[1]使得该文化在分布上越过了湿地到达了鲁西。这些我们在以后将继续谈到。

这四处遗址群的农业文化遗址具有许多共同特点。首先，一大批碳十四数据将所有这些遗址的年代界定在公元前6500至前5000年（图43）。据报道，其中，大多数遗址的面积在1万至2万平方米之间，遗存厚度相对较薄，为0.5至1米[2]。遗址分布得似乎相当密集；例如：在密县一个8公里长、4公

---

[1] 《考古》1980年第1期，第32—44页；《考古学报》1984年第2期，第159—190页。
[2] 魏京武，《考古与文物》1981年第4期，第74页。

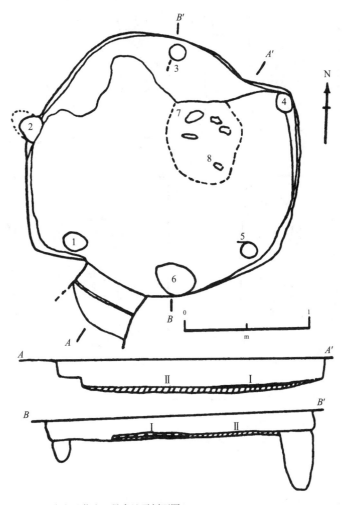

图 46 河南密县莪沟 2 号房址平剖面图
（采自《考古学集刊》第 1 辑，1981 年，第 4 页）

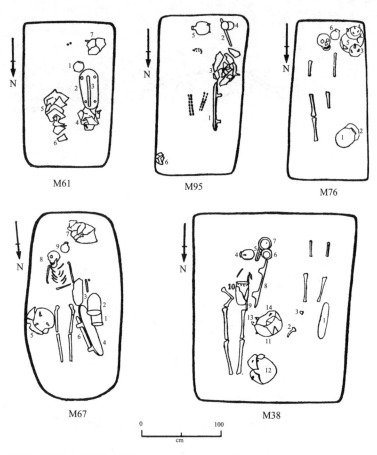

图 47　裴李岗 5 座墓葬平面图
（采自《考古学报》1984 年第 1 期，第 28 页）

里宽的区域内，已发现了 6 个遗址。但是，关于这方面的问题，我们必须等待通过系统方法获得的更多的调查资料来解决。被发掘的这些遗址由居址和墓葬（图 44、图 45）构成。尽管大地湾遗址的房屋被建在地面上，这些遗址的房屋大多为圆形，偶尔为方形，直径为 2—3 米，有白灰地面伸入地下（图 46）。在房屋中间发现了许多地下窖穴，一些为直壁的，其他

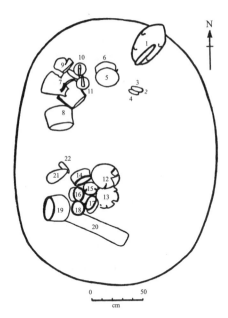

图 48 河北磁山的一处窖穴遗迹,据认为是一处食物加工点(1. 石磨盘;2. 石磨棒;3、4、22. 石斧;5、12、13. 三足器;6—8、14、19. 陶盂;9—11. 陶支架;15—18. 小陶盂;20. 木炭;21. 石铲)(采自《考古学报》1981 年第 3 期,第 322 页)

图 49 发现于河南新郑沙窝李的石磨盘和磨棒(上)以及石镰(下)
(采自《考古》1983 年,第 12 期图版 1)

的则为袋形。窖穴中有许多装有粮食。墓葬大多为单人葬,随葬品或只有陶器,或陶器与石斧、石铲共存,或与石磨盘和磨棒共存(图47)。在少数墓中,发现了小块绿松石饰品。在沙窝李遗址,有三座墓葬的墓主年龄经过了鉴定,均介于12至14岁之间。

遗存中的粮食颗粒、石斧、石镰以及石磨盘和磨棒,反映出到此时已有了相当规模的农业。粮食颗粒中有些经鉴定为粟和高粱[1]。其他植物遗存包括磁山遗址的胡桃、榛子等,莪沟的橡子等。粮食颗粒及其他植物果实经石磨盘和磨棒的加工(图48),磨盘上有凹面,底下有四小足,在磁山和裴李岗遗址群中都有发现。裴李岗遗址群所出土的尖齿长镰尤其有特色(图49)。

猪和狗是主要的驯养动物,出土的猪、狗骨架和泥塑猪狗(图50)说明了其重要性。猪下颌骨经常被用来随葬。鸡可能是驯养的家禽,从发现的鸡足骨来看,它们大多为公鸡。在野生动物骨骼中,各种鹿的数量最多。出土的鹿角表明它们在一年四季中都是狩猎的对象。

一些遗址出土的石器中有相当数量的石片石器,未磨光(图51)。还经常发现细石器,从而揭示出其与旧石器时代细石器的密切渊源以及狩猎的重要性。在磨光或半磨光石器中,最常见的是断面为椭圆形的石斧,其他器型包括锄、锛、凿、镰刀、锤子、磨盘和磨棒,在不同的遗址群中,这些石器的出现率也不同(图52)。骨器包括矛头、镞、鱼叉、头簪、针、雕刻器和渔网编织针。也有一些角制品和牙制品。蚌壳是制作镰刀的重要材料。

所有的陶器皆为手制,大多为夹砂粗陶。根据磁山所出

---

[1] 黄其煦,《考古》1982年第4期,第419页。

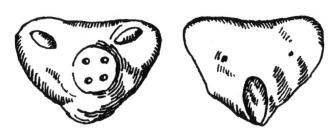

图 50 裴李岗出土的陶猪
（采自《考古》1979 年第 3 期，第 202 页）

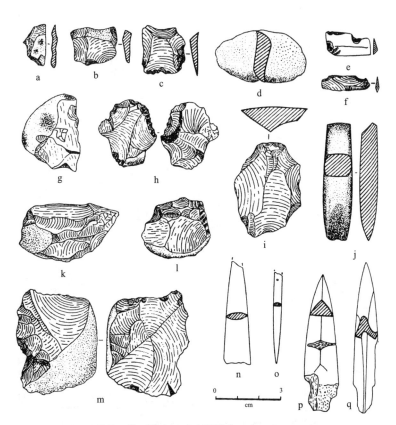

图 51 河南淇县花窝出土的石器（a-m）和骨器（n-q）
（采自《考古》1981 年第 3 期，第 280 页）

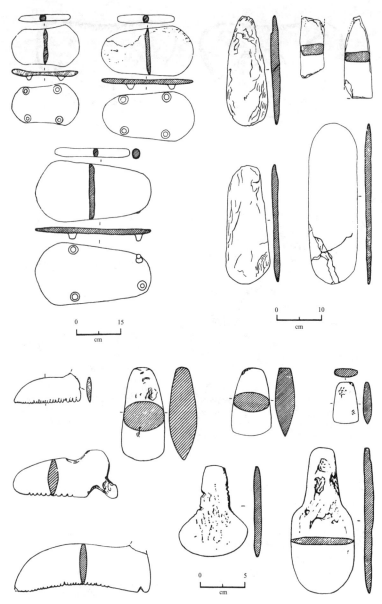

图 52 河南密县莪沟出土的磨光及半磨光石器的主要器型
（采自《考古学集刊》第 1 辑，1981 年，第 16 页）

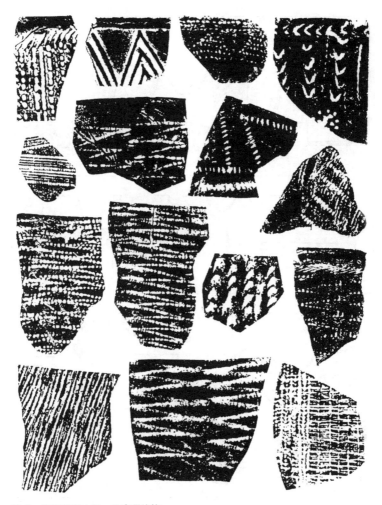

图 53　发现于磁山的一些陶器纹饰
　　（采自《考古》1977 年第 6 期，第 369 页）

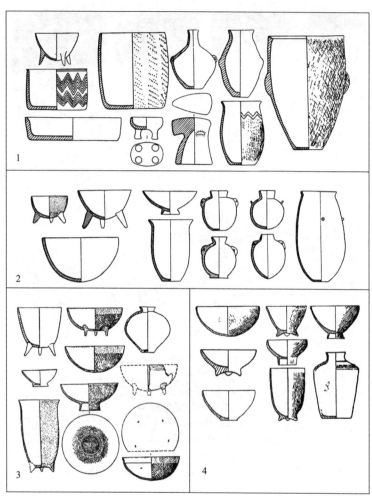

图 54 裴李岗及其相关文化的四处遗址群所出土的主要陶器器型
（1. 裴李岗遗址群；2. 磁山遗址群；3. 渭水遗址群；4. 李家村遗址群。1 和 2 采自《新中国的考古发现和研究》，1984 年，第 37 页；3 采自《考古》1984 年第 11 期，第 1016 页；4 采自《考古》1984 年第 11 期，第 1018 页）

土的三件陶器标本测定,窑的温度估计可达700℃、850℃和930℃,裴李岗的两件可达950℃和960℃。尽管陶色有多种变化,可是陶器大多为红色或褐色。器表大多为素面,纹饰有绳纹、连续折弧形小窝篦纹、画线、附加堆纹、剔刺纹(图53)。最典型的器物是小口双耳罐,圈足或假圈足碗,锥形足三足器,包括钵形鼎等。在陶器器型方面,不同地域的遗址群表现出了值得注意的差别。磁山遗址群的特色器物有直壁杯、陶支座,渭水流域的遗址群以深腹矮三足大罐为特色(图54)。不同的遗址群之间也存在着许多其他区别。刚才提到的裴李岗遗址群常见镰刀。在葬俗上,差不多所有的裴李岗墓葬头向都朝南。

华北这些公元前6500—前5000年的四处遗址群的典型陶器使得考古学家们卷入了无休止的类型学争论中[1]。一些人将这四处遗址群称为不同的文化,即磁山文化、裴李岗文化、老官台文化和李家村文化,而其他人则提出将其中一些或者甚至所有遗址群合称为一种文化。考虑到它们与同时代或随后的文化相比时,我们可以将它们合并为一种单一的主要文化,在本书中就将其称为裴李岗文化,这也是根据裴李岗遗址群的人口最多,遗址最多而定的。在不久的将来,随着更多的同时代遗址在其他地区的发现,我们将继续评价有关该文化的分类问

---

[1] 严文明,《考古》1979年第1期,第45—50页;李友谋、陈旭,《考古》1979年第4期,第347—352页;安志敏,《考古》1979年第4期,第334—346页;李绍连,《文物》1980年第5期,第20—27页;张之恒,《考古与文物》1981年第1期,第53—58页;唐云明,《考古与文物》1981年第1期,第58—62页;魏京武,《考古与文物》1981年第4期,第65、69—77页;张忠培,《社会科学战线》1981年第2期,第220—223页;安志敏,《社会科学战线》1982年第1期,第204—207页;张瑞玲,《考古与文物》1982年第4期,第71—74页;吴汝祚,《考古与文物》1983年第2期,第52—59页;张之恒,《考古与文物》1984年第1期,第86—91页;安志敏,《考古》1984年第10期,第936—944页。

题。可寻找有关新发现的邻近地域中的一个关键区域是湖北的长江中游及四川一带的丘陵，该区域直接位于南面，在渭水下游及陕南遗址群以南。

四　华南的早期绳纹陶文化

四川和湖北在中国农业起源中扮演了一个中枢的角色，其理由之一是该区域位于北方裴李岗文化和华南广阔地域之间，这里出土的陶器非常早，并很可能与农业有关联。来自几处石灰岩洞穴遗存的碳十四数据（这里的文化从前陶器时代至陶器时代经常存在着连续统一性）表明陶器可能出现于全新世开始前后（图55）。这些陶器与裴李岗文化的有很大不同，但也存在一些相似之处。南方和北方陶器传统上的相互关系令人颇感兴趣。

华南现在仅有少量遗址能被置于公元前6000年代，不过，随着时间的发展，这个数量肯定会增加，除了初步的描述和概括之外，任何关于这些文化的结论都为时尚早。这些文化的遗址分为两种：石灰岩洞穴遗址和野外遗址。后者有时存在贝丘，位于海岸边或河边台地上[1]。

华南山丘由大范围的喀斯特地貌构成[2]，由地下水形成了无数的洞穴，许多洞穴被史前人以某种形式利用过，其中一些年代属更新世的洞穴遗存已在上一章里描述过。仅少数有早期陶器遗存的洞穴被调查发掘及报道过：赣东北的万年仙人

---

[1] 彭适凡，《文物》1976年第12期，第15—22页。
[2] 中国地质科学研究院水文地质工程地质研究所，《中国岩溶》，上海：人民出版社，1976年。

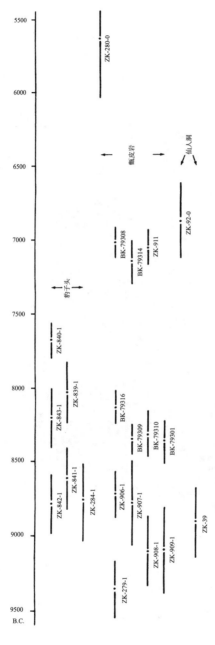

图 55 华南新石器时代早期洞穴遗址的碳十四数据

第二章 早期的农人

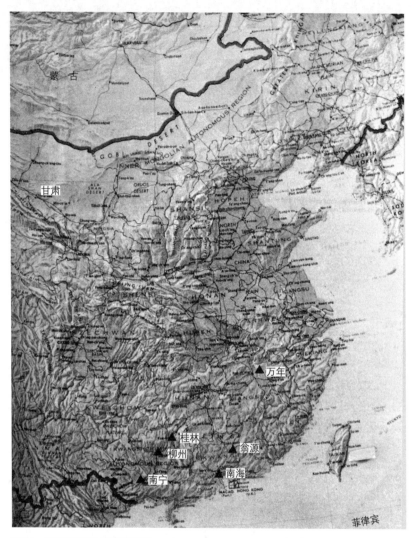

图 56　华南新石器时代早期遗址

洞[1]；粤北翁源青塘圩[2]；广西柳州鲤鱼嘴[3]、白莲洞[4]，前者为岩下遮蔽处，后者为洞穴；广西桂林甑皮岩（图56）[5]。仅有少数几个洞穴需简要描述。

仙人洞遗址发现于1962年，是第一处引人注目的出土早期陶器的遗址，该遗址还引发了关于史前史发展水平的争论。这大概是由于该遗址的位置不在广西之类的边缘地区（该地区的洞穴遗址早就为人所知[6]），而是在中国的一个新石器文化及商周文明依次发展的地区。该洞穴向东，位于一座石灰岩山丘的底部，高于一条小河5米，该河在山丘与最近的村庄（大源公社）之间流过（图57，上）。仙人洞长35米，最大高度和宽度都位于洞后部，分别为26米和20米。该洞还有一附属小洞，与大洞北壁相通。在仙人洞底部是形成于更新世的一层褐砂遗存。在褐砂上面有一薄层黄砂和石灰岩角砾层，可能是冰期后最早的遗存。第三层沙土是新石器时代人类居住层，有灰土、人工制品及人骨。在第三层上有一条水平裂隙，在这里形成了后来的早期历史阶段的人类居住遗存。早期陶器文化来自第三层，该层是仙人洞遗址的主要文化层（图57，下）。

除了火堆、灰烬和灰坑遗存之外，文化层出土了石、骨、角、蚌、陶器和动物及人类骨骼。石器包括砍斫器、刮削器和磨光

---

[1] 郭远谓、李家和，《考古学报》1963年第1期，第1—15页；黄万波、计宏祥，《古脊椎动物与古人类》1963年第3期，第263—271页；李家和，《文物》1976年第12期，第23—35页。
[2] 广东省博物馆，《考古》1961年第11期，第585—588页。
[3] 何乃汉等，《考古》1983年第9期，第769—774页。
[4] 广西柳州市博物馆，《古脊椎动物与古人类》1975年第2期，第187页；周国兴、易光远，《中国第一座洞穴科学博物馆白莲洞遗址重要发现》，北京，1982年。
[5] 巫惠民、阳吉昌，《考古》1976年第3期，第160、175—179页；李有恒、韩德芬，《古脊椎动物与古人类》1978年第4期，第224—254页。
[6] W.C.Pei.*Bull.*《中国地质学会》1935年第14期，第393—412页。

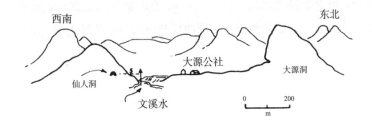

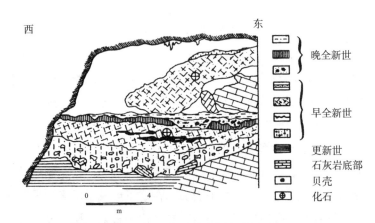

图 57　仙人洞遗址的位置（上）以及该洞穴遗存的剖面图（下）
（据《古脊椎动物学报》1963 年第 7 期，第 265 页）

的锥、凿以及可能用于点播的扁圆形穿孔石器，另外还有砺石。这些石、骨器及其他工具意味着渔猎活动的进行，不过，扁圆形穿孔磨光石器（如果它们确被用于点播）则反映出园艺活动的存在。出土的动物骨骼反映出了猎物的种类：鹿、水鹿、野猪、羊、几种野猫、黄鼠狼、獾、短尾猴、兔子。还有诸如秃鹫和鸡等大型鸟类、软体动物、鱼、乌龟和螃蟹。该遗址的植物遗存未见报道。陶片丰富但较为破碎。陶质粗糙，掺和料为粗、细砂，陶质疏松易碎。陶器器壁厚薄不均，从 4 至 14 毫

图 58 仙人洞遗址出土的绳纹陶片
（采自《考古学报》1963 年第 1 期，图版 3—4）

米，陶色不纯，为红色或灰色。唯一可识别的器型是直口圆底罐形器。纹饰主要为绳纹，既有粗绳纹又有细绳纹，而且经常是器表和内壁均饰绳纹。有的在口沿外戳刺纹饰。有时绳纹表面被涂上红颜料或刻划大小方格纹（图 58）。

尽管华南的其他一些洞穴遗址有着特别值得注意的特征，但是其余的华南洞穴遗址的遗存状况和遗物的基本种类实质上与万年仙人洞的相似。柳州鲤鱼嘴洞穴已出土了大量石器（图 59）和几座屈肢葬。桂林甑皮岩洞穴遗址已出土了不少于 18 具的人骨架，他们位于洞穴内选定的区域，其葬式大多亦为屈肢。6 具颅骨顶部有人工穿孔，一些骨架上发现有赤铁矿粉。在石器中，除了点播器之外，还有 3 块长砾石，这些砾石一端是平的，据认为是磨盘。出土的猪骨具有特殊的重要性。从出土的猪颌骨来统计，有 67 口猪，其中 40 口猪的年龄经过了鉴定。在它们中间，有 8 头或 20% 不到

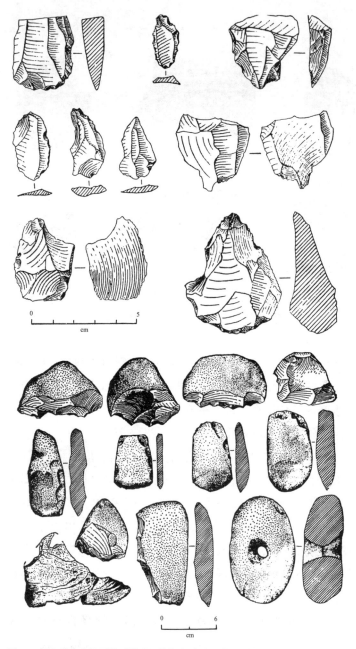

图 59 鲤鱼嘴出土的石片石器（上排）和砾石石器（下排，左下角的蚌刀除外）
（采自《考古》1983 年第 9 期，第 771—772 页）

一岁，6头或15%超过了两岁，而占大多数的26头或65%在1至2岁之间被宰杀。牙齿磨损度不大，犬齿少而小，没有突出的牙窝。所有这些迹象都令人相信裴李岗文化时期的猪是驯养的[1]。

鉴于洞穴内大量的文化遗存，尤其是火堆、陶器和食物残余，该洞穴似乎是华南早期陶器制造者的一处永久居址，他们也经常将死者葬于贝丘之中。洞穴通常位于小山的底部，朝向斜坡或河岸，这样他们就易于接近山间林木以及河湖内的极为丰富的经济资源。各种亚热带哺乳动物、鸟、鱼、两栖动物和甲壳纲动物遗存是人们开发自然资源活动内容的体现。根据遗物中大概为点播器和磨盘的器物，可能在当时已对植物进行了利用甚至栽培，这种可能性被裴李岗的家猪饲养所强化。在与华南生态系统完全相同的泰国西北部的一个洞穴遗址，其中除了相似的石器和绳纹陶器之外，切斯特·戈尔曼还发现了食用植物，诸如：杏仁、槟榔子、豆、豌豆、葫芦、胡椒树、灰胡桃、中国橄榄、黄瓜等[2]。中国遗址若应用新的发掘技术（例如浮选法）无疑也会发现相似的遗存。这些植物中的大多数最可能尚处于野生状态，生长于附近的森林或水边，不过其中的一些或其他植物可能已被栽培。

该泰国洞穴遗址植物据碳十四断代为约公元前7000年，这有充分根据的年代数据与仙人洞和甑皮岩的碳十四年代数据形成了反差（图55）。华南洞穴陶器明显偏早的年代引起了著名考古学家们的很大怀疑，他们认为从石灰岩洞穴中得到的

---

[1] 李有恒、韩德芬，《古脊椎动物与古人类》1978年第4期，第248页；李有恒，《古脊椎动物与古人类》1981年第3期，第276—280页。
[2] Gorman, Chester F., Hoabinhian: A pebble tool complex with early plant associations in Southeast Asia. *Science* 163(3868), 1969: 671–673.

碳十四标本肯定因某种缘故而不纯[1]。但是通过对一系列从石灰岩洞穴中采集到的标本所进行的广泛实验（考古研究所和北京大学碳十四实验室的科学家们进行了这些实验），结果表明从其他地点采集到的标本在年代上除个别的之外，没有大的出入[2]，甑皮岩遗址的较早年代得到了热释光测年技术的肯定，作为其结果的12个数据的年代范围是从公元前7160±930年到公元前10370±870年，与碳十四标本的年代范围近似一致[3]。目前，我们不得不说甑皮岩的陶器是中国迄今发现的最早陶器。即使裴李岗遗址的最早陶器比甑皮岩的晚了两千年，然而那并不说明陶器就是从华南扩展到华北的。在这个新发现层出不穷的年代里，特别是冰期后的早段，每一项新发现都能为我们打开一个了解古代历史文化的窗口，至少在十年内关于华南与华北陶器谁早谁晚及谁传给谁的问题是难以下结论的。

广西南宁的豹子头遗址是一处野外遗址（图55），该遗址出土的标本经测定年代与甑皮岩的同样早，该遗址位于河边阶地，与石灰岩洞穴没有关系。在20世纪60及70年代初期，沿邕江发现了一系列的贝丘遗址（包括豹子头遗址），这些遗址出土了人类墓葬以及与洞穴遗址种类相似的人工制品。陶器亦为绳纹：其中一些以蚌壳为掺和料。刻划纹又出现了，通常是在口沿下，一般是平行弧线或同心半圆。点播器尚未见于报道，不过有许多石斧、石锛、石杵[4]。最大的出土早期陶器的野外遗址群是在广州南面珠江三角洲的西樵山一带，但这里的

---

〔1〕 安志敏，《考古》1984年第3期，第274页。
〔2〕 《考古学报》1982年第2期，第243—250页。
〔3〕 王维达，《河姆渡和甑皮岩陶片热释光年代的测定——兼论粗粒石英断代技术》，见《考古学集刊》第4辑，北京：中国社会科学出版社，1984年，第321—327页。
〔4〕 《广西南宁地区新石器时代贝丘遗址》，《考古》1975年第5期，第295—301页。

文化延续时间长,居址的主体部分年代较晚。从年代学序列来看,无疑应有一个较早的阶段,该阶段在年代上应与更新世的前陶器阶段相连,而目前该阶段尚为缺环,亦未有年代学数据公布[1]。

---

[1] 杨式挺,《考古学报》1985年第1期,第9—32页。

第三章　中国北方地区新石器时代文化的发展

（公元前 5000—前 3000 年）

到了公元前 5000 年，许多清晰可辨的新石器文化出现于全中国的确定地域内，而且都各有其特点（图 60）。

一　黄河中游的仰韶文化

仰韶文化——该地区最先被发现的新石器时代文化，于 1920 年被豫西北渑池县仰韶村的农民们发现，以下是安特生关于仰韶村的出土物落入他手中的记载：

> 1920 年秋天，我派我的收集人刘长山到河南洛阳西部地区去进行收集……他的主要任务是收集更多的第三纪脊椎动物遗存。但我也让他尽可能地留意石器时代的遗物。
>
> 当他于 12 月回到北京时，他拿出所收集到的几百件石斧、石刀及其他石器，可以想象，我是多么惊喜！当中有许多东西格外精致且保存完好。当刘长山讲述了他是单独从一个村子的村民手中购得所有这些东西时，这些收集的东西就更加不同寻常了。这个村子便是仰韶

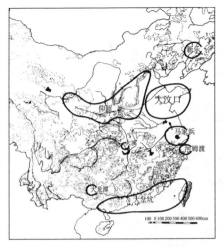 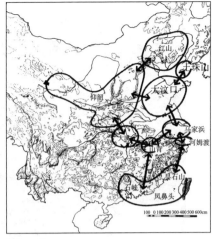

图 60　公元前 5000 年（左）和公元前 4000—前 3000 年（右）
中国新石器时代文化分布图

村。在那里，农民们在田地里收集到了这些我们所渴望得到的东西。[1]

第二年，安特生和几个助手去勘察并发掘了仰韶村遗址，发现了仰韶新石器文化，该文化的特点是在红陶上面涂黑色纹饰，且出土磨光石斧和石刀。[2] 从那以后的 65 年间，发现了数百处与仰韶文化相关的遗址，其中有几十处被发掘。其分布于黄河中游盆地，即从豫中到甘肃、青海的广阔区域内，如今其所代表的文化是中国最著名的新石器文化。具有讽刺意味的是，仰韶遗址本身不再被认为是该文化的典型遗址，因其地层关系，它从未被真正弄清，其主要文化内涵可能属于仰韶新石器文化之后，不过该文化名称却被保留下来。

---

[1] J.G. Andersson. *Children of the Yellow Earth*, London: Kegan Paul, Trench, Trubner and Company, 1934, p.164.
[2] J.G. Andersson. "An early Chinese culture", *Bull.*《中国地质学会》1923 年第 5 期；J.D. Andersson, *BMFEA* 17(1945).

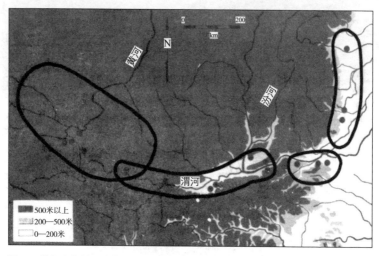

图61 仰韶文化的地域类型及主要遗址的所在地图

在仰韶文化所分布的广阔地域内,尽管所有的类型都具有共同特征,但如今必须被视为且被描述为几个地域类型,这些共同特征表现于建筑、石器、制陶技术、装饰品以及社会发展的一般水平,这些成为将诸类型置于一个整体文化中的依据。[1] 主要的地域类型有:(1)渭水和汾河下游诸类型;(2)豫中诸类型;(3)豫北和冀南诸类型;(4)甘肃、青海诸类型(图61)。仰韶文化的遗址也见于这四个区域之外,不过,那些遗址数量少,且地域属性不明确。

1 渭水和汾河下游诸类型

处于仰韶文化的核心区,这些类型包括陕西渭水盆地和陇东地区(至甘肃天水)、山西汾河下游盆地,大约在万泉和夏

---

[1]《考古学报》1962年第1期,第49—79页;《史前研究》1983年第1期,第59、71—90页;《新中国的考古发现和研究》,北京:文物出版社,1984年,第41—68、105—117页。

县之南、河南之最西北（在陕县三门峡库区）。在该地区已发掘了十多处主要遗址，并发表了有关资料，这些遗址包括（从东向西）万泉荆村、[1]夏县西阴村[2]以及芮城东庄村和西王村，[3]这些遗址都位于晋西南；豫西北端的陕县庙底沟和三里桥；[4]华阴横阵村、[5]华县元君庙、[6]渭南史家、[7]临潼姜寨、[8]西安半坡[9]和宝鸡北首岭，[10]皆地处陕西；还有陇东秦安大地湾。[11]在这些遗址和许多其他的遗址中，该文化延续了约有两千年，即从公元前5000年—公元前3000年（图62），其内在的变化使得有必要进行某种分期。一种对渭水和汾河下游仰韶文化类型的三段式划分已被普遍接受，即将其划分为早（半坡）、中（庙底沟）和晚（半坡上层或西王村上层）三期，[12]不过，关于是

---

[1] 《时代月刊》1933年第3期，第99—111页；C.W.Bishop.The Neolithic Age in Northern China. *Antiquity*, 1933, 7 (28): 389-404.
[2] 李济：《西阴村史前遗存》，清华学校研究院丛书第三种，1927年；Liang Suyung. New Stone Age Pottery From the Prehistoric Site at Hsi-Yin Tsun, Shansi, China. Memoirs, *Am. Anth, Assoc*, No.30 (1930).
[3] 《考古学报》1973年第1期，第1—62页；《考古》1979年第1期，第37—44页。
[4] 《庙底沟与三里桥》，北京：科学出版社，1959年。
[5] 《考古》1969年第9期，第5—9页；《考古》1977年第4期，第247—250、256页；中国社会科学院陕西工作队：《陕西华阴横阵遗址发掘报告》，《考古学集刊》第4辑，北京：中国社会科学出版社，1984年，第1—39页。
[6] 《元君庙仰韶墓地》（黄河水库考古报告之四），中国社会科学院考古研究所编辑，《中国田野考古报告集》考古学专刊丁种第24号，北京：科学出版社，1983年。
[7] 《考古》1978年第1期，第41—53页；《考古与文物》1980年第2期，第90—93页；《考古学报》1981年第2期，第147—163页。
[8] 《考古》1973年第3期，第135—145页；《考古》1975年第5期，第280—284、263页；《文物》1975年第8期，第82、83页；《考古与文物》1980年第3期，第1—13页；《考古与文物》1981年第1期，第63—71页；《考古与文物》1981年第2期，第36—43页。
[9] 《西安半坡——原始氏族公社聚落遗址》，北京：文物出版社，1963年；《考古》1973年第3期，第146—148页。
[10] 《考古》1959年第5期，第229、230、241页；《考古》1960年第2期，第4—7页；《考古》1979年第2期，第97—106、118页；《宝鸡北首岭》，北京：文物出版社，1983年。
[11] 《文物》1983年第11期，第1—14页；《文物》1983年第11期，第21—30页。
[12] 《考古》1977年第3期，第182—188页；《考古与文物》1980年第1期，第64—72页；《新中国的考古发现和研究》，第42—47页。

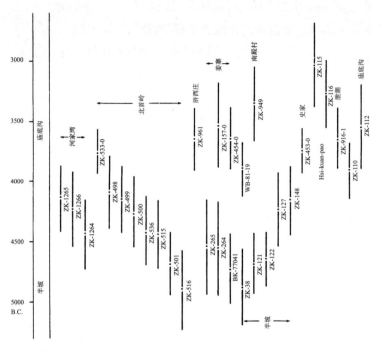

图 62　仰韶文化渭水和汾河类型的碳十四数据

否应该划分出另一个阶段尚有较大的争论。这一有争议的阶段被称为史家期。该阶段被置于半坡和庙底沟之间,[1]或者该争论可被理解为史家是否应被仅视为半坡的一个较晚的亚期。[2]无论如何划分,整个仰韶文化的发展过程,通过姜寨、半坡和北首岭遗存的长时间延续而得以充分展现,在这些遗址中,文化的发展变化有地层学的依据。

---

[1]《史前研究》1983年第1期,第73页;《考古与文物》1980年第2期,第90—93页。
[2]《考古》1979年第3期,第260—268页;《考古》1978年第1期,第48—53页;《考古学报》1981年第2期,第147—163页。

仰韶文化遗址中的大多数为史前村落废墟。这些遗址在该地区三条主要河流岸边的低矮的黄土台地上,且分布得相当密集。这三条主要河流是黄河、渭水和汾河,或者在绝大多数情况下,沿该三大河流的支流而分布。这些遗址所处的时期恰逢中国北方冰期后的气候最适期,半坡类型处于该地区全新世的最温暖、最湿润的间隔期。[1]低矮的台地以及河谷,无疑覆盖着丰富的植被,有很多野生动物、食物和其他经济作物,村民们也利用河流、高地和山中的自然资源。仰韶遗址的动物群遗存充分表明这些动物资源中有许多已被利用。以北首岭遗址为例,出土了中国竹鼠、鼹鼠、猴、獾、浣熊、狐狸、棕熊、野猪、麝、河麂、龟、几种鱼、蜗牛和软体动物。[2]在其他遗址中,出土了豹、野马、犀牛、羚羊、兔子和土拨鼠。在半坡遗址,发现了栗子、榛子、松子以及中国朴树子,表明了在林木中所进行的采集活动。

不过,仰韶文化居民的主要谋生方式无疑为农业,炭化的粟遗存已被发现于半坡等地(图63)。[3]农具遗存包括锄、铲等,其他的相关工具有磨光石凿,横断面通常为椭圆形;磨光或带缺口的长方形及半月形石刀或陶刀,其可能是被用绳或皮条通过刀上的圆孔或两侧的缺口而系于手上,并被用于切割、刮削、锄草和收割。仰韶文化中广泛出土的一些陶罐大概是被用于贮存粮食的,其中有时可发现有粮食遗存的迹象。一些收获物肯定被加工成面粉或以面粉的形式保存,之所以这样说,是因为已发现了磨盘和磨棒(图64)。

该阶段最主要的家畜是猪和狗,差不多每处遗址都出土了

---

[1]《渭河下游河流地貌》,北京:科学出版社,1983年,第70、80页。
[2]《宝鸡北首岭》,北京:文物出版社,1983年,第146页。
[3]《西安半坡》,北京:文物出版社,1982年。

图 63　陕西西安半坡出土的陶罐及粟粒
（采自《西安半坡》，1982 年，图 27）

其骨骼。[1]牛、羊则少见得多。[2]大麻可能被种植，[3]蚕被饲养。晋南西阴村发现了半个蚕茧。[4]许多石、陶纺轮和带孔骨针大概被用于大麻、丝绸和其他织物的纺织等方面。

采集和渔猎是仰韶文化居民生计的补充。在荆村发现了一种粟类遗存，在半坡的一个陶罐内发现了菜子，[5]各种野生动物骨骼出土于仰韶文化的遗存中。狩猎者必定已使用了弓箭和矛，因为所发现的石矛、骨矛和镞数量庞大。一些圆头镞大概被用于射鸟，石球偶有发现，或许是狩猎时的投石器。捕鱼的重要性通过所发现的为数众多的骨鱼叉、鱼钩以及带槽的陶、石网坠、陶器上的鱼纹以及遗存中的鱼骨而得以体现。

---

〔1〕　见于北首岭遗址。
〔2〕　J.G.Andersson,Researches into the Prehistory of the Chinese, *BMFEA*15(1943), p.43.
〔3〕　J.G.Andersson, "An early Chinese culture", *Bull.*《中国地质学会》1923 年第 5 期，第 26 页.
〔4〕　李济：《西阴村史前遗存》，清华学校研究院丛书第三种，1927 年，第 22、23 页。
〔5〕　C.W.Bishop.The Neolithic Age in Northern China, *Antiquity*,28 (1933), p.395；《西安半坡——原始氏族公社聚落遗址》，第 223 页。

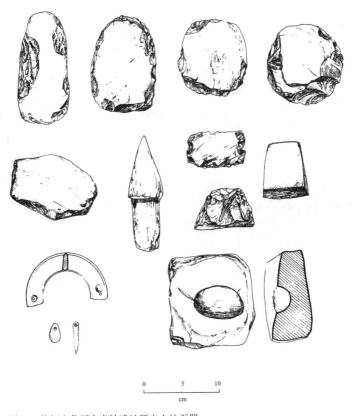

图 64　仰韶文化西安半坡遗址所出土的石器
　　　（采自《西安半坡》，1963 年）

陶器上的鱼纹主题在渭河流域的遗址中特别多见（图 65）。早期的耕种者住在村子里。多种迹象表明，其居址经短时间的居住后，往往从一个地点挪至另一个地点，一些适宜的地点被重复居住，这种迁移和往复居住的方式可能是缘于当时农业技术尚处于刀耕火种阶段的结果。村落的遗存通常很厚。一般由多次居住的遗存构成，看起来表明了这些地方被不连续但被重复地居住着。在陕西西安附近的一处遗址上所发现

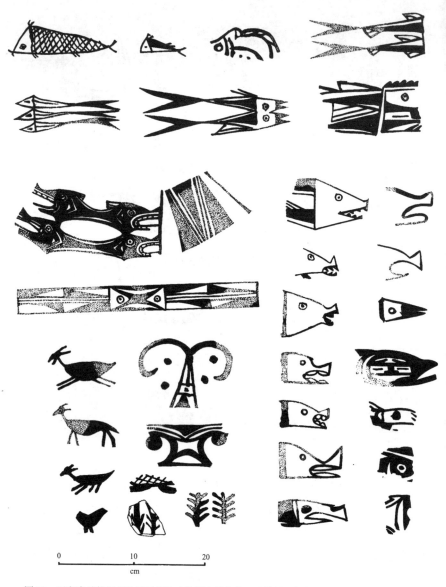

图 65 西安半坡仰韶文化遗址所出土陶器上的鱼纹、动物纹及植物纹样
（采自《西安半坡》，1963 年，图 121—122）

的一处房址，居住面有连续的3层，显然是由于3次间断的居住所造成的，[1]而且，我们发现在大体相同的邻近地区，仰韶文化的遗址分布于广阔的地域内，每个组成部分皆由在类型学上随时间推移而无显著变化的遗存构成。在1952和1953年，21处仰韶文化遗址被发现于陕西西安附近，这些遗址的发现者声称，仰韶文化遗址数量较多，分布广泛，在单独地点的遗存中，年代明了，而邻近的诸地点容易对其各自文化内涵进行相关的断代。[2]

在河南陕县庙底沟，也发现了相似的现象。[3]最后，总体文化结构一致表明了令人信服的结论。居住方式以迁移和重复居住为特点。半坡发掘报告说道，关于耕种，半坡居民采用刀耕火种的方式，在烧荒以后，土壤变得更肥沃，易于耕种。在当时，有大量的土地，而人口稀少，使得广阔地域内有一块块田地被用于休耕和轮作。[4]

村落的规模也与其农业生产水平相适应。发掘工作进行得最出色的是半坡、姜寨和北首岭遗址，它们在面积上，各自都约有50000—60000平方米，其村落布局也是著名的，而且彼此间又相互一致。半坡遗址在浐河（渭河的一条支流）之东约800米的二级阶地上，高于河床约9米。居住区的面积据估计约为50000平方米，其形状是以南北向为长轴的不规则椭圆形。房屋（其中46座被发掘）和大多数灰坑以及牲畜栏圈成群分布于遗址的中心处，面积约为30000平方米，围绕着居住区挖有一条宽、深各五六米的壕沟，村落的墓地

---

[1]《考古》1961年第11期，第602—608页。
[2]《考古通讯》1956年第2期，第37页。
[3]《考古通讯》1958年第11期，第67页。
[4]《西安半坡——原始氏族公社聚落遗址》，第224页。

图 66　仰韶文化半坡遗址所发现的房屋类型复原图
　　　（采自《西安半坡》，1963 年）

在村子的北部，在壕沟所围绕的居住区的外面，陶窑集中于村东部。在居住区内，建有持久性很强的房屋，最常见的种类为方形、长方形和圆形，直径为 3—5 米，居住面为涂泥硬土面，它们为半地穴式建筑或地面建筑，有荆笆抹泥墙、地表上的墙及屋顶由大小的木柱支撑（图 66）。在一个较晚的居

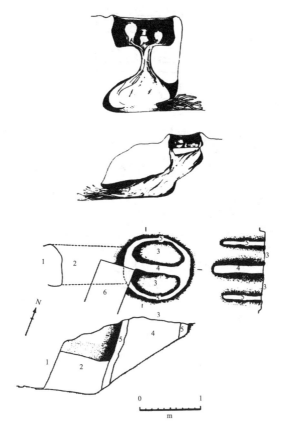

图 67　半坡（上）及临潼姜寨（下）的陶窑（在下图之中，1. 窑门；2. 火膛；3. 窑室平台；4. 中火道；5. 环形火道；6. 近代墓）

（上采自《西安半坡》，图 118；下采自《考古》1973 年第 3 期，135 页）

住期，建有一处大型的长方形房屋（长 20 余米，宽 12.5 米），其被隔墙分成一个个隔间。在此阶段，这处用于公共活动的房屋是村落广场的中心，小型房子围绕着广场，它们的门都朝向中心。每座房子以及大房子的每一隔间都有灶址（在较早的居住期为灶面，在较晚的居住期为瓢形灶坑），制陶中心

图 68 仰韶文化姜寨遗址的村落布局
（采自《新中国的考古发现和研究》，1984 年，图 15）

图 69 姜寨村落复原图
（采自石兴邦《半坡氏族公社》，1979 年，图 2）

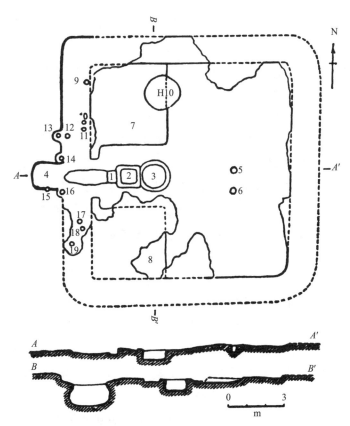

图 70　姜寨 1 号房基（1. 小方坑；2. 内凹平台；3. 灶；4. 门道；5、6. 柱洞；7、8. 平台；9—19. 柱洞）

（采自《考古》1975 年第 5 期，第 281 页）

位于居住区以东，陶窑不少于 6 座（图 67），在其中的一座陶窑内发现了一些未烧好的陶器。在居住区以北是村子的墓地，其中发现了 130 余座成年人墓葬（单人葬，例外的是有一座双人合葬墓和一座四人合葬墓），为仰身直肢葬。未成年人及儿童被用瓮棺葬于居址之间。

　　临潼县姜寨遗址——仰韶文化的另一处遗址，位于半坡以东仅 15 公里处，发掘于 1972—1979 年，并提供了关于仰韶文化村落布局的最好例证。该村落也由三部分构成：居住区、墓地和陶窑区（图 68）。居住区由 100 余座房屋（与之相联系的是 200 余个灶址和 300 余个灰坑）和一处中心广场（约 4000 平方米，中心部分略凹陷）构成，护村壕沟将其与墓地分隔开，墓地位于沟外东北部及东南部，壕沟可能与栅栏式篱笆相连。陶窑位于西南部一个单独的区域。围绕着广场有五组建筑群（图 69），每群建筑物以一处大型房屋为主体，所有房屋的门均朝向中心广场，墓地被分为不连续的三片。房屋与半坡约相一致：为圆形或方形，半地穴式，荆笆抹泥墙和茅屋顶。最大的房子（图 70）为长方形，面积为 11.70 米 × 10.55 米，被建于不平的地面上。居住面的东部凹入地下，而西部却建于加高的经铺筑的地面上，墙壁和居住面都经火烧烤而变得坚硬，门口有门槛，有一条坡式门道通往屋内。屋内距门口约 1 米是一个小方坑，靠近此坑是个小方平台，平台顶部凹陷；再向内是一处灶址，两个泥台（可能是床）被建于门内两边，高约 9 厘米，并用火烤硬。

北首岭的村落布局不像半坡或姜寨那样被完全弄清，因它尚未被全面发掘。但我们所掌握的情况足以知晓，北面是一处居住区，南面是一处墓地，居住区内的房屋的门亦都朝向中心广场。

葬俗方面的变化相当大：一些墓葬为单人葬，其他的为合葬；一些为一次葬，其余的为二次葬。一些二次葬的墓葬中，人骨架是按自然的样式排列着（图 71），但是在其余的二次墓葬中，骨骼则被按某种次序堆放着（图 72）。在一些村落，儿童被用瓮棺葬于房址间，而在其他的村落中，儿童亦被葬于墓地。所有的成年人死后都被葬于长方形土坑墓中，

图 71　陕西华县元君庙仰韶文化墓地之局部
　　　（采自《元君庙仰韶墓地》,1983 年,图版 5）

在大多数情况下,头向西,葬式大多为仰身直肢葬,但有时亦屈肢。随葬品主要为陶器,不过亦常有骨饰品及石器。随葬品的数量有差异,不过差别并非很大。然而,在一处墓地中,经常单独有一座墓葬,随葬品特别丰富,显得格外突出。一个例子是姜寨 7 号墓(图 73),出土有 8577 枚骨珠、12 枚石珠以及几件红陶器。另一个例子是半坡 152 号墓,该墓为一个三四岁小孩的墓葬,不过该墓沿墓坑却排列有木板,随葬品丰富,计有 79 件陶器和石器以及大量的粟粒。其他的特殊情况偶见于这些土坑墓中。一些墓葬有"二层台",即环绕墓壁有一突出部,其通过在大墓坑的底部挖一小坑而形成,在小墓坑底部安置死者(图 74)。一些墓坑中填满巨砾(图 75),一些墓坑中填满烧土块,在尸体四周常发现席子的痕迹,可能死者是用席子包裹的,一些墓坑中有木板、树枝和树皮的痕迹。在合葬墓中,墓坑有时较大,或者像横阵村那

图 72　陕西渭南仰韶文化史家墓地的二次葬
（据《考古》1978 年第 1 期，图版 12）

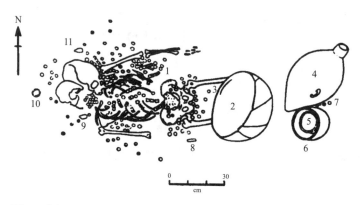

图 73　姜寨 7 号墓
（据《考古》1973 年第 3 期，第 139 页）

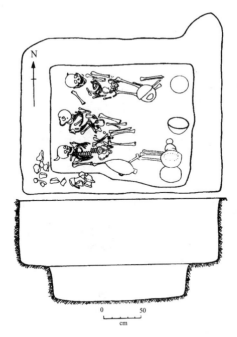

图 74　元君庙 457 号墓
　　（据《元君庙仰韶墓地》，1983 年，第 17 页）

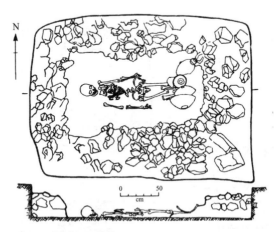

图 75　元君庙 458 号墓
　　（据《元君庙仰韶墓地》，1983 年，图 8）

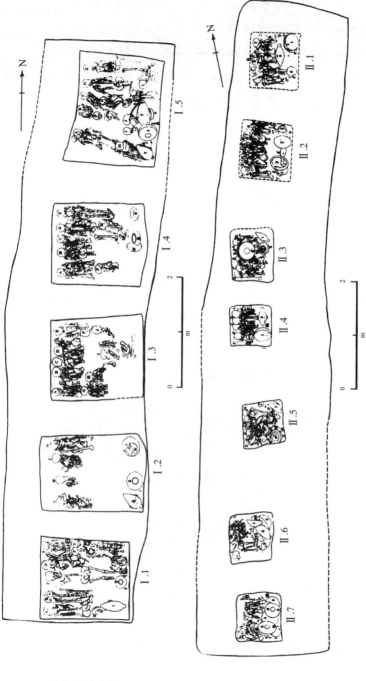

图 76 陕西华阴碨阵村 1、2 号葬坑（据《考古学集刊》第 4 辑，1984 年，第 6 页）

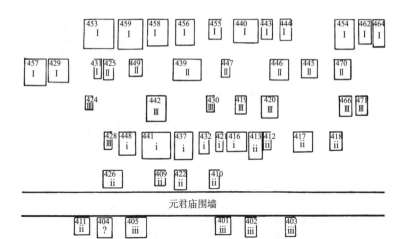

图77 元君庙墓地墓葬之布局
（据《元君庙仰韶墓地》，1983年，图6）

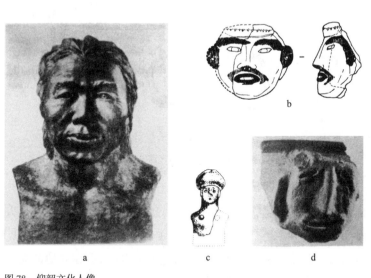

图78 仰韶文化人像
（a. 据《西安半坡》，1963年，图版193；b. 据《宝鸡北首岭》，1983年，第75页；c. 据《考古与文物》1982年第1期，第6页；d. 据《考古》1959年第11期，图片8：1）

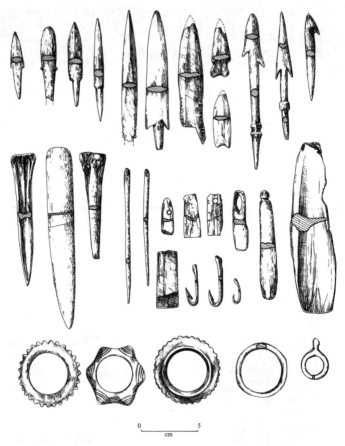

图 79　仰韶文化半坡遗址出土的骨器（据《西安半坡》，1963 年）

样，在一个大墓坑底部挖有几个小墓坑，每坑中都有几具人骨架（图 76）。还有在一些遗址中（例如，半坡、北首岭遗址）多人合葬墓中的死者为同龄人，性别亦相同。而在其他的遗址中（例如元君庙遗址）在同一墓坑内有许多不同年龄和不同性别的死者。尽管可能有几种解释，但是这些差异肯定可被解释为合葬者之间的关系不同。在元君庙遗址，57 座墓（其中大多

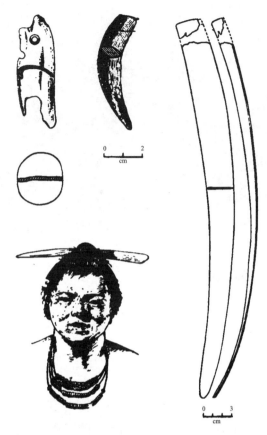

图 80 蚌、牙和骨饰品以及可能被妇女用作头饰的骨簪
（据《元君庙仰韶墓地》,1983 年,第 42 页）

为多人二次葬）被排列为南北向的 6 排,最早的为第 1 排和第 4 排,最晚的为第 3 排和第 6 排（图 77）,这种布局和年代序列已导致出了合理的推测,即该墓地被划分为两半,反映出其村落是由两个氏族构成的。

应该提到的是,从这些墓地中的一部分墓地所反映出的死亡率看出,村落居民谋生并非易事。在元君庙遗址 37 位死者

图 81 半坡出土的实用陶器
（据石兴邦《半坡氏族公社》，1979 年，图 14）

（差不多占 19%）为 15 岁以下的儿童，106 位（约 54%）死于 20—40 岁。在姜寨遗址，20 位死者（50%）死于 20—50 岁，根据 4 处墓地的情况看，成年男性的身高据估计平均不到 170 厘米（图 78）。

至于仰韶文化农业居民的技术成就，我们在其陶器、石器、骨器和角器制造方面有相当丰富的资料。石制工具经凿、琢和磨光，最常见的器型为斧、锛，它们的横截面为圆柱形或椭圆形或透镜状，被用于伐木及木器加工；扁平的锄和铲经常有安柄的部位，被用于耕种；凿被用于木器加工并可能被用于木雕；长方形石刀，中间有孔，或两侧有缺口，被用于除草、收割、剥皮和刮削，还有石镞。其他的石器有网坠、磨盘、磨棒和砺石、纺轮等等，装饰品诸如环、珠，经常由次贵重的石头制成，包括玉。

骨、角被用于制造器具（图 79）和装饰品（图 80）：针、钻、鱼钩、镞、矛头、凿、锄、叉和珠子。

其陶器为手制和模制，许多遗址中能发现采用泥条盘筑法制陶的迹象，轮制技术可能已被用于修整边沿。所发现的制陶工具包括骨刮刀、磨光石、颜料研磨石和盛颜料容器。自然形成的红赭石被用作绘制黑红和褐色图案的颜料，许多遗址上发现了陶窑，多种陶器有着不同的用途，水器为红或

图 82　半坡出土的彩陶

（据石兴邦《半坡氏族公社》，1979 年，图 11）

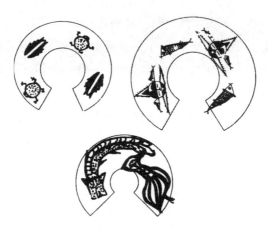

图 83　仰韶文化的三种纹饰
（左：姜寨；右：半坡；下：北首岭）（左据《考古》1973 年第 3 期，第 141 页；右据《西安半坡》，1963 年，图 128；下据《宝鸡北首岭》，1983 年，第 105 页）

灰褐色、厚胎尖底，陶质中夹砂或云母，其数量值得注意。实足三足器（鼎）为炊器。贮存器为夹砂或泥质红灰陶器，器型为敛口鼓腹罐（图 81）。多种陶质的红灰陶杯和壶被用作水器（图 82）；美观光滑的红黑彩图案被绘于泥质陶器上。被用作食器或宗教器皿（图 83）。除这些容器之外，纺轮、刀、用于投掷的陶球和网坠也用陶制成。陶器上绳纹、席纹和篮纹的流行，表明了纺织和编织技术的高度发展。在半坡遗存中，可发现多种编织技术的存在（图 84）。在仰韶文化的几处遗址中——其中包括半坡和姜寨，一些陶器上有刻划符号（图 85），经常位于陶钵口沿附近的黑彩带上。它们皆单独出现，或许标明了陶器的制造者或可能标明陶器的所有者。李孝定和郭沫若亦令人信服地证明其中的一些符号与商朝的数字和族徽相当。[1]没有证据表明仰韶人有文字系统，

---

[1]《考古学报》1972 年第 1 期，第 1—13 页。

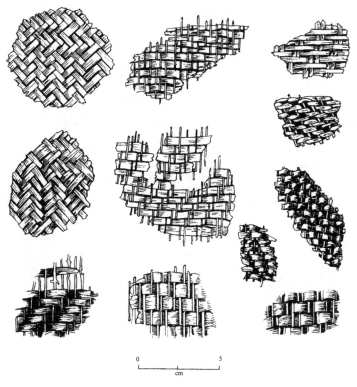

图 84　据半坡出土的陶器上遗留的编织物痕迹而复原的编织物样式
　　　　（据《西安半坡》，1963 年，图 119）

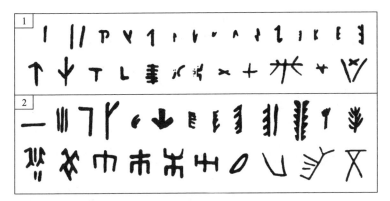

图 85　仰韶陶器上所刻的符号（1. 采自半坡；2. 采自姜寨）
　　　　（据《新中国的考古发现和研究》，1984 年，图 18）

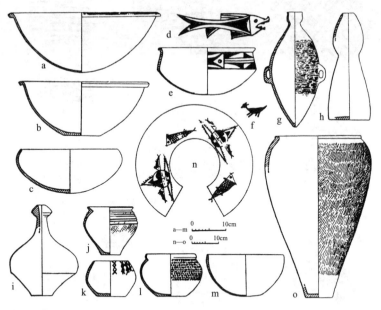

图 86 仰韶文化半坡类型的陶器
（据《新中国的考古发现和研究》，1984 年，图 12）

但可以说，仰韶陶器符号可能是中国北方历史上文字体系的来源之一。

与其他地区相比，该地区的陶器以钵、盆、平底瓮、敛口罐和尖底瓶为特征。该地区仰韶文化发展过程中的三个阶段通过不同的器物造型和装饰而得以体现（图 86—89）。

2　豫中诸类型

仰韶文化的豫中诸类型被发现于河南西部（图 90），以大约 40 处遗址为代表，其中最著名的是洛阳王湾、[1] 荥阳秦王

---

[1]《考古》1961 年第 4 期，第 175、176 页。

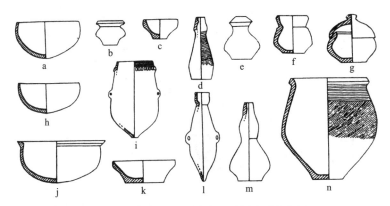

图 87　仰韶文化史家类型的陶器（j–l. 采自姜寨，其余的采自史家）
（据《史前研究》1983 年第 1 期，第 745 页）

图 88　仰韶文化庙底沟类型之陶器
（据《新中国的考古发现和研究》，1984 年，第 45 页）

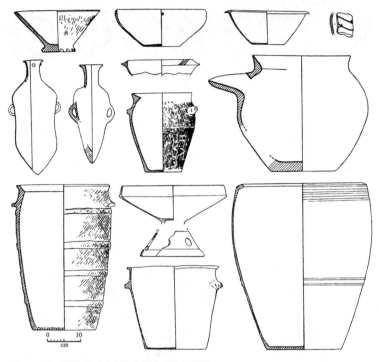

图 89　西王村类型（或半坡晚期类型）之陶器
　　　（据《新中国的考古发现和研究》，1984 年，第 44 页）

寨、[1]郑州大河村。[2]由于其中的后两处遗址，这里居主导地位的类型被称作秦王寨[3]或大河村类型。[4]该类型应能上溯到公元前 6500—前 5000 年的裴李岗文化范畴，但是，目前无论是碳十四测定（图 91），还是类型学研究，都尚未能将该类型与

---

[1]　J.G.Andersson,*BMFEA*19(1947),109–124;《科学通报》1951 年第 2 期，第 724—729 页；《中原文物》1981 年第 3 期，第 1—3 页。
[2]　《考古》1973 年第 6 期，第 330—336 页。
[3]　《史前研究》1983 年第 1 期，第 79 页。
[4]　《中国考古学会第三次年会论文集》，1984 年，第 50—58 页；《新中国的考古发现和研究》，第 47—49 页。

更早的文化（裴李岗文化）衔接上，为我们留下了一片有待于填充的空白。该缺环与渭水和汾河下游地区的早期阶段（半坡阶段）相对应。登封双庙沟遗址（一个在碳十四数据报告中被称作仰韶早期，但尚未被描述于考古文献中的遗址）的碳十四年代数据（图91），表明了一个与半坡相当的仰韶文化类型可能也出现在这里，不过，至今大河村类型似乎仍是只与渭水流域仰韶文化的中晚期相对应，发现于大河村的许多特征代表着豫中诸类型的整体特征。该遗址位于黄河南岸的一块被冲积而成的阶地上，如今位于黄河以南约7.5公里，遗存分布于约30万平方米的区域内，其中约1500平方米已被发掘，发掘时间为1972—1975年，共计7次。尽管该遗址仅发掘了一小部分，考古学者已揭露出22座房基、101个灰坑和106座墓葬（包括62座瓮棺葬），这些遗址分布得很密集（图92）。一些居住面和墙壁保存完好（图93），发现了一栋由四间构成的房屋，在其中的两个房间里，器皿和用具仍被置于适当的位置，为我们了解仰韶村落居民日常生活提供了十分难得的资料（图94—图95）。在这些遗存的基础之上，其房屋的建筑过程被复原如下：

1. 垫地基（挖基槽）。先铺一至二层厚约10—15厘米较干硬的沙质草拌泥，在草拌泥上再铺一层厚约1.5—2厘米的沙质地面。这两层铺设的范围比房子稍大，四周伸出墙外约0.5米。

2. 绑木骨。在铺垫地基的边沿（或基槽内），栽一周直径为8—12厘米的圆木立柱，柱的间距不等，小的8厘米，大的30厘米。在立柱的外侧或内侧，用似草绳之物绑缚横木，上下间距10厘米左右。在间距较大的立柱之

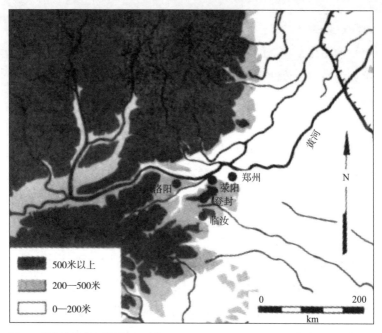

图 90 仰韶文化豫中类型的主要遗址

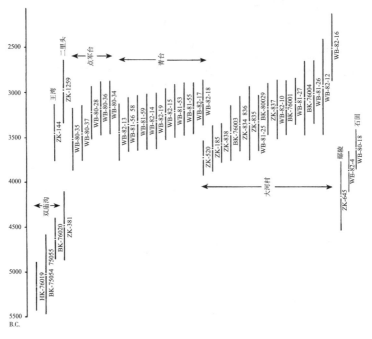

图 91 仰韶文化豫中类型的碳十四数据

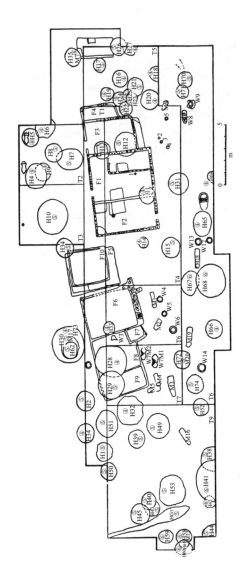

图 92 大河村遗址第一发掘区（西）的局部平面图
(T. 探沟；F. 房基；M. 墓葬；W. 瓮棺葬；H. 灰坑；1—5. 1—5 期的柱洞)
(据《考古学报》1979 年第 3 期，第 313 页。译者注：应为第 303 页)

图 93　大河村之房基（F_1—F_4）
　　（据《考古》1973 年第 6 期，图版 2：1）

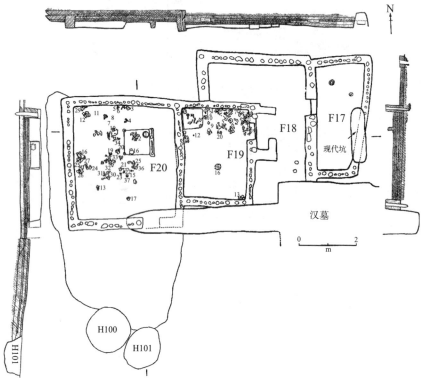

图 94　大河村所发现的房基平面图（F_{17}—F_{20}）
　　（据《考古学报》1979 年第 3 期，图 15）

间，附加芦苇束，为了使芦苇束与立柱能排成一行，芦苇束都绑在横木的内侧。

3. 筑墙。在木骨的内外侧，均涂抹厚15—20厘米的草拌泥。

4. 铺设地坪，修建烧土台、挡火墙、烧土柱和涂抹墙皮。筑好墙壁后，在房内铺设一至三层沙质地坪，每层厚1.5—4厘米。铺设最后一层地坪时，四周墙根向上抹角，接续涂抹墙皮。同时，在房外也涂抹墙皮。烧土台的筑法有两种：（1）在铺设最后一层地坪时，按烧土台的形状增厚4—5厘米；（2）单独再铺设一层。挡火墙有的是在地基垫好后与墙壁同时栽桩筑起的，有的是在铺好的地坪上栽桩与烧土台同时建造。烧土柱的建法是在铺好的地坪上先栽木柱，在木柱上缠草绳，涂抹厚约4厘米的草拌泥，然后在表面再涂抹一层沙质柱皮。

5. 修建房顶。有两种可能：（1）在绑架墙壁木骨的同时绑架房顶的木骨，这种木骨都是由圆木加工，劈成不规则的扁方形或三棱形的木条，呈扇面形排列绑架，密度较大，有的略有缝隙。最后在木骨上铺抹厚20—30厘米的草拌泥，经火烧烤成红色；（2）筑好墙，修好房内附属建筑后，用火烧烤，在墙壁上绑缚木架，在顶架上缮草。

6. 用火烧烤。在河南地区不少遗址中都有发现，应是建房的一道工序。整体烧烤或只烧烤地坪和墙壁，都需在房内外架烧很多木材，长时间烧烤，才能达到现存的这种红色砖质的墙壁和地坪。[1]

---

[1]《考古学报》1979年第3期，第322—324页。

在该栋房屋里，发现了日用器具、炊器以及工具（诸如斧、锛、纺轮、钻和砺石）和一罐炭化的粮食，[1]看起来，许多日常活动发生于这些房屋内。大河村的陶器有许多特征。在较早的阶段，红陶居多，而后来灰陶和褐陶的数量增加，轮制陶开始于该文化类型的末期，一些有特征的器型为宽肩瓮、实足三足器（鼎）以及置于圈足之上的浅腹钵（豆）（图96）。白陶亦被广泛使用，彩陶图案常为黑褐色，一些图案仅发现于该地区：太阳纹、睫毛纹、星形纹、月亮纹、网纹、〇纹、X纹等（图97）。在临汝阎村[2]一个大型瓮棺上，发现了一幅异乎寻常的图案，即鹳鱼石斧图（图98）。

这幅彩绘图案的年代被测定为大河村三期，通常被认为具有宗教礼仪方面的重要性。[3]瓮棺上使用彩绘和想象力丰富的画面亦是该地区的特点之一（图99）。

除瓮棺葬外，也有土坑墓，皆为单人葬。其中随葬品很少，为日用器皿和工具。土坑墓在墓地中相互平行地排列着。

3 豫北和冀南诸类型

尽管这里的诸类型富有特征且延续时间长，不过，我们对它们的了解仅限于冀南和豫北的一小块区域（图100），尚未进行广泛的发掘。

首要的遗址是豫北安阳后冈遗址和大司空村遗址；[4]

---

[1]《考古学报》1979年第3期，第372、373页；《文物》1981年第11期，第68—71页；《文物》1981年第7期，第42页。
[2]《中原文物》1981年第1期，第3—6页。
[3]《中原文物》1982年第2期，第48—51页；《中原文物》1983年第3期，第8—10页。
[4]《安阳发掘报告（第四期）》，中研院史语所，1933年，第609—629页；《考古》1961年第2期，第63—76页；1965年第7期，第326—328页；1972年第3期，第14—25页；1972年第5期，第8—19页；1982年第6期，第565—583页。

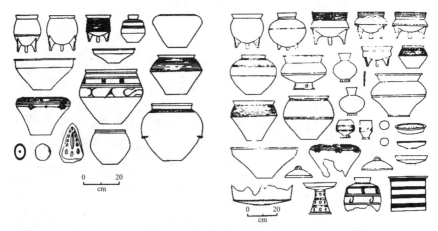

图 95 发现于大河村 119 号房基（左）和 20 号房基（右）上的陶器
（据《考古学报》1979 年第 3 期，第 322—323 页）

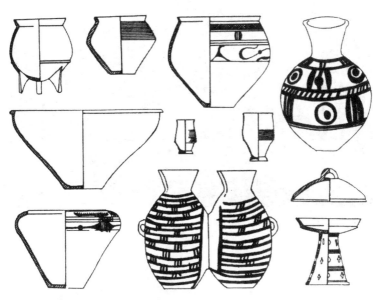

图 96 仰韶文化大河村类型的陶器
（据《史前研究》1983 年第 1 期，第 79 页）

图 97　大河村出土的彩陶片
　　（据《考古学报》1979 年第 3 期，图版 14）

图 98　河南临汝阎村出土的陶瓮上所绘制的鹳鱼石斧图
（据《中原文物》1981 年第 1 期）

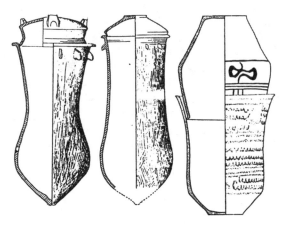

图 99　大河村出土的瓮棺
（据《考古学报》1979 年第 3 期，第 344 页）

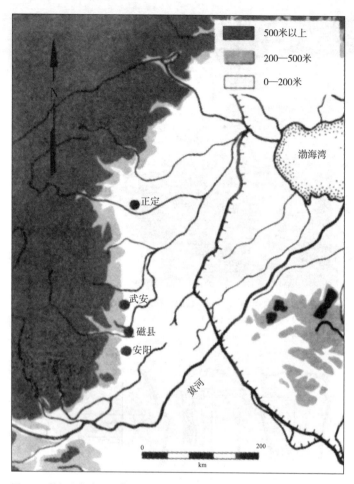

图 100　仰韶文化豫北—冀南类型的主要遗址

冀南的磁县下潘汪[1]和界段营遗址[2]及正定南阳庄遗址。[3]
碳十四年代数据表明了后冈类型恰好上溯到磁山文化末期
（图101），事实上许多研究者认为，后冈类型是该地区磁山
和裴李岗文化的直系后裔。[4]

后冈类型最初被发掘于1931年，对该遗址的发掘是被
当做殷墟发掘的一部分。[5]后冈遗址在中国考古学史上早负
盛名。因为，该遗址是第一个发现了仰韶文化、龙山文化和
商文化三叠层的遗址，这三个文化分别是当时所知的中国最早
的史前文化及古代文化（图102）。[6]不过尽管在其盛名之下，
我们对这里或该文化的其他遗址的内涵所知不是很多，仅发
现了几座房基。它们是圆形半地穴房屋，建筑结构很简单，
所出土的器物很少，还发现了少量灰坑和墓葬。最有特色的
器物是后冈陶器：红陶碗、盆、罐和鼎；红底黑彩陶器上有
少量简单纹样（口沿下饰一宽带，三、四道一组的平行线纹，
配以平行线的三角纹以及垂直相交的斜平行线纹）；"红顶
碗"，在口沿下和大多为灰色的下半部之上有一红色宽带——
红灰颜色是烧制陶器时氧化作用不同所造成的，而不是涂彩所
致；还有刻划纹和锥刺纹（图103）。

豫北和冀南的另一文化类型是以大司空村为标志的大司空

---

[1]《考古学报》1975年第1期，第73—115页；《考古》1979年第1期，第51—81页。
[2]《考古》1974年第6期，第356—372页。
[3]《中原文物》1981年第1期，第6—12页；《文物资料丛刊》（1），北京：文物出版社，1977年，第150页。
[4]《考古》1979年第4期，第334—346页；《史前研究》1983年第1期，第91—98页；《秦陵二号铜车马》，《考古与文物丛刊》第1号，考古与文物编辑部1983年，第14—19页。
[5] K.C.Chang, *Shang Civilization*, New Haven：Yale University Press,1980, p.48.
[6] 梁思永，《小屯、龙山与仰韶》，见《庆祝蔡元培先生六十岁论文集》，中研院历史语言研究所，1935年，第555—567页。

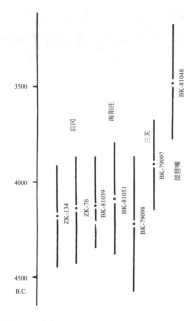

图 101　仰韶文化豫北—冀南类型的碳十四数据

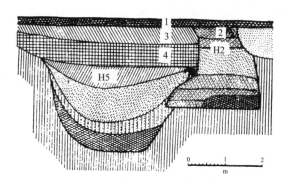

图 102　河南安阳后冈 1972 年发掘所见的三叠层
（1. 近现代地层；2. 商代文化层；3、4. 仰韶文化层；H2. 龙山文化灰坑；H5. 仰韶文化灰坑）（据《考古》1972 年第 5 期，第 9 页）

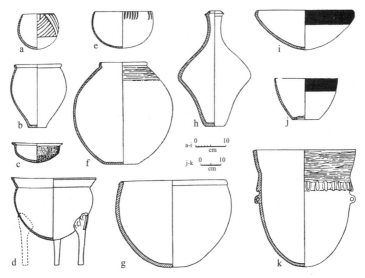

图 103　后冈类型的陶器

（据《新中国的考古发现和研究》，1984 年，第 53 页）

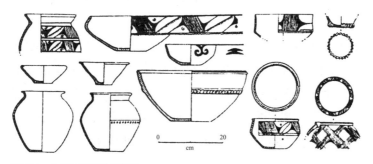

图 104　大司空村类型之陶器

（据《新中国的考古发现和研究》，1984 年，第 53 页）

村类型,该类型最初见于安阳侯家庄遗址,[1]但其重要性直到1958—1959年安阳大司空村遗址中的发现才被认识到。大司空村也位于安阳。[2]如今,我们对该类型的认识是通过安阳和磁县(河北)一带的许多遗址而获得的,[3]该类型以环绕陶器上腹部的用水波纹隔开的花纹带为突出特征。花纹带常由同心圆纹、宽带纹、⌒形纹、"贝纹"和"蝶须纹"构成,其中大多数纹样也常见于秦王寨(图104)。在这两个类型中都流行的器型为盆、碗和罐。

关于后冈和大司空村的相对年代关系存在着各种不同的看法,该问题是个未能通过地层学而解决的问题。[4]考虑到后冈与磁山、大司空村与大河村的相似风格,看来可以肯定后冈类型是二者中较早的。

4 甘肃和青海的诸类型

甘肃和青海的新石器时代彩陶文化是由安特生发现的。其时间恰逢安特生于1920和1921年在仰韶村及1922年在辽宁沙锅屯(在该地发现了一处彩陶文化的穴居遗址)的发现之后。[5]1921—1923年,安特生在陇东兰州附近的黄河流域以及洮河和大夏河流域进行了一系列考古调查。[6]他将所发现的遗址分成六期,其中的三期为石器时代,被称作齐家、半山/马家窑、马厂。实际上,这是四个不同的文化类型,因为在半山

---

[1] 《考古学报》1936年第1期,第201—211页。
[2] 《考古》1961年第2期,第63页。
[3] 《考古》1965年第7期,第326—338页。
[4] 《考古》1977年第4期,第233—241、242—246页;《考古》1979年第1期,第51—55、81页。
[5] J.G. Andersson, *Palaeontologia Sinica*, ser. D.1(1923).
[6] J.G. Andersson, "Preliminary Report on Archaeological Research in Kansu", *Memoirs*, 《中国地质学会》1925年第5期。

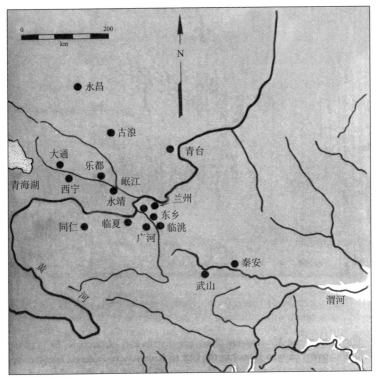

图 105　仰韶文化甘肃—青海类型的主要遗址

所发现的是墓葬遗存而在马家窑所发现的是居址遗存。然而,安特生却认为半山和马家窑这两个类型的年代完全相同,二者应为同一类型,其差异仅体现于器物组合关系上。他认为,该类型与河南仰韶文化在年代上精确一致。

从安特生在甘肃最初工作至今的 60 余年间,很多的遗址已被勘察,其中有几处进行了大面积的挖掘(图 105)。

除了各类型大量的新资料需补充外,安特生对四个文化类型的分类是可行的,但是,如今需做三处重要的修正。首先,甘肃仰韶文化已被证实为仰韶文化东部类型的一个较晚分支；其次，齐家文化类型必须从仰韶文化早期阶段中剔除而被置于一个较晚的时期（见第五章）；最后，马家窑和半山的遗存一般不再被认为是同时代不同类型的综合物，而被认为是甘肃仰韶文化的两个单独类型，如今的地层学和类型学研究表明甘肃仰韶文化诸类型的年代序列如下：马家窑（最早），半山（其次），马厂（最晚且最偏西）。[1]

齐家文化的问题无疑已被解决，不过，关于甘肃仰韶文化诸类型的相互关系及其与陕西、河南仰韶文化的关系乃至甘肃、青海地区仰韶文化三个类型的自身问题一直被持续讨论着。在陶器风格方面，甘肃、青海地区与陕西、河南诸类型有着重大的差异。这无须争论，从其发现一开始就已被认识到了：

> 甘肃类型的彩陶纹样与其他地区之不同颇引人注目。颜色为红和黑，但红色很少有像在豫西地区那样鲜明，除了辛店之外，陶器表面似乎被有意识地、尽可能多地涂上色彩，不留什么空白，这与山西、河南诸类型相反……此地的彩陶纹样适于从上向下看，不像其他地区的宜从侧面观看。[2]

安特生承认甘肃（以马家窑为代表）和河南（以仰韶村为代表）纹饰和造型的不同，不过，他认为，这是两个"完全同时代"

---

[1]《考古学报》1962年第1期，第49—79页；《考古》1962年第6期，第318—329页；《文物》1978年第10期，第62—76页；《中国考古学会第一次年会论文集》，北京：文物出版社，1980年，第50—71页。

[2] Chin-ting Wu, *Prehistoric Pottery in China*, London: Kegan Paul, Trench, Trübner, 1938, p.146.

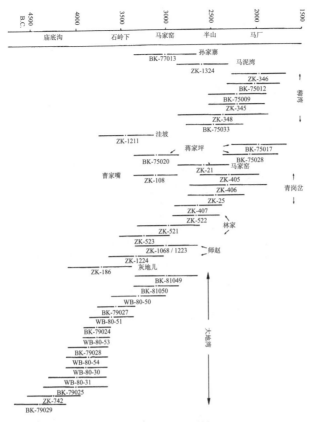

图 106 仰韶文化甘肃—青海类型之碳十四数据

的地域变体。[1]一些学者将"地域差别"提高到了不同文化的地位,将马家窑文化从仰韶文化中分离出来,[2]而其他人将马家窑文化保留于仰韶文化的范畴之内,但是,将半山和马厂类型剔出。[3]也有一种从艺术史出发的观点,即将马家窑的陶器风格视作东面的庙底沟风格的必要原型。[4]

---

[1] J.G.Andersson. "Researches into the Prehistory of the Chinese", *BMFEA*15(1943), p.104.
[2] 《中国考古学报》1949年第4期,第71—73页;《新中国的考古收获》,北京:文物出版社,1961年,第22页;《新中国的考古发现和研究》,第106页。
[3] 《史前研究》1983年第1期,第90页。
[4] Louisa G.F. Huber, *BMFEA* 53(1981), p.7.

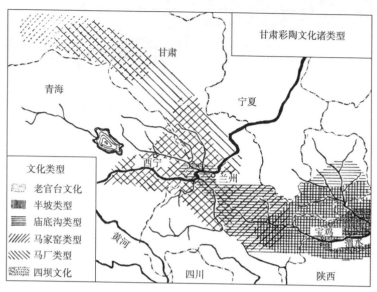

图 107　甘肃仰韶文化诸类型之交搭
（据《考古》1978 年第 10 期，第 64 页）

出于许多令人必信无疑的理由，我采用近来的正统观点，即认为甘肃、青海诸类型是陕西仰韶文化向西部的较晚扩展。我将这些类型置于马家窑、半山／马厂序列之中。首先，甘肃、青海一带的碳十四数据（图 106）明确地支持这样的序列。陇东地区的地层叠压关系（几个相关类型交搭分布于那里）（图 107）表明最早的仰韶文化类型是半坡，然后是庙底沟。一个新的类型——被称为石岭下类型（以位于武山的该遗址命名，在陇东的渭水上游）近来已被提出，该类型被视为庙底沟与马家窑之间的中介（图 108）。[1] 作为结果而分出

---

[1]《文物》1981 年第 4 期，第 21—27 页。

图 108　石岭下类型之陶器
（据《文物》1981 年第 4 期，第 23 页）

的这六个类型（半坡、庙底沟、石岭下、马家窑、半山和马厂）在地层学方面的相互关系通过一系列遗址的地层关系而被完好地确立了。陇东这些类型在地理分布及年代学方面的交叉[1]强烈表明，正是在该地区较晚的类型（从马家窑开始）出现于陕西仰韶文化的基础之上。

马家窑类型的遗址分布广泛，东起甘肃东端的清水，西至青海东部的贵南，在渭水洮河中下游和湟水流域分布得特别密集，主要遗址包括甘肃的临洮马家窑（"典型遗址"）、[2]桐乡林

---

[1]　《考古》1983 年第 12 期，第 1066—1075、1107 页。
[2]　B.Sommarstrom, *BMFEA* 28(1956).

家、[1]永登蒋家坪、[2]兰州雁儿湾[3]以及青海的民和核桃庄。[4]

马家窑类型遗址出土了房基、窖穴、陶窑和墓葬。在林家的较早地层中，房基为方形或长方形、半地穴式，有灶址，门口有台阶，但是在较晚的地层中，房屋为地面建筑，挖基打墙。在林家8号房址所发现的两件陶器中，发现了一些大麻子，从一座窖穴中，出土了大量的（1.8立方米）成穗的粟子和粟粒。[5]林家遗址出土了另一件重要的东西：一把青铜刀。它被发现于20号房基的北墙下，明显由两块范铸成。该刀长12.5厘米，有一小把，它可能被插入一个较大的木柄中。金相学研究表明，该刀为铜锡合金，其中锡含量为6%—10%，这是迄今为止在中国发现的最早的青铜刀。[6]该遗址的地层中也出土了炉渣，分析结果表明，其中含有铜、锡、铅、铁，反映出该遗址的青铜冶铸技术。

尽管有这把青铜刀，马家窑文化仍是石器时代文化是毋庸置疑的。农业工具包括石锄、斧、镰、磨盘、磨棒等等，也有骨制工具，正如迄今为止我们所知道的，当时青铜业是个次要的行业，对于当时的经济及谋生活动没什么重要重义。

墓葬大多发现于居住区附近。甘肃所发现的为仰身直肢单人葬，但是，那些发现于青海的墓葬则以二次葬为特点，在核桃庄的一座大墓中，发现了木棺遗存，随葬的30余件陶器中有许多彩陶。在青海大通上孙家遗址，其268号墓为一座成年男性墓，369号墓为成年女性墓，一件彩陶器被碎成两半，上

---

[1]《考古学集刊》第4辑，北京：中国社会科学出版社，1984年，第111—161页。
[2]《中国考古学会第一次年会论文集》，第57—58页。
[3]《考古学报》1957年第1期，第1—8页。
[4]《文物》1979年第9期，第29—32页。
[5]《考古》1984年第7期，第654—655、663页。
[6]《考古学集刊》第4辑，第125、161页；《考古学报》1981年第3期，第269—272页。

半被埋于男性墓中，下半被置于女性墓中。[1]

马家窑陶器以许多造型富于特色，打磨光滑的泥质的钵、罐、壶为特征，在红陶或黄陶上涂黑彩，有特点的纹样出现于浅钵和浅盆的内壁上，彩色纹样由动物纹（蛙和鸟）和几何纹构成，后者的曲线特征性强，富于美感（图109）。

下一个类型为半山类型，其地域分布在甘肃东端与马家窑文化类型交搭，但它通过兰州向北延伸，远至永昌和武威，向西延伸到了青海贵德盆地，其主要遗址除典型遗址——临洮半山区[2]之外，包括甘肃的广河地巴坪；[3]兰州花寨子、[4]青岗岔[5]和土谷台；[6]景泰张家台[7]以及青海的乐都柳湾。[8]大多数发现来自墓葬，考古发掘的墓葬已超过400座。不过，居址也被发现，青岗岔的房屋为方形、半地穴式（图110）。大多数半山类型的墓葬为单人屈肢葬，死者被置于木棺中，随葬有陶器，但一些墓为直肢葬，一些墓为双人合葬，还有一些墓为二次葬（图111）。这些墓中出土的彩陶包括著名的半山罐，来自安特生广泛搜寻的结果。这类罐见于全世界许多博物馆的藏品中，这些高体罐以小口、鼓腹、平底为特征，且在腹部最大径处有两环形耳。大多数彩纹为红色和黑色，形成了覆盖陶器器身上半部的宽带；基本的纹样为多种漩涡纹和葫芦形纹（图112）。马

---

[1]《中国考古学会第一次年会论文集》，第58页。
[2] Nils Palmgren, *Palaeontologia Sinica*, ser .D,3(1934);J.G.Andersson, *BMFEA* 15(1943), pp.104—140.
[3]《考古学报》1978年第2期，第193—209页。
[4]《考古学报》1980年第2期，第221—238页。
[5]《考古》1972年第3期，第26—31、53页；《考古学集刊》第2辑，北京：中国社会科学出版社，1982年，第10—17页。
[6]《考古学报》1983年第2期，第191—222页。
[7]《考古》1976年第3期，第180—186页。
[8]《青海柳湾》，北京：文物出版社，1984年。

图 109　仰韶文化马家窑类型之陶器
（据《考古》1962 年第 6 期，第 319 页）

厂类型是以青海东部的马厂沿典型遗址而得名。[1]在半山类型之后，它有着相似的陶器类型，但其纹饰不那么复杂，倾向于由人形纹构成（图 113）。马厂类型的分布范围与半山类型相似，

---

[1] N.Palmgren, *Palaeontologia Sinica*, ser. D,3(1934);J.G.Andersson, *BMFEA* 15(1943), pp.104–140.

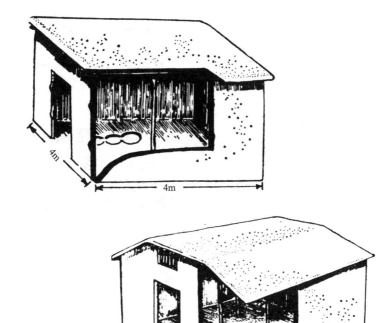

图 110　甘肃青岗岔遗址的半山类型之房屋的复原图
（据《考古学集刊》第 2 辑，1982 年，第 12—13 页）

但其进一步向西延伸，而远至陇西的酒泉，甚至到了玉门。重要遗址除马厂沿遗址之外，包括甘肃永靖马家湾居址、[1]甘肃永昌鸳鸯池[2]和青海乐都柳湾墓葬遗址。[3]马家湾的房址是马厂类

---

[1]　《考古》1975 年第 2 期，第 90—96、101 页。
[2]　《考古》1974 年第 5 期，第 299—308、289 页；《考古学报》1982 年第 2 期，第 199—226 页。
[3]　《青海柳湾》，北京：文物出版社，1984 年。

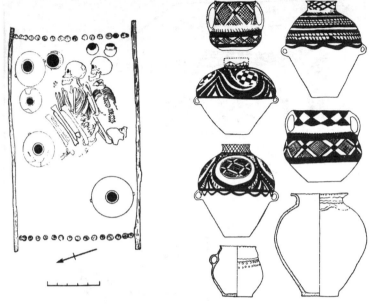

图 111　兰州土谷台遗址所发现的一座半山类型的墓葬
（据《考古学报》1983 年第 2 期，第 198 页）

型居址的最好例证。它们也是圆形或方形、半地穴式建筑、荆笆抹泥墙，可能有茅屋顶，这里在一处山坡上，于 1974 和 1978 年发掘了 1500 座墓葬，其中包括半山类型的 257 座，马厂类型的 872 座，其余的属较晚的齐家文化（366 座）和辛店文化（5 座），在马厂类型墓葬中，大多为单人直肢葬，但也有许多二次葬、屈肢葬和合葬，经常使用木棺，但随葬品数量不等，从非常稀少到几十件（图 114）。在这里及鸳鸯池的器皿中发现有粟粒。[1]

随葬品数量之差异，表明了其社会发展到了较高水平，大量的彩色符号亦表明了这一点（图 115）。在柳湾至少辨别出

---

[1]《考古》1982 年第 4 期，第 419 页；《考古学报》1982 年第 2 期，第 218 页。

图 112 半山类型之陶器

（据《考古》1962 年第 6 期，第 323 页）

图 113 马厂类型之陶器

（据《考古》1962 年第 6 期，第 324 页）

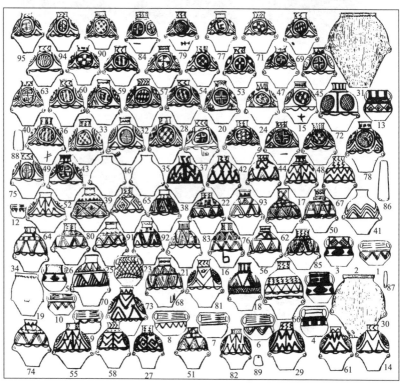

图 114　青海乐都柳湾所发现的马厂类型 564 号墓及其陶器
（据《青海柳湾》，1984 年，图 38A）

139个不同的符号（图116），这些符号中的一些与早期历史文字范畴中的符号特征相一致。

在甘肃、青海的陶器装饰艺术中，有三件陶器令人特别感兴趣。一件是1973年出土于青海大通孙家寨马家窑类型遗址的盆，在盆沿内壁有一组舞蹈人物，他们伸手连臂（图117）。[1]第二件是安特生所采集到的一件半山类型的碗，在碗内壁用黑彩绘制了一个骨架状的人物（图118）。[2]第三件是个出土于柳湾的马厂类型的罐，在彩纹之间，绘有一个兼有男女性征的人物（图119）。[3]人骨架艺术和双性征的象征手法在世界范围内的人种学资料中常见于萨满艺术。[4]甘肃、青海的实例可能是其已知的最早的艺术作品。通过加在这些作品中的舞蹈场景，我们由此看出了存在于该地区仰韶文化居民中的宗教祭祀方面的重大倾向性。

5 仰韶文化的其他类型

仰韶文化的四个地区构成了其产生与发展的核心区，我们知道仰韶文化发展于黄河中游，循其支流而发展，并沿着华北西部山地之东坡发展到冀南和豫中地区。该文化的东西边线几乎可以确定如下：黄河下游冲积层的西部边缘可循至中国西部地区的甘肃中东部和青海东部。虽然未来的研究还可以揭示关于其地理东西界线的更多细节，不过迄今已经能够在较大范围内较为清晰地对其予以描述。

另一方面，仰韶文化向北和向南之延伸范围尚未被完善地

---

[1]《文物》1978年第3期，第48—49页。
[2] J.G.Andersson, *BMFEA* 15(1943),241 and pl. 182：1.
[3]《文物》1978年第4期，第88—89页。
[4] Joseph Campbell, *The Way of the Animal Powers*, vol. 1 of *Historical Atlas of World Mythology*, London Alfred van der Marck, 1983, pp. 131–133,142.

图 115　柳湾马厂类型陶器上的符号
（据《青海柳湾》，1984 年，第 161 页）

图 116　柳湾马厂类型陶器上的符号
（据《青海柳湾》，1984 年，第 162、164 页）

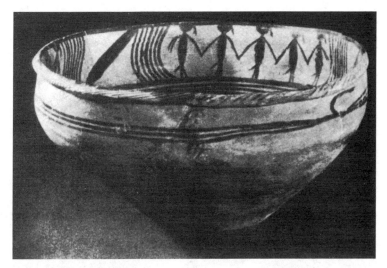

图 117 青海大通孙家寨出土的马家窑类型陶器上的五人连臂舞蹈图
（据《青海彩陶》，1980 年，图 12）

图 118 半山遗址出土的半山类型陶器上的人骨架图案
（据 *BMFEA*15，1943，pl，182∶1）

图 119　柳湾马厂类型陶器上的两性人形象
　　　　（据《青海柳湾》，1984 年，彩色图版 2）

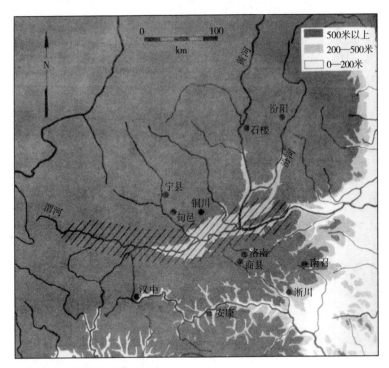

图 120　核心区周围之仰韶文化遗址

予以确认。来自渭水及黄河流域的史前居民本来可以沿支流向北或向南逆流而行，上坡进入两侧的高原与山地。在这些高原与山区所进行的考古调查已揭示了不少仰韶文化或与仰韶文化相关的遗址(图 120)，但是远未建立起明确的界线。下面，我就对相关的资料进行一番简略的考察，首先是北部黄河中游流域，然后向南，从西到东。

在甘肃东北和陕西西北的泾河流域上游，有一个区域由六盘山在西侧将其与陇东的仰韶文化区域分开，在甘肃宁县有阳坬遗址[1]，在陕西旬邑有崔家河遗址[2]。在阳坬遗址，陶器大多

---

[1]《考古》1983 年第 10 期，第 869—876 页。
[2] 曹发展、景凡，《考古与文物》1984 年第 4 期，第 3—8 页。

为平底、绳纹，偶见浅黄色彩陶，器型以直壁或轻微曲腹的瓮和浅腹碗为特色，但其显示出了与渭水及汾河下游仰韶文化之西王村(半坡晚期)类型的相似性。房屋往往是黄土洞穴式或深半地穴式。发现有猪骨和磨制石器。在该方面，时间较晚的长山下层文化时期的龙洞遗址[1]似乎继承了阳坬遗址的传统，不过缺乏明显的仰韶文化背景。如果仰韶文化确实由泾河流域逆流远上而到此，那它或者经历了翻天覆地的变化，或者遇到了一个非常不同的原生文化层。由泾河顺流远下，在崔家河遗址出土了典型的半坡类型器物组合，表明仰韶文化已经发展到了这里，这有助于确立甘陕泾河流域仰韶文化的界线。

向东，从渭水流域的石川河往坡上去[2]，在铜川市附近我们遇到了一系列的仰韶文化遗址。除了细微的差别之外，在房屋建筑和陶器形制及风格上，在该区域发现了流行于渭水流域其他遗址的半坡/庙底沟/西王村文化序列。发现于前崞遗址的一件绳纹瓮上有一陶塑装饰，是由一条蜥蜴和一个人头构成的，这令人特别感兴趣[3]。

转向山西。仰韶文化从汾河流域下游向上进入吕梁山区之分布情况几乎不为人知。发现于汾阳[4]和石楼[5]的几个遗址似乎显示出汾河下游的仰韶文化进入了山区，但仍有许多遗址尚待被探索。

已知的黄河流域南部的考古工作是在甘肃东南部的白龙江流域，陕西东南的洛河上游、丹江和汉水流域，像西南的汉水

---

[1]《考古》1981年第3期，第201—210页。
[2]《考古学集刊》第2辑，第1—5页；《考古与文物》1983年第2期，第111—112页；《考古与文物》1984年第1期，第5—33页。
[3]《考古与文物》1983年第2期，第111—112页。
[4]《考古》1983年第1期，第961—965，972页。
[5]《考古学报》1985年第2期，第185—208页。

北部流域。除了在洛阳以东流入黄河的洛河之上游外，所有这些河流都在长江支流的北方，发现于这些地区的仰韶文化之足迹使得当时黄河与长江流域文化的相互关系问题引起了人们的兴趣。

在白龙江流域，庙底沟类型器物群已发现于五渡[1]，马家窑文化器物群也见于五渡，再逆流而上，也见于舟曲、迭部和岷县[2]。该区域由较矮的山脉将渭水上游及秦岭主峰西坡分隔开，发现于这里的庙底沟和马家窑文化器物群反映出从陕西和陇东到四川盆地的主要屏障可能是再往南的岷山山脉。

既然富有特色的半坡和庙底沟文化器物群已出土于洛河上游和丹江流域上游[3]，那么陕西东部仰韶文化的史前居民肯定已沿东端翻越了秦岭。再沿丹江而下，重要的考古器物群发现于丹江与汉水汇合前的豫西南之淅川下王岗遗址[4]，还有几处遗址见于唐河[5]、镇平赵湾[6]和南召的二郎岗[7]。包括彩陶以及鼎、瓮器型在内的该地区陶器群与仰韶文化的大河村类型相似[8]，二者循伏牛山东部边缘很容易接触到。然而，下王岗器物群所包括的诸如高柄豆这样的成分令人想起顺流而下即会遇到的屈家岭文化，该文化分布于汉水下游流域。豫南无疑是黄河与长江流域新石器文化之间的接触点。该地点的动物群遗存表明这是仰韶文化所占据的最温暖之地域[9]。

---

[1]《文物资料丛刊》(2)，1978年，第26—29页。
[2]《文物资料丛刊》(2)，1978年，第29—32页；《考古与文物》1982年第4期，第108页；《考古与文物》1983年第5期，第20—33页。
[3]《考古与文物》1981年第3期，第17—27页，第27—32页，第33—47页。
[4]《文物》1972年第10期，第6—15、28页。
[5]《考古》1963年第12期，第641—645页；《考古》1965年第1期，第1—3页。
[6]《考古》1962年第1期，第23—27页。
[7]《文物》1959年第7期，第55—59页。
[8] C.H.Cheng，《中国考古学会第三次会论文集》，1984年，第56页。
[9] 贾兰坡、张振标，《文物》1977年第6期，第41—49页。

由此向西，沿汉水逆流而上，我们到达了陕南的安康和汉中一带。在安康，近十年有几个遗址已被确定，所出土的大多是李家村类型的绳纹陶，还混有半坡和庙底沟类型的陶片[1]。相同的情况也见于汉中地区，即典型遗址李家村遗址所在的地区。除了分散的较小遗址之外[2]，何家湾[3]与红岩坝遗址[4]以其重要的文化成分而值得关注，这些要素包括：彩陶片以及被描述为半坡和庙底沟类型的容器。特别是何家湾器物群以其匀称且变动较大的半坡类型器物而令人印象深刻（图121），它表明了与渭水下游文化相当多的接触和互动。在那里发现的骨刻人像是最早的中国史前骨雕（图122）。在陕西与四川的联系上，汉中一直是一个重要的暂存与中转区。其新石器时代器物群所包含的丰富的渭水下游文化风格是颇为重要的。

二　山东和江苏的大汶口文化

在1930—1931年，中央研究院历史语言研究所在殷墟的持续发掘因政治斗争而暂时中断，于是发掘了山东历城县（现章丘县）龙山镇附近的城子崖遗址，该遗址是由一名山东当地人，也是历史语言研究所的成员之一——吴金鼎发现的。[5]这

---

[1]《考古与文物》1980年第2期，第12—15页；《考古与文物》1983年第6期，第484—488、495页。
[2] 唐金裕、王寿芝，《考古》1977年第5期，第351—352页；魏京武、孙中，《考古与文物》1980年第2期，第6—11页；唐金裕，《考古与文物》1981年第1期，第1—4页。
[3]《考古与文物》1981年第4期，第13—26页；魏京武、杨亚长，《考古与文物》1982年第5期，第5页。
[4]《考古与文物》1982年第5期，第6—11页。
[5]《中研院历史语言研究所集刊》第1期，1930年。

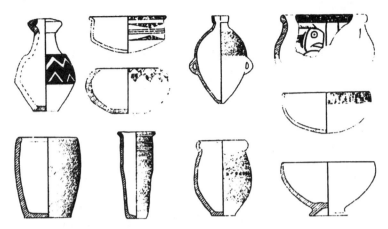

图 121　陕西西乡何家湾出土的半坡类型陶器
（采自《考古与文物》1981 年第 4 期，第 22—23 页）

图 122　何家湾出土的骨刻人面像（采自《考古与文物》1982 年第 5 期，图版 12）

里发现的新石器文化——龙山文化展示出了几个显著特点，其陶器包括薄胎光亮黑陶，与仰韶村的红底彩陶大不相同，其石器尽管与仰韶有广泛的相似性，但包含有若干种新器型，其蚌器也有特点。[1]于是，在中国北方新石器时代考古中，似乎有

---

[1]《城子崖》，南京：中研院历史语言研究所，1934 年。

两个平行的文化，西边是仰韶文化，东边为龙山文化。

1931年，著名的后冈三叠层被发现，表明至少在豫北龙山文化晚于仰韶文化，如此一来，东部地区龙山文化之前的时期便成了考古学上的一个真空。由此可以想象，或者一个新的文化，或者一支作为龙山文化渊源的文化将会出现于山东或大体上的东部沿海地区。实际上，在50年代这样一支文化的确出现于东部沿海地区。

1951年，一个新的史前文化类型被发现于苏北淮安县青莲岗遗址，该类型的红陶（其中的一些甚至涂有彩纹），以及扁平磨光斧（在器身中部有一大孔）颇有特色。[1]在该遗址的最初报告中，这一新文化被认为起始于龙山文化兴起之后，结束于汉朝之前。[2]苏北的沿海城市连云港市的二涧村遗址中，青莲岗文化与龙山文化之间的地层关系首次确立了青莲岗文化从总体上早于龙山文化的相对年代关系。[3]与此同时，1952年于再向北一点的鲁南滕县岗上村发现了另一处出土红陶（其中也有一些彩陶）的遗址。[4]山东的这一新发现遗存的性质随着1959年泰安大汶口遗址的发掘而清晰地被识别出来（也被辨别于宁阳堡头遗址）。[5]因而，到了50年代末，一个新的文化被确立于中国北方的东部低地及沿海地区，该文化在地层关系上早于龙山文化。这一新文化被称作青莲岗文化或大汶口文化，[6]这取决于最先发端者是江苏的考古学者还是山东的考古

---

[1]《考古学报》1955年第1期，第13—24页。
[2] 同上，第23页。
[3]《考古》1962年第3期，第111—116页。
[4]《文物参考资料》1954年第2期，第98页。
[5]《文物》1959年第9期，第83页；《文物》1959年第10期，第61—64页；《文物》1978年第4期，第58—66页；《大汶口》，北京：文物出版社，1974年。
[6]《考古学报》1958年第1期，第7—23页；《考古学报》1964年第2期，第57—106页。

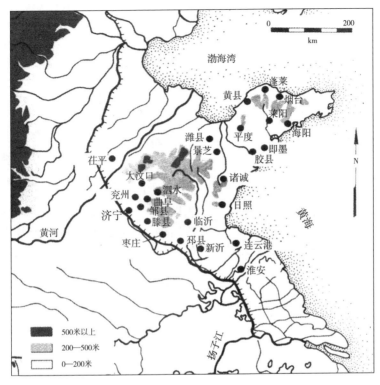

图 123　大汶口文化的主要遗址

学者。后来，于 1964 年在山东滕县北辛遗址，[1]发现了一个看来早于大汶口文化的类型，该类型与后来发现的裴李岗文化有相似之处。

迄今大约已发现了 100 处大汶口文化遗址，尽管该文化遗址或遗存已被发现于鲁东、皖北甚至豫中（图 123）[2]，但其核心分布区在鲁中、鲁南和苏北，淮河流经苏北，除大汶口和青

---

[1]《考古》1980 年第 1 期，第 32—34 页。
[2]《新中国的考古发现和研究》，第 86 页。

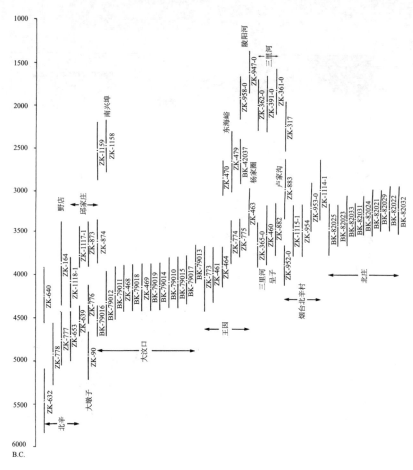

图 124 大汶口文化的碳十四数据

莲岗遗址之外，大汶口文化的主要遗址包括山东的（从西北到东南）茌平尚庄、[1]曲阜西夏侯、[2]兖州王因、[3]曲阜南兴埠、[4]

---

[1]《文物》1978 年第 4 期，第 35—42 页。
[2]《考古学报》1964 年第 2 期，第 57—105 页。
[3]《考古》1979 年第 1 期，第 5—14、26 页。
[4]《考古》1984 年第 12 期，第 1057—1068 页。

邹县野店、[1]安丘景芝、[2]胶县三里河、[3]诸城呈子、[4]日照东海峪[5]以及江苏的邳县大墩子[6]和刘林、[7]新沂花厅。[8]这些遗址大多为墓地，所发掘的遗址中有许多仅限于初步研究和报道，因此，我们对这一有着2000余年（图124）延续时间的文化的了解，仍是有局限的。

在我们描绘大汶口文化的内涵及其发展过程之前，在这里必须提到出土于山东滕县北辛及其他遗址的考古遗存。北辛遗址被发现于1964年，发掘于1978年和1979年，除了一些灰坑和两座儿童瓮棺墓之外，没发现其他的建筑遗存。在石器中，铲最常见，它们形状扁平、磨光精致。亦有石刀、镰、斧、凿、磨盘和磨棒等，骨角器包括镞、镖、凿、匕、针、钻、头簪。陶器为手制，用泥条盘筑法制成，包括夹砂褐陶和泥制灰陶，夹砂陶器被饰以堆纹、划纹、篦纹、指甲纹、席纹等，彩陶为黑或红彩。器型有鼎、支座、罐、盆、盘、钵以及壶等（图125）。

在一些钵的底部，有类似粟粒印压的糙面，出土了遗骨的动物种类如下：有家养的猪，另外还有牛、鹿、河麂、獾、浣熊、鸡、龟、鱼、软体动物、蜗牛等。土壤中的花粉孢子反映出当时的气候比现在更潮湿，有时还更温暖。[9]更有特

---

[1]《文物》1972年第2期，第25—30页；《邹县野店》，北京：文物出版社，1985年。
[2]《考古学报》1959年第4期，第17—29页。
[3]《考古》1977年第4期，第262—267页。
[4]《考古学报》1980年第3期，第329—384页。
[5]《考古》1976年第6期，第377—382页。
[6]《考古学报》1964年第2期，第9—54页；《考古学报》1974年第2期，第125—140页；《考古学集刊》第1辑，北京：中国社会科学出版社，1981年，第27—81页。
[7]《考古学报》1965年第2期，第9—46页。
[8]《文物参考资料》1956年第7期，第13、21—26页。
[9]《考古学报》1984年第2期，第186页。

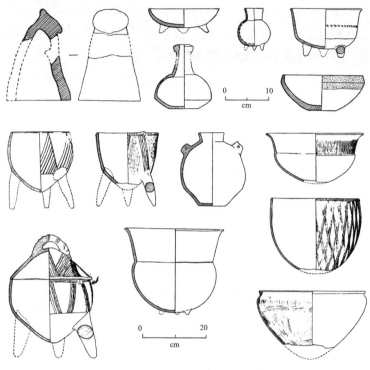

图 125　北辛类型之陶器（据《考古学报》1984 年第 2 期）

色的大汶口文化遗存也被发现于该遗址的较晚地层中。将北辛类型遗存与大汶口文化遗存相对比，发掘者既看到了二者之间的相似性，又看到了差异性，目前，北辛类型似乎是介于裴李岗与大汶口文化之间的中间体。它似乎是开启大汶口文化起源问题的钥匙。重要的是，我们应注意到与之相关的遗存也被发现于大汶口文化的王因遗址以及大汶口的遗址本身的最下层。

和北辛一样，大汶口文化也为粟种植文化，其粟粒已被发现于三里河及其他大汶口文化遗址，骨镰、牙镰和蚌镰数量多（图 126），这里的自然环境比今日的山东更湿润、更温暖，而

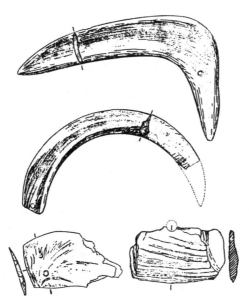

图 126　大汶口文化的骨、牙、蚌镰
（据《大汶口》，1974 年，图 33）

今日的山东又比西部的黄土地葱翠湿润得多。从王因遗址，考古学者已发现了大量的鳄鱼骨（扬子鳄），至少代表着 20 个个体，其散乱分布及其骨骼状况表明这些鳄鱼是从附近的河流及池塘里捕捉到的，并被当做食物。中国科学院古脊椎动物与古人类研究所的周本雄由此推断说：可以估计从新石器时代到进入文明史时期，黄河和淮河平原河流纵横，大小湖泊星罗棋布，植被茂盛，特别是王因遗址一带，附近有洣河，北有大汶河，西南有南阳湖，西北有东平湖，为扬子鳄的生存提供了适宜的自然条件。[1] 人们从这里可以对山东史前居民所处的湖泊密布的自然环境有一定了解。

---

[1]《考古学报》1982 年第 2 期，第 257 页。

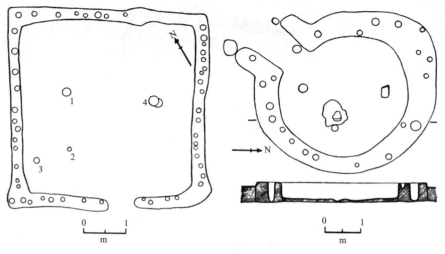

图 127 山东诸城呈子遗址所发现的大汶口文化房基
（据《考古学报》1980 年第 3 期，第 333、348 页）

见于报道的房基非常罕见，其差异很大。在王因和南兴埠遗址，皆发现了半地穴式房基，其中仅有一座发现于南兴埠遗址，该房基为圆角方形，一边长约 3 米。在三里河和呈子遗址，房屋为地面式建筑，墙基掘入地表下（图 127）。两件陶制房屋模型出土于大墩子，其屋顶为圆锥形，屋檐均为圆形，门开在前面，窗户位于后面及侧面。大汶口遗址发现了一座陶窑，其大部分位于地下，有三个烟囱向上斜伸至地面（图 128）。墓葬为数颇多，在王因墓地即发掘了 800 余座，在大墩子发现了 340 余座。它们全都是长方形土坑墓，与仰韶文化的相一致。尽管在一些墓地中有合葬（图 129，右）或二次葬，不过，大多数墓葬为单人仰身直肢葬。死者大多头向东或北。许多墓中有棺，在一些大墓中，棺材被置于用木头围成的椁室中，在许多情况下，二层台被用来放置随葬品（图 129，左）。

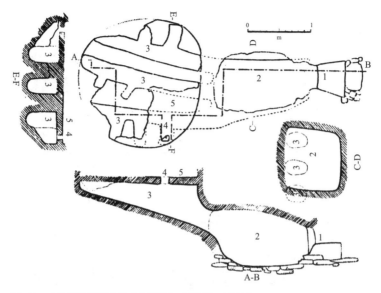

图 128　大汶口的陶窑（据《大汶口》，1974 年，图 91）

图 129　大汶口的墓葬（据《大汶口》，1974 年，图版 10、18）

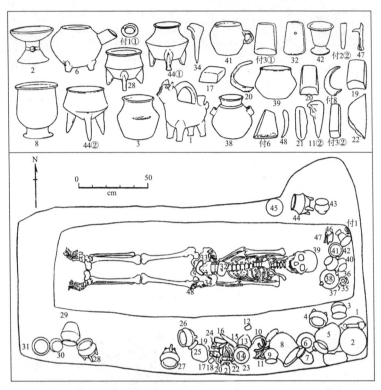

图 130　大汶口遗址 9 号墓及其陶器（据《大汶口》，1974 年，图 14）

随葬品差异很大，有陶器、装饰品、工具和猪头。在大汶口遗址，一些墓葬中有一两件随葬品，诸如一枚獐牙、一把石铲、一件纺轮或一件陶器，然而，大多数墓葬有 10 件或 20 件随葬品（图 130）。随葬品最丰富的墓葬有 50—60 件，甚至达到 180 余件。

　　这些墓中的骨骸提供了有关大汶口文化居民的有价值的资料。一些死者的颅骨上有枕骨人工变形痕迹，另外，还发现了许多成年人拔除上侧门齿的现象。严闿根据对大汶口和西夏侯遗址人口的一项研究而推断其居民为波利尼西亚人种，而与同时代的仰韶居民有着显著差异。[1]近来，韩康信和潘其凤[2]对于仰韶文化和大汶口文化居民在体质人类学方面相互关系的重新研究已得出了完全相反的结论。

从墓葬及居址遗存中，出土了石、骨、角、蚌、龟甲（图131）以及象牙制品、陶器，与仰韶文化相对照，这些遗物重见天日，展示了大汶口文化的特点。一篇关于大汶口文化的概括性论文，将其风格特征罗列如下：[3]

1. 从中期起石斧和石铲为精致磨光，扁平而有棱角儿，经常有琢钻或管钻的孔（图132）。

2. 由于制造工艺以及陶土选料的不同，陶器展示出了复杂的色彩组合，包括红、黑、灰、白和橙黄。

3. 所流行的器表装饰有鸟喙状突出、镂孔、堆纹、刻划纹、弦纹和中期以及后来的篮纹，绳纹和方格纹缺乏。在中期，一种引人注目的装饰是大多见于圈足之上的通体大镂孔装饰。一些纹样为彩陶，早期仅有黑彩，在中期，红、褐、白彩亦被使用，纹样为娴熟、整齐、匀称的几何纹，色彩对比强烈而又和谐，一些陶器上仅部分绘彩。

4. 陶器器型复杂，差异很大，大多属于三足器和圈足器的范畴之内，主要的器型为鼎（有釜形、罐形、盆形、钵形等）、钵形豆、瓶、背壶、鬶、盉、高柄杯、觚、罐、盆、杯和漏斗形器等。在这些器物中，钵形鼎、觚、背壶、鬶、盉、

---

[1]《考古学报》1972年第1期，第91—122页；《考古学报》1973年第2期，第91—126页。

[2]《考古学报》1980年第3期，第387—401页。

[3]《文物》1978年第4期，第61—62页；《考古学集刊》第4辑，北京：中国社会科学出版社，1984年，第252—277页。

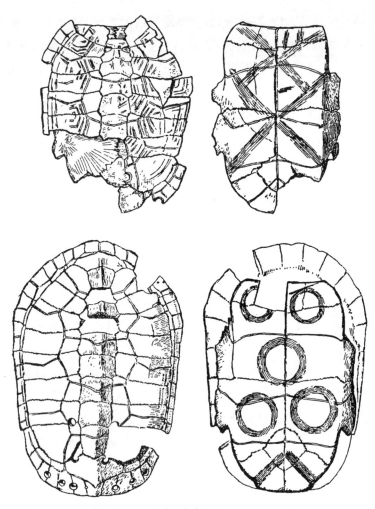

图 131　江苏邳县大墩子遗址出土的磨光穿孔龟甲
　　（据《考古学报》1964 年第 2 期，第 29 页）

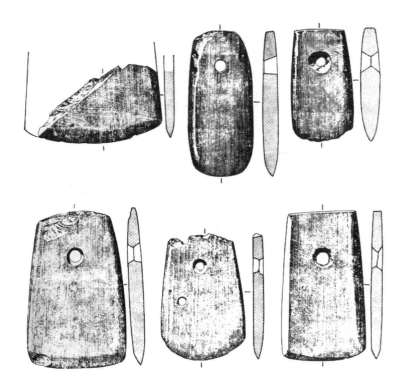

图 132 大汶口遗址出土的磨光石铲
（据《大汶口》，图 27）

高柄杯以及漏斗形器是大汶口文化的典型器物（图 133、图 134）。

5. 大汶口文化的工艺品达到了高度的艺术水平。诸如此类的东西有玉花瓣串饰、穿孔玉铲、象牙雕筒、剔地透雕象牙梳、镶嵌绿松石的骨雕筒以及动物造型的陶器等，都清楚地表明了这些制造者造诣精深（图 135）。

6. 大汶口文化的居民也戴项圈和玉、石、陶镯。除上述特征外，头骨变形、拔牙以及墓葬中二层台的流行、棺和椁的使用、用猪头和獐牙做随葬品，这些与同时代其他地方的文化

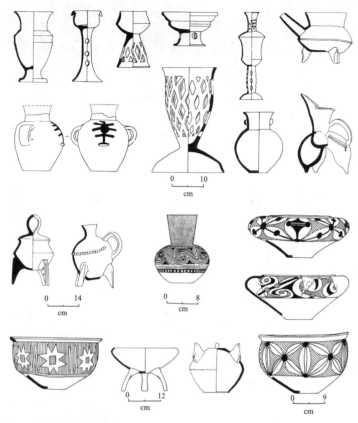

图 133　大汶口文化的陶器
　　（据《大汶口》，1974 年；《考古学报》1964 年第 2 期，第 34 页）

图 134 山东胶县三里河出土的动物造型的陶器
（据《考古》1977 年第 4 期）

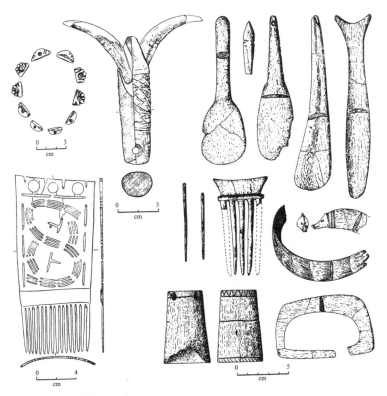

图 135 大汶口文化的骨、兽牙及象牙制品
（据《大汶口》，1974 年，图 78；《考古学报》1965 年第 2 期，第 30 页；《考古学集刊》第 1 辑，第 40 页）

相比，有着十分鲜明的特征。

在如此这般的传统中，大汶口文化经历了明显的变化，这些变化可被用来判断大汶口文化的分期，关于大汶口文化的分期，有着多种不同的划分法，其中最复杂的是将大汶口文化划分为11期。[1]不过，所有这些分期法都赞同从总体上将大汶口文化划分为早、中、晚三期。根据近来的一篇综合研究的文章，其三期特征被描述如下（图136）：[2]

大汶口文化早期（约公元前4300—前3500年）。典型遗址有王因和刘林的墓地。精致的磨光石铲及其他石器种类开始出现于该期的晚些时候。陶器为泥质或夹砂、夹蚌以及夹云母，手制，陶色主要为红或褐。有一些灰陶，但黑陶很少，器表装饰为刻划纹、堆纹或彩陶。典型器型包括釜形或钵形鼎、觚、镂孔圈足豆。这个时期有特色的器型还有绘有花瓣纹、涡纹及星形纹等多种色彩的钵、实足带流罐以及漏斗形器。

大汶口文化中期（约公元前3500—前2900年）。典型遗址为大汶口遗址的早中期墓葬、呈子遗址的下层墓、西夏侯遗址的下层墓以及大墩子遗址的上层墓。陶器仍以夹砂褐陶和泥质红陶为主，不过灰陶所占的比例已经增加。大部分陶器仍为手制，包括一些鼎、罐在内的陶器口沿经慢轮修整，一些小型器皿甚至是用快轮制成的，彩陶仍然流行，包括诸如用白彩勾勒的十字纹和菱形纹以及稍晚一点的干净利落的红圆点等，陶器器型有折腹鼎、实足鬹、背壶、大镂孔高圈足豆、灰白色陶尊、单柄以及有着三大袋足的几乎无腹的鬹。

---

[1]《文物》1978年第4期，第58—66页；《考古学报》1978年第4期，第399—419页；《文物集刊》(1)，北京：文物出版社，1980年，第66—73页；《考古学报》1982年第3期，第261—281页；《文物》1982年第10期，第44—56页。
[2]《文物》1982年第10期，第46—47页。

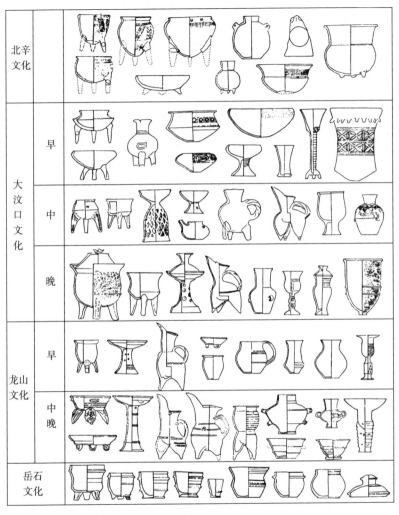

图 136 山东史前诸文化之陶器
（据《文物》1982 年第 10 期，第 47 页）

大汶口文化晚期（约公元前2900—前2400年）。典型遗址为大汶口遗址晚期墓、西夏侯遗址和呈子遗址的上层墓以及三里河遗址的下层墓。石器中，首次出现了用作礼器的石和玉钺。陶器中，以灰陶和黑陶为主，包括一些磨光黑陶。一种新的陶质坚硬的白或黄陶出现了，但当时彩陶亦罕见。篮纹出现了。典型器型包括篮纹鼎、细颈有腹空足鬶、三个大袋足几乎无腹的鬶、高圈足折腹豆、宽肩觚、黑陶高柄杯、长流盉、瘦高的背壶以及器壁上有刻画符号的大口尊（图137）。较晚阶段，礼器和轮制陶器的出现，表明了超越工艺和风格之上的变化，从随葬品上可见由早到晚的社会变化。在早期阶段的王因墓地，随葬品数量少，各墓中仅有两三件。在男性墓中，随葬品通常为石制工具；而在女性墓中，出土石或陶纺轮，表明社会分工建立于性别分工的基础上。在刘林遗址——大汶口文化的一处早期墓地，尽管一些墓的随葬品较多，但大多数墓葬随葬品稀少，男性和女性墓又分别随葬石制工具和纺轮。在王因和刘林墓地，墓葬是根据预先的设计而有序排列的。到了大汶口文化晚期，墓地的规划已被摒弃。例如，在三里河和西夏侯墓地，墓葬的分布杂乱无章。各墓在随葬品上的差异程度比以前大得多。在三里河遗址，一些墓葬没有随葬品，但其他墓葬随葬品非常丰富，一座墓有25件以上的陶器，另一座有30个以上的猪下颌骨。在呈子遗址的87座第二期（大汶口文化晚期）的墓葬中，有5%—7%的墓葬特点为大墓坑、有棺、出土许多精致陶器、猪下颌骨，而多于62%的墓葬没有随葬品。在呈子墓地，富有者和贫穷者的墓葬被置于墓地的不同部分：富有者的墓葬在北部，贫穷者的则在东部。

图 137 大汶口陶器上所刻的符号
（据《大汶口》，1974年，图 94）

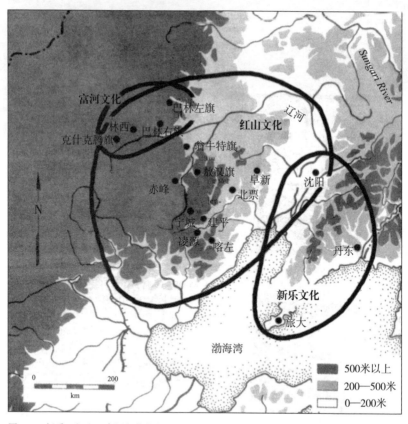

图138 新乐、红山、富河文化的主要遗址

三 辽河流域及东北南部的早期新石器时代文化

在50年代，中国考古学者的注意力集中于黄河流域，当时，绝大多数主要发现集中于那里。不过，《新中国的考古收获》（50年代中国考古的主要综述书）一书对细石器文化有充分的认识，该书论述道：分布于如此辽阔区域内的原始文化遗存，除了有着共同的细石器文化特征之外，实际上展示了文化形态方面的许多差异。对各地区的文化特征进行全面分析，认识整个细石器文化范畴内的各个考古文化，是将来细石器文化研究的重

要课题。[1]诸如此类的研究仍处于开始阶段并且正在继续进行之中。迄今，几个考古学文化类型被识别于整个东蒙及东北南部地区。我们将仅描述其中那些最著名者（图138、图139）。[2]

1 新乐及其相关类型

近年来，在所讨论的地区中的不同部分，发现了好几处遗址（新乐在辽河下游的沈阳，兴隆洼位于大凌河下游的敖汉旗，辽东半岛南端一带的大长山岛上的小珠山、上马石以及其他遗址，位于中国与苏联东部边界上的新开湖岸上的新开流遗址）。这几处遗址已出土了公元前5000年代的陶器文化的考古遗存。尽管各遗址都有其自身特征，其遗存反映出了中国东北地区共同的文化基础，该基础以有特色的陶器传统及多种多样的细石器为特点，而且该基础具有与苏联和朝鲜沿海地区史前文化相似的重要特征。

新乐遗址发掘于1973[3]和1978年，[4]该遗址位于一个低矮的土丘顶上及其周围，该土丘位于一条小河边，高于其岸边平原5—10米，发现了两座房基，都是长方形、半地穴式，其中一座面积仅为4.6米×5.2米，第二座的面积为11.1米×8.6米。屋角为圆形，在房基中央有一处灶址。那座大房基（图140）似乎是一个从事多种生产的地点：大多数陶器遗存集中于房屋东边的北端，靠近墙。一些单个陶器被置于沿东西墙的柱洞附近。顺着东墙发现了数堆细石器及小碎片，可能表明这里是手工业的劳动

---

[1]《新中国的考古收获》，第37页。
[2]《中国考古学会第一次年会论文集》，第72—79页；《考古学报》1985年第4期，第417—443页。
[3]《考古学报》1978年第4期，第449—466页。
[4]《考古学报》1985年第2期，第209—222页。

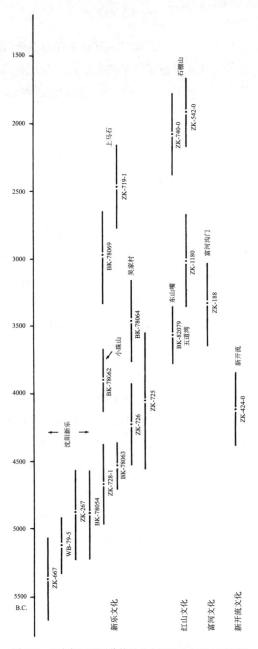

图 139 北方新石器时代较早的主要遗址之碳十四数据

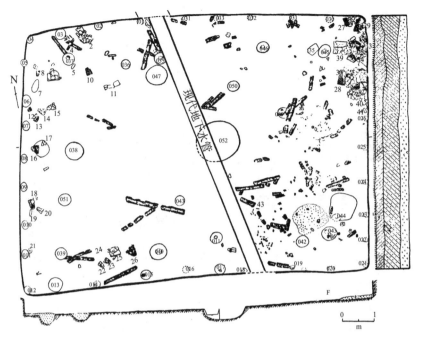

图 140 辽宁沈阳新乐遗址 2 号房基
(01—051. 柱洞；052. 灶；1、5、6、9、33. 石杵；7、11、35. 石臼；
3. 木雕鸟；41、44. 石斧；43. 雕刻器；45. 石研磨器；其他，陶器)
(据《考古学报》1985 年第 2 期，第 210 页)

场所。炭化的粮食颗粒（明显为粟）被发现于东南角的一个柱洞内以及附近的居住面上。骨制工具、石珠、磨盘和磨棒出土于东南边，木雕出土于西北角，煤制品、石墨块和红赭石大多在东北和西北角。动物骨骼出土于西南和东北角。[1]

从房基及其周围出土了大量的石器、陶器及其他器物，石器易于划分成三种：细石器（主要为镞、矛头和刮削器）、打

---

[1]《考古学报》1985 年第 2 期，第 212 页。

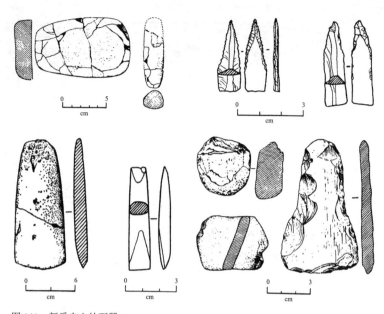

图 141　新乐出土的石器

（据《考古学报》1978 年第 2 期，第 452—454 页；《考古学报》1985 年第 2 期，第 215—216 页）

制石器（砍伐器、网坠、刮削器以及可能是铲的工具）和磨制石器（斧、凿、杵和臼），反映出许多的渔猎及粮食加工活动（图 141）。值得注意的是，该遗址出土了许多显然不出产于当地的矿物制品：煤精制成的小物品，它被断定来自大约 50 公里外的抚顺煤田；[1]玉匠及珠子大概来自于岫岩和宽甸（也在辽宁省）；玛瑙，已知来自沈阳郊区；石墨和红赭石。也有骨制工具和木雕（图 142）。

新乐文化中最引人注目的部分是陶器：几乎都是夹砂红陶或褐陶；单独一种器型占总数的 90% 以上——平底筒形罐；85%

---

[1]《考古》1979 年第 1 期，第 79—81 页。

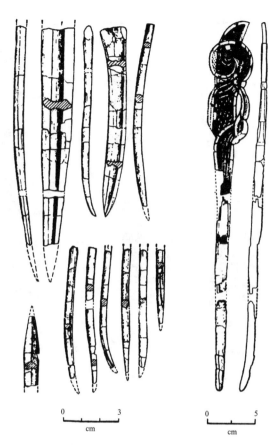

图 142　新乐出土的骨器及一只木雕鸟（右）
（据《考古学报》1985 年第 2 期，第 219 页）

以上的陶器纹饰为竖"之"字形线纹。该纹是用片状工具横绕器壁移动呈匝，逐匝向下绕满器壁。第一次发掘发现了 6 个斜口罐（图 143）。与新乐陶器相同者被发现于辽东半岛北端的东沟、大连郭家村下层以及半岛顶端的几个小岛上的几处贝丘遗址，例如，广陆岛小珠山遗址（也被称为土珠子遗址）（图 144）以及大

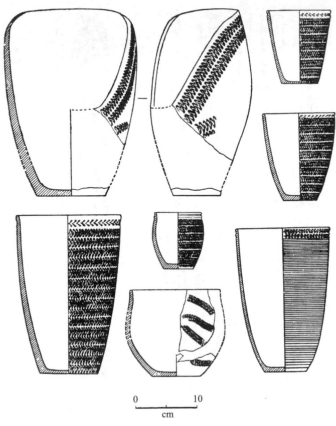

图 143 新乐的陶器

（据《考古学报》1978 年第 4 期，第 455 页）

长山岛的上马石遗址。[1]长山岛上的陶器较黑，掺皂石末，竖"之"字纹更精致，划纹更流行，不过，居主导地位的器型又是平底筒形罐。发现了石斧、杵、臼，表明了可能存在着农业，但是，贝

---

[1] 《考古学报》1981 年第 1 期，第 63—109 页；《考古》1984 年第 1 期，第 21—36 页；《考古学报》1984 年第 3 期，第 287—328 页；Miyake Toshinari, *Manshō Kakuhō* 4(1936), 163–186.

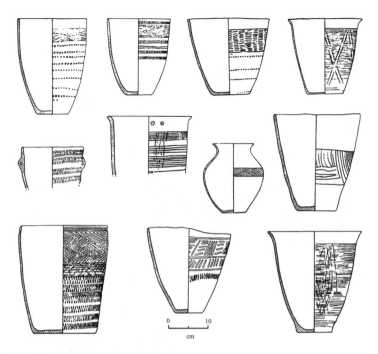

图 144　小珠山下层出土的陶器
　　　（据《考古学报》1981 年第 1 期，第 69 页）

丘明显地表明了渔岛居民对软体水生贝类的利用。

新开流遗址位于新开湖畔，与先前诸类型的文化基础相同而位置相当偏东，但与新乐和小珠山有着太多的差异以至于不能被认为是同一类型。[1] 新开流遗址发掘于 1972 年，发现了文化遗物、32 座墓葬及 10 座鱼窖。一些墓有附葬的二次葬（图 145），并都随葬渔猎用具。细石器大多为镞、矛头和刮削器。陶器以夹砂灰褐陶为特点，明显是通过泥条盘筑法制成，典型器物也是平底罐。不过，其纹饰与新乐文化大不相同

---

〔1〕《考古学报》1979 年第 4 期，第 491—516 页。

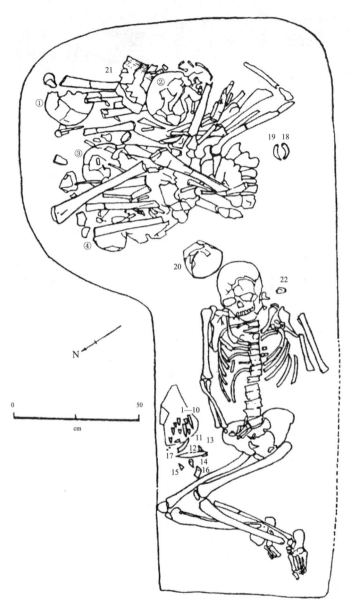

图 145　新开流 7 号墓
（据《考古学报》1979 年第 4 期，第 494 页）

图146 新开流的陶器
（据《考古学报》1979年第4期，第503页）

(图146)，两种最具特征的纹饰是所谓的鱼鳞纹和菱形纹。鱼窖(里面满是鱼骨和鱼鳞)、鱼鳞纹和菱形纹以及骨制的渔具(鱼叉、诱饵和鱼钩)都表明了捕鱼对于新开流遗址居民来说非常重要。实际上，这里无从事农业的迹象。应该提到的是一个新报道的、尚未充分了解的新石器时代遗址，该遗址在敖汉旗兴隆洼，大约在新乐以西150公里，单一的碳十四数据将该遗址年代置于公元前6000年代晚期，其文化内涵包括半地穴式房屋、"之"字形线纹、平底罐，这些表明了它与上面所描述的东北及内蒙古东部地区遗址相同的属性。[1]

2 红山文化

赤峰红山后遗址位于老哈河畔，发现于1908年。1924、1930和1935年[2]由日本考古学者进行了连续发掘。这里发现了两个阶段的遗存，即彩陶文化时期和红陶文化时期。后者包含有青铜器及其他属于东周的器物。彩陶文化时期有着明确的"北方基础"，这反映在其细石器、夹砂褐陶以及陶器上的环形和耳状錾、划纹、齿状附加堆纹和"之"字形线纹上。尽管如此，该遗址的彩陶文化的年代被认为与中国北方仰韶文化相同。

在50和60年代，发现了更多的红山文化(彩陶文化时期)遗址，[3]不过，直到70年代重要的遗址才被发掘，重要的新资料才为世人所知。赤峰蜘蛛山的发掘，已澄清了该地区四个文化时期的地层关系：最早的是红山文化；其次为夏家店下层；

---

[1] 《考古》1985年第10期，第865—874页。
[2] Hamada Kosaku and Mizuno Seüchi, *Ch'ih-feng Hung-shan-hou, Archaeologia Orientalia*, ser. A, 6 (1938).
[3] 《考古学报》1958年第3期，第25—40页；至于红山文化这一术语，见尹达《中国新石器时代》，北京：生活·读书·新知三联书店，1955年，第143—146页。

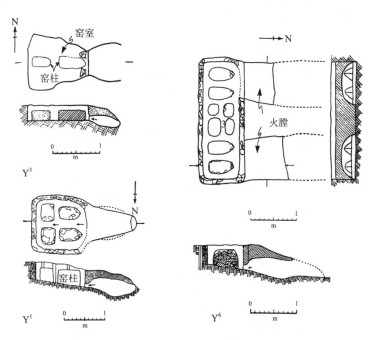

图 147　敖汉旗小河沿、四棱山出土的三座陶窑之平剖面图
（据《文物》1977 年第 12 期，第 3 页）

再次为夏家店上层；最晚为战国—汉初。[1] 这一序列取代了原先的彩陶—红陶序列。敖汉旗小河沿地区揭示了处于红山和夏家店下层之间的小河沿类型。[2]

如今，我们已知道红山文化分布于整个辽河和大凌河上中游，在内蒙古高原的东南部及辽西地区。[3] 除红山后遗址本身之外，主要遗址还包括赤峰西水泉、[4] 敖汉旗小河沿、[5] 喀左东

---

[1]《考古学报》1979 年第 2 期，第 215—242 页。
[2]《文物》1977 年第 12 期，第 1—15 页。
[3]《中国考古学会第一次年会论文集》，第 73 页；《文物》1984 年第 6 期，第 11—17、20 页。
[4]《考古学报》1982 年第 2 期，第 183—197 页。
[5]《文物》1977 年第 12 期，第 1—15 页。

第三章　中国北方地区新石器时代文化的发展　203

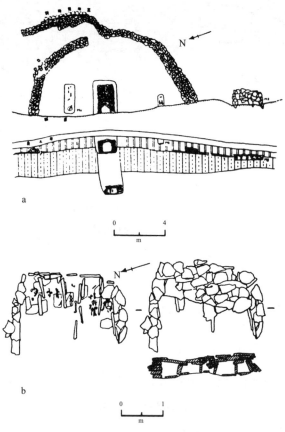

图148　辽宁阜新胡头沟红山文化墓地及3号墓
（据《文物》1984年第6期，第1、3页）

山嘴、[1]阜新胡头沟[2]以及其他几个遗址。[3]东山嘴的一个经校正的碳十四年代数据为公元前3500年，但西水泉的碳十四年

---

[1]《文物》1984年第11期，第1—21页。
[2]《文物》1984年第6期，第1—5页。
[3] 赤峰蜘蛛山遗址（《考古学报》1979年第2期，第215—242页），有一小部分红山文化。在辽宁建平附近发现了几处遗址（《考古与文物》1984年第2期，第18—22、31页）。

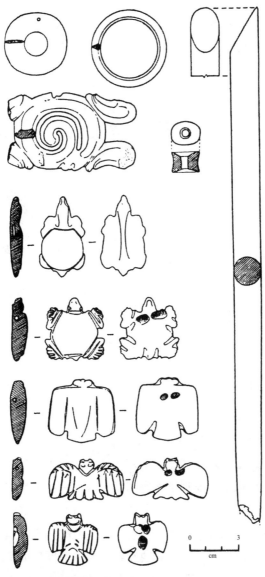

图 149　胡头沟 1 号墓出土的玉器
（据《文物》1984 年第 6 期，第 3 页）

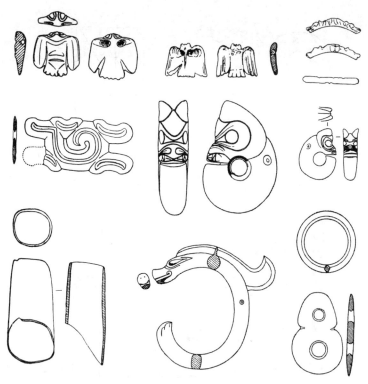

图 150　红山文化诸遗址出土的玉器
　　（据《文物》1984 年第 6 期，第 6、13、14 页）

代数据仅为公元前 2000 年多一点（见图 139）。

　　西水泉遗址发现了三座半地穴式房基，皆为长方形。在小河沿的四棱山遗址，发现了 6 座陶窑，其中一些为连室窑，有着复杂的烟囱结构（图 147）。红山文化的墓葬见于老哈河和大凌河流域的几处遗址。辽宁阜新胡头沟墓地的发现特别引人入胜。那是在一座山丘上，用石块和石片大体上堆积成了一个直径约 13.5 米的圆圈，圆圈的西半部被河水冲掉了，仅东半部尚存。在圆圈之下，沿其整个圆周，埋有彩陶片，在靠外边的一

图 151　从东南看赤峰东山嘴遗址之全貌
　　　（据《文物》1984 年第 11 期，第 2 页）

段上面竖立着一排 11 个彩陶筒形器（图 148，左；关于筒形器见图 155）。发现了两座墓葬，一座在圆圈的中央，另一座在圈外，都用石板建成。在圈外的那座被分成五室，除了其中的一室可能有两具骨骸外，其余各室都只有一具骨架（图 148，右）。两座墓都随葬有玉器（图 149）。以动物为题材的玉雕现已被证明是红山文化遗物中的一个重要组成部分，出土于老哈河和大凌河流域的至少四个地点，至于有采集品的范围就更大了（图 150）。[1] 仿佛墓地和玉器尚不足以引人注目似的，近来发现的东山嘴祭祀建筑的确非同寻常，特别是对一个相对较早的属于公元前 3500 年左右的新石器文化遗址来说更是如此。该祭祀遗址全都用石块或石板建成，构成了一个长方形建筑，两

---

[1]《文物》1984 年第 6 期，第 12—13、7—10、6、10 页。

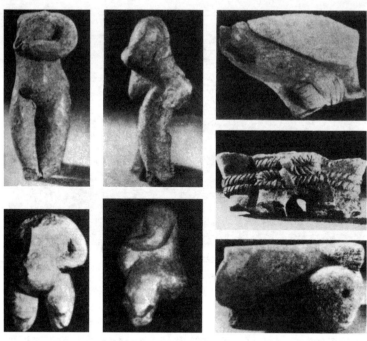

图 152 东山嘴出土的陶塑人像，左边的四个为小像，右边的三个为大像碎块
（据《文物》1984 年第 11 期，图版 2）

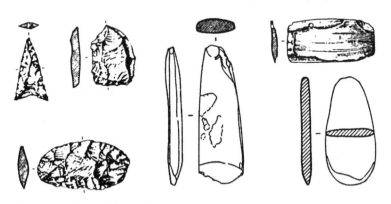

图 153 赤峰西水泉出土的红山文化石器
（据《考古学报》1982 年第 2 期，第 187、189 页）

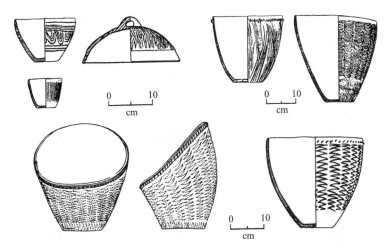

图 154 西水泉出土的陶器
（左下据《新中国的考古发现和研究》，1984 年，第 174 页；其他的据《考古学报》1982 年第 2 期，第 193—194 页）

侧为石墙，面对一个位于中心广场对过的圆形祭坛以及三个圆形石堆，该祭坛以石块筑成轮廓并铺以卵石。在长方形建筑内（11.8 米 ×9.5 米）是三排石块和直立的石头，靠近圆形的祭坛发现了一座墓葬（图 151），见于胡头沟墓地的彩陶筒形器残片也出土于大型长方形建筑的四周，发现了大约 20 余件陶塑人像，有一些人像较小，大约高 6 厘米，无头，似乎代表着孕妇，而有一些则较大，相当于真人的一半大小（图 152）。这里也出土了玉雕动物形象。发掘者认为，该建筑遗存为祭祀遗迹是有道理的。

出土了玉环、动物造型及结构复杂的祭祀遗存（包括陶塑"维纳斯"）的红山文化明显是建立于细耕农业的基础上的。尽管实际的粮食遗存尚未见于报道，不过，这通过出土的许多石斧、石铲（一些石铲形体如此之大以至于被称作犁）、石刀（镰）、臼和杵以及蚌刀（图 153）而得以表明，丰富的细石器遗存（包

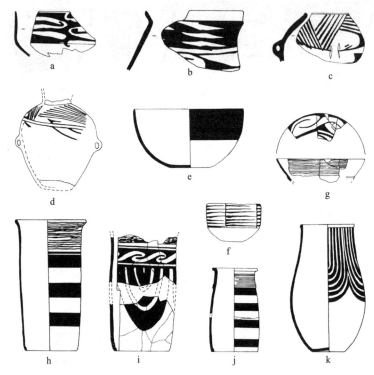

图 155　红山文化的彩陶

（a–f 出自赤峰西水泉遗址，据《考古学报》1982 年第 2 期，第 192、195 页；h–i 出自阜新胡头沟，据《文物》1984 年第 6 期，第 3 页；g、j 出自赤峰东山嘴，据《文物》1981 年第 11 期，第 7 页；k 出自赤峰蜘蛛山，据《考古学报》1979 年第 2 期，第 218 页）

括大量的镞）无疑与渔猎活动相关。陶器方面以泥质灰陶或红陶以及夹砂褐陶为主，所有的陶器均为手制，大多数陶器为素面，但大约 1/3 的陶器有纹饰（压纹、划纹、堆纹或彩陶）。平底罐上的压纹大多为"之"字形线纹（图 154）。彩纹似乎仅见于泥质红陶上，为红彩或黑彩，黑彩纹样包括平行线纹、涡纹等，红彩纹样较简单，大多是由平行斜线组成的三角形纹和鱼鳞形纹（图 155）。在彩陶纹样中，据说有一些（诸如红顶碗和平行线纹）与后冈类型的相似，但大多数彩陶也有地方特色。

不过，仰韶文化和红山文化彼此间有过直接接触。在上文中，我们发现仰韶文化已延伸到了冀北。近来的考古工作已使河北的考古学者相信仰韶文化已伸展到了远至永定河流域。[1]同时，被识别为红山文化的考古遗存已被报道见于冀北的迁西、宝坻和三河。[2]于是，北京东面的燕山山脉地区是两种文化进行直接接触的地区。位于北京和天津之间的三河孟各庄遗址，[3]揭示出了两种类型的文化之间的地层关系：孟各庄一期的陶器和石器特点，一方面与位于其西南面的磁山文化相似，另一方面又与东北面新乐文化类型相像；孟各庄二期的陶器和石器一方面与仰韶文化的后冈类型相似，另一方面与红山文化相像。[4]

最后说说小河沿类型。在出土红山文化类型遗存的考古学遗址中，其中的三处遗址（敖汉旗小河沿南台地、[5]敖汉旗石羊石虎山、[6]瓮牛特旗石棚山[7]遗址）有时作为一个单独的文化类型——小河沿类型而被挑选出，这归因于其特有的器物及葬俗。[8]在石棚山墓地，1977年发掘了77座墓葬，其中有4座墓的死者没有颅骨，而各以一陶罐代之；又有4座墓仅有随葬品而无骨骸；还有3座墓为双人合葬墓，两具遗骸腿向背后折至与头部相触的程度。在一些陶器的肩部和腹部有刻划纹，大多为卐字纹的变体。仅有的一个石棚山遗址的

---

[1]《文物》1984年第11期，第17页。
[2] 同上。
[3]《考古》1983年第5期，第404—414页。
[4] 同上，第419、446—451页。
[5]《文物》1977年第12期，第1—15页。
[6]《考古》1963年第10期，第523—524页。
[7]《文物》1982年第3期，第31—36页。
[8]《中国考古学会第二次年会论文集》，北京：文物出版社，1982年，第144—152页。

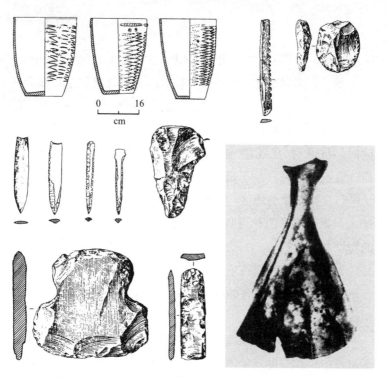

图156 内蒙古巴林左旗富河沟门遗址出土的陶、骨和石器
（据《考古》1964年第1期，第2、4页，图版1）

碳十四年代数据表明其与西水泉遗址年代相同。至于是否应确立出一个单独的类型，尚有待于对红山文化及其内部差异进行更全面的了解。

3 富河沟门类型

富河沟门遗址位于内蒙古昭乌达盟巴林左旗，在西喇木伦河以北的乌尔吉木伦河畔，该遗址发现于1957年，发掘于1962年。[1]在河边台地上一块约200米×300余平方米的区域内，发

---

[1]《考古学报》1959年第2期，第1—14页；《考古》1964年第1期，第1—5页。

现了 150 余个"灰土圈",而且东西有次序地排列。通过发掘,出土了古代房基遗迹。其中有 12 个"灰土圈"被发掘,出土房基 37 座。大多数房基为方形,不过,也有一些为圆形。面积大多为直径或边长不足 5 米者。房基中发现了灶址和柱洞。

石制工具大多为打制,其中一些形体较大,其余的则为细石器。陶器主要为夹砂陶,淡褐或灰褐色,用泥条盘筑法手制,有划纹或压纹,其中大多为"之"字形线纹。少量与红山文化陶器相同的泥质红陶亦有发现。骨器数量多,有钻、镞、刀柄、针、匕、鱼钩等。还发现了一种据信是用来加工陶器纹饰的有齿骨器。令人特别感兴趣的是卜骨——有灼痕的鹿以及可能还有羊的肩胛骨(图 156)。这些卜骨是中国发现的最早卜骨。

重要的是,该遗址所发现的动物骨骼仅包括诸如野猪、鹿、野羊、獾、松鼠和狼等森林动物,未发现大型草原奇蹄类动物及家畜。该地区如今为草原植被,然而,出土于该遗址的动物骨骼却表明当时的自然环境与现在大不相同。[1]

富河沟门类型的遗存被发现于沿乌尔吉木伦河及西喇木伦河流域,单一的碳十四年代数据将该文化类型的年代置于公元前 4000 年代的早期,大约与东山嘴的红山文化遗存年代相同。

---

[1]《中国考古学会第一次年会论文集》,第 74 页。

第四章　中国南方地区新石器时代文化的发展

该地区新石器时代文化的发展大约开始于公元前5000年。虽然从现今的北方、南方地理气候和植被而言，我们有理由预计，对这些地区的史前文化可进行生态方面的分类，不过现有的考古记录只是出于方便而分别对"中国北方"和"中国南方"的情况加以描述。

实际上，在前一章描述的所有新石器文化中都以种植小米为生业基础，而据认为，南方文化中主要得讨论大米。然而，正如我强调的那样，在中国整个地域冰期以后的早期阶段，是以气候的日渐适宜为特点，中国北方更葱郁、更温暖、更湿润，其与中国南方的差异还不像现在那么明显。常见的生态现象有时可能会一直基于地形和气候以及其他的因素。在中国史前时期东部沿海地区的文化中，南北差异之模糊达到了令人困惑的程度。我们将开始叙述包括东部沿海地区在内的南方一带的情况。

在中国历史上，没有其他的地方像中原那样被赋予极端的历史重要性，黄河、渭河及汾河流域都属于中原地区，现代的河南省、陕西省、山西省毗邻在一起，是中国古代文明的摇篮。正是在该地区，第一个新石器时代遗址——仰韶村遗址被发现，随后所有的考古调查被集中于该区域。

在20世纪50—60年代，发现于中原地区的丰富考古遗存进一步确定了该地区在传统史学中的重要意义。考古文献一致强调该核心区域是最早文明的源头之一。在20世纪70年代，关于中国古代文明发展的中原模式受到了挑战，这种挑战以两个考古学大事件为基础。首先是中原以外的考古学文化数量的增加及性质的多样化，这些考古学文化不能被归结为受中原的影响。第二，更重要的是，放射性碳测年技术的广泛运用，对于中原地域内外出土的考古学标本而言，该技术的运用使得其对其他测年技术的依赖性大为降低。在许多事例中，起初是暂时性地，后来是结论性地证明这些地域文化中有许多存在着自身的发展序列，其发展过程是与中原地区相并行的[1]。的确，现在看来，许多相互并行的地域文化之间的相互作用之强化是一个主要的动力因素，这是其文化发展和文明最终出现的原因。这个地区的中国史前史及早期历史的交互作用模型在第五章中予以讨论。

南方考古一个主要的地域是长江下游的太湖地区，该地区之重要性在于其有助于以新的视角来审视中国史前史，该地区也是中国历史尤其是近代史上的一个焦点。王妙莲和傅申（Marilyn and Shen Fu）的《鉴赏研究》包括以下的地域特征：

> 该地理区域集中于太湖一带，在现代的江苏省、浙

---

[1] 关于这方面最有影响的文章是苏秉琦和殷玮璋所著《关于考古学文化的区系类型问题》，《文物》1981年第5期，第10—17页；对这篇文章的历史意义以及苏秉琦早期观点的评价见俞伟超、张忠培发表于《文物》1984年第1期（第1—9页）的文章。一些关于（文化）区域研究的主要理论概念由朱迪思·特里斯曼先行提出，参见她的《公元前1000年的中国：一张文化镶嵌图》《科学》第160卷，第855—856页，1968年）以及她的《中国史前史》（纽约：自然历史出版社，1972年）。20世纪60年代的考古发现不像20世纪80年代的那样丰富，与考古发现相比，特里斯曼所说的文化区域更多地建立于环境推断的基础上。

江省和安徽省之交界处,这是一个关键性区域,由此走出了一大批体现中国传统风范的书法家、画家和诗人。在地图上,该区域的形状像人的一只眼睛……"人眼区域"的称呼反映了人杰地灵的传统关联,解释了人的能力和潜能与社会、文化及文化的物质基础之间的相互作用。该区域之一部分以江南或长江三角洲之名而著称于中国历史。从10世纪中叶起,这个地方一直是中国农业最丰产、经济最富庶和文化最发达的地区……如果继续进行比喻,太湖……成为了该"人眼"形地域的"瞳孔"或核心地带。"眼睑"部位是从长江口循江而上,当刮西风时,经过扬州——"人眼"形地域的最北端城市,然后是南京市和安徽的芜湖、宣城,按照我们的设想,它终止于江西庐山附近。"人眼"形区域的下"眼睑"部位弯曲朝东向大海,循新安江在现今的休宁和歙县附近经过黄山南部,向西北到浙江杭州,在那里它遇钱塘江而流入大海。因此,该"人眼"形区域循着三条自然河流的河界,包括大运河的主干道及其水网分支附近的城市。该区域中的绝大部分地带富裕、丰产、人口稠密、文化积淀深厚,其中所包括的现代行政区域有苏州、松江及其周围城镇。[1]

除了涉及(史前并不存在的)京杭大运河的部分之外,上面这段可能没有经过多少修改的文章描述了该地区在新石器时代的自然环境、财富资源及发达的文化。事实上,在冰河期之后的早期阶段,在最适宜的气候条件下,许多地方的海浸把海岸线向陆地大幅度地推进,以至于有了更多的湖泊和沼泽,植

---

[1] *Studies in Connoisseurship*,Princeton University Press,1973,p.4.

被覆盖大致同亚热带[1]。

根据对植物孢粉的研究，在距今 7500—5000 年的阶段，上海—杭州地区的年平均气温比现在高 2℃—3℃，年降水量比现在多 500—600 毫米[2]。无论是在史前时期还是在现代，该地区的自然环境都有潜力供给出一个富裕的社会。在太湖周围的湖泊沼泽环境中，淡水植物明显是被开发利用的一个对象。正如李惠林所指出的："中国的水产养殖（水生动植物农业，这个术语已开始通用）实践从新石器时代就已经开始了。"

除了菱属和芦苇属禾本科之外，对于长江流域来说，可能在史前时代就已栽培包括蒺藜属植物、坚果、莲子和藕、总菇属植物、水栗子、野生稻、莼菜、水芹属植物、水菠菜、香蒲属和灯心草属植物。"这些水生作物包括自然生长于湖泊或湿地的一年生或多年生的适应阳光的草本植物。作为栽培作物，一年生或两年生的植物被种植于池塘或稻田，经常是与水稻轮作。"长江流域的这些淡水植物种类，不像大多数陆生植物种类，"是以广泛的地域分布为特点，都出现于中国以外的国家或大陆，但除了在中国以外，它们没有在其他任何地方被栽培。仅仅是在长江流域独特的空间环境下，这些广泛分布的植物资源种类，恰巧进化并形成了一个独特的农业系统"[3]。

尽管其在考古学上的潜力不凡，宁沪一带的太湖地区还是开展考古工作较晚的地区之一。第一把石斧由卫聚贤于 1930

---

[1] W. T. Wu,《地质学报》1983 年第 38 期，第 113—127 页；竹淑贞等,《科学通报》1983 年第 5 期，第 296—299 页；T. H. Li et al.,《地质科学》1980 年第 4 期，第 322—330 页；王开发、张玉兰,《历史地理》1981 年第 1 卷，第 126—131 页。

[2] 王开发、张玉兰,《历史地理》第 1 卷，第 131 页。

[3] Li Hui-lin, in *The Origins of Chinese Civilization*, David N. Keightley, ed., Berkeley: University of California Press, 1983, pp.43–46.

年发现于南京附近,1935年在常州奄城发现了一处汉代遗址,[1]这些及其他发现引起了学术界的关注,导致了吴越史地研究会的创立。吴国和越国是东周时期位于苏南和浙北的国度。该学会为1936年杭州良渚和古荡[2]以及吴兴钱山漾[3]新石器文化遗址的发现付出了努力。抗日战争使中国学者在这一带的考古工作被迫中断。对印度支那的早期历史和人类文化学颇感兴趣的日本学者描述了太湖地区的考古发现,[4]但是,对这一带的深入研究直到1949年以后才得以进行。

中华人民共和国建立以后,南京博物院继承了中央博物院的建筑、设施及一些藏品,在受人尊敬的考古学家尹焕章、曾昭燏的领导下,成为考古研究的一个重要中心,发起了对江苏史前史的重要研究。南京博物院的努力,赢得了上海和浙江的考古学者的积极参与,长江三角洲和太湖地区终于得到了学术界应有的重视。除文化大革命时期之外,从50年代起考古工作一直在迅速地进行。到1962年尹焕章和曾昭燏已能够列举出太湖地区的47处新石器文化遗址并将它们分成3个阶段:青莲岗、良渚和湖熟文化[5]。青莲岗文化是苏北新发现的考古学文化,其相同者在苏南亦有发现。良渚文化是一个较晚的文化类型,其代表者是前面提到的1936年发现的典型遗址。湖熟文化是最晚的以所谓的几何印纹陶为代表的史前文化,最早发现于奄城,后来在其他许多从周代到汉代的遗址中发现。良

---

[1] J.H. Wei, *Chin-chan Yueh-k'an* (Peiping), 1, nos. 2-3(1931), 59-79;《奄城访古记》,吴越史地研究会,1935年。
[2]《杭州古荡新石器时代遗址之试探报告》,杭州,1936年(铅印本);《杭州良渚镇之石器与黑陶》,吴越史地研究会,1937年;《良渚》,西湖博物馆,1938年。
[3]《吴越文化论丛》,北京:中华书局,1937年,第217—232页。
[4] Matsumoto Nobuhiro, *Kōnan Tōsa*, Dept.Hist., Keio University, 1941.
[5]《考古》1962年第3期,第147—157页。

渚文化和湖熟文化被分别讨论于第五章和第七章。

年代较早的新石器时代文化（目前碳十四测定年代在公元前5000年和公元前3000年之间）的名称一直是产生混乱的一个主要根源。如前文所述，苏北淮安青莲岗遗址被发现于1951年。从那时起，许多其他遗址在全省范围内被发现，这些遗址出土了器型和风格皆相似的器物，诸如，褐陶和黄陶、彩陶、高圈足豆、折腹鼎、石刀等等。这些遗址，无论在苏南还是苏北，当时都被称为青莲岗文化。不过，刚一进入70年代，人们开始认识到苏北和苏南的青莲岗文化并非完全一致。1973年吴山菁在一篇文章中把青莲岗文化细分为长江以北类型和长江以南类型，指出江北类型与山东的大汶口文化相同。[1]1977年，来自江苏、山东以及上海、浙江、安徽和其他省份的考古学者聚会于南京，以讨论其各自所在的省、市所发现的史前文化的异同。与会者没有形成明确、一致性的结论，[2]但都明确同意苏北的青莲岗文化与大汶口文化是一致的，而苏南的青莲岗文化可被细分为两个类型：马家浜和崧泽类型。至于这些文化该被怎样称呼，则没有达成一致。

在本书中，我将山东和苏北的较早的新石器文化称作大汶口文化（包括青莲岗遗址），把与之同期的苏南（淮河以南）和浙北的文化，即太湖一带的同期文化，叫做马家浜文化（不包括青莲岗遗址），该文化包括两大主要类型：马家浜类型和崧泽类型。[3]不幸的是，尽管"青莲岗"一词曾发挥过重要的历史性作用，本书中所采用的术语还是省略掉了这一名称。

在1979年召开的中国考古学会第一次年会上，南京博物

---

[1]《文物》1973年第6期，第45—61页。
[2]《文物》1978年第3期，第34—39页。
[3]《考古》1977年第4期，第225页。

院的汪遵国在一篇概括性的文章中阐述到太湖一带发现了100余处新石器文化遗址，其中有20余处已被发掘。[1]在那些已发掘的遗址中，下列遗址最为重要（由南向北）：桐乡罗家角遗址、[2]浙北的嘉兴马家浜遗址、[3]上海的崧泽遗址、[4]吴县的张陵山遗址[5]和草鞋山遗址、[6]常州的圩墩[7]和寺墩[8]遗址、南京北阴阳营遗址、[9]海安的青墩遗址[10]（图157）。最后的两处遗址在长江边，位于太湖以北，它们将被分别加以讨论。就太湖一带的遗址而言，从地层学上可划分出三个阶段：马家浜、崧泽、良渚。良渚文化类型在本书第五章讨论。马家浜和崧泽类型的年代，如前所述，经碳十四测定，约为公元前5000年—前3000年（图158）。

一 马家浜类型

马家浜类型的遗址大多发现于高地或墩台上，这些高地或墩台既有天然的，亦有人工建造的，靠近河流和湖塘。地上房屋建筑为长方形，木构建筑，有榫卯结构（图159）。遗址中，室内硬土面由砂子、软体动物壳及泥土铺成。墙由芦

---

[1]《中国考古学会第一次年会论文集》，1980年，第111—123页。
[2]《浙江省文物考古所学刊》，北京：文物出版社，1981年，第1—55页。
[3]《考古》1961年第7期，第345—354页。
[4]《考古学报》1962年第2期，第1—28页；《考古学报》1980年第1期，第29—57、59—66页。
[5]《文物资料丛刊》（6），北京：文物出版社，1982年，第25—36页。
[6]《文物资料丛刊》（3），1980年，第1—24页。
[7]《考古》1974年第2期，第109—115页；《考古》1978年第4期，第223—243页。
[8]《考古》1981年第3期，第193—200页；《考古》1984年第2期，第5、17—22、109—129页。
[9]《考古学报》1958年第1期，第7—23页。
[10]《考古学报》1983年第2期，第147—190页。

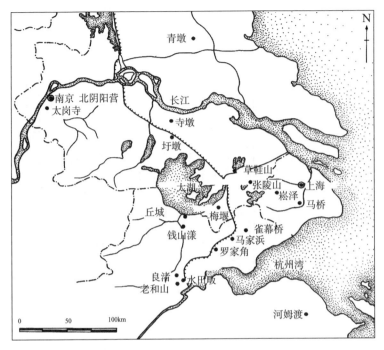

图 157 太湖一带马家浜文化的主要遗址

苇和泥土构成，屋顶覆以芦苇、竹席和草束。发现有灰坑。在几处遗址上发现了墓地。马家浜遗址上的一座墓地，位于遗址的西部和西北部，墓葬为单人葬，大多为俯身葬，头向朝北，很少的墓中有随葬品，随葬的也只是几件工具、装饰品和器皿（图 160）。居民们从事农业、渔猎和采集，炭化的稻粒被大量发现，稻壳被用作陶器掺和料，既有粳稻，也有籼稻。所发现的其他被用作食物的植物包括菱角和葫芦。草鞋山遗址发现了织物碎片，其原料为野生葛。狩猎格外重要：马家浜遗址出土的动物骨骼是陶片数量的十倍，已鉴别出的动物种类包括猪、狗和水牛等家畜以及野生动物，如野猪、象、鹿、獐、四不像、鲸（可能存在）、龟、鳖、狐狸、鱼、鸟和软体动物，

第四章 中国南方地区新石器时代文化的发展 221

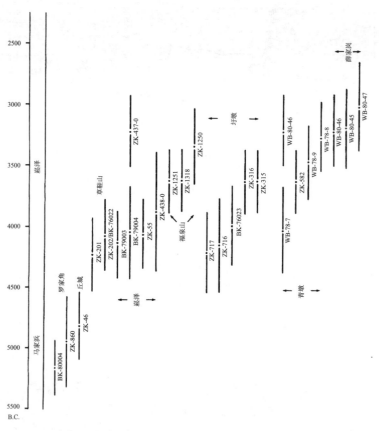

图 158 马家浜文化的碳十四数据

其动物群表明了河湖平原的自然环境,气候比现在更潮湿。

引人注目的工业有木、竹、石及骨角器的加工,除了房屋的木构建筑外,很少有木器和竹器保存下来,但有木镞等器物出土,骨角被用于制造镞、柄、钻、针等物,一种有特色的器物是用动物肩胛骨制成的锄。石锄罕见,不过,石头被用于制造斧、锛、凿、刀和砺石。玉器亦有发现,仅见的种类为玦、璜。

马家浜的陶器以红陶或红灰陶为特点,偶见灰黑陶,特别

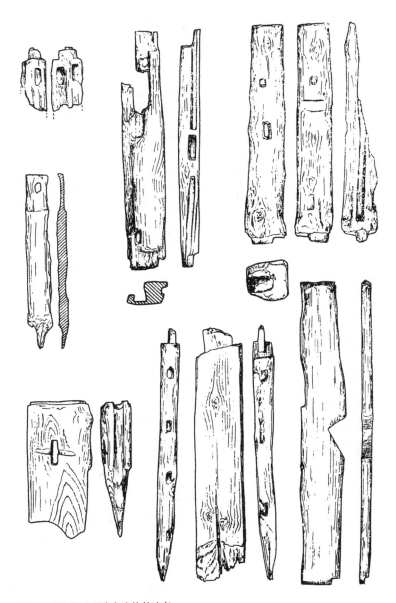

图 159 浙江桐乡罗家角木构件遗存
（据《浙江省文物考古所学刊》，1981 年，第 25 页）

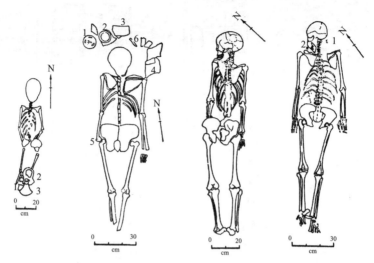

图 160　江苏常州圩墩马家浜文化类型之墓葬
（据《考古》1978 年第 4 期，第 227 页）

是在较早的地层中更是如此。陶质为夹砂或掺蚌末，有时掺有炭化稻壳，烧成温度估计约为 800℃—850℃，可能是堆在平地上烧成的，未发现陶窑。器型方面以圜底和平底器为主，许多器物为圈足器或三足器。大多数器型富有特征：尽管未见与之配套的灶出土，但是腰沿釜的腰沿可能是用来将釜支承于灶之上的。其他有特色的器型为扁锥足鼎、"牛鼻耳"罐、喇叭圈足豆、短嘴平底盉（图 161）。陶支座数量丰富，也有陶杵及人和动物塑像（图 162），大多数陶器为素面，但是偶尔有红陶衣、镂孔、弦纹和堆纹。

二　崧泽类型

从总的文化风格和结构来看，崧泽类型无疑是从马家浜类

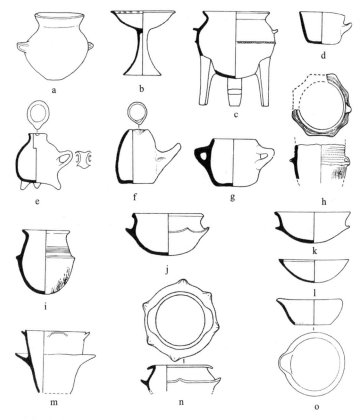

图161 马家浜文化类型罗家角及其他遗址所出土的陶器
　　（a. 据《中国考古学会第一次年会论文集》，1980年，第113页；b、c. 据《文物资料丛刊》（3），1980年，第22页；d-o. 据《浙江省文物考古所学刊》，1981年，第11、31—34页）

型发展而来的，不过，二者之间的界限依然清晰可辨。王仁湘通过对比描述出了二者之间的下列差异：[1]

　　1. 石制工具数量的增加。在马家浜类型的一些遗址中（诸

---

[1]《考古学集刊》第4辑，北京：中国社会科学出版社，1984年，第278—306页；《中国考古学会第三次年会论文集》，1984年，第28—29页。

如圩墩下层），石制工具是非常罕见的，而在崧泽类型的早期，有时一座墓即随葬9件石制工具。马家浜类型的石器粗糙笨重，崧泽类型的则精巧匀称。

2. 崧泽类型的骨器比马家浜类型的少。

3. 在马家浜类型中，流行的葬俗为俯身直肢葬，头向朝北，随葬品少，缺乏固定的器型组合。而在崧泽类型中，流行的葬俗为仰身直肢葬，头向通常朝东南，墓葬经常被整齐地排列成行，随葬品较丰富，基本的器型共存关系，诸如鼎、圈足豆、罐、瓮，已开始形成。

4. 马家浜类型的陶器为红褐陶，而崧泽类型的陶器为褐陶和灰黑陶，马家浜类型的典型陶器为腰沿釜、釜形鼎、平底、红色喇叭圈足豆、"牛鼻耳"罐，而这些典型陶器到了崧泽类型时期，全都让位给了新的典型陶器，即扁凿足釜形或盆形鼎、圜底罐形釜、圈足上有成排镂孔的豆以及花瓣足器物。最重要的区别在于到了崧泽类型时期，鼎代替了釜而成为基本的炊器，罐、瓮作为贮存器在数量上大大增加。崧泽类型被认为是太湖地区文化序列中陶器及其装饰最复杂的时期（图163）。

最能反映崧泽类型这些新特征的遗存是崧泽遗址本身所包含的崧泽类型遗存、草鞋山遗址的第5—7层、张陵山遗址下层。所有这些遗存中主要是墓地遗址。经过两次长时间的发掘，崧泽遗址出土了97座墓葬。墓葬所出土的遗物中，陶器以其复杂而优雅的造型和装饰最引人注目。一些陶器上刻有符号（图164）。在草鞋山遗址的第6层中，发现了89座墓，这些墓被划分为南区和北区。墓中的随葬品清楚地表明了其社会成员的贫富差别。其贫穷者以51号墓为例，只随葬了陶片，而富裕者以96号墓和203号墓为例，随葬有两个猪下颌骨和其他的东西（96号墓）以及25件石制工具和

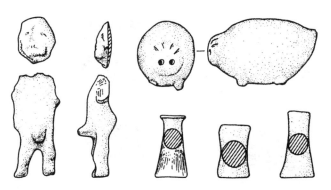

图 162　罗家角出土的各种陶塑
　　　（据《浙江省文物考古所学刊》，1981 年，图 5）

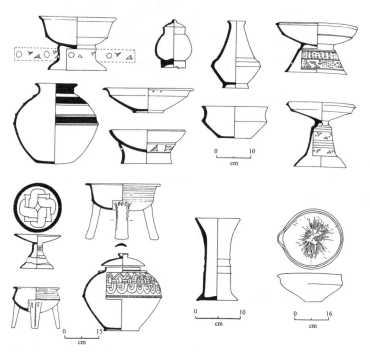

图 163　上海崧泽遗址出土的崧泽类型的陶器
　　　（据《考古学报》1980 年第 1 期）

第四章　中国南方地区新石器时代文化的发展

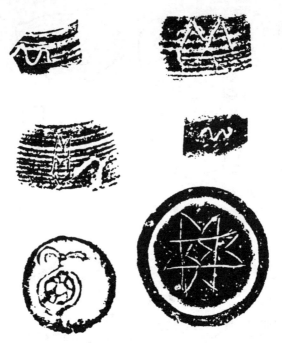

图 164　崧泽陶器上所刻之符号
（据《考古学报》1962 年第 2 期，第 7 页）

陶器（203 号墓）（图 165）。在张陵山遗址，一座崧泽类型的墓葬中发现了被用作棺材的木板遗存，该墓中也出土了数件大陶瓮（图 166）。

三　南京地区发现的与马家浜和崧泽类型并行的文化类型

在常州西北不到 100 公里处，马家浜文化最北面的一处典型遗址，位于南京的长江边。南京是先前许多历史王朝的国都。在南京一带有几处重要的新石器文化遗址。其中最著名的是

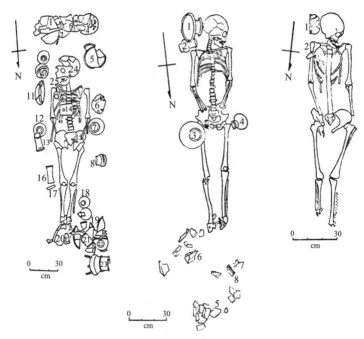

图 165　江苏吴县草鞋山的崧泽文化类型之墓葬
　　　（据《文物资料丛刊》(3)，1980年，第7—8页）

1955—1956年发掘的北阴阳营遗址，[1]在那里发现了一处居址，发掘出了烧土面、建筑材料碎块、灶坑和灰坑，不过显然其年代应被推断为青铜时代。该遗址的主要发现出自一处墓地，在这里出土了225具人骨架，未见墓坑或葬具，死者大多随葬有一些工具或器皿，大部分死者为单人直肢葬，头向朝东北。

发现于北阴阳营墓地的石制工具磨制精致，其中包括斧、锛、凿、锄、刀、纺轮和环状石斧。石斧和石刀经常被磨制成扁平状并穿孔。陶器为红陶或灰陶，分为泥质陶或夹砂陶，

---

[1]《考古学报》1958年第1期，第7—23页。

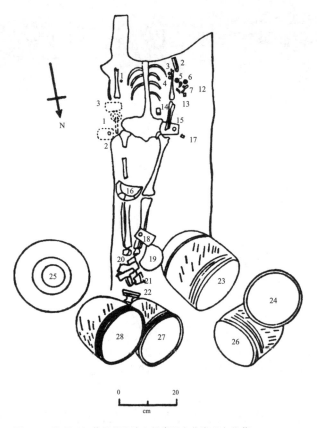

图 166　发现于江苏吴县张陵山的崧泽文化类型之墓葬
（据《文物资料丛刊》(6)，1982 年，第 26 页）

手制或轮制。器型包括扁凿足或圆柱足的罐形鼎，圈足上有镂孔的豆、三足圜底盉、圜底盆以及碗，经常可见红黑彩图案（图 167）。玛瑙和玉饰品数量多，其中包括玦、璜、管、珠和坠。鹿牙和猪下颌骨也被用于随葬。

北阴阳营陶器的诸多器型和样式、玉器和猪下颌骨的使用以及扁平石斧，清楚地表明了该遗址与马家浜文化类型的密切联系，大概与崧泽类型比与马家浜类型的关系更为密切。一些

图 167　南京北阴阳营所发现的器物
　　　（据《中国考古学会第一次年会论文集》，1980 年，第 37 页）

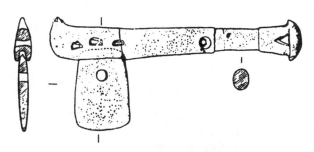

图 168　江苏海安青墩出土的一件陶制石斧模型
　　　（据《考古学报》1983 年第 2 期，第 155 页）

考古学者倾向于将该遗址置于太湖文化区范围内，[1]但其他人指出了次要的地方变异（例如多孔石刀、盉柄、大量的豆），坚持将南京和镇江地区视为一个可能存在的单独文化区的中心之所在。该地区可能包括长江一带的其他遗址。[2]这些其他遗址中的一些包括顺长江而下的江苏海安的青墩[3]以及逆长江而上的安徽潜山的薛家岗。[4]总的说来，青墩的器物与崧泽类型的非常接近，表明马家浜文化分布到了长江以北，马家浜文化和大汶口文化之间可能是以淮河为界。令人感兴趣的是，青墩遗址出土了一柄陶制斧模型（图168）。该模型很清楚地揭示了一把石斧的木柄安装方式。至于薛家岗遗存，它明显地与太湖一带诸文化类型相似。[5]

四 杭州湾南的河姆渡文化

河姆渡文化在钱塘江和杭州湾对岸，与马家浜文化相对并与之或多或少地同期（或至少在外观上较早），该文化最初是在1973年被发现的。[6]

现在，沿杭州湾南岸平原，从萧山到宁波并向外到舟山群岛（图169）已发现了大约20余处遗址。根据一长串碳十四测定的年代数据，其年代大多在公元前5000年代—前4000年代（图170）。尽管它们明显地共有许多特征，并相互

---

〔1〕《中国考古学会第三次年会论文集》，第34—41页。
〔2〕《考古》1977年第4期，第225页；《中国考古学会第一次年会论文集》，第132页；《考古》1983年第9期，第825页。
〔3〕《考古学报》1983年第2期，第147—190页。
〔4〕《考古学报》1982年第3期，第283—324页。
〔5〕《中国考古学会第三次年会论文集》，第44—49页。
〔6〕《中国考古学会第一次年会论文集》，第97—110页；《中国考古学会第三次年会论文集》，第15—20页。

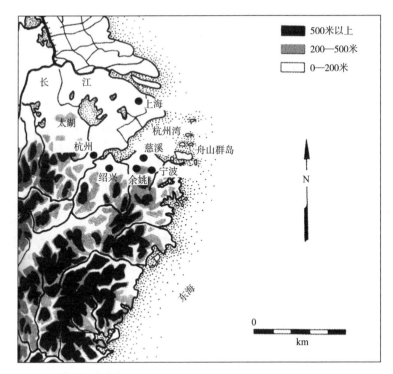

图 169 河姆渡文化诸遗址

间有着深刻的影响,但是在 2000 多年的时间里,河姆渡文化与马家浜文化明显地共存于杭州湾两岸,实际上保持了它们各自的文化特性。

在这一重要文化的诸遗址中,只有河姆渡遗址已被发掘(在 1973—1974 年和 1977—1978 年)并发表了发掘资料。该遗址在浙江北部余姚县河姆渡村。[1] 河姆渡村位于姚江所流

---

[1]《文物》1976 年第 8 期,第 6—13 页;《考古学报》1978 年第 1 期,第 39—93 页;《文物》1980 年第 5 期,第 1—15 页。

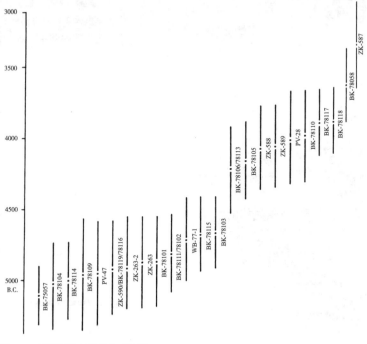

图 170　河姆渡遗址的碳十四数据

经的平原上,该遗址北面为平地,南面为姚江对岸的四明山脉。该遗址所处的平原在地表下有大面积的泥炭,表明了该史前村落四周是河流湖塘和森林。这里的陆地上、森林里和水中有着丰富的易于利用的自然资源。文化遗存约4米厚,被分成4个自然层,各层都有着丰富的同一文化遗存,这种遗存在该遗址上延续了1000余年。从第4层中发现了一处干栏式建筑村落(图171),木柱和木板出土于一个集中的区域(图172)。在同一层中,发现了大量的动物和植物遗存、陶片和食物渣滓。在该发掘区内,至少可复原3处建筑,它们

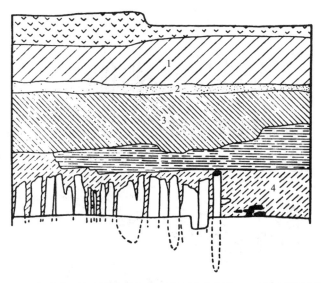

图 171　河姆渡遗址的地层剖面图。1—4 为四个文化层，3—4 层之间的为稻壳遗存，木柱插入第 4 层下
　　　　（据《考古学报》1978 年第 1 期，第 42 页）

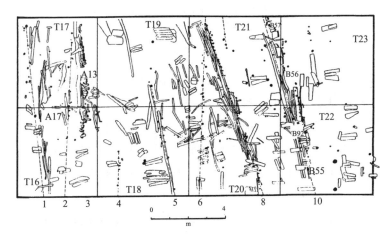

图 172　河姆渡的一处木构建筑之局部平面图
　　　　（据《考古学报》1978 年第 1 期，第 45 页）

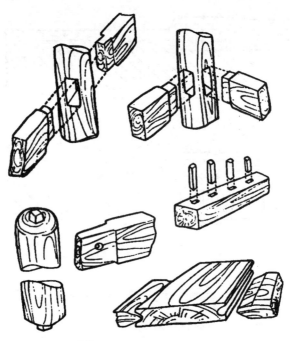

图 173　河姆渡木构件遗存中榫卯结构之主要种类
（据《考古学报》1978 年第 1 期，第 47 页）

被建于木桩上，其长度超过 23 米，深约 7 米，屋内居住面由木板构成，可能上面铺席，高于地面 0.8—1.0 米，垃圾被直接倒入居住面下，可能被倒进了池塘或河水中，房屋是沿岸修建的，其建筑木材仍保留完好，显示出了非常先进的房屋建筑木工技术（图 173）。从整个遗址的垃圾遗存中，发现了大量的动植物遗存，其中许多经过了鉴定。[1] 在植物中，水稻遗存（稻秆、稻穗和稻壳）随处可见，这些被鉴定为人工栽培稻，是籼稻；此外有葫芦、橡子、菱角、酸枣等；从树

---

[1] 《考古学报》1978 年第 1 期，第 95—106 页；《文物》1976 年第 8 期，第 20—23 页。

叶来看，能发现许多亚热带阔叶落叶林树种，从第4层出土的花粉粒和孢子也表明了当时的自然环境是比现在更温暖、更湿润的湖沼地区。根据动物骨骼而鉴定出的动物种类，也与上述自然环境特征相一致。哺乳动物有诸如猴子、羊、鹿、四不像、黄麂、犀牛、大象、虎、熊以及较小的哺乳动物，也发现了多种家禽和鸟类；两栖动物诸如龟、鳖等；各种各样的鱼大多为淡水鲤鱼类。这些动物表明了其自然环境为平原、湖泊、丘陵和山脉的过渡带[1]。在动物骨骼中，也有那些猪、狗和水牛的骨骸，它们全像是家养的。

其人工制品遗存，一方面反映出了村里人以农业、狩猎和捕鱼为生，另一方面也反映出了生活内容的某些丰富性，这表现于工艺品上。石制工具数量不多，特别是与丰富的木器和骨器相比，大多为斧和凿（图174），但也包括装饰品和一种"蝶形器"（图175）。后者由石、骨或木制成，与爱斯基摩人的"翼形器"相比较，它据信为安装于矛端的瞄准装置[2]。

该遗址所出土的用具大多为骨器，最引人注目、最有特点的器型为用哺乳动物肩胛骨制成的耜（图176）。这类耜的木柄已被发现，能使整个耜得以复原（图177）。其他的骨器包括镞、哨、凿、钻、针、刀、梭（明显为考古学上最早的实物标本）、蝶形器和装饰品（图178），也发现了大量木器，包括铲、桨、矛、杵、纺轮、锤、柄、纺织工具和木棒（图179）。一件值得特别注意的器物为红色木质漆碗，该器物出土于1977至1978年，是迄今为止中国所发现的最早漆器。河姆渡的陶器颇具特色，为黑陶、掺炭屑，

---

〔1〕《考古学报》1978年第1期，第102页。
〔2〕《考古与文物》1984年第5期，第64—69页。

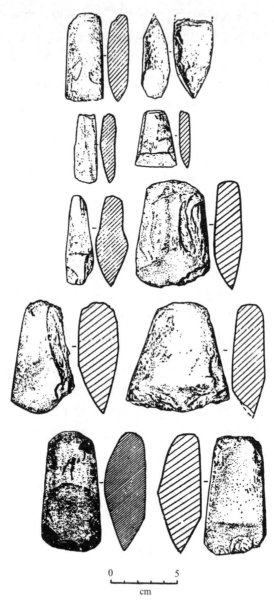

图 174　河姆渡出土的石器
（据《考古学报》1978 年第 1 期，第 52 页）

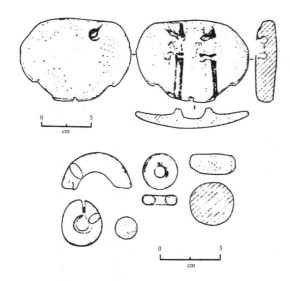

图 175　河姆渡出土的石"蝶形器"（上）和装饰品
　　　（据《考古学报》1978 年第 1 期，第 53 页）

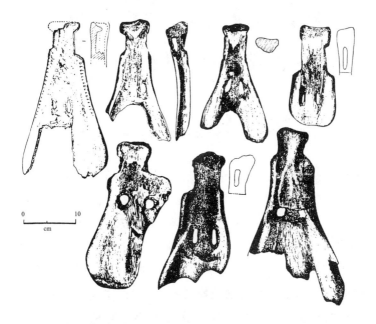

图 176　河姆渡出土的骨耜
　　　（据《考古学报》1979 年第 1 期，第 55 页）

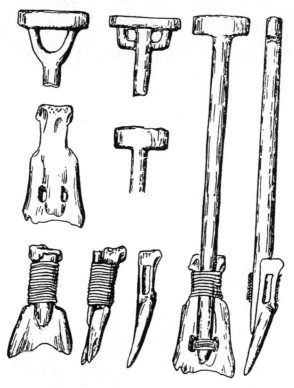

图 177　骨耜的装柄复原图
（据《中国考古学会第一次年会论文集》，1980 年，第 99 页）

陶质粗厚疏松，吸水性强，手制，陶胎中的炭屑无疑是植物的茎、叶以及稻壳的残迹。河姆渡下层陶器烧成温度据估计为 800℃—850℃；上层陶器的烧成温度为 950℃—1000℃。器表常被擦磨光滑，但绳纹和刻划纹亦常见，绳纹可能是经过裹有绳子的陶拍拍打而成。偶见用于镶饰的动物造型，刻划纹常为动植物图案（图 180）。从器型上看，最常见的是釜，有时像马家浜文化那样饰有腰沿。其他的器型为瓮、碗、浅盘、盆、器盖以及器座，常见于平底器

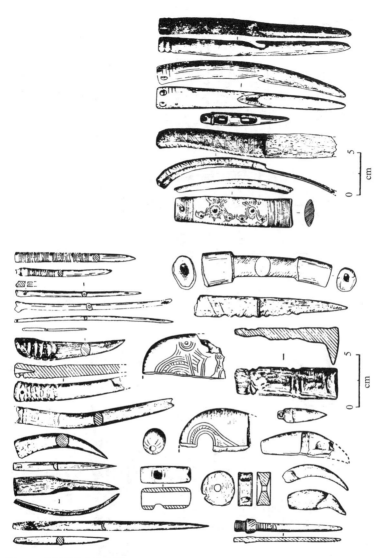

图 178　河姆渡出土的骨器
　　（据《考古学报》1978 年第 1 期，第 59、60 页）

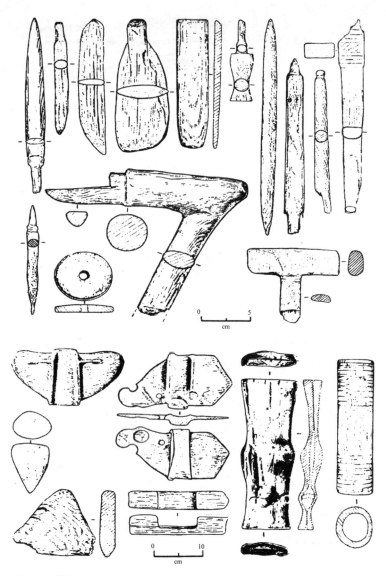

图 179　河姆渡出土的木器
（据《考古学报》1978 年第 1 期，第 61、63 页）

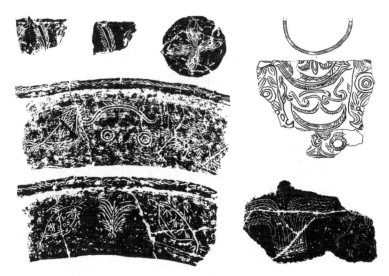

图 180　河姆渡出土的陶器上所刻的符号
（据《考古学报》1978 年第 1 期，第 64、70 页；《文物》1980 年第 5 期，第 9 页）

和圜底器，仅有少量的三足器（图 181、图 182）。陶塑也发现了，包括人、羊、狗的陶塑（图 183）。除了刻画于陶器上的动物和植物图案以外，河姆渡文化的艺术品也包括牙雕和木雕（图 184）。鸟纹或双鸟纹居多的现象值得注意。除该典型遗址之外，已发表了发掘资料的河姆渡文化遗址为数甚少[1]，这是一个长时间延续的内涵丰富的文化，其精确的空间分布范围的认定将取决于将来的发现。

五　长江中游盆地的大溪文化和屈家岭文化

华中地区的两大主要河流流经长江中游盆地，首先当然是

---

[1]《考古》1979 年第 6 期，第 560—561 页；《考古》1983 年第 1 期，第 4—9 页。

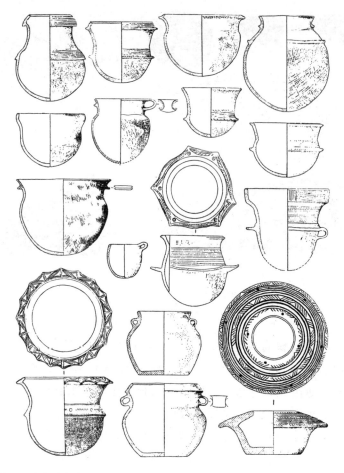

图 181 河姆渡的陶器
（据《考古学报》1978 年第 1 期，第 67 页）

长江。它蜿蜒穿过四川和湖北之间的巫山三峡，在宜昌进入湖北盆地，流入古代云梦之泽的残留湖泊；另一条河是汉水，它发源于秦岭，流经陕西、豫西南、湖北盆地的北部，在武汉市汇入长江。该盆地是另一处湖沼地区，在整个盆地的大小河流

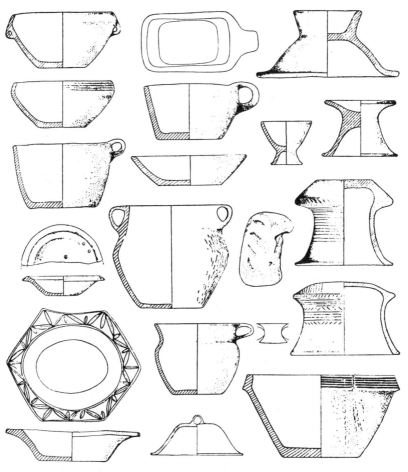

图 182　另外的河姆渡陶器
（据《考古学报》1978 年第 1 期，第 69 页）

沿岸，发现了史前稻作村落——在湖北省、四川最东端、湖南及江西的最北部（图 185）。

这一肥沃的盆地直到 50 年代才被发现为史前文化遗址的所在地。早在 1925 年底，美国自然历史博物馆的内尔斯·C.

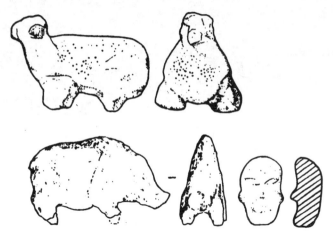

图 183　河姆渡出土的陶塑羊、猪及人
（据《考古学报》1978 年第 1 期，第 71、85 页）

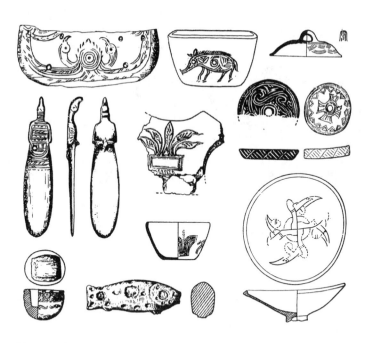

图 184　河姆渡出土的艺术品之标本
（据《文物》1980 年第 5 期，第 10 页）

纳尔逊对宜昌以西的三峡地区进行了一次初步的调查,在他所发现的遗址中即有大溪遗址。在该遗址上采集到了石器和陶片,但未进行发掘[1]。在1955—1957年,湖北京山屈家岭遗址被发掘,导致了中国考古学史上的又一个新石器时代文化——屈家岭文化的发现[2]。在50年代后期,四川最东端的巫山大溪文化遗址以及一系列沿长江峡谷的其他遗址开始被发掘[3],导致了另一个考古遗存的发现——大溪文化。随着一系列重要遗址的发掘,这些遗址经常是既有大溪文化,又有屈家岭文化层,直到70年代,这两个文化的相互关系才被弄清。这些遗址包括(从东南向西北)澧县三元宫遗址[4]、安乡划城岗[5]和汤家岗遗址[6],它们皆位于湘西北;公安王家岗遗址[7]、江陵毛家山遗址[8]、松滋桂花树遗址[9]、枝江关庙山遗址[10]、宜都红花套遗址[11]、宜昌清水滩遗址[12],它们皆位于鄂西;大溪遗址在四川最东端的巫山[13]。在这些遗址中,至少三元宫、划城岗和关庙山遗址(图186)的地层关系表明了屈家岭文化晚于(事实上是来自)大溪文化,已公布的碳十四年

---

[1] N.C.Nelson, *Natural History of Central Asia* 1(1927).
[2] 《京山屈家岭》,《中国田野考古报告集》考古学专刊丁种第十七号,北京:科学出版社,1965年;《文物参考资料》1956年第10期,第80页;《考古通讯》1956年第3期,第11—21页。
[3] 《考古》1959年第8期,第393—403页;《考古》1961年第5期,第231—236页;《文物》1961年第11期,第15—21页。
[4] 《考古学报》1979年第4期,第461—488页;《文物》1972年第2期,第31—38页。
[5] 《考古学报》1983年第4期,第427—470页。
[6] 《考古》1982年第4期,第341—354页。
[7] 《考古学报》1984年第2期,第193—220页。
[8] 《考古》1977年第3期,第158—165、209页。
[9] 《考古》1976年第3期,第187—196、160页。
[10] 《考古》1981年第4期,第289—297页;《考古》1983年第1期,第17—29页。
[11] 《考古》1965年第1期,第41—42页。
[12] 《考古与文物》1983年第2期,第1—17页。
[13] 《考古学报》1981年第4期,第461—490页。

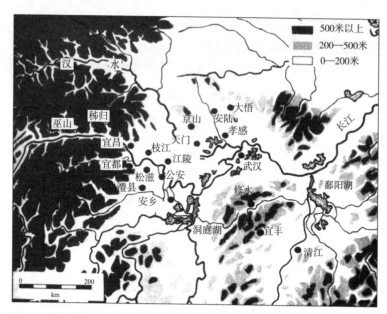

图 185　长江中游盆地所发现的大溪文化和屈家岭文化的主要遗址

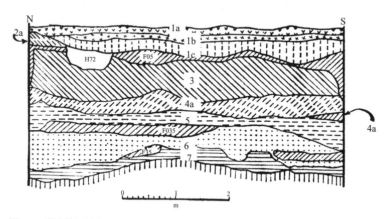

图 186　湖北枝江关庙山遗址之地层关系（1a-c. 湖北龙山文化或青龙泉文化；2. 屈家岭文化；3—7. 大溪文化）（据《考古》1983 年第 1 期，第 18 页）

代数据与这两个文化年代学序列一致（图187），热释光的年代数据也与之一致[1]。

1 大溪文化

大溪文化的考古遗存已被报道发现于整个长江中游盆地，从西面的四川巫山到东南的鄂东黄冈，从北面的江陵或者可能是京山到南面的湘北洞庭湖及澧水北岸[2]。然而，其中经过全面发掘并将发掘资料予以详尽报道的遗址并不多。我们对该文化的了解仍处于初级阶段。

大溪文化的遗址经常位于从山丘伸向河流或盆地底部的阶地上，既发现了居址，也发现了墓地。在许多遗址上发现了夹杂着竹、木棍、芦苇、烧过的稻粒和稻壳的烧土块，其可能为屋内硬土面和墙壁遗存，不过发掘出的房屋并不多。在关庙山遗址，发现了两处房基。其中的一座在该遗址的报告中被用作例子，该房基为方形，每边长约6米，其墙壁厚约30厘米，墙基深约10—30厘米。它们由混有烧土块和一些陶片的灰泥建成，外墙面涂抹着掺有稻壳和稻茎的泥，内墙面刷有黄土；然后，墙被烧烤成灰色或红色，从柱洞来看，柱子似乎是用木头或竹子制成的，门在西墙，中心位置有一处灶坑（被分为三层）。屋内硬土面涂有掺着细沙的泥（图188），除房子外，在居址区还发现了许多灰坑。在三元宫遗址，在灰坑中发现了猪骨、羊骨和牛骨。在划城岗单独发现了一处窑址，它是用烧土块建成的（图189）。大多数遗址中发现了墓葬，通常是既无墓坑，也无墓具。不同遗址的死者头向及

---

[1]《考古》1982年第4期，第416、417页。
[2]《中国考古学会第二次年会论文集》，1982年，第116页。

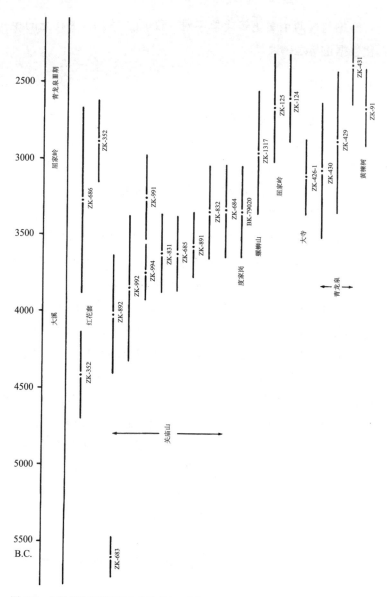

图 187 大溪文化和屈家岭文化的碳十四数据

图 188 关庙山的大溪文化遗址中的房基
（据《考古》1983 年第 1 期，第 22 页）

葬式不同，甚至在同一墓地中也不尽相同。例如在大溪遗址，发掘了 208 座墓葬，死者头向大多朝南，但也有许多朝向北或西，出现的葬式既有直肢葬，也有屈肢葬，一些为仰身葬，其余的为俯身葬，随葬品的数量亦不相同，从一件没有到 30 件以上，随葬品中大多为工具、器皿和装饰品（图 190）。其石、骨、陶器皆有大溪文化自身的风格，下面是对大溪文化的整体概述（图 191）[1]：

---

[1]《考古学报》1981 年第 4 期，第 485 页。

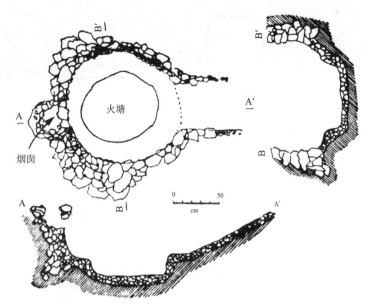

图 189 湖南安乡划城岗遗址出土的大溪文化之陶窑
（据《考古学报》1983 年第 4 期，第 430 页）

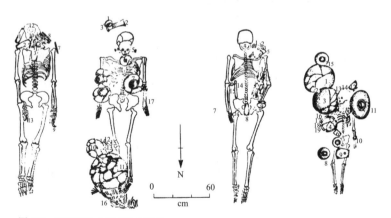

图 190 四川巫山大溪文化之墓葬
（据《考古学报》1981 年第 4 期，第 464、465 页）

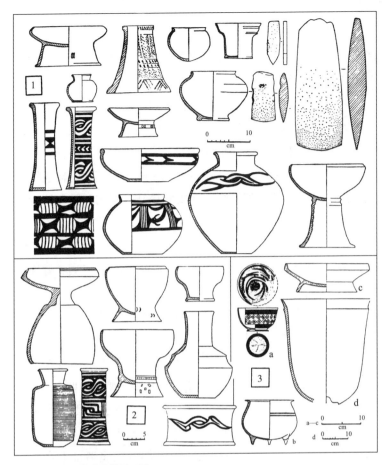

图 191　大溪文化的陶器及石斧
（据《新中国的考古发现和研究》，1981 年，图 41）

1. 工具及器具由石、骨、陶、蚌制成，石器大多磨光，器型包括斧、锛、凿、杵、镰和纺轮，穿孔采用了管钻技术。

2. 陶器大多为红陶，其次为黑陶和灰陶，以手制陶为主，但是一些陶器似乎经过慢轮修整，偶尔亦可见用快轮制作的陶器（如黑陶曲腹杯）。圈足器居多，平底器和圜底器亦有，三足器十分罕见。器型包括圈足豆、曲腹杯、钵、罐、盘、壶、瓶和盆。在这些器型中，最能代表大溪文化特征的为筒形瓶、深腹高圈足豆和曲腹杯。

陶器大多为素面。有时磨光得很精致，在少数陶器上涂有红陶衣。彩陶罕见，为红底黑彩，纹饰图案为绞索纹、平行带纹中夹横人字形、短条变形绞丝纹、变体漩涡纹和谷穗纹。少见黑陶上涂红色彩绘，这种陶器出现于晚期。其他的器表纹饰包括戳印纹、弦纹、刻划纹、堆纹和镂孔。彩陶和戳印纹皆为该文化极具特色的东西。

3. 装饰品由玉、石、骨、象牙及其他动物牙齿制成，其种类有耳饰（绿松石环、石环和玉环）、颈饰（玉环、玉璜和蚌珠）、臂环、手镯。

尽管有以上的共同特征，在大溪文化的发展过程中也出现了相当的变化。几处延续时间长且地层关系明确的遗址（例如：关庙山遗址）为我们的进一步研究提供了基本资料。在近来的一个初步结论中，何介钧把大溪文化细分为四期：

第一期以汤家岗下层为代表；第二期以关庙山第六至七层以及三元宫下层为代表；第三期以毛家山遗址、关庙山第四至五层、三元宫中层为代表；第四期以大溪遗址本身为代表。如今所发现的大溪文化第一期遗址的分布区限于洞庭湖西北岸和江汉平原西南部。在关庙山遗址可见到一些大溪文化的残余者，但第二期的遗址迄今仅被发现于三峡东面。三峡内的遗址，其年代仅能被上溯至第三期，而巫山大溪遗址甚至更晚。那么能据此推断大溪文化开始于江汉平原西南部和洞庭湖西北岸后来才向东、西、北扩展吗？由于目前所掌握资料的局限，这只能是一个不确定的假设[1]。近来关于一个新的早期

---

[1]《中国考古学会第二次年会论文集》，第119—120页。

文化发现的报道，与该假设相一致，这个新文化位于湖北的宜都、秭归及洞庭湖畔[1]。

2 屈家岭文化

当屈家岭文化最初被发现时，它集中于武汉、荆山和天门一带，即长江与汉水交汇处，70年代所进行的新发掘，揭示出在长江中游盆地西南部屈家岭文化的遗存总是位于大溪文化层之上。如今，人们通常认为这一新的文化在大溪文化的分布区内，是由大溪文化发展而来的。不过，在其晚期阶段，屈家岭文化将其分布范围向北扩展到鄂北、豫南，主要是沿汉水及其支流逆流而上[2]。

屈家岭文化继承了大溪文化的生活方式，是一种稻作文化，稻茎和稻壳被广泛发现于烧土块中，它们被已故的杰出的遗传学家丁颖鉴定为粳稻[3]。尽管鉴定并不明确，不过，一些陶塑动物形象已被鉴定为鸡和羊，狗骨和猪骨已见于出土。尽管没有丝织品的遗存告诉我们所纺的是何种织物，但是，正像大溪文化一样，这里所出土的大量陶纺轮表明了纺织业的高度发达。纺轮上常饰有彩纹或篦点纹。

已发表的资料中未见完好被发掘出的房基，但是，掺有稻茎和稻壳的烧土块亦随处可见，表明了屈家岭文化的建筑技术与大溪文化的相同。从划城岗遗址的屈家岭文化层中，发掘出了96座墓葬。墓葬大多为长方形土坑墓，随葬了陶器。18座墓用了大瓮做葬具，上面覆以盆或碗。较小器皿被置于瓮棺内

---

[1]《中国考古年鉴》，北京：文物出版社，1984年，第12—13页。
[2]《中国考古学会第二次年会论文集》，第122页；《中原文物》1983年第3期，第11—18页。
[3]《考古学报》1959年第4期，第31—34页。

外,但未见骨骸遗存。

将屈家岭文化与大溪文化区分开来的大多数典型特征存在于陶器之中。圈足器得以延续,不过,在屈家岭陶器组合中,鼎成为居主导地位的器物。许多碗为曲腹,以至于其腹壁形成一个仰折,呈双腹样式;这种样式也见于圈足豆和三足鼎,其他的典型特征包括扁腹圈足壶、薄胎近乎"蛋壳"的彩陶碗和杯以及直壁圈足杯(图192)。

六 大坌坑及相关的东南沿海文化

中国东南沿海地区以其文化面貌的不同性和复杂性而在文化发展史上富有特色。华南的大部分地区是丘陵和山地,许多长度不大的河流从这些山地丘陵间直接流入海洋。这些众多的河流彼此间被山地和丘陵分隔开,因此其中每一条与海岸相接者都形成了各自的小区域,它们之间可能主要通过海岸来进行接触和联系[1]。这些河流的各流域中很少有被考古学家系统调查过的,所以要对从舟山群岛开始直到海南岛的整个东南沿海地区范围内的公元前5000年—前3000年的史前文化进行具体分类在目前还不可能。

在近20或25年间,许多出土了特征鲜明的绳纹陶的遗址被发现于沿海的几个地区,其文化年代最适合被定位于公元前3000年代早期及其以前。在这些遗址中,我们了解较多的是位于台湾的诸遗址,尤其是台湾北部台北县的大坌坑遗址[2]。台湾的其他遗址被断断续续地发现于环岛周围。该文化

---

[1] 曾凡,《考古学报》1980年第3期。
[2] K.C. Chang et al., *Fengpitou, Tapenkeng, and the Prehistory of Taiwan*, Yale University Publications Anthropol., No.73 (1969).

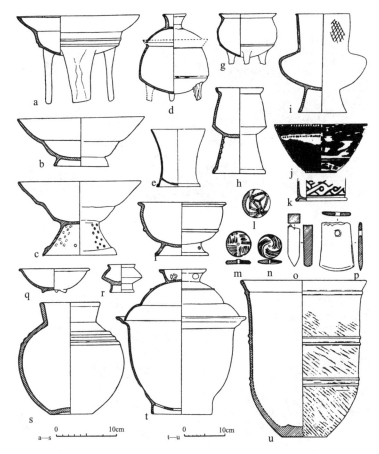

图 192　屈家岭文化的陶器和石器
　　（据《新中国的考古发现和研究》，1984 年，图 43）

的碳十四年代数据只公布了一个（距今 5480±55 年，树轮校正为公元前 4450—前 4350 年[1]）。不过，其年代可被后推得很远。该文化最明显的特点是与众不同的陶器[2]（图 193）。由

---

[1]　S.C. Huang, *Bull. Dept. Arch. Anthropol.* 35–36 (1974), 66.
[2]　K.C. Chang, *Asian Perspective* 13(1970), 62–64.

图 193　台湾大坌坑和凤鼻头遗址出土的绳纹及刻划纹陶片（国立台湾大学藏品）

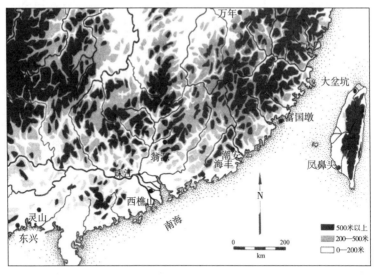

图 194　大坌坑及其相关文化的主要遗址

于陶质松软而且经常被严重侵蚀,大坌坑文化的陶片通常是破碎的夹砂厚陶片。陶色从浅米黄色至黑褐色,典型器物为大球形罐及碗,在一些罐底部附有穿孔矮圈足。口沿中度外侈,其中许多在唇下有环形凸棱。器物通体皆饰绳纹,可能是由裹绳的棍棒或拍子加上的,但口沿上从未见有绳纹。口沿表面饰有由波浪线及短平行划纹构成的刻划纹,这种纹饰也常见于器物肩的上部,是由两个(偶尔是三个)绑在一起的木棍刻画而成的。该文化的石器类型仅有少量发现,其中包括经过加工的卵石(可能被用作网坠)、剖面为长方形的磨光石锛以及由板岩制成的三角形穿孔小尖状器。尽管还没有直接证据表明该文化已有了农业,但其石器和陶器的发展状况表明了该文化已具有相当的复杂性,该文化的人们无疑以植物为主要食物来源,关于这一点我们必须通过更早的诸如第二章中研讨过的仙人洞和甑皮岩等遗址所表明的延续发展文化传统背景来观察。

　　亚洲的热带地区被学者们视为农业核心区,该地区包括从印度东南到东南亚大陆及岛屿。从台湾大坌坑文化以及更早的洞穴遗址中所发现的考古遗存已经为我们解决农业起源问题带来了曙光,也值得我们在此予以探讨。陶器上形态各异的绳纹表明高度复杂的制绳工艺的存在,制绳纤维一定来自当地丰富的植物资源。该文化的遗址濒临岸边,当地居民从水中捕鱼并捞取贝类,所发现的石网坠和木工的工具(各种样式的锛、凿)反映出该文化的居民已建造了独木舟并能进行深海捕鱼,纤维和绳索大概被用来堵缝、制鱼线以及织网。遗址中发现了石制的树皮拍打器,加工树皮可能是从野生植物获取纤维的途径之一。出土绳纹陶器的遗址所揭示的全部这些背景资料,满足了早期园艺学应具备的必要条件,

图 195　福建金门富国墩贝丘所出土的陶片（国立台湾大学藏品）

图 196　广东海丰出土的最早陶片
（据 R. Maglioni, *Archaeological Discovery in Eastern Kwangtung*, 1975, p.32）

相关的证据确切无疑地表明，该文化的居民们获取生活资料的首要途径仍是渔猎和采集，不过，出现某种形式园艺业的可能性也是非常大的。

当然，台湾并非是那些制造了颇具特点的大坌坑文化绳纹陶的先民们的唯一居住地，因为绳纹陶广泛分布于整个华南（图194）和中南半岛，在与台湾仅隔一条台湾海峡的福建，已发现的出土有非常早的陶器的遗址是金门岛上的富国墩贝丘遗址。在这里出土的陶片上又发现了刻画的直线和波浪线，不过，除了绳纹外，这些陶器上还有用贝壳与指甲留下的纹饰（图195）[1]。一系列的碳十四年代数据将该遗址的年代置于公元前5000年代。

许多早期的绳纹陶器遗址被发现于广东和广西沿海地区（见第二章）。台湾的大坌坑文化可被认为是较早的绳纹陶文化在公元前5000年代至公元前3000年代的延续。与之年代一致、性质相同的遗址已被发现于潮安[2]、海丰（图196）（这是根据我1966年在香港大学博物馆对前辈——马格利奥尼先生的收藏品进行研究而得出的结论。马格利奥尼先生对海丰出土的最早陶器类型所进行的阐释，见其《广东东部的考古发现》，香港考古学会，1975年重印）、珠江三角洲地区[3]以及广西东兴[4]。海丰遗址出土了一片有波浪线形刻划纹的口沿，它与大坌坑的口沿颇为相像，在珠江三角洲上的南海西樵山遗址，绳纹陶可上溯很远，与之相关联的石器制造业甚至可上溯得更久

---

[1] C.C.Lin, Bull. Dept. Arch. Anthropol. 33—34(1973),36—38.
[2] 《考古》1961年第11期，第577—584页。
[3] 《考古学报》1959年第4期，第1—5页；《考古学报》1960年第2期，第107—119页。
[4] 《考古》1961年第12期，第644—649、688页。

远（见第二章）。

我们在第二章中所描述的东南沿海文化具有明显的连续统一性，该文化起源于新石器时代洞穴遗址，其连续统一性虽在公元前5000—前3000年代的台湾大坌坑文化中有所表现，但无可置疑的是这不久即将被证明是错觉。该地区的文化可能最终被证明是异彩纷呈、生机勃勃的，就如同我对其他地区的表述一样，在东南沿海地区，我们根据已有的考古资料发现几个内涵清晰的新石器时代文化在考古学上已被确立于公元前3000年代的序列之中，其中第一个文化都有自身的风格特色。这些文化包括福建昙石山[1]、溪头[2]遗址，台湾西部的圆山和凤鼻头文化[3]、广东的石峡和深湾文化[4]。看起来这些文化似乎是在该地区上一千年的大坌坑及其相关文化的基础上形成的，其形成的过程，我们将在第五章中予以探讨，与之一同探讨的还有发生于每一个新石器文化区系内的相关变化。

七　西　南

西南地区发现的唯一的碳十四年代为公元前5000—前3000年的新石器时代文化遗址是桂西的陇安大龙潭遗址[5]。关于该遗

---

[1]《考古学报》1955年第10期，第53—68页；《考古》1961年第12期，第669—672页；《考古》1964年第12期，第601页；《考古》1976年第1期，第83—118页；《考古》1983年第12期，第1076—1084页。

[2]《考古》1980年第4期，第289—295页；《考古学报》1984年第4期，第459—500页。

[3] K.C.Chang, *Fengpitou ,Tapenkeng, and the Prehistory of Taiwan*, New Haven: Dept.of Anthropology,Yale University ,1969;K.C.Li,*Bull.Dept.Arch .Anthropol*.43(1983),86–116.

[4]《文物》1978年第7期，第1—14页；《文物》1978年第7期，第16—22页；W.Meacham, ed ., *Sham Wan, Lamma Island*,Hongkong Archaeol.Soc.,1978.

[5]《考古》1982年第1期，第9—17页。

址的碳十四年代数据有3个：即距今5745±105年，4615±100年以及4600±120年，经树轮校正为公元前4925—前4420年，公元前3655—前3050年以及公元前3650—前3035年[1]。该遗址仅出土了一个小陶罐，它很松软，以至于一触即碎，我们在这里就不予描述了。该遗址的出土物大多是精致磨光的扁平铲或锄，上面有柄脚或方肩。一些肩上有齿。这些铲经常在圆形、锅底形或袋形坑中都有发现。该遗址或是一个加工石铲的作坊，或是举行某种宗教仪式的场所。我们必须研究更多的遗址才能了解更多的情况，不过，大龙潭遗址的情况表明该时期西南地区正有情况发生。西南地区与小块的文化停滞区不同，后者的古老绳纹陶和卵石工具文化没有变化地延续着，而前者可能是文化发展与创新的另一个地区中心。

---

[1]《文物》1980年第2期，第84页；《考古》1982年第6期，第660页。

第五章　中国文明相互作用的范围与基础

　　上文中，我概述了迄今所能见到的中国几个区域内的有关新石器时代文化发展的资料。近十年来的考古学发展已昭示我们：在不久的将来，随着新资料的必然出现，建立于旧资料基础之上的假说注定要被推翻。但已知的各地区的史前史很清晰地喻示出两大发展趋势：第一个趋势是各地域文化在分布上适时地变得更加广泛，其彼此间的相互影响得以强化。这一趋势在公元前4000年代出现于一个地理范围内，该范围为文化间的相互作用提供了场所，为中国历史上最早的文明确定了地理舞台。第二个趋势是每一个地区的新石器时代文化面貌变得日益复杂、相异，社会分化加剧，该趋势使得这些地区建立了文明。这两种趋势可能是不相干的。在本章中，首先再追溯一下公元前4000年至前3000年各地域文化之发展，并指出关于其相互关联的基本迹象。然后，我们继续从公元前3000年代开始逐一地区地验证其向文明的过渡，这已被一系列新的考古文化所证实。它们是：山东龙山文化、豫东龙山文化、豫北龙山文化、豫西龙山文化、山西龙山文化、陕西龙山文化（客省庄二期文化）、齐家文化、良渚文化以及青龙泉三期文化（湖北龙山文化）。最后，我们简要地看一下这些文化之外的一些相关的考古资料。

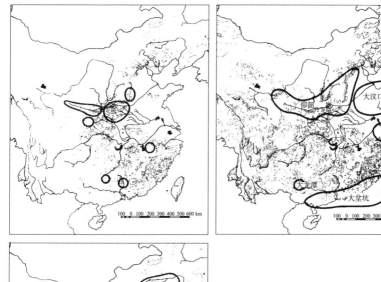

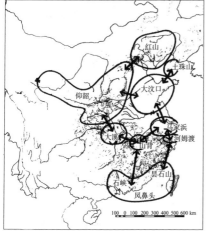

图 197 中国新石器时代地域文化的扩张——从公元前 7000 年（左）到前 5000 年（右）以及公元前 4000 年到前 3000 年（下）

1 中国境内（新石器时代）文化相互作用之范围的形成

如果我们比较一下不同时期的新石器文化及其地理分布，这几个时期分别是大约公元前 7000 年—前 6000 年，公元前 5000 年和公元前 4000 年—前 3000 年以及公元前 2000 年（划分出这些不规整的时间界线的理由不久将变得清晰），我们会发现一件有趣的事情（图 197）。

首先，有几个独立的新石器时代文化群，至于为什么这些文化群被一同讨论，这并没有什么特别的理由——它们之所以被一同探讨是因为后来发生的事情，但在公元前7000年代，人们还并不知道这些。随后，在公元前5000年代，新的文化出现了，旧的文化继续扩展。到了公元前4000年代，我们看到了一个强有力的过程之开始，该过程将持续到下一个1000年或更长的时间——即这些文化变得紧密相连，它们具有共同的考古学要素，这些要素将它们置于一个巨大的网络之中，在此网络内的这些文化，与那些游离于网络外的相比，在质的方面有着更大的相似性。此时，我们便看到这些文化之所以被一同描述，不只是因为它们位于当今中国的疆界内，而是因为它们是中国的雏形，不过以后日益增长罢了。

根据现有的考古资料，中国北方有四个在陶器最初出现后的1000年间密切相关的遗址群，南方则有一些零散的发现（大多数是在石灰岩洞穴中）。北方的遗址中已经有了粟农业的迹象，并出土了与之相关的工具——镰刀、杵、臼。陶器常以与器底相接的三条圆锥形小足为特征——这些是最早的有中国特色的陶容器：鼎。多数陶容器为素面，一些容器饰有绳纹，为数不少的陶器饰有篦纹和"之"字形压印纹。居址通常为荆笆抹泥的半地穴式建筑，该时期已常见有窖穴。与此同时，南方的洞穴，居民们开创性地制造了迥然不同的人工制品：用卵石制成的石斧和绳纹陶器，那里出土的动物骨骸及渔猎用具，有力地证明渔猎活动的存在。可能已有某种农业；水稻、根茎以及块茎植物应是主要的农作物。

到了公元前5000年代，考古文化的数量增加了，其拥有的地域扩大了。不同文化的界限变得清晰了。在先前被四个更早的新石器文化群——磁山、裴李岗、渭水和李家村所占据的区域内，现在是单一的、有着许多界限明确的地域类型的仰韶文化。这些类型中的某一些容易被看做早先的文化群在当地的延续发展，但仰韶文化的总分布区比原来的文化群整体分布区要大得多，包括从现在河北到青海的黄河中部盆地的许多地方。一种新的大汶口文化出现于山东和苏北，它是从豫东和鲁西南狭长湖沼地带的仰韶文化中分离出来的，大汶口文化可能是北辛类型发展而来的。北辛文化似乎是磁山和裴李岗文化通过豫东和鲁西南之间的湖沼地带在山东延伸而成的滩头堡。再向北，到辽河下游，新发现了新乐文化，其特点是平底篦纹陶器，尽管在篦纹和"之"字形压印纹方面，新乐文化可能被认为与早先的河北磁山文化类同，但新乐文化的特点还是表明了它与东北亚文化的姻亲关系。仰韶文化、大汶口文化和新乐文化全都是粟农业文化。尽管它们彼此间可能存在着类同性，但这是三个各有特色的文化。

　　在中国南方，考古资料又显示出该区域内存在着几个独特的地域文化，在该时期，其全都是稻米种植文化。在长江下游和太湖一带是以红陶为特色的马家浜文化，在其南面，越过杭州湾，是以黑陶为特色的河姆渡文化。沿长江逆流而上，一个非常早的新石器时代文化近来已被发现于长江中游盆地，它就是约公元前5000年的大溪文化。再向南，沿东南沿海地区，那一带散布着以绳纹或篦纹陶为特征的遗址，其可能是从已知更早的仙人洞和甑皮岩的石灰岩洞穴堆积的基础上延续发展而来，但这些遗址分布得太稀疏以至于我们没有任何把握对其予以分类。仅有的那些经过完全的科学发掘的遗址是台湾大坌坑文化诸遗址，通过将来的探讨，该文化的实际年代有可能被上推至与仙人洞和甑皮岩遗存年代相当的更早的时期。该时期的绳纹陶文化可能是中国南方所有的稻米种植文化的祖先。尽管大溪文化的绳纹陶较少,但大坌坑文化、河姆渡文化和早期的马家浜文化都有绳纹陶。然而,到了公元前5000年代,该地区的文化又变得各具特色了。有确切无疑的迹象表明,大约在公元前4000年代,无论南方和北方,这些有特色的文化都开始了一个进程。在该进程中,文化间的联系得以加强,其时间在北方为随后的1000年,而在南方则为随后的1500年至2000年。这些地域文化向外扩展,彼此间确确实实地进行接触,在文化上相互作用,并从实质上表现出相互作用日趋加剧的迹象,这种得以证明的相互作用颇为重要,这个相互作用的过程无疑开始于此前的几千年,但到了公元前4000年代,其在考古资料中的表现形式变得清晰而鲜明,这些现象可以被说成是两个部分:一部分见于中国北方文化中,另一部分则在南北方文化中兼备。

在中国北方,仰韶文化、大汶口文化、红山文化和土珠山(位于长山列岛)文化之间的相互关系日趋发展。到公元前4000年左右,黄河下游冲积扇已基本形成,随着其边缘地带地面豁缝逐渐缩小直至最后消失,仰韶文化和大汶口文化之间的陆路交往就必然便利了。据报道,纯粹的大汶口文化的陶器组合已被发现于河南的几个地点,最西到了偃师,典型的大汶口文化陶器(诸如背壶、袋足鬹、大镂孔座豆和高柄杯)见于仰韶文化豫西类型的遗存中。[1]仰韶文化对大汶口文化的影响,特别是在彩陶方面,也是显而易见的。就陶器、石器、骨器而言,在仰韶文化和大汶口文化中,器型相同者甚多,二者之间相互交流和影响是不可否认的。红山文化和土珠山文化,前者位于辽河的上、中游和大凌河流域,后者在辽东半岛的顶

---

〔1〕《考古》1981年第3期,第261—265页。

端，二者无疑属同一文化体系，都具有北方新石器时代文化的特点：细石器以及篦纹、平底陶器。

正如山东蓬莱以北的长岛县北庄遗址的考古学遗存所表明的那样，大汶口文化和土珠山文化通过位于山东半岛和辽东半岛之间链条般的岛屿群而相互接触。在北庄遗址中，篦纹陶器和大汶口文化的器型共存。[1] 至于红山文化和仰韶文化彼此之间在冀北和北京地区的实际接触，我们在本书前文已予以讨论。当红山文化最初被发现时，中国考古学尚处于早期阶段。由于其黑色装饰图案是被涂于红陶上的，考古学家们匆匆做出结论，认为它是仰韶文化在北方的一个分支。现在，基于大量的与其文化性质相关的更有说服力的资料，大多数考古学家认为红山文化是一个在辽河流域发展起来的土著文化，其基础可能是新乐文化，但在其发展过程中，它受到了包括仰韶文化在内的其他文化的影响。[2] 出土于红山文化的一些器物说明了这一点，其红顶钵和平行线纹图案以及平行线三角纹图案与后冈类型的相似；其有装饰图案的圆腹瓮与半坡类型的相似。[3]

考古学上，中国北方的大汶口文化与长江流域、东部沿海地区文化之间相互联系的事实构成了"龙山化时期"，该文化期在公元前4000年代中期开始于北方和长江流域，沿东部沿海一直发展到了台湾和珠江三角洲地区。其一直延续到公元前3000年代中期。1959年，"龙山化时期"这个概念被首次提出，以解释在一个连续的时间范畴内，中国整个东部沿海地区在陶器和石器的种类、样式上的许多相似之处，作为一个使空间一

---

[1]《史前研究》1983年第1期，第114—130页。
[2]《中国考古学会第一次年会论文集》，第78—79页。
[3]《新中国的考古发现和研究》，第175页。

体化的新概念,它横贯了许多地区的文化发展序列。[1]为了解释"龙山化时期"遗存的迅速而广泛的扩张,原先曾认为有理由将其看做是一个单一的文化核心区扩张的结果,该核心区即是中国北方中部平原,正是在那里,汾河和渭水汇入了黄河。该假说的基础是中国北方的中部平原地区存在着一个完整的新石器时代文化发展序列,而在东部及东南沿海地区缺少这样一个序列,那里的相似的文化被假定起源于中部平原地区。现今,该假说的基础不复存在了,因为,已有好几个地区被证实存在着完整的或近于完整的新石器时代文化发展序列。因此,"龙山文化的扩张"这一用来笼统地解释"龙山化时期"的概念必须被摒弃。然而,这并非意味着丢弃"龙山化时期"的概念。我们千万不能在泼洗澡水时将澡盆中的婴儿也扔掉,因为这"婴儿"——"龙山化时期"是真实存在的。

追寻着史前文化相互作用的线索,往复于几个地域的文化之间,让我们从大汶口文化起程吧。我们从沿海平原向下,进入马家浜文化分布区。由此我们面临着可供选择的两个行进方向:向南,跨过杭州湾,来到河姆渡文化分布区,进而,进入东南沿海地区,在那里,我们会遇到福建的昙石山文化和溪头文化以及台湾的凤鼻头文化。或者,我们也可以从马家浜文化分布区向西,沿长江逆流而上。首先,在安徽,我们会遇到薛家冈文化,然后在江西,我们会遇到跑马岭文化(或被称为山背文化)。从这里,我们可以再沿长江上溯,我们将遇到湖北大溪文化和屈家岭文化,或者我们可以沿赣江上溯向南到粤北及石峡文化分布区。上述所有这些地区已被发现的文化及遗址

---

[1] K. C. Chang, *Harvard J.Asiatic Studies* 20(1959), 100—149;《中研院历史语言研究所集刊》,第30期,1959年,第259—309页。

并非都是同时代的，但它们都有着相似的文化传统，而且，它们中的大多数在考古学上仍处于隐蔽状态。一般说来，在年代学上有一种倾向性的观点，主张北方文化偏早（公元前4000年），而南方文化较晚（公元前3000年代早期），但这应是一种建立于不完整资料基础之上的错觉，无论如何，所有地区的文化在年代上至少是部分重合的。

如果我们想象沿长江及东部沿海，进行一次穿梭于各考古区域间的旅行，我们将会从所遇到的各部族物质文化中看到许多相似之处。尽管磨光石斧、石锛、石刀以及许多骨、角、蚌器的常见类型存在于所有类似的文化中，但在该区域内却几乎达到了通用的程度。况且，其惊人的相似性——在考古学意义上被用来划分文化圈，既被发现于陶器的造型上，也被发现于陶器的装饰上，其中，最有说服力的是我所称的龙山文化的典型器型：高或矮圈足镂孔座豆以及用作炊具的三足鼎（图198）。

这些器型都流行于龙山文化遗址中，还有其他的相似之处，其中一些是较笼统的，不过其余的则是较具体的。彭适凡在近来发表的一篇关于山背文化的论文中[1]试图证明江西文化总体上位于赣江流域，作为一个文化间相互作用的枢纽，东连长江下游，西连长江中游，南接广东。他制出了一张陶器器型对比图，其中包括了我们所涉及的纵横范围内的部分陶器器型（图199）。

尽管他所比较的文化之年代均在公元前3000年代，但其所揭示的陶器群特征则是长时间延续的。因而可以相信，大约从公元前4000年开始，包括南北方在内，几个土生土长的有着独

---

[1]《考古》1982年第1期，第44页。

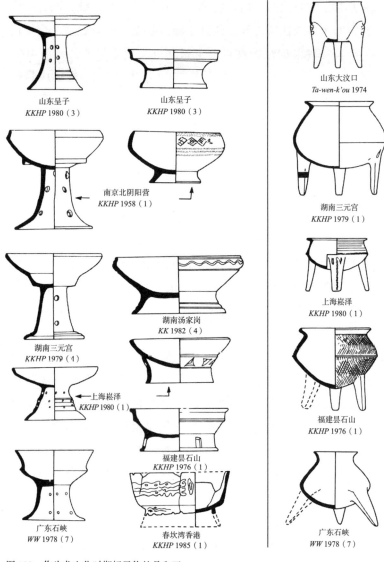

图 198　作为龙山化时期标示物的鼎和豆

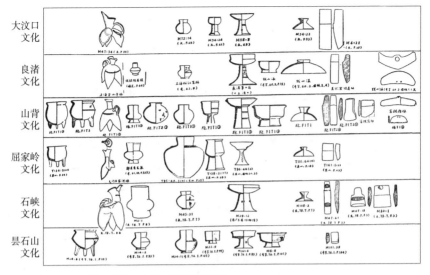

图 199　各区域出土的龙山化时期重要标示物
（彭适凡，《考古》1982 年第 1 期，44 页）

自风格的地域文化，在一个较大的相互作用的范围内变成了相互关联的文化。"相互作用范围"的概念是从约瑟夫·R. 考德威尔那里借用来的，他在讨论北美东部霍皮沃林文化遗存时，不得不把握其两个突出特征：广泛分布的霍皮沃林文化遗存在其世俗的日常家庭生活方面有着显著的地域差异；有趣的是，在其广阔的分布空间范围内，其丧葬方式及随葬品有着极度的相似性。在创造"相互作用范围"这个新词时，考德威尔主要是指不同地域间在丧葬礼仪及宗教方面的相互交流。[1] 但他至少通过其相互联系弄清了相互作用范围的基础可被建立于其他种类的跨地区活动上。中国文化相互作用的空间范围似乎包含了大得多的范围内的活动。我们所能借用的用以描述我们所面临

---

[1] "Interaction Spheres in Prehistory", in *Hopewellian Studies*, J.R.Caldwell and R.L.Hall, eds, Illinois State Museum Scientific Papers 12(1964), No, 6, pp.135–143.

的情况的另一个概念是"地域矛盾",这一概念是被温德尔·C.贝尔特用于秘鲁的,它是一个"文化史上的综合单位……作为其组成部分的诸文化已经过了一段时期的相互联系"。[1]我宁愿选用考德威尔的术语,因为它更符合实际情况,更能自圆其说。

我们如何命名其相互作用范围呢?它在公元前4000年代开始形成,范围是北起辽河流域,南到珠江三角洲和台湾,东起东部沿海地区,西到甘肃、青海和四川。我们可以挑选一个中性的称呼,称其为X号相互作用空间,或者如同我们所做的那样,将其称为中国文化或原始中国文化相互作用范围,这是因为其史前文化空间范围形成了中国历史的空前核心,也因为所有的地域文化在形成被秦汉王朝所统一的中国历史文明的过程中肯定发挥了作用。

现在该是对"Chinese"一词做出慎重注释的时候了。在英语中,"Chinese"一词既有文化地理方面的含义,也有语言学方面的含义。在语言学的含义方面"Chinese"仅是指中国人中的汉族人所讲的语言,即汉语。就词义的解释而言,人们可以就用该词去形容史前文化的相互作用范围的做法提出质疑,因为中国汉语及讲汉语的人完全可能是地域现象,而不是整体现象。在这里,我用该词从文化地理的角度去形容相互作用的范围。在欧洲也有相似的例子,我们可以有目的地想,要在欧洲考古学中提出一个"欧洲文化相互作用范围",说印欧语系语言的人的文化只是其中的一部分。这儿不会有何模糊之处,因为我们有了两个不同的术语。我联想到中国的情况亦有与此相似之处:Chinese一词是文化地理方面的说明性略语,而

---

[1] "The Peruvian Co-tradition", in *A Reappraisal of Peruvian Archaeology*, W. C. Bennett, ed., Memoirs, Soc. Am. Archaeol, 1948, p. 1.

Han Chinese 一词是语言学方面的说明性略语。

2 龙山及其相关文化——迈向文明的门槛

位于一个相互作用的范围内的地域及土著文化，表明了彼此间的相似性，这来自于彼此间的相互作用。考古学家们系统地阐述了"文化期"或"文化期风格"，以表示如此相似的特征。一个相互作用的范围亦可在各自地区内部发挥作用。一个地区文化所经受的与其他地区文化之间的相互作用，关系到其自身内部的发展。这样一来，在公元前 4000 年代，中国文化相互作用范围的形成以及各区域组成部分内部向文明的转化是同一发展过程中的两个方面。

就描述中国史前新石器时代文化而言，我已对其资料按文化及其类型进行了整理。[1] 这诸多的范畴是构筑世界上任何一个地区的文化史的建筑块料，并能使我们用简练的语言来介绍考古学遗存。不过，在讨论文化间的相互作用及其社会后果前，我必须用几句话来阐明具体的单位，正是在这些单位中相互作用才得以进行。

对人类文明史及史前史进行考古调查的途径之一是根据地域公社来考虑这些人，这些地域公社一般可被视为与考古学上的个体村落遗址相一致。这在新石器时代考古学中特别符合实际，在新石器时代考古所涉及的人类历史阶段中，自给自足的公社是基本的生活单位。姜寨遗址或半坡遗址，被认为是属于黄河中游仰韶文化的，诸如此类的遗址可被视为这样一个公社的废墟。我们也可以出于不同的目的，根据不

---

[1] 关于美国考古学界对文化及其类型的一般定义，请看 G. R. Willey and P. Phillips, *Method and Theory in American Archaeology*, Chicago: University of Chicago Press, 1956。

同的标准，把公社归类到一起，以形成不同种类的更大的分类单位。在一种分类方法下，一个单独的公社可被归入一个较大的单位，但在另一种分类方法下，它亦可被归入另一个较大的单位中。一些标准及随之而来的分类单位，包括生态、耕作、婚姻、政治、军事、宗教及文化风格等诸方面。仅仅当居民群被根据其文化风格标准而分类时，它们才被归类为文化及类型。这是被用来描述考古资料的最通常的标准，因为，考古资料（造型及装饰）的性质使其适宜于这种划分[1]。所以，一个相互作用范围，并非是指作为行为单位的文化间的相互作用。实际上，它是指居民群之间的在不同水平之上的相互作用（接触、信息和物资交流以及矛盾冲突）。我们设想那些处于同一类型之中的居民群与那些处于不同类型中的居民群相比，前者处于更强烈、更频繁的相互作用之中；那些处于同一文化之中的居民群与那些处于不同文化之中的居民群相比，其相互作用更经常、更强烈。我们用类型或文化风格上的相似程度作为其交往强度或频度的标志（图200）。外部相互作用的增加与内部复杂性的加剧必定是密切相关的。近来，研究早期国家形成的学者们一再指出，多极网络是个体成员转化为国家的先决条件。芭芭拉·普赖斯在分析墨西哥中部的早期国家时提出了一种"相互作用群模式"，"其中，相似的因果过程在发挥作用以便在每一个成员中产生相似的、并行的或集中的结果：因此在其适应过程中有一个基本的相似性。该相似性之所以能得以增进是由于事实上相互作用群的成员之间处于固定的、至少是偶尔的相互作用之中。这样

---

[1] 关于遗址和遗物的考古学分类的基本原则，请看 K. C. Chang, *Rethinking Archaeology*, New York: Random House, 1967。

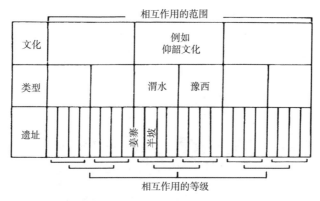

图 200　中国范围内文化相互作用的等级单位

的相互作用采取两种基本形式——交流和竞争（战争），其传播发明创造，加速了文化的整个发展过程"[1]。亨利·赖特从总体上研究了国家的形成，但其细节性的东西主要来自近东，他指出，首领统治下的成分复杂的居民"可能生活于其被给予的孤立的地区，但直到其被纳入更大的体系之中时，他们似乎才迈进文明的门槛"[2]。正如我就中国古代夏、商、周三代文明的崛起所指出的那样，"夏、商、周三代或较多的发展水平相当的国家政权之间的经济上的相互作用关系，将使中国北部和中部范围的原料及产品的某种程度的流通得以实现，而这种流通在单一的国家政权内部或一个国家政权与较多的原始部落之间是不可能实现的。这样的商品流通对于各个相互作用的国家政权内部的财富集中及剩余产品的生产会起到促进作用。此外，外部的强烈威胁会有助于促进内部的一体化，或者至少这样的主张在整个人类历史上一直是一种令人惬意的政治手段"[3]。

---

[1] "Shifts in Production and Organization: A Cluster-Interaction Model", *Current Anthropol* 18 (1977), 210.
[2] "Recent Researches on the Origin of the State", *Annual Review in Anthropol* 6 (1977), 382.
[3] K. C. Chang, *Shang Civilization*, New Haven: Yale University Press, 1980, pp.366-367.

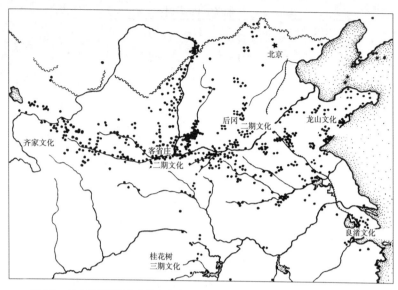

图 201　龙山及其相关文化的考古遗址
（据严文明，《文物》1981 年第 6 期，第 42 页）

很明显，公元前 4000 年代，根据中国文化相互作用范围的形成，中国文化还没有进入国家的形态。但相似的内外相互作用的机械论亦一定起作用于早先的网络中，这是由于在随后的 1000 年左右，我们在相互作用范围内的每个地区内部，看见了一个相似的文化和社会变化过程，到了公元前 3000 年代末，其正向着一个充分复杂及等级化的社会发展并使之成为文明的标志。这里我们概要地看看被选定区域内的文化发展序列，这些区域内的考古资料是我们已知晓的：（1）山东，在该地区，大汶口文化让位于龙山文化；（2）长江下游，该地区为良渚文化分布区，该文化自马家浜文化发展而来并取代了原先的马家浜文化；（3）黄河中游，该地区为仰韶文化分布区，其不同的地域类型通过一个中间类型——庙底沟二期类型发展成为几个地区的龙山文化（河南、陕西、山西）；（4）甘肃，该时期这里出现的是齐家文化；（5）最后，分布于长江中游的青龙泉三期文化（图 201）。正如严文明所指出的那样[1]，这些龙山及其相关文化在许多方面相似，而且它们都出现在近于相同的时间内。这些事实足以表明，龙山文化体系的发展过程是相互关联的。以下是这些龙山及其相关文化中每位成员的核心部分。

一 山东龙山文化

此处，我们在提及 1930—1931 年的导致了对龙山文化的首次阐述的城子崖遗址的发掘时，要联系到山东龙山文化的发现。另一个重要的龙山文化遗址，于 1936 年被发掘于鲁东南沿海的日照两城镇，该遗址出土了比城子崖遗址更精致的黑陶器物组合。[2] 梁思永在参加第六届太平洋学术会议之前，宣读了对龙山文化考古资料综合研究的论文，他将当时已知的龙山文化遗址归类为三种类型：山东沿海类型（以两城镇遗址为代表）、豫北类型和杭州湾类型。在其分类中，城子崖被认为是处于两城镇和豫北龙山文化之间的中介体。[3] 随着 1959 年大汶口遗址的发掘，关于山东龙山文化的研究变得集中于其与新发现的大汶口文化的关系上。与此同时，随着在 20 世纪 60—70 年代许多新的龙山文化遗址（其中包括许多既存在龙山文化遗存，又存在大汶口文化遗存的遗址）的被发现与发掘——诸如茌平尚

---

〔1〕 《文物》1981 年第 6 期，第 41—48 页。
〔2〕 两城镇报告以手稿的形式存于台北中研院历史语言研究所的档案中，其简要内容见于梁思永，《龙山文化》，《第六届太平洋学术会议会刊》（第 4 册），1939 年，第 69—79 页以及尹达，《中国新石器时代》，北京：生活·读书·新知三联书店，1955 年。
〔3〕 梁思永，《龙山文化》，《第六届太平洋学术会议会刊》（第 4 册），1939 年。

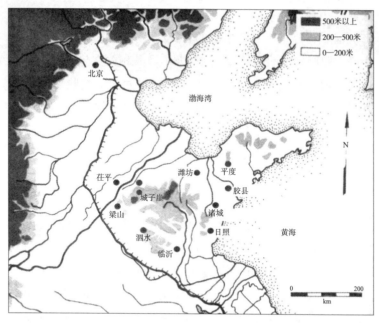

图 202　山东龙山文化的主要遗址

庄、[1] 梁山青堌堆、[2] 泗水尹家城、[3] 潍坊姚官庄、[4] 平度岳石村、[5] 胶县三里河、[6] 诸城呈子、[7] 日照东海峪[8]（图 202），现在我们对山东龙山文化的一般特点及其内部类型划分的了解，要比过去多得多。地层学资料及放射性碳测定年代（图 203）

---

[1]《文物》1978 年第 4 期，第 35—45 页。
[2]《考古》1962 年第 1 期，第 28—30 页。
[3]《考古》1980 年第 1 期，第 11—17 页。
[4]《考古》1963 年第 7 期，第 347—350 页；《文物资料丛刊》(5)，1981 年，第 1—83 页。
[5]《考古》1962 年第 10 期，第 509—518 页。
[6]《考古》1977 年第 4 期，第 262—267 页。
[7]《考古学报》1980 年第 3 期，第 329—384 页（其通过我与潍坊博物馆的杜在忠的个人通信而得以补充）。
[8]《考古》1976 年第 6 期，第 377—382 页。

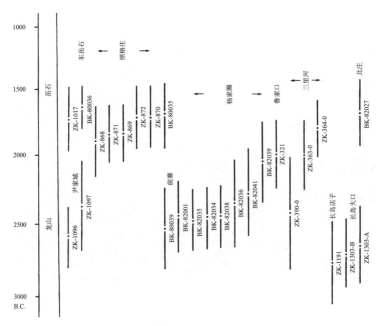

图 203　山东龙山文化的碳十四数据

已为相关的年代学问题提供了鉴定手段。

不过，经过彻底发掘的遗址还是寥寥无几。尽管一个初步的报告叙述了近来关于龙山文化城墙的另一个发现，[1]但是最早发现的城子崖遗址，仍是迄今所仅见的建有坚硬的夯筑围墙的山东龙山文化遗址。城子崖的围墙为长方形，南北长450米，东西宽390米，其建成是通过采用所谓的夯筑技术：

首先，在地面挖出1条宽13.8米、深1.5米的圜底基槽，然后，劳动者们用生黄土将基槽一层层地填塞满，形成坚实的墙基……在被使用的生黄土中，掺有"干姜石"以增强其

---

[1] K. M. Starr, trans. *Ch'eng-tzu-yai*. Yale University Publications in Anthropology, No.52(1956), pp. 62–68.

图 204　山东城子崖遗址的夯土城墙
　　　（据李济等人著《城子崖》，1934 年，图版 5∶2）

黏合力。其所形成的土层厚度很有规律，厚度在 0.12 至 0.14 米之间，土层均匀，次序清晰。如果一个人被推入填土中，他会看到被保存于土层之间的夯筑痕迹，小的圆形凹体，其直径大小不一，在 3.0 至 4.0 厘米之间，然后，墙的主体被建于地基之上，其土层厚度大约亦在 0.12 至 0.14 米之间徘徊，每向上升高一层，墙面向内收缩 3 厘米，这形成了墙面的内倾度。[1]

　　原先的墙（图 204）在很久以前已经坍塌了，但发掘者估计，墙顶部的平均宽度为 9 米，墙原先的高度可能大约为 6

---

[1] K. M. Starr, trans. *Ch'eng-tzu-yai*. Yale University Publications in Anthropology, No.52 (1956), pp. 62–68.

米,这是我们在探索中国史前史过程中所遇到的第一座这种规模的城墙,这巨大的城墙至少暗示了龙山文化面貌上的两个新特征:最早的需要耗费巨大劳动力的公共性质的建筑以及最早的用于史前村落防御的围墙。当我们继续描述山东(或其他地方的)龙山文化的其他遗址时,我们发现了一个在发展水平上与上述观察意见相一致的社会。

在村落遗址中,通常有房屋基址、窖穴和墓地。一些房屋还是半地穴式,以那些被发现于呈子遗址的房屋基址为例,其直径约为4.5—5米,但在其他遗址,诸如东海峪,房屋为方形,每边长为6米,房屋坐落于30厘米高的低台上,构成该低台的为一层层既薄又硬的土层(图205)。

在揭示其新的社会等级秩序方面,墓地对我们特别有启发性。在墓地中,大汶口文化晚期墓葬,在随葬品方面差异悬殊的趋势得以强化。1976—1977年,呈子遗址的龙山文化层,出土了87座墓葬(图207)。这些墓皆为长方形土圹单人葬。

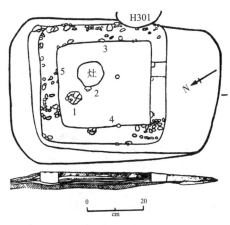

图205 山东日照东海峪遗址的龙山文化房基
(据《考古》1976年第6期,第382页)

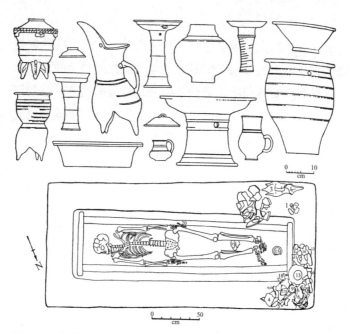

图 206 山东诸城呈子遗址的龙山文化墓葬（32 号墓）
（据《考古学报》1980 年第 3 期，第 351 页）

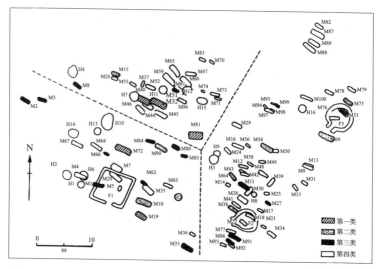

图 207 呈子遗址龙山文化墓地的平面图
（据《考古学报》1980 年第 3 期，第 332 页）

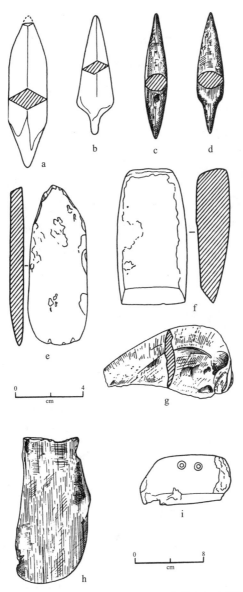

图 208 呈子遗址所出土的石器（a-f, h）、蚌器（g）和骨器（i）
（据《考古学报》1980 年第 3 期，第 371、373 页）

其中，11座有熟土二层台，这些墓中的大多数又随葬了陶器、装饰品或猪下颌骨（图206）。依据墓葬的构筑样式和随葬品之数目，这些墓葬被分为四个等级：（1）大型墓，有二层台，木质葬具和诸多随葬品，其中总是包括有薄胎高柄杯和猪下颌骨；（2）中型墓，有二层台，其中一些有木质葬具，随葬品数量较多，有时有薄胎高柄杯和猪下颌骨；（3）小型墓，没有二层台或木质葬具，随葬品很少；（4）极狭窄的墓，勉强容纳尸骨，无随葬品，无木质葬具。总共仅有5座第一等级墓，11座第二等级墓，17座第三等级墓，54座第四等级墓。值得注意的是墓葬在墓地上被分为界限分明的三组，但每组都有四个等级的墓葬（图207），这是中国古代社会埋葬方式与家族分化相联系的最早例证，这种情况以后便常见了。龙山文化的工具仍

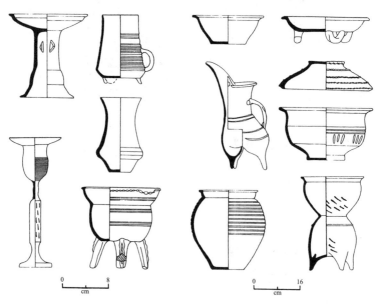

图209　呈子遗址的陶器器型
　　　（据《考古学报》1980年第3期，第360—367页）

图 210　三里河出土的黑陶器
　　（据《考古》1977 年第 4 期，图版 12）

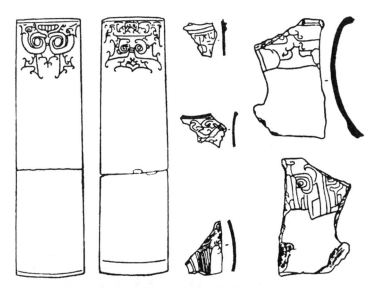

图 211　日照两城镇遗址出土的玉钺及陶器上所刻的纹饰
　　（据《文物》1979 年第 2 期，第 62 页）

为石、骨、蚌器（图208）。引人注目的是，就我们所推测，此时农业生产已达到很高水平，而在这些工具中，矛头和箭头的数量却异乎寻常地多。在呈子遗址，116件石器中，有28件为箭头；在53件骨器中，29件为箭头。在姚官庄遗址，在所得到的194件石器中，有64件为箭头，7件为矛头；在50件骨角器中，有23件为角镞，这强有力地表明，弓和箭（包括矛）不仅是狩猎工具，而且也是武器。用作防御目的的围墙的存在，是用来防备敌人的。在三里河遗址，出土了两件金属锥，这两件锥已被证明是铜锌合金，并含有一些铅和锡，[1] 它们是发现于山东的最早的铜合金。与大汶口和仰韶文化相比，龙山文化陶器中，黑陶、灰陶占优势，有少量的红陶、褐陶和白陶。其陶器为轮制，火候高，陶器常为素面，但诸如弦纹、划纹、附加堆纹以及镂孔亦司空见惯。其器型包括鼎、甗、鬶、圈足豆、单把杯以及盖形容器（图209）。

龙山文化陶器中，引人注目的是，黑、光、亮的薄胎杯、盒和瓮（图210），它们可被推测为宗教仪式用品。另外，常见的龙山文化宗教仪式用品为卜骨——烧灼鹿或其他哺乳动物的肩胛骨以产生裂纹（来判断吉凶祸福）。蛋壳黑陶、占卜以及玉斧和黑陶上的兽面纹装饰，都表明了一种处于前所未有水平之上的宗教仪式活动（图211）。刻划纹的动物主题以及偶见的陶塑艺术品（图212），仅仅暗示了龙山文化艺匠们的活动，他们无疑也利用过了其他的易腐烂的工艺质料。[2]

---

[1]《考古》1977年第4期，第267页；《文物》1981年第6期，第47页。
[2] 关于对龙山文化的一般性研究，请见梁思永，《龙山文化》，《第六届太平洋学术会议会刊》第4册；严文明，《文物》1981年第6期，第41—48页；黎家芳、高广仁，《文物》1979年第11期，第56—62页以及《考古学报》1984年第1期，第1—21页。

图 212 潍坊姚官庄出土的陶塑人物及鸟的造型
（据《文物资料丛刊》第 5 辑，1981 年，第 34 页）

二 良渚文化

该文化最早在 20 世纪 30 年代中期被发现于杭州良渚[1]和湖州钱山漾[2]，现在通过地层学和放射性碳测定年代（图 213），良渚文化已被完全确立了，它晚于马家浜文化，是同一区域内的马家浜文化的发展，除了良渚[3]和钱山漾[4]，浙江嘉兴的雀幕桥[5]，上海的马桥[6]和福泉山，[7]该文化的主要遗址包括

---

[1]《杭县良渚镇之石器与黑陶》，吴越历史地理研究会，1937 年；《良渚》，西湖博物馆，1938 年；《中国杂志》1939 年第 31 期，第 262—266 页
[2]《吴越文化论丛》，北京：中华书局，1937 年，第 217—232 页。
[3]《文物参考资料》1956 年第 2 期，第 25—28 页；《文物参考资料》1956 年第 3 期，第 84 页
[4]《考古学报》1960 年第 2 期，第 73—91 页；《考古》1980 年第 4 期，第 353—358、360 页。
[5]《考古》1974 年第 4 期，第 249—250 页。
[6]《考古学报》1978 年第 1 期，第 109—136 页。
[7]《文物》1984 年第 2 期，第 1—5 页。

吴县的张陵山[1]和草鞋山,[2]苏州的越城[3]和常州的寺墩[4],它们皆在江苏。这些遗址"往往包括若干个彼此相邻的居住点,各点面积都较小,一般仅数百平方米"[5]。房屋遗迹已被发现于钱山漾和水田畈。[6]这些房屋被建于平地上,其形状为长方形,大小是从5平方米至20平方米不等,墙壁为荆笆抹泥的木骨墙,屋顶可能接于山墙之上,有迹象表明,其农业已达到了当时的先进水平。在钱山漾遗址,人们发现了稻谷遗存。一同出土的还有桃子、瓜及水生蕨藜属植物遗存。[7]常见的农业生产工具有扁薄穿孔石铲——所谓的"双翼耘田器",长方形和半月形穿孔石刀以及石镰(图214)。一个大口尖底粗陶缸连同木杵一同被发现,它可能是被用于研磨谷物的,

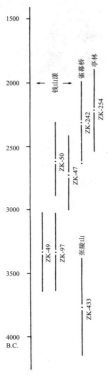

图213　良渚文化的碳十四数据

---

[1] 《文物资料丛刊》(6),1982年,第25—36页。
[2] 《文物资料丛刊》(3),1980年,第1—24页。
[3] 《考古》1982年第5期,第463—473页。
[4] 《考古》1981年第3期,第193—200页;《考古》1984年第2期,第109—129页;《文物》1984年第2期,第5、17—22页。
[5] 《中国考古学会第一次年会论文集》,第126页。
[6] 《考古学报》1960年第2期,第93—106页。
[7] 最初的报告上还有花生、芝麻以及豆科植物,这些发现的来源以及出土的丝绸遗存已被质疑;见《考古》1972年第6期,第41页;《考古》1979年第5期,第400—401页和发掘者的答辩,《考古》1980年第4期,第353—358页,关于丝绸见《考古》1972年第2期,第13—14页。

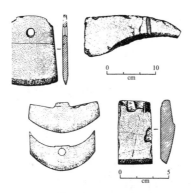

图 214　江苏越城出土的良渚文化的石器
　　（据《考古》1982 年第 5 期，第 467 页）

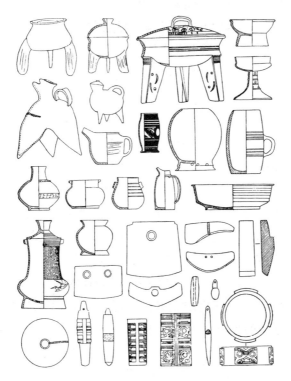

图 215　良渚文化的器物
　　（据《中国考古学会第一次年会论文集》1980 年，第 117 页）

所发现的家畜骨骸,已被分辨出的有水牛、猪、狗和羊。其网坠、木筏和木桨遗存表明,该文化的居民对船只和捕鱼是相当熟悉的。

良渚文化的木制品被幸运地保存下来,颇有名气,其遗存包括房屋建筑、船、工具以及器皿。石、骨器也是高度发达的,包括其特有的有段石锛。松软的泥质黑陶是良渚文化颇具特色的东西。更美观的陶器是用轮制的,磨光使陶器表面富有光泽。器型包括双耳罐、高座豆、浅盘和鬶(图215)。已发现的圈足器大多有镂孔,并饰有竹节纹。另外,这儿也能见到不同陶质(包括夹砂和夹碎蚌壳)的红陶和灰陶。既有手制的,又有轮制的,许多夹砂陶器上饰有绳纹和篮纹,偶见彩绘陶片。一些陶器及陶片上有刻画的符号,有一块大陶片的边缘上刻有几个无法分辨的符号(图216)。

近年来,大量的良渚文化墓葬已重见天日。其埋葬习俗与崧泽类型基本相似;尽管未见墓坑和棺材,但皆为单人直肢地面葬,上面覆以泥土。然而,随葬品展示了重要的创新及强烈的宗教意识。在寺墩遗址,一位年轻的成年男性墓中,出土了4件陶器、14件石及玉制工具、49件玉饰品,特别是24件玉璧和33件玉琮(图217)。其中,一些玉器及墓主的股骨上有烧灼痕迹。无疑,这是一位重要人物的墓葬,可能是位宗教人物。在张陵山遗址,有两座良渚文化墓葬显示了非同寻常的特点:其中一座墓(4号墓)出土了40余件随葬品,还另外出土了三个颅骨,它们被埋于墓中部及北部;另一座墓(5号墓),除墓主的骨架之外,又出土了两个颅骨及一堆肢骨。一些学者认为,5号墓中的那些额外的骨骸属于二次葬,[1]但这

---

[1]《文物资料丛刊》(6),1982年,第27页。

图 216　发现于浙江杭县良渚镇的有刻画（？）符号的黑陶盘
（据《杭县良渚镇之石器与黑陶》，1937 年，第 8 页，图版 1）

两座墓皆被认为是以他人为人牲的例证。[1]草鞋山遗址中一座良渚墓的墓主为一男性，还有两位女性陪葬，后者可能为二次葬。

在宗教仪式用品中，现已大量出土于良渚文化墓葬中的玉琮，有着极为重要的意义。[2]良渚文化的玉石分为几种类型，包括透闪石、阳起石、纤蛇纹石和玛瑙；除玛瑙出产于南京附近之外，其他所有的玉石据说被采于太湖地区。[3]这些石料的加工过程是极为费力的，那位随葬了 57 件精致的玉环和玉琮的寺墩遗址中的男性，一定是一位极有权势的人物。琮，其内圆外方的造型，对于中国的文物工作者来说，长期以来一直是一个难解之谜。[4]出土于寺墩遗址（图 218）、草鞋山遗址及其

---

[1]《中国考古学会第一次年会论文集》，第 120—121 页。
[2]《文物》1984 年第 2 期，第 23—36 页。
[3]《文物资料丛刊》(6)，1982 年，第 35 页；《考古》1984 年第 2 期，第 34、129 页。
[4]《考古》1983 年第 5 期，第 459—460 页。

图 217　常州寺墩所发现的随葬玉器的 3 号墓
（据《考古》1984 年第 2 期，图版 2）

图 218　寺墩和张陵山（右下）所出土的良渚文化的玉琮
（据《考古》1984 年第 2 期，图版 3；《文物》1984 年第 2 期，图版 3）

他遗址的一些琮上，似乎装饰有兽面纹，其图案由两只眼睛和一张嘴构成。这令人想起两城镇玉斧上的兽面纹和商周青铜器上的饕餮纹。而且，许多良渚文化的玉器上刻有鸟纹（图 219），福泉山遗址出土的琮上兼有鸟纹与兽面纹（图 220）。当我们考虑到整个龙山文化以及夏、商、周三代的艺术时，良渚文化的兽面纹和鸟纹之重要性——特别是那些被雕刻于琮表面的，将变得显而易见。

三　黄河中下游的龙山文化

本标题下的龙山文化，大多被发现于黄河中游及其支流，诸如渭水、汾河和洛河，但其中的一些位于其他的流域，诸如淮河支流和流入大运河的卫河，这些文化被放到一起是出于两个缘故。第一，所有这些文化的陶器有惊人相似之处，其大多为灰陶。陶器上拍印有纹饰，诸如绳纹、篮纹和方格纹。石璋如称这些陶器为中国北方除彩陶文化和黑陶文化之外的第三个

图 219　玉环上的鸟造型
　　　　（华盛顿特区弗利尔美术馆藏品）

图 220　上海福泉山遗址出土的良渚文化琮上的兽面纹和鸟纹
　　　　（据《文物》1984年第2期，第2页）

新石器时代文化的残存者,他将这些纹饰称之为拍打纹,这是因为它们大多数是由带有绳纹、篮纹或方格纹图案的拍子或拍打器而产生的。[1]然而,这种划分不再正确。因为,这种陶器并不代表一个与仰韶文化同期的文化。第二,这些文化之所以被放在一起描述,是因为它们似乎都从仰韶文化(彩陶文化)或其各地域类型承接而来。

到了公元前4000年代末,除了在甘肃和青海,还有仰韶文化的几个晚期类型在延续之外(见上文),整个仰韶文化以其地域类型的形式,广泛经历了一场向所谓的庙底沟二期文化的过渡,后者分布于晋南、陕东和豫西。由于河南陕县(现在为三门峡市)庙底沟遗址的发掘,庙底沟二期文化被发现于1956和1957年。[2]该遗址的下文化层是仰韶文化庙底沟类型的遗存。在其上文化层(庙底沟二期),发现了一种似乎既包含仰韶文化又包含龙山文化的遗存,因此它被认为是一种过渡类型。庙底沟二期过渡类型的识别是新观点形成的关键,该观点(流行于20世纪60年代初期)认为仰韶文化和龙山文化在黄河中游地区是两个相继发展的文化,这两个文化原被认为是同时代相互竞争的文化。[3]相似的遗存已被广泛发现,重要的遗址包括河南洛阳王湾[4]、盘南村,放射性碳测定的庙底沟遗址自身的年代数据(ZK11),经过树轮校正后为公元前3015—前2415年。

除了常见于仰韶文化遗址的两侧带缺口的石刀之外,在该

---

[1] 石璋如,《新石器时代的中原》,《大陆杂志》1952年第4期,第65—73页。
[2] 《庙底沟与三里桥》,北京:科学出版社,1959年。
[3] 《考古》1959年第10期,第559—565页;《考古》1959年第10期,第566—570页,张光直, Bull. Inst. Hist. Philol., Academia Sinica, 30 (1959), 259-309.
[4] 《考古》1961年第4期,第175—178页。

文化类型中，出现了磨光的半月形和镰形石刀及蚌刀，表明了其农业达到了更进步的程度。双叉的木制耕作工具（耒）通过其留在泥土上的痕迹而被知晓，被发现的家鸡骨骸与狗、猪的骨骸共存。石网坠和石、骨镞亦被广泛发现。

庙底沟二期文化的陶器主要由泥条盘筑法制成。偶见轮制陶片；尽管该时期陶轮是否确实存在尚未定论，磨光及慢轮修整技术明显已被掌握。陶器通常为灰陶，陶质粗糙，通过大有改进的陶窑，其烧制温度在840℃左右，陶窑的窑室（窑壁内倾，形成一个较小的开口），被直接置于炉顶，而不像仰韶文化那样在其侧面（图221）。[1] 纹饰经常通过拍印而成——有篮纹、绳纹和方格纹，其次为附加堆纹和刻划纹。彩陶仍广泛存在，主要的器型有大口深腹黑顶红陶钵。所发现的陶器中，少量为薄胎光亮的黑色硬陶。除了钵、瓶和罐之外，陶器器型还包括三足器和一些圈足器。三足器包括鼎和斝，但没有鬲（图222）。

庙底沟二期文化陶器的这种过渡性质有着特别的重要性，它使许多学者开始相信河南龙山文化陶器可能源于仰韶文化：

许多陶器器型似乎从仰韶文化的器型发展而来，特别是杯、罐、尖底瓶和鼎，尖底瓶是仰韶文化的典型器物；在渑池县仰韶村和陕西华阴县横阵村发现的尖底瓶与庙底沟二期文化的尖底瓶相类似，后者虽与仰韶文化的器型密切相关，但亦有区别。该遗址的红陶衣小杯颇为典型，但可能与仰韶文化时期的粗糙的小杯有关……简而言之，庙底沟二期文化的陶器展示了由仰韶文化向龙山文化过渡的特征。[2]

庙底沟遗址发现了145座墓葬，大多为单人葬；死者排

---

[1]《中国陶瓷史》，北京：文物出版社，1982年，第12—13页。
[2]《庙底沟与三里桥》，第110—111页。

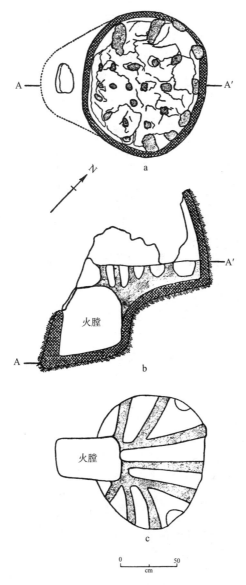

图 221　河南陕县庙底沟龙山文化早期遗址中的陶窑（a. 烧窑时的陶窑平面图；b. 窑的横截面图；c. 火膛平面图）（据《庙底沟与三里桥》，1959 年，第 21 页）

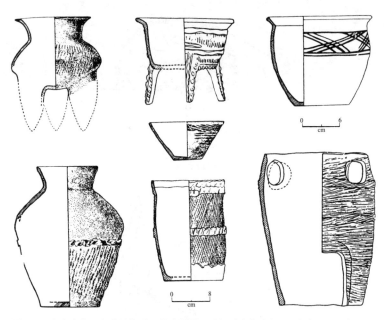

图 222　庙底沟龙山文化早期遗址的陶器器型（据《庙底沟与三里桥》，1959 年）

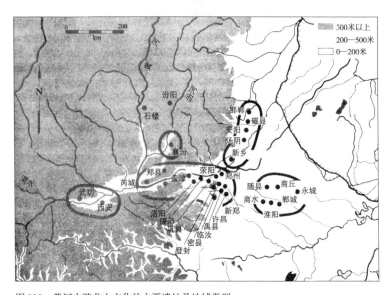

图 223　黄河中游龙山文化的主要遗址及地域类型

列整齐,葬式为仰身直肢、头向朝南。随葬品极少,在洛阳附近的王湾遗址,其39座墓葬中,有2座俯身葬,有迹象表明,其中一座墓的死者在下葬时双手被缚。

对庙底沟二期文化的地理分布范围及其延续时间(具有短暂性)的精确判断尚在研讨之中。[1]而且,面对的情形较为棘手。因为,不久前报道了几个龙山文化的地域类型,它们不可能都源于狭义上的庙底沟二期文化。整个黄河中部盆地由仰韶文化向龙山文化过渡的具体沿革有待于进一步确定。

如今,龙山文化的下列地域类型已被很好地界定出来:豫东类型、豫北类型、豫中西部类型(其延伸过了黄河到了晋东南)、晋南的临汾盆地类型、陕西渭水盆地的客省庄二期类型(见图223)。[2]地层学和测年学方面的证据都证明了这样一个事实,即所有这些类型占据了一个类似的年代学位次(见图224)。此外,龙山类型的遗存见于晋中太原市附近[3]以及汉水上游的豫西南地区,[4]但有关资料迄今仍是粗略的。下面是对这些文化之核心内容的进一步探讨。

1 豫东类型

黄河中游龙山文化的豫东类型,亦被称为王油坊或造律台类型。实际上,河南东端的淮河流域,尽管其陶器有特色,但它是黄河中游龙山文化体系的一部分。"陶器以泥质灰陶为主,其次是夹砂灰陶、褐色陶、红陶和黑陶等。制法以轮制为主兼

---

[1] 见《新中国的考古发现和研究》,北京:文物出版社,1984年,第69—73页。
[2] 见《中国考古学会第一次年会论文集》,第32—49页;《中原文物》1982年第2期,第20—25页;《中国考古学会第三次年会论文集》,第195—197页;《新中国的考古发现和研究》。
[3] 《中国考古学会第三次年会论文集》,第195—197页。
[4] 《文物》1972年第10期,第11—12页。

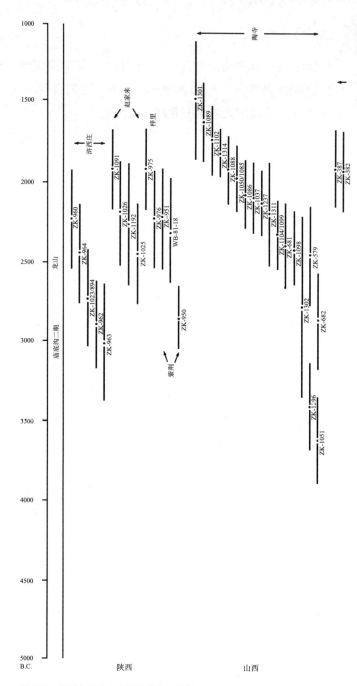

图 224 黄河中游龙山文化的碳十四数据

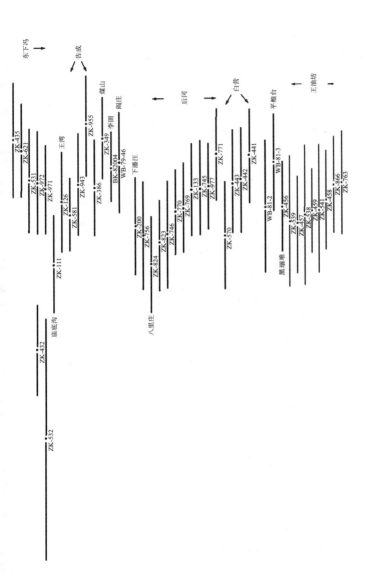

第五章 中国文明相互作用的范围与基础 303

用手制，纹饰有方格纹，其次是篮纹和绳纹，还有弦纹、镂孔、划纹、指甲纹和附加堆纹等。器型：以侈口深腹罐、敞口碗最多，其次是罐形鼎、袋足鬶、圈足盘和平底盆（盘），还有甑、带柄杯和器盖等(图 225)。"[1]那些资料已被发表的主要遗址皆在河南，它们是淮阳平粮台[2]、郸城段寨[3]、商丘坞墙[4]、永城的黑堌堆[5]和王油坊[6]。

该类型遗址中，最重要的是1979和1980年发掘的淮阳平粮台的城墙。它位于一个顶部平坦的高岗上，高于周围的平地3—5米，面积超过50000平方米，城墙为方形，边长约185米，根据东西南北四大方向，城的座向偏西6°（图226）。残墙仅3余米高，而墙基宽13米，墙顶部宽8—10米。该墙在结构上与城子崖遗址的相似，但其核心夯块小一些。墙基是用褐土掺烧土块建成的，夯层宽80—85厘米、高1.2米，而厚度仅为15—20厘米。经层层夯筑而成的核心块被用作内层部分，外面覆土，然后层层夯实，直至达到该核心夯块的高度。接着，在该核心块上，再置一个核心夯块，外面再覆土夯筑，直至城墙被建成。夯窝为圆形、卵圆形，或用四根捆在一起的木棍作夯打工具。在南墙和北墙的中部发现了豁口，其被推定为城门之所在。两座由块泥或大块土坯建成的房子位于南门的侧面，被推定为门房（图226）。人们仍在不懈地调

---

[1] 《中国考古学会第一次年会论文集》，第36—37页；《文物》1983年第4期，第50—59页。
[2] 《文物》1983年第3期，第21—36页。
[3] 《中原文物》1981年第3期，第4—8页。
[4] 《考古》1983年第2期，第116—121、132页。
[5] 《中国考古学报》1947年第2期，第83—120页；《考古》1981年第5期，第385—397页。
[6] 《考古》1978年第1期，第35—40、64页。

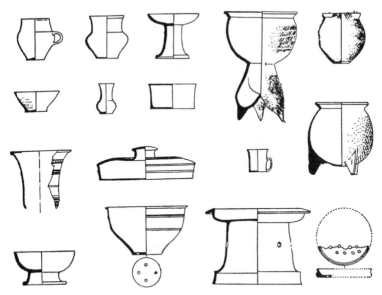

图 225　龙山文化豫东类型的陶器器型
　　（据《中国考古学会第一次年会论文集》，1980 年，第 37 页）

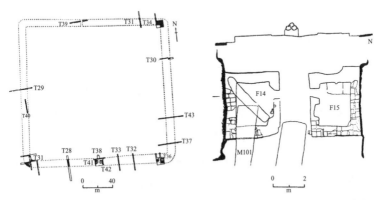

图 226　河南淮阳平粮台城墙分布平面图（左）、河南淮阳平粮台南城门及门房平面图（右）
　　（据《文物》1983 年第 3 期，第 27—28 页）

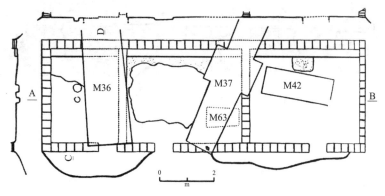

图 227 平粮台 1 号房基
（据《文物》1983 年第 3 期，第 30 页）

查位于平粮台土岗上的城址。迄今为止，已发现了 12 座以上相邻排列的用土坯或块泥筑成的长方形房屋，其中一些为地面建筑，另一些则建于低矮的平台上。1 号房址（图 227）是前者的一个例子，其面积约为 4.5 米×13 米，房屋的主体由土坯墙构成，墙厚约 34 厘米。每块土坯长约 32 厘米，宽 27—29 厘米，厚 8—10 厘米。该房屋被分隔成三室，在北墙内建有由土坯构成的壁架，宽约 30 厘米、高约 8 厘米。在两个房间内的平台上发现有炉灶，这些土坯墙房屋亦见于王油坊遗址。

在南门下是一段 5 米长的由陶管构成的地下排水设施，每根陶管长 35—45 厘米，陶管大小端相衔接，陶管被埋于地下，覆以碎石和泥土，然后铺上路面。其他发现包括 3 座陶窑、16 座幼儿墓（瓮棺葬和土坑葬）以及两个窖穴。在其中的一座窖穴中，发现了似铜锈的泥土，可能是冶铜遗存。该层下是两个完整的牛骨架。

平粮台遗址考古的初步收获表明，其社会发展水平与山东龙山文化相当，有城市生活，并可能掌握了冶金术。以牛肩胛骨制成的卜骨已被广泛地发现于该类型的遗址中,但迄今未有文字发现。

2 豫北—冀南类型

黄河中游龙山文化的豫北类型,亦被称为后冈或后冈二期类型,该类型是以其第一个遗址——河南安阳后冈遗址来命名的,1931年,正是在那里,该类型的遗存被揭示出来。[1]据统计,已发现了100余处该类型龙山文化的遗址,它们大多位于卫河和漳河流域,特别是其支流——豫北的洹水和冀南的淇水沿岸[2]。其资料报道最精彩的是安阳的几个遗址[3],特别是后冈[4],另外还有河南汤阴的白营[5]以及冀南的磁县下潘汪[6]和邯郸的涧沟[7]。李仰松将该类型的特征描述如下:陶器主要为泥质灰陶,其次为类砂灰陶;少见泥质黑陶及红陶。陶器大多为轮制,器表常为素面磨光,至于纹饰大多为绳纹,其余为篮纹和方格纹,附加堆纹和刻划纹罕见……器型包括单把绳纹鬲、甗、鬶以及小口高领瓮,也有小底深腹罐、曲壁盆、大盘、筒形杯、大口碗以及器盖。非常引人注目的是所谓的鬼脸足鼎,其鼎足为中间有附加堆纹的实足,两侧有两个泥圆盘或两条竖直的沟,宛如一个鼻子的两边各有一只眼[8](图228)。

---

[1] 梁思永,《安阳发掘报告》第四期,中研院历史语言研究所,1933年,第609—625页。
[2] 《考古学报》1985年第1期,第84页。
[3] 见《安阳发掘报告》第一至四期,中研院历史语言研究所,1929—1933年;《考古学报》1936年第1期。
[4] 《考古》1972年第5期,第8—19页;《考古》1982年第6期,第565—583页;《中国考古学报》1985年第1期,第33—87页。
[5] 《考古》1980年第3期,第193—202页;《考古学集刊》第3辑,1983年,第1—50页。
[6] 《考古学报》1975年第1期,第73—115页。
[7] 《考古》1959年第10期,第531—536页;《考古》1961年第4期,第197—202页。
[8] 《中国考古学会第一次年会论文集》,第35页。

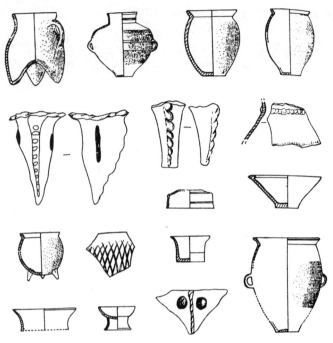

图 228　龙山文化豫北类型的陶器器型
（据《中国考古学会第一次年会论文集》，1980 年，第 36 页）

后冈类型的遗址，沿小河岸边分布得相当密集。在殷墟范围内的洹水沿岸，至少有 9 座龙山文化村落，村落间的距离为 0.5—1 公里，其文化遗存相当厚，表明了相当长的居住时间[1]。后冈遗址本身坐落于一个天然的土岗上，它的面积为 400 米 × 250 米，遗址围有一道夯土墙；仅残留有一段长 70 米的西墙及南墙，宽 2—4 米[2]。在墙内，几十座房屋基址已被发现；它们的平面形状大多为圆形，直径 2.5—5.5 米，平均

---

[1]《考古学报》1985 年第 1 期，第 84 页。
[2]《中研院历史语言研究所集刊》1948 年第 13 期，第 23 页；《考古学报》1985 年第 1 期，第 33 页。

为 3.6—5 米。所有的房屋皆被建于地表,房屋地面经过夯打,并涂抹了白灰,墙为荆笆抹泥或土坯墙。其土坯长 20—52 厘米、宽 15—38 厘米、厚 4—9 厘米,它们是当泥半干的时候,从混有烧土块的黑褐土上被切割下来,沿水平方向朝一侧平放,一层压一层(图 229)。幼儿瓮棺葬或土坑葬经常与建筑活动相关:一些幼儿墓被埋于建筑基址下,也有一些在木柱下,还有一些在排水区下(图 230)。

这些幼儿被认为是与房屋建筑相关的宗教仪式活动的牺牲品,相似的房屋建筑也见于白营,但未见幼儿墓。

在涧沟,有着中国史前史上最早的人类暴力活动的直接证据。这里的龙山文化层中,发现了一座房屋基址和两口枯井。

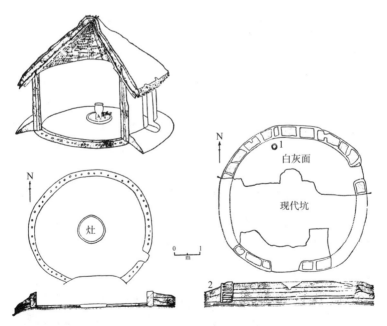

图 229　河南安阳后冈龙山文化遗址的房基及复原后的房屋
　　　　(据《考古学报》1985 年第 1 期,第 43、45 页)

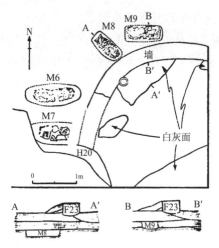

图 230 后冈的房基与墓葬之关系
（据《考古学报》1985 年第 1 期，第 54 页）

在房屋建筑基址内，发现了 6 个带有被打击及剥头皮痕迹的人颅骨，明显地表明了这些牺牲者在被杀死后又被剥了头皮……在被废弃的井里，埋有 5 层人骨架，其中男女老少皆有。其中，一些是在被斩首后埋的，另一些则有挣扎的迹象。由此有人推测一些死者葬于被杀戮后，另一些则是被活埋的[1]（图 231）。

严文明推测，这些头骨可能是敌方首领或勇士的首级，其被胜利者用作饮用杯[2]。由于诸如此类事件的发生，所以建筑起具有防御作用的夯土围墙是颇有必要的。出土的石器中包括有箭头和矛头。

---

[1] 《考古》1959 年第 10 期，第 531—532 页。在最初的报告中，房基中所发现的人头骨数被说成是 4 个。在后来的一篇文章中，发掘者之一的严文明说实际上有 4 个完整的头骨和 2 个不完整的头骨；见其发表于《考古与文物》1982 年第 2 期第 38—41 页上的文章。

[2] 《考古与文物》1982 年第 2 期。

310　古代中国考古学

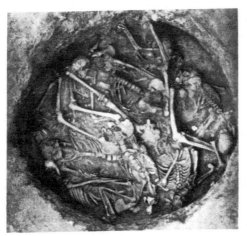

图 231　河北邯郸涧沟龙山文化遗址中暴力活动之证据
　　　　上：填满人骨架的水井；下：有剥头皮痕迹的三个人颅骨
　　　　（承蒙北京大学供图）

粟遗存出土于窖穴和瓮中。所驯养的动物包括猪、牛和狗。在后冈遗址所出土的家养动物的骨骸中，90%为猪骨，还发现了用于占卜的猪和鹿的肩胛骨。

3　豫中西部类型

该类型亦被称为王湾或煤山类型，就其分布面积和见于报道的遗址数量来看，该类型是黄河中游龙山文化最大的一个类型。该类型的遗址见于河南和山西的黄河两岸、河南的洛河流域、嵩山地区，沿颍河（淮河的一条支流）向东至禹县并继续发展。该类型的特征被描述如下：

陶器以泥质或夹砂灰陶或黑陶为主；褐陶减少，红陶消失。陶器主要为轮制，但其中一些为手制。主要纹饰为拍印的方格纹和竖篮纹，其次为绳纹。有一些刻划纹和指甲纹。主要器型为侈口罐、高领瓮、曲壁盆、斝、甗、单把杯、斜壁碗和圈足大盆。此外还有乳状足鼎、鬶、鬲、盉、豆、瓶、澄滤器和器盖（图232）[1]。该类型被报道的主要遗址有洛阳的几个遗址：包括王湾遗址[2]、孟津小潘沟遗址[3]、郑州地区的几个遗址[4]、荥阳点军台遗址[5]、登封的王城岗遗址[6]、禹县的几个遗址[7]、临汝的煤山遗址[8]、陕县三里桥遗址[9]以及夏县东下冯遗址[10]（除位于山西西南角的东下冯遗址之外，上面所有的遗址都在河南）。

1979—1981年，一处夯土城墙被发现于登封王城岗。它

---

[1]《中国考古学会第一次年会论文集》，第34页；《中原文物》1983年第2期，第15—21页。

[2]《考古》1961年第4期，第175—178页；《考古》1961年第1期，第5—17页；《考古》1983年第2期，第101—115页；《文物》1981年第7期，第39—51页；《中原文物》1982年第3期，第2—7页。

[3]《考古》1978年第4期，第240、244—255页；《考古》1982年第2期，第186—191页。

[4]《考古学报》1958年第3期，第41—92页；《考古学报》1958年第4期，第19—26页；《考古学报》1979年第3期，第301—374页；《中原文物》1982年第4期，第22—29页；《中原文物》1983年第4期，第1—8页。

[5]《中原文物》1982年第4期，第1—21页。

[6]《文物》1983年第3期，第8—20页。

[7]《考古》1978年第1期，第23—24页；《考古》1979年第4期，第300—307页；《文物》1983年第3期，第37—43页。

[8]《考古》1975年第5期，第283—294页；《考古学报》1982年第4期，第427—475页。

[9]《庙底沟与三里桥》。

[10]《考古》1980年第2期，第97—107页；《考古学报》1983年第1期，第55—91页。

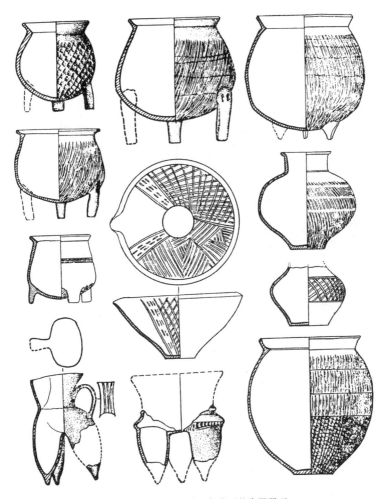

图 232 河南临汝煤山出土的龙山文化豫中西部类型的陶器器型
（据《考古》1975 年第 5 期，第 288 页）

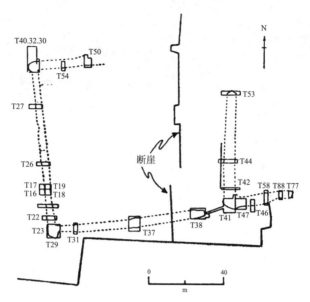

图 233　河南登封王城岗城墙平面图
（据《文物》1983 年第 3 期，第 14 页）

由两座相连的城围构成。但东城围的绝大部分已被侵蚀掉，仅存西南角。西城围与东城围共用东城墙，形状近方形，南北长约 92 米、东西宽约 82.4 米。西墙为南北向，向西偏 5 度。南墙有一个豁口，可能是一处城门（图 233）。城墙是采用夯筑技术建成的。尽管一些夯层厚度仅为 6—8 厘米，但大多数夯层厚 10 厘米。在中心及西城围西南部的高岗上，发现了夯土地基的碎块，不过，其保存得太糟糕，以至于无法复原。在这些遗迹中间为地下圆坑，坑内常满是成层的夯土，在夯土土层之间发现了墓葬。死者既有成年人，又有儿童，骨架数量从 2 具至 7 具不等，这些已被合理地认作与铺设房基的宗教仪式有关，一个例子是 1 号坑（图 234），其中有 20 层夯土，每层厚 8—24 厘米。在第 3 层下至第 6 层之间，发现了 7 具骨架。

在煤山遗址，发现了17座房屋基址，它们都被建于轻微下沉的地表上，其结构由荆笆抹泥墙和隔墙构成。房屋地面上涂抹着薄薄的几层石灰，其中一座房屋面积约为3.5米×5米（图235）。东下冯遗址发现了若干座墓葬，它们皆为单人土坑墓，建有生土二层台，但随葬品很少，其中一座编号为313的墓葬为圆形墓坑，其中葬有一位双脚被整齐砍掉的年轻人的骨架（图236）。

尽管龙山文化该类型的许多遗址已被发现，但我们对它的了解仍是不够的。在王城岗遗址，我们可以看到贵族的房屋建筑，其也可能与人牲相关。煤山遗址的房址和其他地方所发现的没有夯土地基的房址，代表了一个下层阶级（至少是一个阶层），而东下冯遗址的墓葬显然是属于更低的阶层。在有关龙山文化的研究中，尚有很多有待于填补的空白。在王城岗遗址的窖穴中，出土了一块青铜器的碎片（图237），颇引人注目，它已被确认为铜锡铅合金[1]。在煤山遗址，坩埚碎片出土于两座窖穴中，在这些碎片中，其中一些的内壁上，还沾有金属残渣。残渣中的一片已被发现含有95%的铜。最后，如同其他龙山文化类型一样，卜骨被广泛发现。

4 晋南类型

该类型亦被称为陶寺类型，它是继晋南襄汾陶寺遗址的发掘之后而刚被识别出来的。如今，已知有超过70处遗址位于临汾盆地的斜坡上[2]，但其中资料已被报道的只有陶寺遗址本身[3]。

---

[1] 有人声称其为鬶的碎片，见《史学月刊》1984年第1期，第2页。
[2] 《中原文物》1982年第2期，第20—25页。
[3] 《考古》1980年第1期，第18—31页；《考古》1983年第1期，第30—42页；《考古》1983年第6期，第531—536页；《考古》1984年第12期，第1068—1071页。

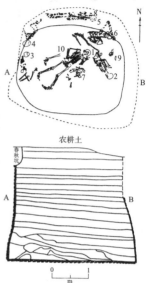

图 234 王城岗的"人祭坑"
（据《文物》1983年及第3期，第15页及图版1）

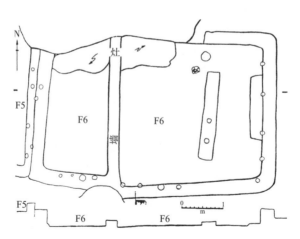

图 235 发现于煤山的房基
（据《考古学报》1982年第4期，第431页）

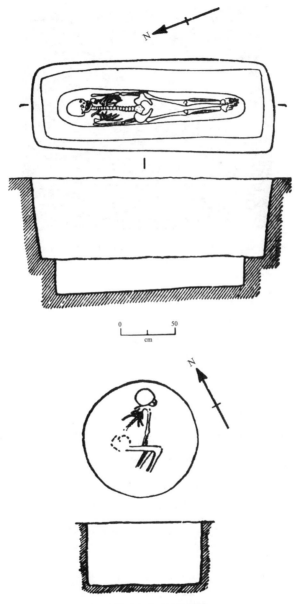

图 236　山西夏县东下冯龙山文化遗址的墓葬
（据《考古学报》1983 年第 1 期，第 66 页）

图 237　王城岗遗址出土的一块青铜器碎片（可能是一件鬹）
（据《文物》1983 年第 3 期，图版 1）

这是一处非常大的遗址，代表其面貌的遗存分布于一个面积大于 1.5 公里 ×2 公里的区域内，但仅发掘了其中的一小部分。除了一些房屋、窖穴和陶窑之外，该遗址的主要发现是一片巨大的墓地。人们相信该墓地有数千座墓，其中已发掘的有一千余座。这里出土的陶器与豫中西部类型的相似，但它包括几种有特色的未见于豫中西部类型的器型，诸如直矮胖足鬲、方格纹单柄（或耳）鬲、平口鬲、带座瓮、矮瓶、斝和簋（图 238）[1]。

一些墓葬所反映出的值得注意之处是陶寺遗址最惊人的发现，这体现于其墓地内墓葬的变化上。这里的墓葬皆为单人土坑墓，头向朝东南，似乎被排成两群以上，在每群中，根据某种规则，又将墓葬分组，这令人联想到山东呈子遗址的墓地，但陶寺遗址的资料有很多迄今仍未报道，故显得不很完整。然而，清楚的是已发掘的一千余座墓葬被划分为三类：大型墓、

---

[1]《考古》1980 年第 1 期，第 30 页。

中型墓和小型墓。

大型墓：据统计，迄今为止，已有9座大型墓。墓坑长约3米，宽2—2.75米。所有能鉴定出性别的骨架皆为男性，棺材为木棺，棺内撒有朱砂，随葬品丰富，在100—200件左右，包括一个绘有龙纹的红陶盘、一个覆有鳄鱼皮的木鼓、磬、鼓状陶器、木桌、架、一些器皿和其他涂有鲜艳色彩的东西、玉和石环以及斧，还有完整的猪骨架（图239）。其中的4座大型墓缺少乐器系列，如鳄鱼皮鼓、磬和鼓状陶器。

中型墓：已被识别出的有80余座。墓坑或浅、或宽、或深，浅而宽的墓坑长约2.5米、宽1.5米，深度不超过附近的大型墓。那些深墓聚集于墓地上的一个特别区域，墓长2.2—2.5米、宽0.8—1.0米、深2—3.5米，大多数浅墓在大型墓附近，其骨架又似乎为男性，棺材为木棺，一些棺内有朱砂，随葬品包括整套陶器、一些彩绘的木器、玉琮、斧、环、装饰品和猪下颌骨。一些位于部分大型墓侧面的浅墓似乎为女性墓，使用的是彩绘的木棺，棺内发现有朱砂，死者的头饰和臂环精美，随葬有彩陶瓶。一些浅墓和大多数深墓没有随葬陶器和木器；

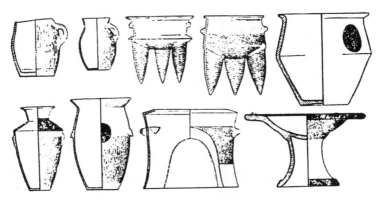

图238 山西襄汾陶寺龙山文化遗址出土陶器的器型
（据《考古》1983年第1期，第36页）

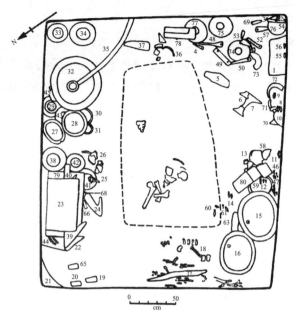

图 239　陶寺大墓(据《考古》1983 年第 1 期, 第 34 页)

其内所发现的是木棺、精致的裹尸布、石或玉斧、璧、琮、梳、发夹以及猪下颌骨。在中型墓中,无论是浅墓或深墓,皆有几座墓随葬品罕见。

小型墓:已发掘的已超过 610 座。其规模通常为 2 米乘以 0.4—0.6 米再乘以 0.5—1.0 米,绝大多数没有随葬品。

上述描述表明了大型墓中财富的大量集中,大型墓仅占不到墓葬总数的 1.3%,中型墓占 11.4%。与我们迄今已检查过的其他龙山文化墓地相比,该墓地中随葬的财富更为集中。一座大型墓的两边各有一座中型墓的分布格局,表明了中间为男性家长的墓,两侧是其配偶墓。鳄鱼皮鼓和石磬作为特权的一部分象征被记载于后面的篇幅中,龙纹盘(图 240)、玉器(图 241)以及木器(图 242)皆是该

图 240　陶寺出土的彩绘陶器
　　　（据《考古》1983 年第 1 期，图版 4）

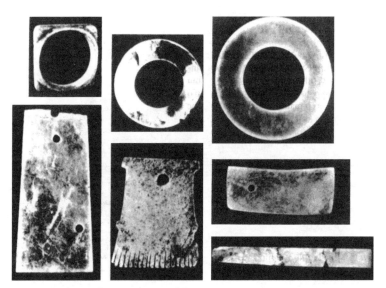

图 241　陶寺出土玉器
　　　（据《考古》1980 年第 1 期，图版 6）

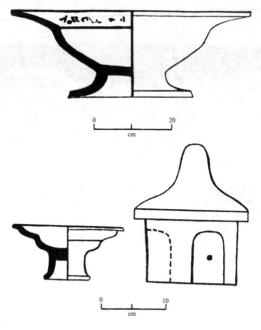

图 242　陶寺出土的木器
（据《考古》1983 年第 1 期，第 37—38 页）

期的非凡发现。

1983 年，一件类似于铃的青铜器出土于一座墓中。在死者的骨盆下，这件器物原先是用织物包裹着的。对该器物所做的化学分析已显示，其成分为 97.86% 的铜、1.5% 的铅和 0.16% 的锌（图 243）。

5　陕西类型

通常被称作客省庄二期文化[1]，陕西龙山文化最著名的遗

---

[1]《考古与文物》1980 年第 4 期，第 78—84、90 页。

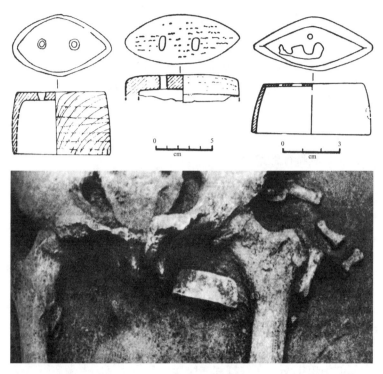

图 243　陶寺出土铃（照片及上右：墓中出土的铜铃；上左：地表采集到的铜铃；上中：陶铃）（据《考古》1984 年第 12 期，第 1069 页及图版 1）

址是西安的客省庄[1]、临潼的姜寨[2]、华县横阵村[3]以及沿渭水分布的其他遗址。在姜寨发现的该类型遗存位于半坡晚期类型或西王村类型之上。在横阵村，该期遗存被发现位于庙底沟二期的文化层之上；在张家坡（也在西安附近），陕西龙山文化的遗存早于西周遗存。主要与其他龙山文化类型同期，陕西龙

---

[1]《考古通讯》1956 年第 2 期，第 32—38 页；《沣西发掘报告》，北京：文物出版社，1963 年。
[2]《考古与文物》1980 年第 3 期，第 1—13 页。
[3]《考古学集刊》第 4 辑，1984 年，第 1—39 页。

山文化与西周的关系及其与商相关的年代学问题将连同周文明的出现而被探讨。

10座半地穴式房屋基址被发现于客省庄遗址。这些房址为单间或有两个相毗邻的房间。双间房很别致，有两个长方形或两个内圆外方的房间。屋内的地面上有居住面，由于被使用已变得坚硬了。这里的袋形窖穴，口小肚子大，直径约为4米，也是其特征性遗存。

发现于该文化诸遗址中的工具，大多为农业工具，但渔猎工具仍然存在，这些工具包括石刀、石锛、石斧和石矛头；骨制鱼钩、骨镞、骨匕以及陶纺轮。蚌制品缺乏。已被鉴定出的动物骨骸有狗、猪、牛、羊、兔和河麂。除了鹿和兔子以外，其余的动物是家养的，显示出比仰韶文化有了相当大的进步。约80%的陶器为灰陶，与沿海地区龙山文化一样的黑陶片占不到总数的百分之一。在拍印纹中，大多数为绳纹或篮纹，方格纹少见。偶见彩绘陶片（红陶底上有黑红色）。器型上，最常见的为单把鬲、绳纹罐和绳纹斝。鼎很罕见。大多数陶器是通过泥条盘筑法手制而成的。一些鬲足明显为模制的。很少的陶片有轮制的迹象（图244）。

在横阵村发现了双人合葬墓，墓主是一男一女；墓中随葬有6个陶罐。在客省庄遗址，尸体有时被葬于废弃的窖穴内，每坑最多容纳5具尸体。该文化的另一重要特征是使用羊肩胛骨做卜骨；已发现被烧灼的羊肩胛骨。

四　齐家文化

由安特生于1923年发现的齐家文化，是以其典型遗址——齐家坪遗址而命名的。该遗址位于陇东洮河流域的广

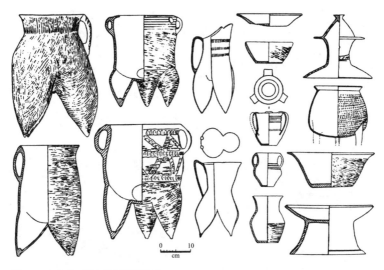

图 244 客省庄二期文化的陶器器型
（据《新中国的考古发现和研究》，1984 年，图 26）

河县。安特生认为，齐家文化是甘肃境内最早的新石器时代文化，河南和甘肃的仰韶文化最早起源于该文化[1]。这一论点已被证明是完全错误的。其整个分布区的地层学依据已经证明齐家文化晚于仰韶文化，而早于渭水上游的周文化层以及西部几个其他的同时代的金石并用时代的土著文化[2]。其分布区东至渭水上游，西至青海湟水流域，南至西汉水上游，北至宁夏及内蒙古最西端（图 245）[3]。现在已发现了 300 余处齐家文化遗址，最著名的遗址（除齐家坪之外）包括甘肃永靖

---

[1] J. G. Andersson, *Memoirs*《中国地质学会》，系列 A，1925 年第 5 期。
[2] 《中国考古学报》1948 年第 3 期，第 101—117 页；《考古通讯》1956 年第 6 期，第 9—19 页；《考古通讯》1958 年第 5 期，第 1—5 页；《考古通讯》1958 年第 7 期，第 6—16 页；《考古通讯》1958 年第 9 期，第 36—49 页；《考古》1959 年第 3 期，第 138—142、146 页。
[3] 《考古与文物》1980 年第 3 期，第 33、77—82 页；《考古与文物》1981 年第 3 期，第 76—83 页。

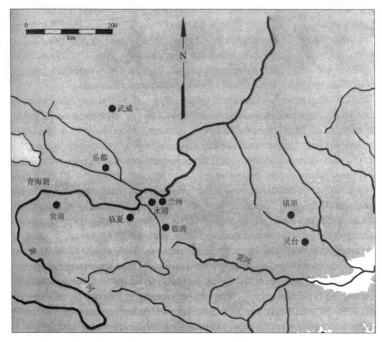

图 245　齐家文化的主要遗址

的大何庄[1]和秦魏家[2]、武威的皇娘娘台[3]以及青海乐都的柳湾遗址[4]。一小批放射性碳素年代测定数据，将齐家文化置于公元前3000年代的后期（图246），大约与东部龙山文化的后半期年代相同。

齐家文化的陶器以黄色和浅黄色篦纹或刻划纹陶器为特征，特别是双大耳罐（大口收颈肩上有两个竖直的大环耳）更具特色。偶见彩陶罐，绳纹为另一器表特征（图247）。

---

[1]　《考古学报》1974年第2期，第29—61页。
[2]　《考古学报》1975年第2期，第57—95页。
[3]　《考古学报》1960年第2期，第53—70页；《考古学报》1978年第4期，第421—447页。
[4]　《青海柳湾》，北京：文物出版社，1984年出版。

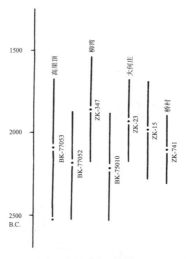

图 246　齐家文化的碳十四数据

永靖县的大何庄遗址发现了粟类遗存。其陶器器表上发现了布纹痕迹（图 248）；在灵台桥村发现了猪和羊卜骨遗存[1]；在永靖秦魏家和大何庄发现了羊肩胛骨制成的卜骨；在武威县的皇娘娘台发现了用牛、羊和猪肩胛骨制成的卜骨，上述三处遗址皆发现了铜饰品及小件铜器，亦发现了狗、猪、牛、马和羊的遗骨以及大麻遗存。所有这些表明了齐家文化是一个先进的农业文化，在该文化中，动物的驯养显然要比在中国北方广大的其他地区重要得多[2]。

涂抹了白灰的长方形房屋地面被发现于永靖大何庄遗址，靠近房屋或在房屋内有圆形或方形灶址（图 249）。围绕房址是各种形状的窖穴。房屋以及窖穴中出土了 23 件铜工具及小铜

---

[1]《考古与文物》1980 年第 3 期，第 22—24 页。
[2]《考古》1961 年第 1 期，第 3—11 页；《考古》1961 年第 7 期，第 338—389 页；《考古与文物》1981 年第 3 期，第 76—83 页。

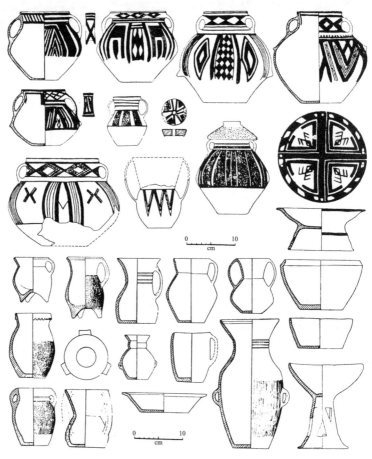

图 247 齐家文化的陶器器型
（据《新中国的考古发现和研究》，1984 年，图 38）

图 248　甘肃永靖大何庄齐家文化遗址中所发现的陶器上的布纹痕迹（左）以及粟类遗存（右）（据《考古学报》1974 年第 2 期，图版 6）

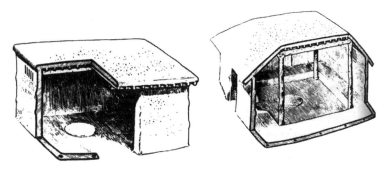

图 249　大何庄齐家文化房屋的复原图
（据《考古学报》1974 年第 2 期，第 36—37 页）

块，包括刀、钻、凿和环。对一把刀和一把钻子所做的分析揭示出，在金属成分中，铜所占的比例超过 99%，而杂质（铅和锡等）仅占不到 0.4%。一枚铜镜被发现于青海贵南的尕马台齐家文化遗址，其直径为 89 毫米，厚 3 毫米，背面装饰有成组的平行线，这些平行线位于两个同心圆中（图 250）。中子活化分析揭示出其铜和锡的比例为 1:0.096[1]。

---

[1]《考古》1980 年第 4 期，第 365—368 页。

图 250　青海尕马台遗址出土的铜镜
（据《商代考古研究》，1986 年）

　　齐家文化的村庄与其墓地混合在一起。秦魏家已发现了两处墓地，其中一处墓地位于遗址的西南部，另一处位于东北部。1960 年，在东北部墓地约 100 平方米的范围内，发现了 29 座墓，被排成南北向的三排，头向皆朝西。在这些墓中，24 座为单人葬，但其余的 5 座为成年男女双人合葬墓。双人合葬墓的男性骨架为仰身直肢，而女性却呈蜷曲的姿势（图 251）。各墓皆有石器和陶器，其随葬猪下颌骨的数量从 1 个至 15 个不等。西南部墓地下层发掘出了 8 座墓，上层发掘了 99 座墓，后者被排成东北—西南向的 6 行，头向皆一致朝向西北。绝大多数墓葬还是单人葬，皆有随葬品——陶器、石和骨制工具、装饰品、卜骨和猪下颌骨。这些葬式对于了解齐家文化社会组织结构的重要性是显而易见的。在大何庄遗址，其地面上发现了小石圈——可能是一个宗教建筑，附近是用作牺牲的动物的墓葬。

　　关于齐家文化的起源有各种各样的观点，其粟文化无疑来自仰韶文化，但关于其文化上的隶属关系足可以进行争论，它与渭水流域的仰韶文化、龙山文化以及与西周文明的相似

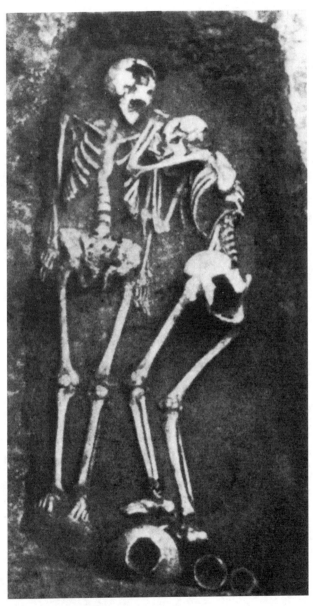

图 251 甘肃临夏秦魏家遗址的一座双人合葬墓
（据《考古》1964 年第 6 期，图版 1）

性已经引起了人们的注意，[1]但这些可以通过各时期的文化接触予以解释。齐家文化区邻近中国西北及内蒙古的广袤草原，那里的气候条件现在亦趋于干旱，故仰韶文化的农业文化很可能不能很好地适应这里的情况而被这里的土著文化类型所取代，不过，这里的土著文化类型受到了仰韶文化农业相当大的影响。尽管土著文化的基础有待于被判别，它源于同一时代文化类型的性质及当地许多继齐家文化之后的文化传统的属性似乎显示了这一点。另一方面，随着近来甘肃东端镇原的长山遗址的发掘，[2]已有人提出齐家文化由长山文化下层发展而来，长山文化下层适于把齐家文化与渭水流域的仰韶文化连接起来。[3]我们将继续饶有兴趣地注视该地区的进一步发展。

五　青龙泉三期文化

该文化亦被称为湖北龙山文化。它最初被发现于鄂西北汉水流域的郧县青龙泉遗址，该遗址于1958—1961年被发掘。[4]在该遗址，仰韶文化、屈家岭文化和青龙泉三期文化的文化层呈叠压关系。其最晚遗存的特点被描述如下：陶器主要为灰陶，磨光黑陶少见。尽管发现了个别的轮制陶片，但陶器通常为手制。篮纹占优势，常见 X 纹。彩陶极为罕见。

---

[1]《考古》1959年第3期，第138—142页；《考古》1959年第7期，第323—325、345页；《考古》1959年第10期，第517页；《考古》1961年第1期，第10页；《考古》1976年第6期，第352—355页；《文物》1979年第10期，第60—69页。
[2]《考古》1981年第3期，第201—210页；《考古》1982年第4期，第392—397、406页。
[3]《考古与文物》1980年第3期，第77—82、33页。
[4]《考古》1961年第10期，第519—530页。

典型陶器包括盆形鼎，厚壁喇叭口杯、红顶钵、鬹和斝。缺少鬲和甗（图252）。[1]

根据李文杰于1980年的归纳，已发现的青龙泉三期文化遗址不到20处，分布于湖北、豫南和湘北，或多或少地与屈家岭文化的分布范围一致。[2]可是，其大多数遗址的考古资料尚未发表。[3]屈家岭文化早于青龙泉三期文化，根据地层学和测年学的证据，屈家岭文化显然是青龙泉三期文化的土著文化，但从其轮制陶器、灰陶、篮纹和方格纹以及上面提到的新器型来看，青龙泉三期文化的确发展成了龙山类型的文化。在随葬品方面，亦有确切无疑的迹象表明了其社会的分化。[4]已发表的资料不足以进一步概括青龙泉三期文化的特征，但这种广泛分布的龙山文化的存在，表明了它作为湖北史前文明的基础的极大可能性，它与其东部和北部的龙山或龙山类文化相当。位于湖北及其附近地区的长江中游盆地是楚文明的故乡，楚文明在公元前2000年代后期及公元前1000年代是至关重要的，这一事实使得上述可能性更引人入胜，令学者们跃跃欲试想做这方面的工作。

公元前3000年代是龙山文化的时代，正如我们在本章开头时所讨论的，龙山文化继续保持了在其1000年前开端的中国文化的传统。虽然已进行的考古工作量及研究深度尚不平衡，我们迄今所面临的问题及吸引人的线索要比完整的答案更

---

[1]《中国考古学会第二次年会论文集》，也见于《江汉考古》1985年第1期，第76—81页。
[2] 李文杰《中国考古学会第二次年会论文集》1982年。
[3] 已发表的资料除青龙泉遗址外，其他资料见于《考古》1976年第3期，第160、187—196页；《考古》1983年第1期，第17—29页；《考古学报》1983年第4期，第427—470页；《江汉考古》1980年第2期，第77—90页。
[4]《新中国的考古发现和研究》，第136页。

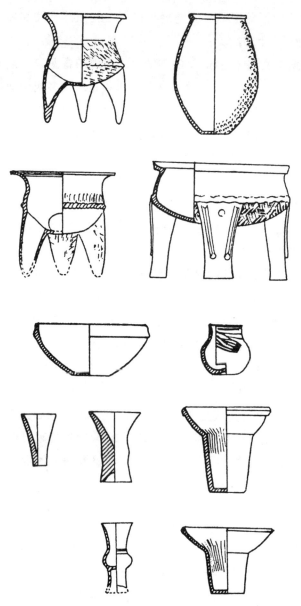

图 252 青龙泉三期文化的陶器器型
（据《中国考古学会第二次年会论文集》，1982年，第15页）

多。上面那些已被简要描述的文化——山东龙山文化、良渚文化、黄河中游的龙山文化、齐家文化和青龙泉三期文化，无论在考古学上或生态学上都已被明确地界定了。

然而，到了龙山文化时期，相互作用范围的完整性得以强化，不仅其在物质文化上的风格相似，而且其社会组织结构及意识形态上的发展趋向亦相似，如今，这已明显地表现于整个相互作用的范围内。这必定意味着相互交往已变得经常化和深入化，超越地区界限对于相互联系的社会及文化方面的变化起到了刺激作用，让我们瞥一眼该种到处发芽的新事物（由于风格上的相似性，其必定亦是相互联系的）：

1. 从考古学意义上说，已有了铜器存在的证据。大多数为小件装饰品以及非农业工具，它们出土于齐家文化以及山东、豫西、晋南的龙山期遗存中。迄今的发现，不足以表明一个较大的金属行业的存在，但根据其后来的发展，人们确认龙山文化的冶金业值得注意。王城岗遗址所出土的青铜器皿残片有着特殊的重要意义。

2. 就手工业方面而言，重要得多的是轮制陶技术的广泛应用，龙山文化的多样性使得其各自的陶器有着巨大的差异性，但从红陶到灰陶这一势不可当的变化以及彩陶的普遍减少，一定是陶工们自觉选择的结果，他们有改进的陶窑及陶轮，肯定是龙山文化的社会结构中一支专业队伍的代表。

3. 夯土建筑技术以及使用该技术所筑成的城墙，在龙山文化中仍属于个别情况，但山东、豫东、豫北和豫西所发现的城墙，既表明了建筑技术的传播，亦表明了修筑公共防御设施必要性的增加。

4. 考古学迹象表明，当时暴力的使用已经制度化了，这与防御设施的增加相联系。使用暴力的迹象以两种形式存在——

一种是进行战争或发动袭击的迹象，诸如涧沟村水井中所发现的颅骨及尸骨；另一种可能是宗教仪式牺牲者的墓葬，这些墓葬与首领或特权人物墓址建筑相关。

5. 有几种被用于宗教仪式上的表现物，其中的一些尤其与政治地位高者密切相关。首先是一些动物和鸟在宗教艺术中所起的作用，诸如近来那些在山东两城镇被发现或被识别出的以及江苏、浙江的良渚文化遗址中的发现，再加上山西陶寺类型中的发现。

6. 琮，一种颇具特色的宗教仪式用品，特别是当它与动物和鸟相联系的时候，就表述了一种独一无二的宇宙论。琮被发现于沿海地区的良渚文化和内陆地区的陶寺类型，这并非偶然，它无疑代表了一种跨地区传播的宇宙观或者甚至是一种使该宇宙观发挥重要作用的广泛基础。若我们把玉璧包括在宇宙观的范畴内，齐家文化亦被包括在内了。

7. 龙山文化遗址中，普遍出土卜骨的事实是在广阔的地域内进行交流的另一种表现形式，或是其宇宙观的基础。

8. 考古发现的关于制度化的暴力和宗教仪式的迹象，近乎必然意味着一个有着激烈的政治、经济分化特征的社会，那正是我们在许多龙山文化的墓葬遗存中所见到的。我们已在公元前5000年代和前4000年代的新石器文化遗址的墓葬遗存中见到了社会等级的迹象（见前文）。在龙山文化墓地遗存中，这种趋向的进程得以加快，程度亦得到加强。而且，正如呈子（山东）和陶寺（山西）墓地所显示的那样，政治和经济上的两极分化，似乎已发生于氏族及家族的范围内，其间经过一系列的发展阶段。

所有上述事件，已通过考古发现得以清晰地显示，但他们并非是指单纯的龙山文化。作为替代，它们表明了社会生活中及文化上的一系列相互关系的变化，这些变化发生于中国文化相互作用范围内每一地域内的文化中,从各地域文化发展序列的观点来看,在 2000 年间,外部相互作用网和内部的变化都是在为下面的事做必要的准备,即在接近公元前 3000 年代末,迈过下一道门槛,进入国家都市化和文明社会。

那么,从地理上看,这一系列变化向南和向北推进了多远呢?迄今为止的考古学发现,已使我们能够将黄河中下游和长江中下游置于讨论之中,但其附近周围地区亦暴露出有启发意义的线索。

在北方,辽河上中游的红山文化继续发展至公元前 3000 年代,不过,考古发现表明,龙山类型文化的影响已达到冀北[1]和辽东半岛。磨光黑陶遗存被发现于辽东半岛伸入海中的一端,诸如羊头洼遗址,原来人们认为当地的龙山文化已取代了土著文化遗存,这种土著文化以篦纹褐陶为代表,其遗址,诸如长山列岛的上马石遗址。尽管其显然常受到龙山文化新成分的巨大影响,该影响可能来自渤海湾对岸的山东,但是近来在诸如大连郭家村[2]和旅顺于家村[3]新石器文化所进行的更深入的发掘,已表明了这里的原住民文化是其更早文化的延续。

在南方,龙山期文化特征的出现超出了长江流域,在公元前 3000 年代,集中到达了整个东南沿海,但一系列相互联系的社会、政治、经济变化似乎并未接踵而至。其中的一些变化,开始出现于这些南方地区,但其全部后果直至几百甚至一千年后才被感受到,时间是在公元前 2000 年代及公元前 1000 年代的早期。这具体取决于被讨论的各地区的情况。在涉及龙山文化期的公元前 3000 年代,东南沿海地区最著名的

───────

[1]《考古学报》1959 年第 3 期,第 17—35 页。
[2]《考古学报》1984 年第 3 期,第 287—328 页。
[3]《考古学集刊》第 1 辑,1981 年,第 88—103 页。

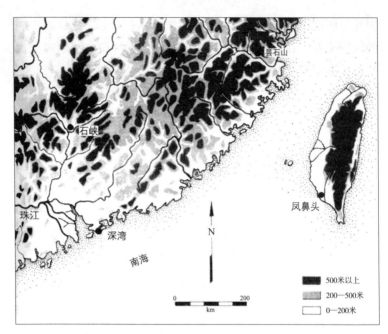

图 253 中国东南部的龙山时代文化遗址

遗址为福建的昙石山遗址、台湾的凤鼻头遗址、香港的深湾以及广东的石峡遗址。下面是对这些遗址中的每一处遗址及其文化的简要介绍（图 253）。

六 东南沿海地区文化

1 昙石山遗址

据说已有 1000 余处史前文化遗址被发现于福建省，[1]但其中昙石山遗址是最著名的。该遗址位于从福州沿江上溯 22 公

---

〔1〕《考古学报》1980 年第 3 期，第 263—284 页。

里处。自从1954年以来，已被发掘了7次。[1]其遗存被分为三层：最上层是以东部及东南部沿海一带青铜时代的所谓的"几何印纹陶"为特征的，中下层是新石器时代文化遗存。出自中层的两件蚌标本的年代分别为 3090±90 B.P. 和 3005±90 B.P.，从而将该层的时代置于公元前2000年代中期，[2]但两个来自溪头遗址上层的热释光年代数据（4240±190 B.P., 4310±190 B.P.）表明昙石山中层的下限早于公元前2000年代，其下层则更早。[3]溪头遗址与昙石山遗址密切相关，从类型学的角度来看，其下层遗存与昙石山遗址的中层是一致的。

在下层，陶器由泥质或夹砂的灰陶、黑陶、浅黄或红陶构成。其通过采用泥条盘筑法手制而成，器表常饰有绳纹、刻划纹、镂孔或彩陶图案。器型主要为鼎、斜沿有颈的圜底釜、圈足鼓腹罐、单长柄彩陶罐、碗和圈足豆。到了中层的时期，这些特征中的大多数依然存在，但此时有更多的陶器口沿上有慢轮修整的痕迹，陶器一般也更精制、更美观。中层和下层皆出土了若干座墓葬，皆为单人土坑墓，许多墓随葬有饮食器皿，数量从两个到十六个不等。在曾凡先生看来，这表明了财富的不均。[4]然而，这种不均在范围或种类上，皆不能与龙山或良渚那随葬了木制和玉制宗教礼仪用品的墓葬相比。

昙石山遗址的一个显著特征是其贝丘遗存。它主要由海洋贝类（蚶属、牡蛎属和耳螺属等）遗骸构成。如今，该遗址位于距海岸65公里、靠闽江的一块长20米的台地上。不过，当史前居

---

[1]《考古学报》1955年第10期，第53—68页；《考古》1961年第12期，第669—672页；《考古》1964年第5期，第173—205页；《考古》1976年第1期，第83—118页；《考古》1983年第12期，第1076—1084页。
[2]《考古》1974年第5期，第337页。
[3]《考古学报》1984年第4期，第499页。
[4]《中国考古学会第一次年会论文集》，第137—141页。

民生活于该遗址时,海岸线大概就在附近,这是海侵的结果。贝丘遗址出土了大量的动物骨骸,包括狗、猪、熊、虎、鹿和象。

总体说来,这是一个农业村落,同时,它亦利用海洋、河流和森林资源。在陶器风格上,它以大坌坑类型为基础,属于龙山文化范畴,这足以说明其器皿和器表特征以及器型。

2 凤鼻头遗址

台湾已发现了数百处史前文化遗址,不过已被集中发掘和全面报道的并不多,凤鼻头和大坌坑就是其中的两个遗址[1]。凤鼻头山的史前遗存,位于台湾西南部高雄市东南的凤山台地的南端,离海岸约1公里,该遗址是在第二次世界大战接近尾声时被发现的,但直到1965年初才被集中发掘。该遗址最早的遗存以绳纹陶为特征,属华南沿海的大坌坑文化(见前文)。大约从公元前2500—前400年,该遗址是一处相当重要的居住地,这里的居民从事农业、渔猎及贝类采集。该遗址的陶器有两个主要的发展阶段:较早的阶段以绳纹泥质红陶为特征,器型多样化,包括鼎和高圈足镂孔豆;较晚的阶段以粗陶为特征,有拍印纹、刻划纹和彩陶。较晚的阶段亦包括相当数量的薄、硬的轮制磨光黑陶,它的大部分遗存是贝丘,其中的一处贝丘中发现了一座单人墓,为仰身直肢葬,头向朝南。

凤鼻头遗址的两个阶段在年代学上与昙石山遗址的两阶段相对应,它们亦共有若干的陶器器型,其陶器风格一致,靠近河口环境的生活方式亦相似。尽管通过初步尝试已经获得了相

---

[1] K.C.Chang, *Fengpitou, Tapenkeng, and the Prehistory of Taiwan*, New Haven:Dept. of Anthropology, Yale University, 1969.

当数量的考古资料，但我们需要在整个台湾海峡地区进行更深入的调查，以制出一张大区域范围的文化年表。

3 深湾遗址

广东沿海的考古工作始于20世纪30年代，[1]到1985年已发现了几百处遗址。在最近一篇文章中，杨式挺进行了首次富有思想性的综合，他把以沿海史前文化遗址为代表的地域文化称为西樵山文化，并将其分为三个阶段。早期：前陶器时代；中期：以绳纹和刻划纹粗陶以及"有肩石斧"为代表，其年代从5000年到6000年前；晚期：以大约4000年到5000年前的"几何纹软陶"为代表。[2]杨式挺在其所建立的体系基础上，通过该文化进行了两个推断。首先是西樵山中期能够被再分为早、晚期的可能性，其中期的早段为大坌坑文化留出了空间。其次是西樵山文化中期的晚段与昙石山下层和凤鼻头遗址的早期相互关联的可能性以及西樵山晚期（早于几何纹硬陶）与野石山中层和凤鼻头遗址的晚期相互关联的可能性。不过这又会遗留下一个合并了整个东南沿海地区文化的综合物，它将取决于闽南沿海和粤东沿海地区的更多的考古发掘。位于香港南丫岛的深湾遗址中的"F"遗存，属于被杨式挺列入西樵山中期的遗存。深湾遗址，位于如今南丫岛南岸沙滩后面的一处高起的沙坝上，沙坝上面地势平坦，该遗址自从20世纪30年代开始就广为人知，但直到1971—1977年，才由香港考古学会动员组织起一支集训队进行了5次间歇性的发掘，并出版了一

---

[1] D. J. Finn, *Hongkong Naturalist* 3-7(1932–1936), 13 parts; W. Schofield, *Proc. 3rd Far Eastern Prehist. Congr.*, 1940, pp.236-284; R. Maglioni, *Hongkong Naturalist* 8 (1938), 208-244; *J. East Asiatic Studies* (Manila), 2 (1952), 1–20.

[2]《考古学报》1985年第1期，第9—32页。

本可观的专著。[1] 该遗址的 A、B、C 及 F 遗存构成了一个结合在一起的年代序列，A 遗存为现代遗存，B 遗存的年代被估计为公元前 1300—前 400 年，C 遗存为大约公元前 2200—前 1200 年的"几何印纹陶"文化，F 遗存的年代为新石器时代中期，大体上在公元前 3500—前 2200 年。F 遗存包括（1）绳纹粗陶，主要为圜底瓮，与福建昙石山和溪头遗址下层的绳纹釜非常相似；（2）用白垩土烧成的陶器——单调的白色或浅灰色，有时为粉红色或红色，其表面被用拍子拍印了绳纹或用尖锐工具及梳子划上了刻划纹，其支座上常有镂孔；圈足豆为主要器型。饰有绳纹或刻划纹的由白垩土制成的陶器，与被发现于整个台湾南部的绳纹红陶类似，包括凤鼻头遗址的晚期。在 F 遗存出土的石器中，有肩磨光石斧和玦颇为著名。

4　石峡遗址

与广东沿海地区的遗址（如深湾遗址）不同，石峡遗址位于粤北山区大约 300 公里的内陆，该地区直通赣南和赣水流域——与长江相连，穿过大庾岭山口溯浈水而上，又经过始兴和南雄。正如我所提到过的，在史前史中粤北地区是一个非常重要的地区，该地区通过内河把长江流域的几个地区与东南沿海连接起来了。石峡文化的考古遗存反映出了这一点。[2]

1972 年，石峡遗址被发现，1973—1976 年被发掘。该遗址位于曲江市西南的小山丘上，一共划分出三个文化层，上层为几何印纹硬陶文化，中层为几何印纹软陶，下层为石峡文化，[3] 其地层关系与深湾或昙石山遗址相似，即使每一地区的文化发

---

[1]《南丫岛深湾考古遗址调查报告》，香港：香港考古学会，1978 年。
[2]《文物》1978 年第 7 期，第 16—22 页。
[3] 同上，第 1—15 页。

展需重复地予以强调，上述这种地层关系亦表明中国南方旧石器时代之后的史前史被划分成三部分是能经受住时间考验的，它们是绳纹陶地层（现在包括大垄坑遗址）、龙山期文化（此期文化横贯了该区域的几个地区，包括昙石山下层和中层、凤鼻头下层、深湾的F遗存、西樵山中期和石峡下层），以及几何印纹陶文化。[1] 1976年底，从石峡遗址的下层发掘出了一些居址、窑址以及108座墓葬；大多数文物出土于墓葬中。大量的稻粒被发现于窖穴、炉灶中，随葬的食品中也残存有稻米。墓葬中出土了精制的磨光石器，其种类较多，有石镬，有段石锛，有肩石斧、石铲、箭头和凿子。陶器分为轮制、模制和手制，有泥质陶和夹砂陶，陶色是从灰色到褐色。陶器中70%为素面，其余的饰有绳纹、镂孔、堆纹以及一些刻划纹、弦纹、点纹和方格纹。主要的炊器器型为鼎（大多数鼎身为浅盘型）、罐（报告中被称为釜）、甑和鬶，食器和水器为三足浅盘、圈足浅盘、圈足豆、坛、瓮以及器盖（图254）。另一类值得注意的东西是多种多样的玉器，包括琮、环、璜、玦、珠和垂饰。其六件玉琮特别显眼，令人想起公元前3000年代的良渚文化的琮。

在该遗址的初步报告中，考古学家们强调有明显的迹象表明晚期墓中的随葬品存在着重大差异：

在深墓坑的大型墓中，发现了成套的陶器、石器和精致的装饰品。死者遗骨上撒有朱砂，随葬品中发现有炭化的稻粒。在较小的墓中，仅有两三件石器和少数几件实用的陶器……大墓坑皆被用火烤得干硬，墓壁完整，保存状况很好，而小墓的墓壁火烤得不匀，墓壁破裂。[2]

---

〔1〕 K. C. Chang, *Current Anthropol.* 5(1964),359,368–375; 参见 William Meacham, *Current Anthropol.* 18(1977), 419–440, for a more recent survey of South Chinese Neolithic.
〔2〕《中国考古学会第三次年会论文集》，第92页。

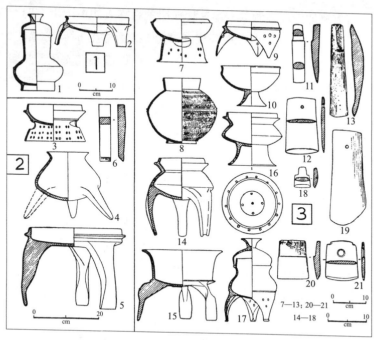

图 254　石峡文化的器物
　　（据《新中国的考古发现和研究》，1984 年，图 51）

如此的差异是重要的，但其情形与大汶口文化晚期墓一致，而并非与龙山文化墓完全相同。石峡文化——其出土文物与那些出土于江西北部的赣江下游的文物相一致，正如苏秉琦所指出的，[1] 石峡文化是一种类龙山文化遗存，其风格与公元前 4000 年代作为龙山文化前身的地域文化类型相似，不过其自身年代属于公元前 3000 年代的龙山文化时期。这是非常重要的，它表明龙山期文化的风格，循内河及东南海岸南下，缓慢地由黄河流域向长江流域移动。

---

[1]《文物》1978 年第 7 期，第 17—18 页。

第六章　最早的文明：夏、商、周三代

正如我们在前一章所表明的，中国史前史大约从公元前3000年到公元前2000年的龙山时代，对于中国社会的诸多领域皆是重要的过渡时期：贫富分化日益加剧，一些人拥有了政治特权，宗教祭祀日益受到人们的重视，这些在考古资料中都可见到。我们有充分的依据证明，当时暴力已被用于对外交往和对内控制上。考古资料证实，在公元前2000年代（或许再上溯几个世纪），诸如此类的过渡已突破了临界状态，中国历史在性质上进入了一个新阶段。在本阶段，几种相互关联的事物同时出现了：一种新的聚落形态诞生了，这就是都市；新型政权亦形成了，即国家；新型的社会形态出现了，它就是文明。这些术语的运用，清晰地昭示了中国历史上新生事物的出现，前者对于后者来说，可称得上是简明的标志，这些新生事物并非注定会出现于世界各地，它们不是放之四海而皆准的普遍原则。我们将会看到，在中国历史的进程中，都市、国家乃至文明的出现都是既有普遍性，又有特殊性的。

本阶段也发生了另一件事，即文字的使用。至于古人运用文字记述自己故事之前的那段历史，即史前史，我们只能通过考古资料来复原了，这并非是因为考古学仅能孤立地在自己的圈子里运作，而是因为没有什么其他的能用得上的东西。然而，当通过文字记载下来的历史文献出现后，它们也就能被运用上了。正如克里斯特德·霍克所指出的那样，当历史文献资料能被运用之时，学者们在研究过程中对历史文献和考古资料必须同样认真负责。[1]历史文献并不是考古学家的额外负担，而是他们的福分，如此一来，他们用来复原历史原貌的那些建筑材料就有了强力胶黏剂，从而达到浑然一体的效果。同时，历史文献中所记载的历史，未必就是我们今天所讲的历史。通过文字记载下来的历史文献是资料，正如考古学资料是我们复原历史的材料一样。

一 文献资料上所载的以及传说中的早期历史

我们已经见到了早在5000年前中国新石器时代的陶器上所刻的符号标记，这些符号肯定是古人所运用的文字符号的重要来源。不过，这些新石器时代的符号标记是零星出现的，尚未形成能被书写下来的语言。中国人可能在公元前2000年代初期，开始用文字来记载其所作所为。这些文字记录中的大多数已经不存在了，现存最早的文字记录的年代为商朝晚期，不早于公元前14世纪，还可能晚于这个时期。这些文字记录，无疑只是全部记录中的一小部分，因为我们知道，从公元前1000年代中期起，出现了相当数量的文献，这些文献，据说记载了从公元前2000年代（或更早）以来的许多史事，这些史事至少是通过文字记载或口头相传了上千年。显然，在长期流传过程中，其内容发生了许多变化，所以，公元前1000年代对公元前2000年代或更早的史实所做的记载，仅能被视为传

---

[1] *American Anthropologist* 56 (1954), 155–168.

说。但内容上的变化可能更多的是由于讹误和窜改而造成的，这远远超过添枝加叶的作用。我们坚信，那些成于公元前2000年代的文献资料肯定是丰富多彩的。

让我们先瞥一眼现存的公元前2000年代和公元前1000年代前期的文献，然后再瞧瞧已知的公元前1000年代后期的文献，看看后者对于更早的史事是如何述说的。为了方便起见，我们把前者称为古典文献，把后者叫做早期资料。

大多数古典文献，无疑被写于竹简或木简上，或被写于丝织品上。[1]《墨子》（公元前5世纪墨子的哲学论著）上说："那些竹简和帛书所言，那些金石铭刻，那些世代相传的器物铭文，是我们知识的来源。"不幸的是，就流传后世而言，竹片和丝绸是非常糟糕的材料，它们难于保存，因而我们至今未见到公元前2000年代和前1000年代前期的竹简和帛书。我们确知在商王朝（约为公元前1700—前1100年）的王宫里有记录国家大事的档案员和抄写员，他们用毛笔和墨水在竹简或木简上写字，并将其捆成书的形式（所谓的册）。然而，我们知道，这些书的存在仅仅是根据商朝文字中的"册"字（一个用绳将竹简捆在一起的象形字）的存在（图255），也依据后来文献对它们的涉猎，因为，迄今商遗址中未发现"册"的实物。[2]事实上，考古发现的最早竹简是记载随葬品的"遣册"，这些"遣册"出土于湖北随县的曾国墓葬中，其年代为公元前433年左右（图256）。[3]

从几座略晚一点的楚墓中出土了较多的竹简（曾国受到了楚文化的影响），其中包括"遣册"、礼仪记录以及现存最早的

---

[1] *Written on Bamboo and Silk*, Chicago: University of Chicago Press, 1962.
[2]《文物参考资料》1954年第5期，第25页。
[3]《文物》1979年第7期，第11—12页。

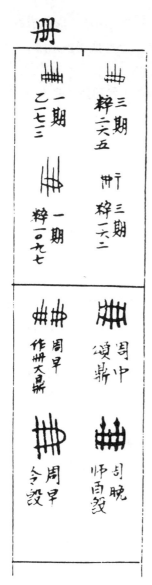 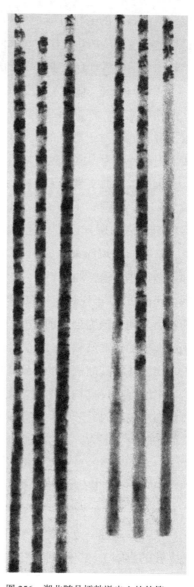

图 255　甲骨文及金文中的"册"字
　　　　（据高明《古文字类编》，
　　　　1980 年，第 486 页）

图 256　湖北随县擂鼓墩出土的竹简
　　　　（据《随县曾侯乙墓》，1980 年，
　　　　图 108）

散文书，书中朦胧地流露出了孔夫子的影响[1]。到了秦朝（公元前221—前206年）和汉朝（公元前206年—公元220年），开始出现了数量庞大的竹简和木简。在湖北云梦睡虎地的一座秦墓中，出土了许多竹简，包括有几部律书、一部编年史书、一份当地官府的文告、一部官员手册和两卷日历书[2]。至于帛书，现存最早的实物是公元前3世纪的，它出土于另一座楚墓中，该墓位于湖南长沙（图257）[3]。

至于那些"金石和器物上的铭刻"，我们有大量的被铸于青铜礼乐器和武器上的铭刻（也有少量铭刻见于其他物品上），其年代是商朝和西周时代（约为公元前1100年—前771年）。这些铭刻"每篇平均字数20—50字，少数几篇的字数或少于10字，或多于200字。最长的一篇大约有500字，被铸于一件鼎上"[4]。这些铭刻可分为两类。第一类是简单易懂的符号。通常每件器物上有一个或一个以上的徽章符号，其形态逼真，属表意符号，可能是标明了部族、血统或氏族以及建立于血缘关系基础之上的村落。第二类是小短文，大多内容简要，不过，偶尔也能见到内容较长的（图258）。铸有这些短文的铜器上有带徽章符号的，也有不带的。有的铭文描述了作为该铸造背景的某一重要事件，诸如一次战役，一次盟约、条约、一项任命，一次奖赏或典礼[5]。而这些铭文中最基本的语句是：所以作此器以纪念其'父甲'（或'母乙'等等）[6]。因为

---

[1] 李学勤，《东周与秦代文明》，北京：文物出版社，1984年，第338—342页。
[2] 《睡虎地秦墓竹简》，北京：文物出版社，1978年。
[3] Noel Barnard, "The Ch'u Silk Manuseript", Monographs, Far Eastern Hist., 5, Canberra: Australian National University, 1973.
[4] Tsuen-Hsuin Tsien, Written on Bamboo and Silk, University of Chicago Press, 2004, p. 41.
[5] 同上，第44页。
[6] 张光直，Ancient China: Studies in Early Civilization, David T. Roy and T.H.Tsien, eds., 香港：香港中文大学，1978年，第22页。

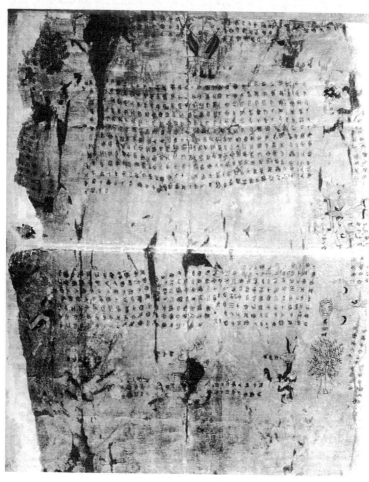

图 257　长沙楚墓出土的帛书及帛画
（据 *The Ch'u Silk in the Sackler Collections*, New York: International Arts Press）

图 258 墙盘,陕西扶风出土的一件有铭文的西周青铜器
（据《陕西出土商周青铜器》第 2 册,1980 年,图 24）

这些铭文中包含着史料，所以金文是如今可资利用的中国古代文字体系的两大支柱之一。

仅为人知的重要的古代石刻文字是被刻于十个石鼓上的"石鼓文"，它们是秦国（位于陕西）的国君为了纪念其朝廷的一次事件而命人刻制的，其时间大概是公元前7或前6世纪[1]。而近年来在位于山西和豫西的晋国故地出土了许多玉石片，上面书写着表示效忠的庄严词句，即分别效忠于晋国不同的贵族集团，其时间是公元前5世纪[2]。

若根据所蕴含着史料价值且带学术味的作品数量来衡量，最重要的古代文字并非是墨子所提出的书于金石之上的文字，他甚至不可能知其存在，这是具有讽刺意味的事。这种最重要的古代文字就是商朝晚期和西周早期刻于卜骨上的文字，它是中国古代文字体系的另一支柱[3]。在龙山文化时代，用肩胛骨占卜之风盛行，到了商周时代，占卜术亦被施于龟甲之上。在晚商和周初的许多卜甲和卜骨上，有记载占卜内容的卜辞和经烧灼而成的卜兆，有时还记下了占卜的结果（图259）。既然，所有这些卜辞来自王室档案馆，既然向神发出的卜问是在朝廷上进行的，其占卜内容涉及王和朝廷的全部事务，所以，甲骨卜辞为我们研究商朝和西周初期的历史提供了价值无量的资料。古代文字亦见于其他质料的器物上，诸如陶、石器皿、玉制武器、漆器等等，但上面所提到的那些被书于竹木简上、丝织品上、铸于青铜器上和刻于卜骨上的文字，是公元前2000

---

〔1〕《石鼓通考》，台北：中华丛书，1958年。
〔2〕《侯马盟书》，北京：文物出版社，1976年。
〔3〕商代情况见 David N.Keightleg, *The Sources of Shang History*, Berkeley: University of California Press, 1978;《甲骨学》，台北：1978年。西周情况见《西周甲骨探论》，北京：中国社会科学出版社，1984年;《古文字研究论文集》，成都：四川人民出版社，1982年。

图 259 安阳出土的商朝刻辞卜骨
（台北：中研院藏品，承蒙《生活》杂志供图）

年代和前1000年代早期的文字的主要出处。这些文字材料所记载的内容，主要包括朝廷的举措、宗教仪式和占卜、随葬品的情况、王室或大贵族的对下封赏之事、作器者的世系、官府的法令等等。看起来，文字记载的内容与上流社会的政治和宗教仪式活动是密切相关的，同时，其内容显然缺乏与经济或商业活动的关联。中国古代大量的文书，内容上属于国家事务，文字资料被大量用于政治目的，这正是中国历史编写工作开始得早且绵延不绝的一个主要原因。我们非常渴望得到处于文明门槛时期的形形色色的地方公权组织对其历史的原始记录，该时期即龙山文化及紧随其后的阶段。不幸的是，这些资料被书于竹或木简上和丝织品上，如今，我们几乎看不到作为这些文字资料载体的简册和丝织品了。首先，它们是易腐烂的东西，现存最早的简册和丝织品的年代为公元前1000年代末期，随后出土的也为数不多且残缺不全。远为重要的是我们从后来的历史中得知，秦朝的建立者——秦始皇（他统一了中国）下令在全国焚烧政治类的书籍。根据由汉朝史学家司马迁在公元前100年左右所编写的中国通史——《史记》的记载，在秦始皇三十四年（前213年），丞相李斯建议，烧掉除秦史之外的所有史书。除官方的学者外，任何人所保存的古代诗歌、史书或诸子百家的书都一律由地方官和军队将领没收和焚毁……不必焚毁的只是那些医书、占卜书和农书。秦始皇采纳了该建议，焚书在整个秦帝国的范围内进行[1]。幸免于秦人焚书浩劫的书寥寥无几，且常处于因被腐蚀而残缺的状态。先秦时代的历史学家们治史所必看的早期文献主要包括：

《诗》（或称《诗经》）

《书》（或称《书经》或称《尚书》）

《易》（或称《易经》或称《周易》）

《周礼》、《仪礼》和《礼记》（或称"三礼"）

《春秋》（鲁国的编年史）

《春秋三传》（即《左传》、《公羊传》和《谷梁传》）

《纪年》（或称《竹书纪年》，魏国的编年史）

《国语》

---

[1] *Records of the Historian*, H. Y. Yang and Gladys Yang trans., Hong Kong: Commercial Press, 1975, p. 178.

《周书》(或称《逸周书》)

《战国策》

《世本》

《穆天子传》

《山海经》

《楚辞》

东周时代哲学家的文集（诸子文集），这些哲学家包括孔夫子（他的著作《论语》）、孟夫子（《孟子》）、老子（《道德经》）、庄子、墨子、管子、商鞅（《商君书》）和韩非子。

其他的先秦文献，在治史时大多用得很有限。

司马迁看到了这些文献中的许多内容，并据此编著了《史记》，该书成书于公元前1世纪初，是一部全面而系统的中国古代史。当然，这些文献中的每一部在其成书年代，权威性和真实性上所存在的问题和疑点都不少。我们不想在这里开始对先秦文献进行探究[1]。可是，这些文献（其年代都被确定为不早于公元前1000年代）共同叙述了古代中国延续发展的过程，构筑了其基本轮廓。即使这些基本轮廓必须留到文献学的著作中去专门论述，然而就我们的目的而言，该段历史过程的有些重要特点在我们陈述余下的考古资料时将会对我们有所帮助[2]。

中国古代基本的行政单位是邑（城堡），被统治到一起的城堡集团（数量多少不等）构成了国。国，是一个能发挥彼此间相互影响作用的基本政体，其名为氏。一国的统治者们都属同姓，或属于同一父系氏族，他们统治着其氏族的成员，也

---

[1] 《先秦文史资料考辨》，台北：联经出版公司，1983年。
[2] 下列综述所依据的文献颇多，以至于无法一一列举。首先参看作者的 *Early Chinese Civilization*, Cambridge: Harvard University Press, 1976;《中国青铜时代》，香港、北京、台北，1982—1983年。

统治着归于其控制之下的其他氏族的成员。根据上述早期文献，古代中国的大地上，至少分布着数百个这样的国家，每一国都有一座最重要的城作为其都城。在这些文献中，这些国家中的许多国名、统治者被赋予古代英雄和圣人的名号。这数百个国家以两种方式相互影响，了解这两种方式对我们来说是颇为重要的。首先，相邻的国家共有一个传说中的祖先和相同的文化。根据对各个国家的物质文化和礼仪习俗的大量的断断续续的描绘，研究古代史的历史学家们，常将它们归类为若干个并存的文化圈或民族圈。这种划分中最著名的一个例子便是傅斯年的夷夏东西说。东方指处于黄河、淮河的冲积平原上以及东部沿海的诸多部族，他们都被称为夷或东夷；西方指位于陕西、山西和豫西黄土高原上的众多部族，他们被称作夏[1]。蒙文通也看到了这种东西差别，他更喜欢把东方的部族冠之以海岱民族，但他又给补充了一个部族集团，这第三者便是地处南方的江汉民族。实质上，徐炳旭亦进行了相同的分类，他将上述三大集团分别称之为东夷、华夏和苗蛮集团（图260）[2]。依据文献资料所划分出的文化圈和民族圈与山东地区、黄河中游和长江中游的考古发现是相辅相成的。

同时并存的各个国家不停地相互争斗，彼此间的战争常常以一国被另一国征服而告终。其结果是既有努力不断膨胀的强大国家，亦有弱小者。不过，根据文献记载，在公元前221年之前，并没有哪一个国家征服了其他所有国家。然而，在此前的2000多年时间里，偶尔有其中的一些国家尝试着进行过大规模

---

[1] 见傅斯年，《庆祝蔡元培先生六十五岁论文集》，中研院历史语言研究所，1935年，第1093—1134页。
[2] 《古史辨》，上海：商务印书馆，1933年出版；徐旭生，《中国古史的传说时代》，北京：科学出版社，1960年。

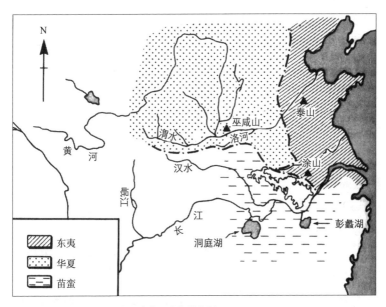

图 260　徐炳旭所划分的中国古代三大部族集团
　　　（据《中国古史的传说时代》，1960 年，第 65 页）

图 261　山东嘉祥武梁祠东汉石刻画像，其内容表明了（从右向左）传说中
　　　三皇五帝的接续（据《汉武梁祠画像录》，1936 年）

第六章　最早的文明：夏、商、周三代

的远征和探险，要求得到或被赋予当时霸主的殊荣或者追溯回这种荣誉。在早期的文献中，我们看到，当时的史家们试图将不连贯的有影响的人物拼凑成一个朝代的世系，并以一系列在先的贤君及圣人作为开端。在后来晚得多的时代，通过努力的拼凑，这些圣人先贤被系统地划分成三个时代的人物（图261）：

1. 三皇——伏羲，共同的祖先，经常被配以女娲；神农，文化上的圣人，是第一位种植五谷者；祝融或燧人氏，发明了人工取火。

2. 五帝——黄帝，受人称颂的黄帝，文明之规的创立者；颛顼，开天地者；帝喾；帝尧；帝舜。

3. 三代——夏朝，由治水的英雄大禹创立；商朝，由汤建立；周朝，由武王建立。

尽管终周一世在理论上归周王室统治的许多国家继续为权力和财富而争斗不已，但到了东周时期，早期文献激增，其中那些流传至今的足以证实周王朝的真实存在。公元前771年，周朝的王都，从陕西迁到了河南洛阳，因此，周朝又被再分为西周（至公元前771年结束）和东周（公元前770年—前256年）。在西周时期，有一个摄政阶段，当时，周王的权力暂时由摄政者代行。从摄政的第一年（公元前841年）起，司马迁开始用年来确切叙述从那以后的古代历史事件，但他无法确定在此之前的王者们的具体年代，只好用世系而不是年来计算时间的推移。有多种年代学体系来确定更早的朝代；那些被共同采用的（通常被认为是靠不住的）做法是，把夏朝置于大约公元前2200年和前1750年之间，将商朝定为公元前1750年至前1100年，而西周开始于公元前1100年左右[1]。

---

[1] 见周法高，《大陆杂志》1984年第68期，第195—222页。

尽管夏、商、周三代中有统治时间较长的时期,然而,三代可能至多是诸多国度中的某几个,在一段时间里取得了统治权而已。但是,该三个政权在各自所进行统治的时期,其文明发展的水平可能高于所有别的国家。在公元前2000年代,可能存在着一个趋势,即彼此争斗的诸国向着形成日益扩大的国度发展。如此一来,国家的总数倾向于减少。根据顾祖禹(1624—1680年)出色的综合分析,中国古代国家的历史可被归纳概括如下:

传统的说法是当夏禹在涂山召集各邦首领时,有万邦首领携玉和丝绸而至。至商汤受命于天来肩负重任时,尚有3000余国。到了周武王大会诸侯而检阅军队时,有1800个诸侯。当周王朝开始将王都由镐京向东迁至洛阳时,还有1200个邦国。在从迁都至春秋末期的242年间,诸侯们进一步卷入了相互兼并之战,在春秋经传中仅见到100余国。其中在结盟和征战中记载清楚的是14个诸侯国:鲁、卫、齐、晋、宋、陈、郑、蔡、曹、许、秦、楚、吴、越。另外的113个诸侯国被大国们所征服,将其财产和武装交由大国们处置。[1]

这里所概括的夏、商、周三代时期的情形,肯定能被追溯至夏朝以前。若夏朝始于公元前2000年左右,则传说中的那些英雄和圣人所处的时代可被推断为龙山文化时代。我们已见到了龙山文化的城堡,其社会等级分化明显,祀与戎成为大事。这些城堡,或许是三代时期许多邦国的前身。到了三代时期开始时,我们注意到有关该时期的中国历史文献与考古资料达到了相互结合的境界。

---

〔1〕 顾祖禹,《读史方舆纪要》第1卷。

二 二里头文化及其对夏王朝的探讨

现代考古学与历史文献资料的结合发生于1928年,其地点是殷墟——传说中商朝最后的都城,自从19世纪和20世纪之交,这里出土的卜辞引起了学术界的瞩目之后(见下文),殷墟这个地方亦引起了人们的注意,当时的考古发掘也就在此地开始了。从那时起,一个紧迫的任务就摆在考古学家们的面前,即把已付诸商史研究的那些做法再用于对夏王朝的探索,以解决那些与这些传说中的王朝相关的历史文献记载问题。殷墟的考古发现,特别是其所出土的卜辞中关于商王室的资料,对历史文献中关于商朝的记载提供了强有力的支持,即与《史记》中对商王朝的综述基本一致。为此,研究古代史的历史学家和考古学家们深受鼓舞,并相信历史文献中关于夏朝的记载(也被系统地综述于《史记》中)大概实质上也是可信的。他们希望考古学家能对此予以同样的证实。

尽管文献卜记载的关于某些夏王[1],特别是夏朝的创立者——禹的许多故事带有神话色彩,但中国的历史学家们基本相信有关夏朝的文献记载,主要是根据许多历史文献上和民间传说中所谈到的被夏朝用作政治中心以及监狱的城镇。历史地理学一直是中国传统史学的一个特别重要的组成部分,口头流传或文学书中所描述的关于某一城市的传说,经常能延续几个世纪甚至上千年,我们必须认真对待这一情况,而它对于任何一位利用了历史地理方面的百科全书的学者来说,正是一个可靠的前提条件。这些百科全书包括《水经注》(成书于大约公

---

[1] 顾颉刚,《古史辨》,北京:朴社,1927年; "The Myth of the Xia Dynasty", *J. Royal Asiatic Soc.* 1984(2), 242—256.

元 500 年)、《太平寰宇记》(成书于大约公元 1000 年),大量的地方志以及当代的经典著作,诸如陈槃的《春秋大事表国爵姓存灭表议异》(1969 年出版)[1]。

因此,1959 年考古研究所的徐旭生及其所带领的考察队出发去寻找夏墟。他们奔向了传说中夏朝城市最集中的地区。

> 我们想找出夏氏族或部落所活动的区域,就需要从古代所遗留下来的传说中去寻找……由于夏代离现在很远,所保留的史料已经不丰富,尤其是里面包有地名的史料。徐旭生约略地统计一下:在先秦书中关于夏代并包含有地名的史料大约有 80 条左右……仅只不到 30 条关于夏后氏都邑的记载……在研究这些名称的基础上,他们认为有两个区域应该特别注意:第一是河南中部的洛阳平原及其附近,尤其是颍水谷的上游登封、禹县地带;第二是山西西南部汾水下游(大约自霍山以南)一带。[2]

徐旭生等人在豫中地区活动了一个多月。在他们所考察的遗址中就有二里头遗址,该遗址最初被发现于 1957 年,在二里头村南,位于偃师西偏南 9 公里的洛河边。该遗址的范围,东西长 3—3.5 公里,南北宽约 1.5 公里。他们在遗址上采集到的陶器碎片,"与郑州洛达庙、洛阳东干沟的遗物性质相类似,大约属于商代早期"。洛达庙[3]和东干沟[4]是先前被发现的遗址,其出土的陶器在类型学和地层学上都介于龙山文化和 50 年代前

---

[1]《中研院历史语言研究所专刊》第 52 辑,1969 年。
[2]《考古》1959 年第 11 期,第 593 页。
[3]《文物参考资料》1957 年第 10 期,第 48—51 页。
[4]《考古》1959 年第 10 期,第 537—540 页。

期发现的以郑州二里冈为代表的商文化类型之间。由于洛达庙遗址所出土的陶器,确切无疑地显示出了与商文化的密切关系,该遗址被认为是商代早期的典型遗址。到了1959年,二里头遗址出土了与洛达庙遗址相同的陶器。后来,在70年代,人们搞清了洛达庙、东干沟和二里头遗址都属于二里头文化,该文化的遗物,实际上早在1953年就首先出土于河南登封的玉村[1]。二里头文化是商代早期文化吗?我们眼下就讨论这个问题。

由于徐旭生的特别关注,二里头遗址成了考古研究所进行考古发掘的一个热点。那里已见于报道的考古发掘是在1959年[2]、1960—1964年[3]、1972—1973年[4]、1975年[5]、1980年[6]和1981年[7]。那里的考古工作不断有新的进展,最终的报告尚未出版,然而,通过对已知的资料的概括,我们足以了解二里头文化的特点,该文化是处于中华文明开端的一个重要而有特点的文化类型。

二里头遗址的文化遗存分布于1.5公里×2.5公里的范围内,该遗址的地势比周围略高一点,文化层一般较厚,在有些地点厚达3米。其文化遗存通常被划分为四期,这四期被认为皆属于同一个文化类型。第二期的遗物非常丰富,在该期还发现有夯土房基。第三期出土了大型建筑遗存和有朱砂的墓葬,但第二、三期之间无明显的分隔。第四期有大量灰坑,暗示出在该阶段没发生人口锐减的现象。第四期与郑州商文化的二

---

[1]《文物参考资料》1954年第6期,第18—24页。
[2]《考古》1961年第2期,第28—35页。
[3]《考古》1965年第5期,第215—224页。
[4]《考古》1974年第4期,第234—248页;《考古》1975年第5期,第294、302—309页。
[5]《考古》1976年第4期,第259—263页;《考古》1978年第4期,第270页。
[6]《考古》1983年第3期,第199—205、219页。
[7]《考古》1984年第1期,第37—40页;《考古》1984年第7期,第582—590页。

里冈下层相当[1]。关于二里头究竟是夏文化还是商文化的问题，初步的地层学资料显得有些滞后。

在遗址中，发现了两处宫殿规模的建筑基址和一些小型房基及居住面、灰坑、陶窑、铺以卵石或覆以夯土的道路、水井、青铜铸造遗存以及墓葬。未见有围墙发现的报道。

该遗址最首要的特征是两处宫殿基址。这两处基址皆为长方形，南北向，皆用夯土建成（图262）。1号宫殿基址被发掘于1960年，面积为108米×100米。基址厚度为1米多至2米多，被建于一个高出原来周围地面80厘米的土台上，该土台由每层厚度为4.5厘米的黄色夯土层构成。基址北部的中间建有一个面积为36米×25米的长方形平台。在这个低矮平台的顶上是柱洞，这些柱洞勾勒出了一处长方形殿堂的建筑轮廓，其面积为30.4米×11.4米。此殿堂的墙和屋顶早已不存在了，但残留的遗存，足以表明其结构是荆笆抹泥的木骨墙，加上有斜坡的屋顶。一些柱下有圆形的石柱础。沿整个基址的边缘，发现了夯土墙体的残段，其宽45—60厘米。这些以及沿基址周边分布的柱洞排列格局，暗示出有一条连续的走廊环绕着整个建筑物。南边有一座大门。靠近这座大型建筑基址的是一处处另外的夯土房基，其中有一些可能是大型建筑的附属结构。在基址之上发现了10座墓葬，该宫殿基址在年代上属遗址的第三期，而墓葬属第四期，因而这些墓并非葬于建宫殿之时。不过，其中一些墓的确显示出了重大祭典的迹象。55号墓中有一具双手似乎被缚的人骨架，另一座墓——60号墓的墓坑为浅圆形，正好位于一根柱子的外边，墓坑内填满了夯土。

2号宫殿基址位于1号基址东北150米处，面积较小，不

---

[1]《考古》1984年第7期，第589页。

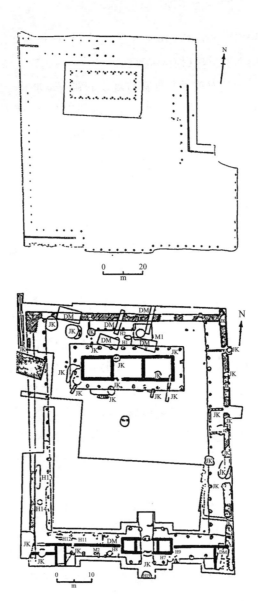

图 262 河南偃师二里头的两座宫殿基址（上：1号宫殿基址；下：2号宫殿基址）
（据《考古》1974年第4期，第235页；《考古》1983年第3期，第207页）

过,保存状况较好。其面积为南北长73米,东西宽58米。在基址北部中间亦有一座殿堂,它建于一个正方形的平台上,平台每边长约33米,殿堂被分成三间,外接走廊。沿基址的东西边是走廊,而在南边有一条复廊。南大门为庑式建筑,由殿堂和廊庑形成了庭院。在庭院下有一个由陶管构成的排水系统。殿堂北面有一座大墓,该墓为土坑竖穴墓,长5余米,宽4米。墓内有生土二层台。墓内填土全是层层夯筑而成的。根据地层关系,该墓葬与殿堂的时代相同。尽管该墓被盗一空,不过仅存的漆器碎片、朱砂和一具狗骨架表明该墓随葬品丰富。

尽管整个平面布局尚不清楚,但除了两处宫殿基址外,还发现了许多小房基。这些房基中的大多数为面积不等的长方形。许多房基长度较大,包括多个房间,一些房基为半地穴式。在已报道的墓葬中可见到贫富悬殊的现象。一些墓葬中有随葬品,这些墓中常出土有残存的漆棺和朱砂(图263);其余的墓葬中则不见随葬品。与1号宫殿基址相关联的墓葬中,有几座显露出了使用暴力的迹象:205号墓的人骨架呈扭曲的挣扎状,手被缚于头部之上,显然是被活埋的。24号墓为俯身葬,一只手压在身下,另一只手则在背上。至今未见与房基和宫殿基址相关的墓葬的整体布局的报告。待到该遗址的平面图被公布时,那将是最令人感兴趣的。

发现于该遗址的遗物大多为陶、石、骨、蚌器。陶器中占绝对优势的是灰陶,由泥条盘筑法、模制法、手捏或轮制而成。红陶、黑陶和黄陶亦偶有发现。器表流行绳纹,不过篮纹(特别是在最早的时期)、方格纹和弦纹也有出土。晚期出土的泥质陶器在内壁上多印有麻点。就器型而言,常见的实用器物有瓮、大口尊、鼎、三足盘、平底盆、鬶、澄滤器、罐口沿下附加对称的鸡冠形錾,在晚期遗存中出现了甗和鬲。此外,该遗址还

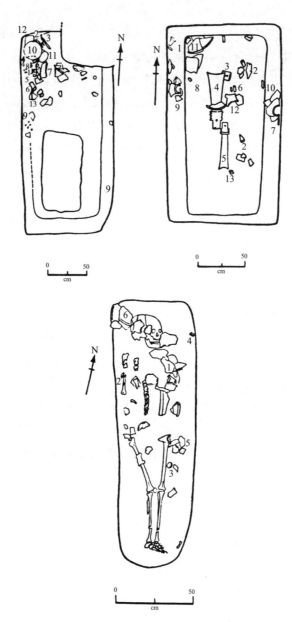

图 263　二里头遗址的墓葬
（据《考古》1983 年第 3 期，第 202 页）

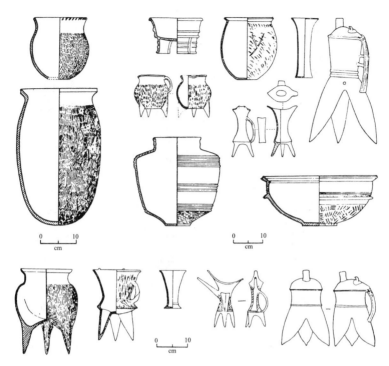

图 264 二里头出土的陶器器型
(据《新中国的考古发现和研究》,1984 年,图 57)

出土了一组酒器组合,包括有特色的盉、爵、斝、觚。这些酒器与同名的青铜器样式相同,同名青铜酒器有一些在二里头文化时期即有出土,其余的则是后来才有发现。二里头遗址所出土的另一种有特征的器型是四足陶鼎(图 264)。

农业生产工具则仅有石、骨、蚌器:石刀、蚌刀和石镰、蚌镰以及石、骨、蚌锄。斧、锛、凿和镞亦主要是石质的,不过,也发现了少量的青铜工具——刀、钻、锛、凿(根据对一件锛所做的定量分析,铜的含量为 98%,仅有 1% 的锡)。还有青铜镞、青铜鱼钩和圆牌形青铜器,这种圆牌形青铜器,可能是木器或织物上的装饰物。不过就数量和体积而言,青铜器的主

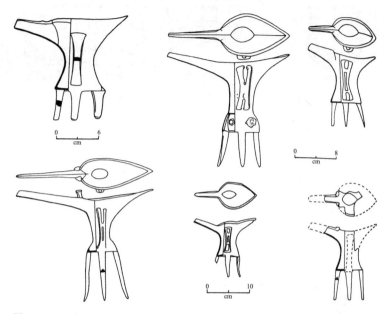

图 265　二里头出土的青铜爵
（据《考古》1975 年第 5 期，第 305 页；1976 年第 4 期，第 206 页；1978 年第 4 期，第 270 页；1983 年第 3 期，第 203 页）

体应为礼乐器和武器。尽管陶器中的全套酒器说明，在青铜器中也应有同样的器型并存，然而，迄今为止所出土的青铜酒器仅有爵，见于报道的爵已有七件（图 265）。

这些爵全是青铜的（根据一次定量分析，铜是 92%，锡为 7%），皆为用范铸成的（可能是用 4 块范）[1]。到目前为止所发现的青铜武器有戈和刀（图 266）。

已出土的唯一的青铜乐器是小铃，而有一件石磬出土。

---

[1] Noel Barnard, *Bronze Casting and Bronze Alloys in Ancient China*, Monumenta Serica monograph ser.14, Australian National University, 1961.

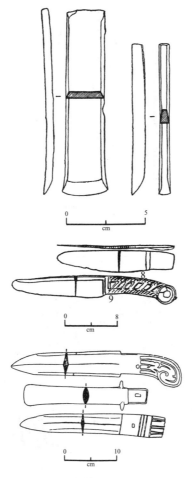

图 266 二里头出土的青铜工具及武器
（据《考古》1975 年第 5 期，第 305 页；1976 年第 4 期，第 260 页）

其他的重要遗物也很丰富。这些包括玉器，特别是琮和长刀、钺（图 267），货贝、绿松石和镶嵌绿松石的青铜牌（图 268）、木胎漆器，漆器的器型有豆、杯、碗、觚和鼓（图 269）。镶嵌绿松石的铜片上、漆器残片上和许多陶器上的刻纹（图 270）

第六章 最早的文明：夏、商、周三代 369

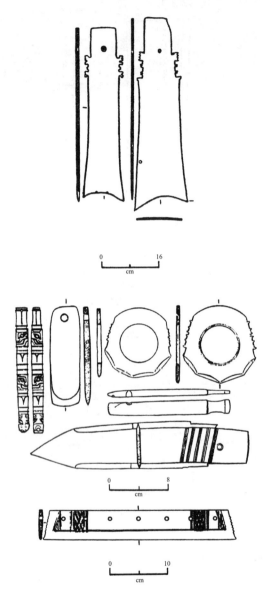

图 267　二里头出土的玉器
（据《考古》1976 年第 4 期，第 260 页；1978 年第 4 期，第 270 页；1983 年第 3 期，第 204 页）

图 268　二里头出土的嵌绿松石
　　　　的青铜牌
　　　　（据《考古》1984 年第 1
　　　　期，图版 4）

都表明在二里头文化的艺术图案中流行以动物纹饰为基本花纹。已出土了被用于占卜的猪、牛、羊的肩胛骨。在一块骨片上刻有一条鱼。但卜骨上未见有卜辞。在陶器上发现有若干符号和标记。尽管对于不断进行的发掘工作来说，已发表的报告仅是初步的，但清楚的是二里头已出土了全面的遗存，该遗存表明了其处于一个与龙山文化有着本质区别的社会和文化发展阶段。这个阶段的特征是，出现了宫殿建筑以及与安阳王陵墓规模相当的随葬有珍稀物品、青铜礼器及武器的大墓，在该阶段的遗存中，出土了成套的专用酒器，存在着可能与宗教祭祀相关的、以人为牺牲品的现象，有使用文字的迹象。这些新特征表明二里头文化时期，社会财富及权力已集中到了少数特殊

第六章　最早的文明：夏、商、周三代

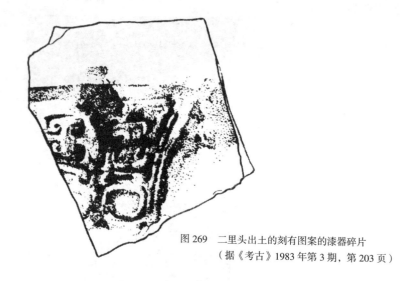

图 269　二里头出土的刻有图案的漆器碎片
（据《考古》1983 年第 3 期，第 203 页）

人物的手中，这些人明显地处于比龙山文化的酋长贵族更为显赫的地位上。

　　属于这个新文化的遗址已被发现了几十座。据报道，它们位于豫中和豫西[1]以及晋西南[2]的若干个县，集中于洛河、颍水、汝水流域以及汾河、涑水和浍水流域——恰好是河南龙山文化的豫中和豫西类型的分布区。在该区域内，晋西南的遗址据信构成了一个地域类型，其中一个著名的遗址为东下冯遗址[3]。但是，整个二里头文化相当明确地源于该地区的龙山文化。实际上，在几个地层关系明确的遗址中，诸如洛阳的矬李[4]和密县的新寨[5]，通过中间过渡地层，由龙山文化风格至

---

[1]　《考古》1965 年第 5 期，第 233 页；《新中国的考古发现和研究》，第 212 页。
[2]　《中原文物》1981 年第 1 期，第 25 页。
[3]　《考古》1980 年第 2 期，第 97—107 页。
[4]　《考古》1978 年第 1 期，第 5—17 页。
[5]　《考古》1981 年第 5 期，第 398—408 页。

图 270　发现于二里头的刻有人及动物图案的陶片
（据《考古》1965 年第 5 期，图版 3）

二里头文化风格的发展过程已被充分地证实了[1]。

另一方面，关于二里头文化究竟属文献上的哪个朝代的问题，自70年代后期以来一直是全国历史和考古学界长期争论不休的问题。正如上文所述，二里头遗址的被鉴别纵然是搜寻夏墟的考察结果，它却从一开始就被认为是商代早期遗址，因为其陶器与早些时候发现于郑州和洛阳的商代早期的陶器相似。把二里头遗址当做商代早期遗址的另一个有力的根据是二里头遗址所在的偃师市，在传说中被认为是商汤的都城之一的所在地——西亳。如果二里头属于商代早期，再加上商代中期的郑州和晚期的安阳，那么商文明的整个发展史就较为完备了。根据考古学上龙山文化、商代早期、中期和晚期器物组合的演变过程，这个发展序列是完全可能的。

然而，到了20世纪70年代，许多考古学家开始怀疑二里头文化是否属于商代早期。正如佟柱臣于1975年所指出的那样，二里头文化的地域分布，异乎寻常地与传说中夏族活动的地域相一致[2]，近年来所公布的关于二里头文化的碳十四测定的年代数据恰好在夏朝的年代范围内，而对于商朝则显得有点偏早（图271）。另外，1976年我在注意到商起源于东方的传说的同时，也注意到在考古学上商与东部沿海地区的新石器时代文化有许多相似的特点[3]。与此同时，带有夯土城墙的王城岗遗址于1977年被发掘，那种认为它是

---

[1]《中国考古学会第一次年会论文集》，第32—49页；《中国考古学会第二次年会论文集》，第153—160页；《考古与文物》1984年第3期，第53—57页。
[2]《文物》1975年第6期，第29—33、84页。
[3] 见《沈刚伯先生八秩荣庆论文集》，台北：联经出版公司，1976年，第151—169页（张光直论文）。

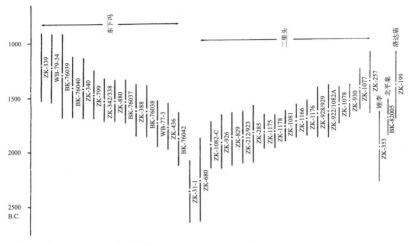

图 271　二里头文化的碳十四数据

传说中的阳城（禹王的都城之一）的观点得到了学术界的认真对待[1]。1977 年 11 月，在该地举行了一次专题讨论会，以讨论王城岗遗址与夏文明的全部关系问题，110 位考古学家出席了会议[2]。该问题对于中国考古学的重要性通过中国考古学会的第四次年会而得以显示。这次年会在与王城岗相邻的郑州举行，会议的整个内容，都围绕着中国青铜时代以及对夏、商文明的探索问题[3]。在上述会议上，与会者们观点分歧，一些人认为二里头文化是夏族的文化，二里头遗址从早至晚的四层遗存皆为夏朝遗存，而另一些人则主张，仅第一、二期为夏朝遗存，第三、四期则属于商朝遗存。在持

---

[1]《河南文博通讯》1978 年第 1 期，第 30—31 页。
[2] 同上，第 22—24、32—33 页。
[3]《中原文物》1983 年第 2 期，第 113—114 页；《文物》1983 年第 3 期，第 1—7 页；《考古》1983 年第 8 期，第 767—768 页。

后一种观点的学者们中间，有一些人欲将夏朝推至于龙山文化之中[1]。就二里头遗址而言，直到最终的报告发表后我们方能予以定论。在初步公布的资料及所进行的讨论中，存在着无法调和的观点分歧，这主要应归咎于已公布的关于该遗址的不完备的资料中那些粗略的描述。例如：一些报告强调第二期和第三期之间的间断性，由此争辩说造成这种文化差异的主要原因是商对夏的征服，而其他报告则大谈第二、三期之间在文化上的连续性及渐变过程[2]。近来在偃师所发现的一座带有城墙的商城被认为是传说中西亳的更合理的所在地，这可能会减少那种持二里头遗址是商代早期都城的观点者的论据。而就二里头文化而言，其地域分布范围与传说中夏朝都城之地望的巧合不可能纯属偶然(图272)[3]。只有等到那种能将二里头文化鉴别为文献上所载的某个朝代或民族的文字被发现之时，二里头文化与夏朝的关系问题才能迎刃而解。不过本书作者敢断定：二里头文化为夏文化，而不是商朝早期文化[4]。

---

[1] 关于夏问题的主要作者及其著作有：邹衡，《夏商周考古学论文集》，北京：文物出版社，1980年；《河南文博通讯》1978年第1期，第34—35、64页；《河南文博通讯》1980年第2期，第9—11页；《文物》1979年第3期，第64—69页；《考古》1978年第1期，第1—4页；《考古》1981年第4期，第352—356页；《文物》1984年第2期，第55—62页；《文物》1978年第9期，第70—73页；《中国史研究》1979年第2期，第132—141页；《中国历史博物馆馆刊》(1)，北京：文物出版社，1979年，第24—28页；《文物》1983年第3期，第1—7页；《河南文博通讯》1980年第1期，第17—19、24页；《考古与文物》1984年第3期，第53—57页。

[2] 《考古》1984年第4期，第352—356页；《考古》1984年第7期，第589页。

[3] 《大陆杂志》1980年第5期，第1—17页。

[4] K. C. Chang, "The Origin of Shang and the Problem of Xia in Chinese Archaeology", in *The Great Bronze Age of China: A Symposium*, George Kuwayama, ed, Los Angeles County Museum of Art, 1983, pp.10–15.

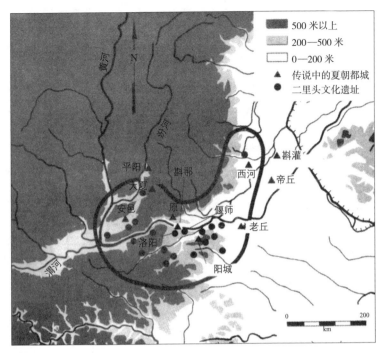

图 272 二里头文化的主要遗址及传说中的夏朝都城之所在

三 商文明的开端

我们之所以不能确定二里头文化究竟是夏文化还是商文化，首先是由于至今未发现二里头文化的文字资料。当我们将二里头与安阳殷墟相比较时，这一点就特别清楚了。安阳殷墟所发现的考古遗存，无疑是商人在商朝最后的二三百年间所留下的，我们之所以这样说，不仅是因为在历史文献的记载中提到了位于洹水边的殷墟，而是因为历史学家们从该遗址所出土的卜辞中所排出的商王世系与早期文献中所载的商王世系基本一致。

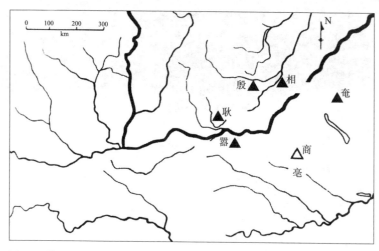

图273 传说中的商朝都城

根据早期文献,商汤一灭夏桀(夏朝最后的王,其都城是斟鄩,其地理位置通常被认为是在豫西北的偃师和巩县之间)[1],就建立了商朝,定都于亳。关于亳的地望,众说纷纭,不过,大多数学者同意董作宾的观点[2],即亳位于安徽亳县和豫东的商丘之间。学术界一般公认,汤也建立了另外几座都城,这些都城都被称作亳,其中包括西亳。西亳在偃师附近,即在被攻占的夏都斟鄩附近[3]。在汤之后,29个商王进行了统治,在盘庚最后迁都于殷(图273)之前,商朝的都城迁了五次,即迁了嚣(隞)、相、耿、庇和奄。在1899年(或1898年),一些刻有文字的卜骨引起了古物收藏者的注意,并追踪出其来源于豫北安阳市以北的小屯村。经过罗振玉、王国维及其他人的一系列开拓

---

[1] 《古史考述》,台北:正中书局,1965年,第65—68页。
[2] 董作宾,《殷历谱》。
[3] 《古史考述》,第159—210页。

性研究，确定出这些卜辞是定都于殷的商王们所进行的占卜的记录。从1928年起，中央研究院在殷墟进行了15次科学发掘，这些发掘展示出了一座规模巨大的城市，构成此文明之特征的要素有文字、发达的青铜和玉器艺术、雄伟的建筑、强大的王权、定期的祭祀、人祭以及在马拉战车率领下的庞大的战争机器[1]。自1950年以来，有选择的深入发掘一直在持续进行[2]。

目前，安阳地区已发现的包含有商遗存的遗址不少于17处，覆盖了一块约24平方公里的区域（图274）[3]。

在中国考古学史上，殷墟发掘的重要性，无论怎么说都不过分[4]。其规模之大、持续时间之长、花费的经费之多、投入的人力之巨以及发掘的科学性和准确性之高，在中国皆为少见。正是由于殷墟的发掘才解决了一度引起争议的关于商朝是否存在的问题，此前，人们只是根据传说才相信商朝的存在。殷墟亦是第一个出土了中国最早的文字资料的遗址，这样一来，它就把信史与史前新石器文化衔接了起来，但是殷墟的发掘因抗日战争的爆发而被迫中断，许多遗址仅做过部分发掘，其成果都已完全公之于世，商史研究的中心已倾向于从安阳移到了其他的几个商遗址上，这些遗址中有的年代更早，亦更诱人。然而从根本上说，安阳遗址的重要性是无可置疑的。此

---

[1] 在这里不可能为安阳的考古材料提供一个详尽的目录，但许多原始材料可见于下列书刊：《安阳发掘报告》第4期，中研院历史语言研究所，1929—1933年；《田野考古报告》（总第1期），商务印书馆，1936年；《中国考古学报》（第2—4册），中研院史语所，1938—1950年；*Archaeologia Sinica*, vol.2（小屯）and vol.3（侯家庄）；以及《中研院历史语言研究所集刊》中的许多册。由于1937年以后所发生的国内外事件，抗日战争之前的殷墟发掘资料中有许多未发表。也请见近来李济对安阳遗存的综合，*Anyang*, Seattle: University of Washington Press, 1976; 及梅原未治，《殷墟》，东京：朝日新闻社，1964年。

[2] 有关这方面的情况，请参阅 *Shang Civilization*, New Haven: Yale University Press, 1980.

[3] 在这里，"商"一词指商王朝的整个时期，包括定都安阳之前的时期。

[4] 见《中央研究院院刊》（2）1955年，第91—102页。

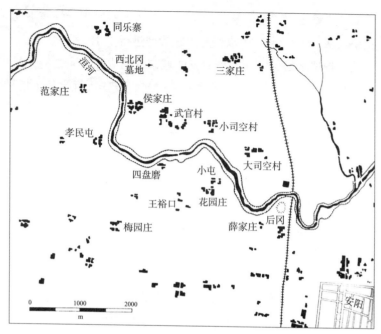

图 274　河南安阳的商遗址

外，殷墟出土的卜辞，为研究商朝的社会及文化提供了大量的得天独厚的资料，这是其他商遗址无法比拟的。

安阳殷墟的分布结构，明显地形成了一个由诸多专门确定的区域所构成的复杂网络。

> 以洹河南岸的殷代王宫为中心（今小屯村附近），其周围环绕着居民点、手工业作坊和墓葬等；洹河北岸以武官村、侯家庄北一带为中心，有殷王陵墓、贵族墓葬和数以千计的杀殉坑，周围也有殷代的聚落和墓葬等。从地下堆积的情况来观察，以小屯周围最为丰富，在这中心区的外围形成了大小不等的聚落，虽不能完全连成一片，但分布是相当密

集的，至于距离中心区较远的地方，聚落的分布则较稀疏。殷代的宫殿和陵墓所在地，是大奴隶主的直辖范围，而小屯周围的聚落，可能是殷代中小奴隶主和自由民的居住地区，死后就地葬埋，因而随处可以发现建筑遗存和墓葬共存；中小奴隶主也可能有一定的墓地。在这附近还有不少手工业作坊，如在苗圃北地和孝民屯发现了规模较大的铸铜遗址，在北辛庄和大司空村发现了制骨器遗址。在'王宫'范围内，也曾出土不少的陶范和骨料。上述事实可能说明手工业作坊是在奴隶主的控制下进行生产的，因而手工业遗址的分布往往在奴隶主的居住范围内，不见得有一定的区划。[1]

所有这些都说明了安阳殷墟从整体上形成了一个浑然一体的单位，小屯附近的行政和祭祀中心以及西北冈的王陵，标志着商王宫即建于此地。

小屯遗址（图275）经发掘的部分被分成了三个区。最北部的是A区，由15座平行的长方形夯土房基构成。中间是B区，还包括21座长方形和正方形的大型房基，相伴有许多墓葬，其中还出土有马拉战车——商王朝的战争王牌（图276）。这些房址以南北为轴线，列成三排，中间的那排有三处大房子和五座大门，A区和B区被一个方形夯土台基（纯黄土）分隔开，该夯土台被认为是祭坛。C区在遗址的西南角，由17座夯土基址构成，其排列方式是预先设计好的，同时也发现有一些墓葬。在B区的基址下，有一套系统化的复杂的地下排水沟。小屯居址的面积约为10000平方米。石璋如认为：A区可能是居住区，B区是宗庙区，C区是祭祀区。然而，值得注意的是三个区的

---

[1]《考古》1961年第2期，第65页。

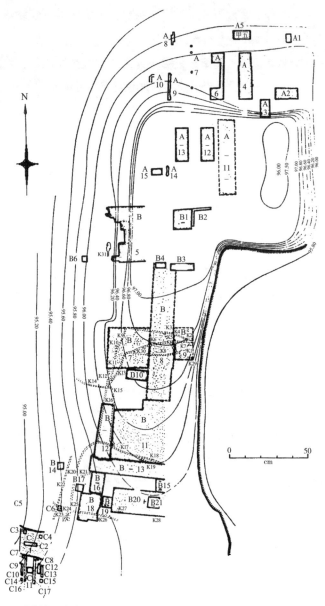

图 275　安阳孝民屯遗址的商代房基
（据石璋如《殷墟建筑遗存》，1959 年，图 4）

图 276　安阳大司空村出土的马拉战车
　　　（据《考古》1972 年第 4 期，图版 2）

营造时间并非相同，其中 A 区最早而 C 区最晚。[1] 从大型建筑来考察，房屋的建造是经过精心设计的，在建造宗庙和祭坛时，大量地使用人祭，这里还发现了不计其数的卜辞。此外，采用层层夯筑的方法所成的宏伟建筑物（图 277），与那些半地穴式的普通民居形成了鲜明的对比，似乎有理由认为，这儿是殷王朝统治的核心之所在。这些宫殿和宗庙被董作宾描述如下：它们都是有夯土房基和石柱础的地上建筑（图 278）。虽然其为荆笆抹泥的木骨墙结构，可看起来也足够壮丽肃穆了（图 279）。在这些基址附近，经常发现半地穴式房屋建筑，其直径约为 4 米，深度亦与此相同，它们大概是商王宫附属的服务设施。这些几米深的半地穴式房屋呈圆形或长方形，可能是贮藏室。[2]

---

[1]《殷墟建筑遗存》，台北：中研院历史语言研究所，1959 年。
[2]《大陆杂志》1950 年第 5 期，第 12 页。

图 277 安阳小屯的一座有石柱础的商代夯土房基
（据石璋如《殷墟建筑遗存》，1959 年，图版 11）

图 278 安阳小屯所发现的商代房基夯层的侧视图
（据石璋如《殷墟建筑遗存》，1959 年，图版 9）

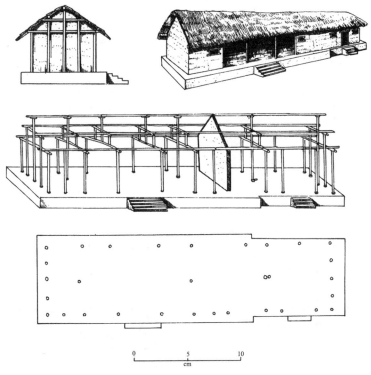

图 279 安阳小屯的商代房屋复原图
（据石璋如《中央研究院年刊》1,1954 年，第 276 页）

这些服务性设施包括青铜铸造作坊、石器和骨器作坊以及陶窑等。不过，这些半地穴式房屋中，也一定有一些是作为住处而使用的。

西北冈在侯家庄附近，包括武官村北部，虽亦发现过居址和作坊，但著称于世的却是它那复杂的墓葬，其中包括 11 座大型墓（王陵）和 1000 余座小型墓。这 11 座大型墓（图 280）分成东西两列，西列有 7 座，东列有 4 座，在安阳进行统治的从盘庚到帝乙的商王也是 11 位，幸运的是这两个数字正好相

第六章 最早的文明：夏、商、周三代 385

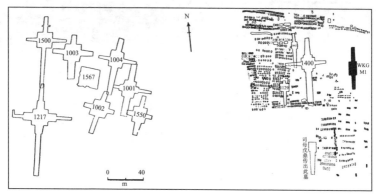

☐ 1949年以前发掘 ■ 1950年以后发掘 ⌇⌇ 1950年以后发现但尚未发掘

图 280　安阳西北冈的商朝王陵墓地平面图
　　　　（据《新中国的考古发现和研究》，1984年，图 61）

图 281　安阳西北冈 1001 号王陵墓坑
　　　　（据梁思永、高去寻《侯家庄》第 2 本《1001 号大墓》，1962 年，图版 3）

对应（在安阳的最后一个商王——帝辛，据估计他在周族人攻入商的都城时被火烧死）。尽管，尚不能确定就是安阳的商王之陵，可我们知道它们的规模都很大，享用的祭祀礼仪完备，其随葬品代表着商朝之技术和艺术的最高水平。[1]

根据李济的估计，西北冈的每座大墓光是挖土就需要7000个工作日。[2]所有这些陵墓皆为正方形或长方形，墓向为南北向，有两面或四面长斜坡墓道。其中，我了解得最清楚的是第1001号墓，其平面呈十字形，形成了一个大约10米深的坑，墓壁斜坡较缓（图281）。墓坑口由南向北长19米，东西宽14米。墓四壁都各有斜坡墓道从地表通到墓坑底部；最长的是南面的斜坡墓道，长约30米。墓坑内的椁室是用木头建造的；陵中的主棺可能被置于椁室的中心位置。在墓坑内的许多地方发现了众多的殉葬者，他们主要集中于椁室内和南面的斜坡墓道内，一部分殉葬者有棺和小墓穴，而绝大多数殉葬者是既无棺又无墓穴的，其中的许多人还身首异处（图282）。墓内随葬品丰富，有石、玉、蚌、骨、鹿角、兽牙、青铜及陶制品，其中有许多是商艺术的最出色的代表（图283）。[3]

李济已将西北冈的发掘对商代考古学研究之最重要贡献列举如下：（1）商朝建筑中夯土结构之重要性；（2）商朝的墓葬

---

[1] 关于西北冈发掘的完整报告正由台北中研院的高去寻整理，六座大墓的资料已被全面叙述，请见 Archaeologia Sinica vol.3（侯家庄），nos.2-8(1962-1976)。1950年发掘的一座大墓的资料由郭宝钧发表于《中国考古学报》第5册，中国科学院编译局，1951年。关于王陵墓地初步的一般性的综合资料见于高去寻《考古人类学刊》（台湾大学）第13—14期合刊，1959年，第1—9页；Paul Pelliot, "The Royal Tombs of Anyang", in *Independence, Convergence, and Borrowing in Institutions, Thought, and Art*, Cambridge: Harvard University Press, 1937；董作宾，《大陆杂志》1950年第1期，第15—18页。

[2] 见李济，《殷墟建筑遗存》，台北：中研院历史语言研究所，1959年，序言。

[3] 梁思永、高去寻，《侯家庄》第2本《1001号大墓》，《中国考古报告集》第三册，台北：中研院历史语言研究所，1962年。

图 282　安阳西北冈 1001 号王陵中的殉葬者
（据梁思永、高去寻《侯家庄》第 2 本《1001 号大墓》，图版 28、29）

制度及通过兴修王陵所反映出的组织劳动协作之能力；（3）殉葬墓的存在及殉葬之规模；（4）商朝物质文化的高度发展及统治阶级脱离生产劳动的状况；（5）石雕的发现和装饰艺术的多样化；（6）能代表青铜冶铸水平的器物。[1] 1976 年，在殷墟发掘了另一座"王陵"级的墓葬。尽管这座墓——殷墟 5 号墓，比 1001 号墓的规模小许多，墓口面积仅为 5.6 米 ×4 米，但它从未被盗过，该墓位于小屯（在 C 区建筑基址之西），根据其随

---

〔1〕　见李济，《殷墟建筑遗存》，台北：中研院历史语言研究所，1959 年，序言。

图283　安阳西北冈1001号王陵中出土的石雕像
　　（据梁思永、高去寻《侯家庄》第2本《1001号大墓》）

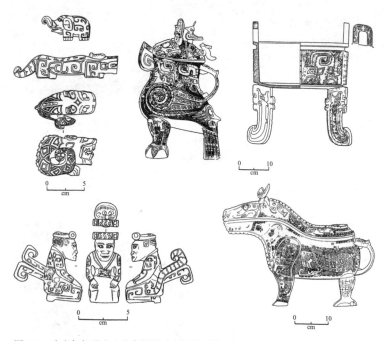

图 284 小屯妇好墓出土的青铜器（右）和玉器（左）
（据《殷墟妇好墓》，1980 年）

葬的青铜器内壁上的铭文，该墓的墓主被认为是妇好——商王武丁的一位配偶。墓室中出土了 1600 件随葬品，还有约 7000 枚货贝。青铜器有 440 余件，玉器 590 余件，骨器 560 余件，石器 70 多件以及 3 枚海贝。其中有一些是前所未见的最好的商代艺术杰作（图 284）。[1]

如果殷墟 5 号墓中的妇好果真是武丁的配偶，其墓的年代为殷墟二期，这意味着全面成熟的安阳商文明，无疑是从其他地方迁移到这个城市的。实际上，在 20 世纪 30 和 40 年代，当整个范围的商文明通过对安阳的发掘而被揭露时，人们未能

---

[1] 《殷墟妇好墓》，北京：文物出版社，1980 年。

在中国境内别的地方发现其前身。一些研究商文明的学者,自然就从外部来寻找诸如青铜冶铸等商朝复杂的新技术工艺的来源,认为其可能来自于西方。[1]

针对这一历史背景,人们就会迅速认识到1950年在河南郑州所发现的商遗存的重大意义,该遗存无论从地层学还是从类型学的角度来看,都显示出它早于安阳的商文明。正如邹衡通过对郑州的新发现而进行的开拓性研究所令人信服地证实的那样,[2]郑州商遗存中的陶器是小屯同类陶器的祖型,其特别体现于诸如鬲、簋、豆和大口尊上(图285)。通过青铜器对比,更戏剧性地表明了郑州商文明是安阳商文明的前身。马克斯·劳尔于50年代早期,通过其意义深远的研究[3]从据信出自安阳的青铜器中精选了一些,并将这些青铜器的纹饰图案,划分为五种类型。第一类由细线条构成,这些线条形成了以动物为主题的图案;第二类由宽带线条构成,也形成了以动物为主题的图案;第三类,在构图设计上与第一类或第二类相似,不过是更大、更复杂罢了;在第四种类型中,形成背景的云雷纹变成独立的了,可以将其从构成动物主题的主体纹饰中清晰地分离出来;在第五类中,动物主题以浮雕的形成来表现(图286)。罗尔认为这五种类型的划分,在年代上有着重要意义。第一类和第二类年代最早,第五类的年代最晚。当郑州和辉县(也在50年代早期进行的发掘)[4]的青铜器出土后,其纹饰图案被证明属于罗尔所划分

---

[1] Max Loehr, *Am. J. Archaeol.* 53(1949), 126–144.
[2] 《考古学报》1956年第3期,第77—103页。
[3] "The Bronze Styles of the Anyang Period (1300B.C.–1028B.C.)", *Archives of the Chinese Art Society of America* 7(1953), 42–53.
[4] 《辉县发掘报告》,北京:科学出版社,1956年。

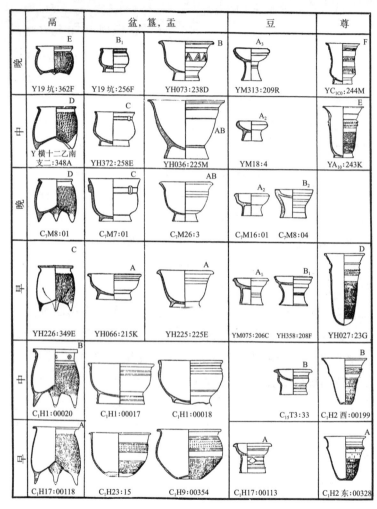

图 285 郑州和小屯出土的商代陶器的主要器型排队
（据邹衡《考古学报》1956 年第 3 期，第 81 页）

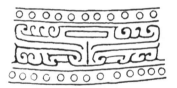

图 286 马克斯·劳尔所划分的五种青铜纹饰图案类型之代表
（引自李济的文章）

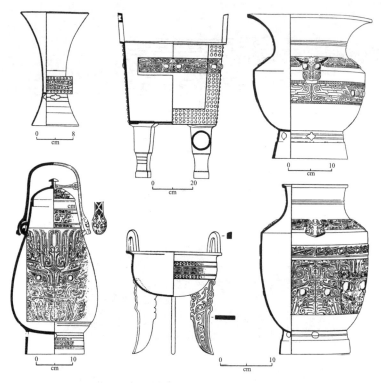

图 287 郑州商代遗址所出土的青铜器
（据《文物》1983 年第 3 期，第 53—57 页）

的第一类至第三类（图 287），罗尔的划分法得到了考古学的证实。与此同时，亦可以说郑州的商遗址处于比安阳殷墟更早的形态，这种观点符合艺术史上所见到的艺术风格的发展趋势。

　　商文明的郑州期，从最初被发现至今已 35 年了。现在，我们已经知道，该期的遗存分布于广阔的地域内，从豫北到鄂中，属于其较晚的亚期的遗存，甚至被发现于更大的范围内（图 288）。在该期的遗址中，有四处发现有夯土城墙，这四处遗址是河南郑州、偃师（图 289）、湖北黄陂盘龙城、山西夏县

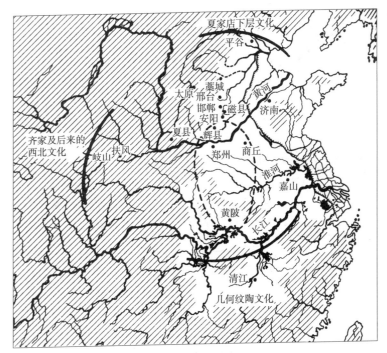

图 288　商文明郑州期遗址之分布

（据 K. C. Chang, *Shang Civilization*, 1980 年, 图 84）

东下冯[1]。尽管在安阳没发现城墙，可能只不过是件偶然的事，但是，在这方面，商朝的郑州期与龙山文化有着更接近的习俗——建城墙。就建筑技术而言，宫殿建筑（图 290）及整个都市的居址布局，郑州期的诸城与安阳殷墟一致。然而，安阳殷墟期的一些最重要的因素，诸如：文字、战车和王陵，尚有待于在郑州期的遗址中得到确认。

---

[1] 关于郑州和黄陂考古收获的详情，见 *Shang Civilization*, New Haven: Yale University Press, 1980。至于偃师新发现的商遗址，见《考古》1984 年第 4 期，第 384 页；《考古》1984 年第 6 期，第 488—504、509 页；《考古》1984 年第 10 期，第 872—879 页；《考古》1985 年第 4 期，第 322—335 页。至于东下冯的城墙，见《考古》1980 年第 2 期，第 104 页。

第六章　最早的文明：夏、商、周三代　395

图289 偃师的商代城墙（左）和郑州的商代城墙（右）（左图据《考古》1984年第6期，第490页；右图据安金槐，见《商代考古研究》，1986年）

如果郑州是商朝的王都之一，那么，在该地发现王陵的可能性仍然存在。在郑州商城被发掘后不久，大多数学者都推断其为隞（或嚣）都即第十位商王——仲丁的都城。由于二里头遗存在地层学和类型学上都显示出其介于龙山文化和商朝郑州期之间，所以在50年代晚期和60年代早期二里头遗存被认为是商朝早期遗存。当时，关于商文明的考古学序列被认为是完整无缺的，即商朝早期、商朝中期（郑州）和商朝晚期（安阳）。

然而，即使二里头遗存为商朝早期，那么在传说中商族的根据地——豫东地区，仍存在着至关重要的缺环。实际上"商"这个名称正是来自属于该文明的一座圣城，如今，大多数学者认为该城位于豫东的商丘附近。[1]正如我们所见到的，二里头

---

[1] 董作宾，《大陆杂志》1953年第6期，第8—12页。

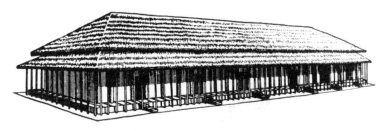

图 290　郑州所发现的商代宫殿之复原图
　　　（据《文物》1984 年第 4 期，第 7 页）

文化仅以豫西作为其核心区。现在，如果我们把二里头文化从商文明的序列中整个儿去掉（这是目前所有的学者都认可的），那么，我们必须假设在豫东地区尚有一个真正的商代早期阶段，其遗存仍有待于被发现，该遗存在地层学和类型学方面与二里头遗存或二里头遗存的较晚期相类似。实际上，根据近来的考古学研究和分析，郑州商文化的下层与二里头文化的最晚期（第四期）相当。这意味着商朝早期遗存仍将被发现于豫东的某个地方，在地层学上，该遗存应相当于二里头三期或再早些。一件据说在 1964 年出土于商丘地区的青铜爵（图 291）似乎与此相关。[1] 从类型学的角度来看，这件铜爵非常接近于二里头的铜爵，特别像 1980 年发现的那两个束腰青铜爵中的一个。[2] 商丘及其周围一带地处所谓黄泛区的中心位置，黄泛区是黄河在它多次改道时所一再淹没的地区，地表覆盖有几米厚的淤泥。该地区的考古工作，收获异常少。早在 1936 年，当安阳商文明的起源是个非常热门的话题时，李景聃——殷墟发掘最早参加者之一，就对商丘进行了初步调查，他写道："在河南东部与江苏山东接界的地方，有一县名商丘。单就这个名

---

〔1〕《河南出土商周青铜器》，北京：文物出版社，1981 年，第 3 页，图 11。
〔2〕《考古》1983 年第 3 期，第 203 页图 9 第 6 号。

图 291　河南商丘出土的青铜爵
（据《河南出土商周青铜器》第一册，1981 年，第 22 页）

词说，已经够吸引人们的注意。这里靠旧黄河很有可能是商代发祥之地……那么，殷墟的前身在商丘一带很有找着的希望。因为上面所述的原因，傅（斯年——引者注，下同）、李（济）、梁（思永）、董（作宾）、郭（宝均）诸先生在决定河南古迹研究会二十五年（1936 年——引者注）下半季工作的时候，就指定豫东商丘一带的调查。"[1]

李景聃和韩维周、孟常禄一起进行了一个多月的考古调查。其结果是令人失望的：在一些高冈上发现了几处龙山文化遗址，但未见商代遗址。因为存在着厚厚的淤泥层，所以在该地区进行田野考古工作有困难。根据李景聃所查阅的资料，在从公元 971 年—1699 年的近 730 年间，已遭河决、大水 17 次。

---

[1]《中国考古学报》第二册，1947 年，第 84 页。

"普通地面淤土深约五尺，其下即为黄沙……无怪乎汉代陶片都见不着，更谈不到史前遗址了!"[1]

四十年之后，在中国科学院考古研究所洛阳工作队的鼓动下，一个工作队于1976年得以组建，"为了解豫东原始社会末期及夏商时期文化的有关情况"[2]而在商丘地区开展其工作。他们遇到了同样的困难，他们所发现的史前遗存有时位于7—8米深的地下。[3]他们发掘了一处位于高冈之上的龙山文化晚期遗址，可迄今未见有其他发现的报道。不过，商丘地区所出土的爵，诱人地表明了该地区商朝早期遗存的存在。[4]而且，考虑到商文明的许多重要文化成分来源于东部沿海地区，[5]我们有理由期待着豫东的商丘一带、鲁西南及皖北地区，在我们将来寻找商朝早期文化源头时发挥最重要的作用。[6]

邹衡近来力主郑州商城不是第十位商王仲丁的隞都，而是商朝的建立者——汤的亳都。[7]该观点已被证明是一个颇受争议的假说。[8]如果这种说法是正确的，商朝的郑州期将成为商王朝建立后的早期阶段。不过，就文化意义而言，按照惯例，我们还必须寻找商王朝建立前的先商时代的遗存，该时代的商族在社会发达程度与实力方面，一定已赶上了夏代末期的夏族人，这样才能够发起势如破竹的灭夏战争。如此一来，不管郑

---

[1]《中国考古学报》第二册，1947年，第88页。
[2]《考古》1978年第1期，第35页。
[3] 1977年与夏鼐私人通信交流而知。
[4]《文物》1964年第9期，第33页。
[5] 见《沈刚伯先生八秩荣庆论文集》所收录的张光直的文章。
[6] 见《考古》1983年第2期，第116—121、132页；也见《考古》1981年第5期，第385—397页。
[7]《文物》1978年第2期，第69—71页。
[8]《考古》1980年第3期，第255—258、286页；《考古》1981年第3期，第271—276页；《考古》1982年第2期，第192—197页；《考古》1983年第5期，第452—454页。

图 292　陕西岐山之双峰
（S. Kao 摄）

州商城属商代早期还是中期，我们都需要在豫东地区寻找先商时代的遗存。邹衡认为，先商时代的遗存已被发现于豫北和冀南，不过，目前该看法仅是勉强地建立于少量陶器器型在类型学的相似上。[1]

四　周文明的开端

正如我们已经看到的那样，二里头文化和夏文明都是在黄河中游土生土长的，商文明可能最初起自于东方，在黄河下游的冲积平原上。我们所说的"三代"中的第三个朝代——周文明，是在西方的陕西渭水流域孕育出的。根据文献记载，周族的王室贵族，在岐山脚下的周，建立了其最初的统治中心。岐山之所以得名，可能是因为肥沃的周原北边的大山丘有着两座山峰（图 292）。周人兴建其最早的城市的经过，被生动地描述

---

[1]《夏商周考古学论文集》，北京：文物出版社，1980 年，第 105—129 页。

于周人那可信的民歌中,其篇名通常被称为《绵》:

古公亶父(周人先祖,古公亶父),
来朝走马(策马疾行,清晨赶路)。
率西水浒(从那邠西水滨出发),
至于岐下(匆匆忙忙到达岐下)。
爰及姜女(古公亶父偕同姜女),
聿来胥宇(察看地势,筹建屋宇)。

周原膴膴(周原平野,肥美无比),
堇荼如饴(泥土黏润,如同糖稀)。
爰始爰谋(于是计议,于是谋划),
爰契我龟(于是刻龟,占卜算卦),
曰止曰时(卜辞告语:宜于居息),
筑室于兹(建筑宫室,在此吉地)。

乃慰乃止(于是安居,于是止息),
乃左乃右(有的住东,有的住西),
乃疆乃理(先划疆界,又把地整),
乃宣乃亩(疏导沟渠,修治田垄)。
自西徂东(南北西东,周原全境),
周爰执事(普遍忠诚,辛勤劳动)。

乃召司空(于是召集司工之官),
乃召司徒(于是召集司土之官),
俾立室家(派他快把宫室营建)。
其绳则直(绳尺必定划直划正),

缩版以载（将那直版立好固定），
作庙翼翼（兴建宗庙，翼翼严整）。

捄之陾陾（敛土盛土，其声仍仍），
度之薨薨（填土倒土，其声隆隆），
筑之登登（捣土夯土，其声登登），
削屡冯冯（削高拍平，其声乒乒）。
百堵皆兴（百堵高墙，一齐筑成），
鼛鼓弗胜（丈二大鼓，难胜其声）。

乃立皋门（兴建王都郭门），
皋门有伉（郭门高大轩昂）。
乃立应门（兴建王宫正门），
应门将将（正门严正端庄）。
乃立冢土（兴建大社土坛），
戎丑攸行（士众祭神前往）。

肆不殄厥愠（虽未消灭怨怒之敌），
亦不陨厥问（也未丧失周朝仪）。
柞棫拔矣（文王振武，柞棫尽除），
行道兑矣（扫清道路，畅通无阻）。
混夷駾矣（昆夷败退，仓惶奔突），
维其喙矣（何其疲惫，何其病苦）！[1]

太王（古公亶父）在周所建的城，在整个西周时期一直被

---

[1] 译者注：见袁梅著，《诗经译注》，济南：齐鲁书社，1985年。

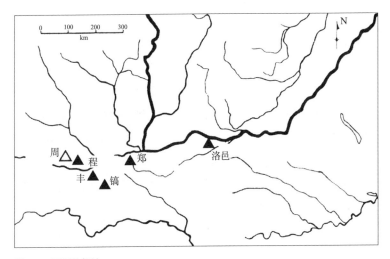

图293　西周的都城

周王朝作为王都圣地,直到公元前771年,在北方游牧民族的压力下,周王将其朝廷迁到洛阳,历史开始进入东周时期(与位于西方渭水流域的西周王朝相比,洛阳位于东面)。不过,在最后迁都之前,周王的政权中心一直在适当地向东移动,在太王之后,其儿子——王季继位,据一些文献资料,王季在周以东的程,建立了一个新都。王季的儿子——文王,开始扩张势力并与商争夺势力范围,他又迁都于今天西安附近的丰。文王的儿子——武王越过沣河,将都城移到镐,仍位于西安的西南部。武王完成了灭商大业,其灭商的具体年代尚未确定,不过大体上是在公元前1100年前后。[1]从灭商之后到最后迁都于洛阳之前,其间周王室可能一度居于郑(图293)。迁都洛阳之后,周王室失去了对诸侯的控制,但作为主权的象征,周朝又存在了515年,直到公元前256年秦灭周。

---

[1]《大陆杂志》1984年第68期,第195—226页。

就中国早期历史的研究而言，周朝统治的九百年开创了激动人心的新纪元，在此期间，在全中国的广大范围内，中华文明的诸方面都经历了一些根本性的变革，这些变革终于导致了古代中国形成期的终结，是中华帝国及其持续到2000年以后的传统风范之开端。然而，关于中国周代的研讨工作必须留给其他的书去进行。这里我归纳了已知的关于西周文明之肇始的考古资料，其中包括与商朝的最后阶段相重合的关键时期，[1]并查阅了一些关于先周时期的考古资料。我希望据此能使我们更全面地了解中国最早出现的诸文明。

1 丰镐地区

从逻辑上讲，我们应该从西安附近的丰镐地区开始回顾西周考古的收获，因为周人正是从这里发起了灭商战争的。汾河下游和渭水流域的考古发掘已经证实了这些地区的古文化发展序列依次是：仰韶文化（新石器时代）、龙山文化（新石器时代）和西周文化。渭水一带的西周遗存是由徐炳旭、苏秉琦和石璋如在20世纪三四十年代发掘并研究的。[2]但直到50年代早期，从新石器到周的文化序列才开始被明确，并被予以系统的阐述。在西安附近的客省庄，苏秉琦和吴汝祚把早期的文化遗存分类排队，根据地层关系将其遗存分为三类：分别为仰韶文化、龙山文化和周文化，并对周文化层的特征进行了如下的描述："有颜色比较纯正的灰陶，轮弦纹，有棱角整齐的口部，只限于器的腹部，保留整齐，具有装饰意味的绳纹，有矮足、

---

[1]《中研院历史语言研究所集刊》第51期，1980年，第197—216页。
[2]《中研院历史语言研究所集刊》第27期，1956年，第205—323页；《斗鸡台沟东区墓葬》，国立北平研究院史学研究所，1948年。

低领、腹底近平的鬲、盂（盆）形器，豆，小口素罐。"[1]西安附近有九个地点被苏、吴二人认定为周文化遗存，其特点是文化遗存厚，灰坑为长方形，墓葬有人殉，另外其居住区相对集中。正是在这些遗址及与其年代相同的其他遗址中，我们要进行对西周早期城市——丰、镐二京的探索。

关于镐京的精确位置，历史上有记载，可以有把握地说，它位于如今陕西省西安市的西南，沣河的东岸。沣河是渭水北部的一个小支流。沣河的西岸，据说是丰都遗址，它是文王仅用了 15 年的都城。尽管后来都城移到了河对岸的镐京，丰都仍留下了宗庙遗迹。这样一来，地处西安以西的平原地区，南界秦岭，北抵渭河，排灌发达，在公元前 771 年之前，始终是周王朝的核心区[2]。阿瑟·F.赖特在其著作中翻译了公元 1 世纪末期的汉朝史学家班固对丰镐地区的赞誉[3]，并指出，所谓此地三次为帝王之都，是"指周人以这里为中心，从关中平原发起灭商之战；秦人据此地建立了统一的秦帝国；西汉以该地为核心统治中国 200 年之久"[4]。

丰都和镐京一带的考古调查，在 20 世纪 30 年代就已经开始，但直到 50 年代，该地区的考古工作规模才达到其应有的程度。考古调查的结果，显示出该地区的西周遗存集中于沣河两岸的两个地点（图 294）。其中的一个地点在沣河的西岸，从东北的客省庄到西南的冯村，面积约为东西 5 公里，南北 2.5 公里，大概就是文献上记载的古老的丰都所在地。另一个地点恰好在沣河东岸镐京的旧址上，从北边的洛水村到南边的斗门

---

[1]《考古通讯》1956 年第 2 期，第 36 页。
[2]《大陆杂志特刊》第 1 辑，1952 年；《考古》1963 年第 4 期，第 188—197 页。
[3] Trans. Arthur F.Wright, *Journal of Asian Studies* 24(1965), 668-669.
[4] 同上，第 669 页。

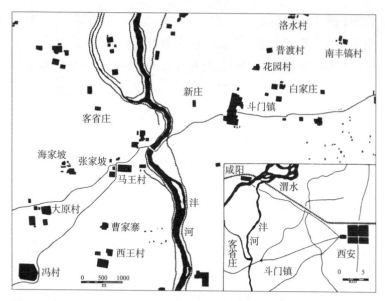

图 294 陕西西安西南沣河岸边的村落，在这里发现了重要的西周遗址

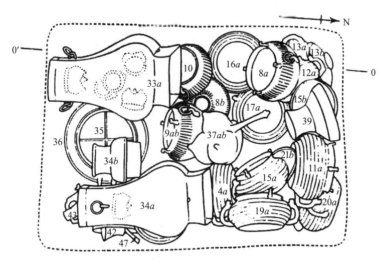

图 295 发现于西安马王村的一座西周青铜器窖穴
（据《长安张家坡西周铜器群》，1965 年，第 12 页）

镇，遗址占地面积大约南北4公里，东西1.5公里[1]。除了这两处集中的区域之外，整个附近地区都发现有零散的遗迹和遗物[2]。为了方便起见，我把沣河两岸遗存的这两个集中区分别称作丰、镐地区。

对丰都一带的深入发掘，始于1955年，出土了大量的西周遗存。其中，张家坡村西地区最引人注目：1955到1957年，在此发掘出了136座墓、4座车马坑[3]；1960年揭露出了居址，发掘出了4座墓、1座车马坑[4]；1960—1961年，出土了31座墓葬[5]；1964年发掘了一座随葬有青铜礼器的大墓[6]；1967年发现了124座墓、5座车马坑和7座动物坑[7]。1959—1960年，张家坡东的马王村附近揭露出了居址遗存[8]；1961年又出土了一组窖藏青铜器（共53件，其中11件上有铭文）[9]（图295）；1963年还发现了一座出土有28件青铜器的大墓[10]；1973年发现了一组25件窖藏青铜器，许多铜器上有铭文[11]。1955—1957年，马王村以北的客省庄地区，发掘出了居址及51座西周墓[12]；1977年，在该地发现了3处相当大的夯土基址（可能长达20多米）[13]。1959—1960年，在张家坡西南的大原村附近，发现了居址、水

---

[1]《文物》1982年第10期，第57—67页；《文物》1979年第10期，第63—70页。
[2]《考古》1962年第6期，第306—307页。
[3]《沣西发掘报告》，北京：文物出版社，1962年；《考古》1959年第10期，第516—530页；《考古》1964年第9期，第441—447、474页。
[4]《考古》1962年第1期，第20—22页。
[5]《考古》1984年第9期，第784—789页。
[6]《考古》1965年第9期，第447—450页。
[7]《考古学报》1980年第4期，第457—501页。
[8]《考古》1962年第6期，第307—309页。
[9]《长安张家坡西周铜器群》，北京：文物出版社，1965年。
[10]《考古》1963年第8期，第413—415页。
[11]《考古》1974年第1期，第1—5页。
[12]《沣西发掘报告》，1962年；《考古》1959年第10期，第516—530页。
[13]《考古》1981年第1期，第13—18、76页。

井和墓葬[1]。我们已经看到，居住遗迹广泛分布于上述整个地区，在其中的一些地点还发现了房基，制造骨、陶、铜、瓦的作坊也见于多处地点，各种类型的气派、规格不一的有葬具的墓葬（包括几座一墓殉葬4人的墓葬）遍及该地。据推断，车马坑是用来陪葬贵族的。整个区域内的遗存，在年代上大致是从周文王时期到西周末年。很显然，丰都地区终西周之世是一个主要的文化中心区，丰都作为王都，其主要遗存大概还被埋于地下，有待于重见天日，等到这一时刻来临之际，沣河两岸的聚落特点及其延续发展的状况才能被揭示于世。

无论怎么说，1955—1957年，由中国科学院考古研究所在张家坡和客省庄一带发掘的182座墓葬，都是十分重要的，它们清晰地构成了西周王朝中大约330年的完整序列，其出土的器物及墓葬形制，成为标准的类型学尺度，适用于该地区内外的其他西周遗址的研究。以整个丰都地区出土的陶器为主要基础（图296），通过类型学研究，考古学家们已确立出5个主要阶段，居址和墓葬也被由头至尾相应地排了队。

与丰都一带相比，镐京地区已查明的考古遗存较少。史书记叙了唐朝时在皇家御苑内，修建昆明池时曾毁坏过古代镐京废墟中一个保存完好的部分的事情经过，这或许能够解释该地区西周遗存相对贫乏的原因，但当地的考古勘查工作也仅是刚起步。1954—1955年，发现了几座属于西周前期周穆王时代的大墓，墓中出土了青铜礼器[2]；从南面的白家庄到北边的洛水村，已有大片的居址和墓葬遗存被发现[3]。如果此处确为镐京旧址的话，那

---

[1]《考古》1962年第6期，第309页。
[2]《考古学报》第八册，北京：中国科学院，1954年；《考古学报》1957年第1期，第75—85页。
[3]《考古》1963年第8期，第403—412页。

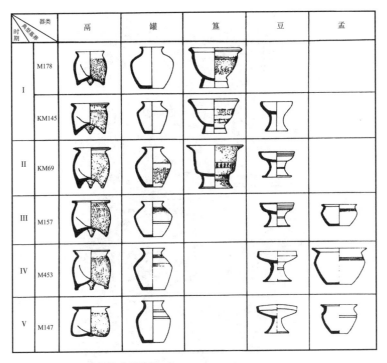

图 296　西安周墓的五期陶器分期
　　　（据《沣西发掘报告》，1962 年，图 86）

么，对该地的进一步勘查，有助于我们探讨位于地处宗周、作为行政中枢的镐京与拥有宗庙区的丰都之间的内在联系，诸如此类的问题，对于西周考古学来说，都是非常重要而有启迪作用的。

对于丰镐地区的考古工作来说，另一个紧要的问题是，在这里探索周灭商之前的遗存。在离丰镐一带不远的临潼，出土了一处包括器皿、工具、车具及其他东西在内的青铜器窖藏，其中的一件青铜簋上，有 32 个铭文，铭文中提及了发生于甲子日的灭商之战，以及到了第 8 天王室的赏赐[1]（图 297）。

---

[1]《文物》1977 年第 8 期，第 1—7 页。

图 297 西周青铜器——利簋上的铭文
（据《文物》1977 年第 8 期，第 2 页）

西安及其附近地区，无疑是灭商前周人活动的中心区域，不过，灭商前的周遗存是难于识别的。1955—1957年，在张家坡，发现了一个居住区和若干座墓葬；在居住区内又分辨出两个手工业区，所发掘出的墓葬被分成五个阶段。位于居住区内的早期手工业区所处的地层早于最早的墓葬，而最早的墓葬属于成康时期——周成王和周康王，是紧接周武王之后的最高统治者。从墓内所出土的青铜器的形制来看，它与我们已知的该时期青铜器皿的特点相吻合。因此，可以肯定该遗址在成王之前就有人居住。鉴于该地区直至周文王时才成为周人的主要活动区域，所以，在张家坡遗址所发现的早期居址，可能被断定为周文王和周武王时期，也就是在周灭商的前前后后[1]。因而，该遗址的文化遗存，也就直接代表了当时周人的文化水平。

  发现于早期居址层中的考古遗存有力地证明：在此期间——大概包括周灭商之前的时期，周，已是一个社会结构复杂并掌握了青铜器制造技术的文明社会。遗址中发现了许多青铜用具，包括一柄有孔斧、15把刀、62枚镞和几件车马器。青铜刀的特征是弯刃凹背，柄端有方圈（图298），与商朝小屯所出土的风格迥异；青铜镞也与小屯的有一定区别[2]。发掘报告上没说清这些青铜用具，是来自早期居址层，还是出自晚期居址层（接近西周末期），不过在早期居址层中出土了4件泥范（用于铸造车马器的），这表明，周在它早期不仅为步兵铸造装备了具有商朝风格的青铜武器，而且还为驾驭马拉战车的武士提供青铜装备。在该遗址，还发掘出了一个西周早期的专门用骨头和鹿角来制造头簪和箭头的作坊，其骨簪的

---

〔1〕 《沣西发掘报告》，1962年。
〔2〕 与李济所描述的小屯器物特点相比较。

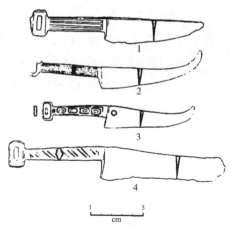

图 298　西安张家坡遗址出土的西周早期的青铜刀
（据《沣西发掘报告》，1962 年，第 83 页）

几种类型都是小屯和西北冈所出土的商代骨簪的翻版[1]。1983年，该地区发掘了两座墓葬，一座在张家坡的东南，另一座在客省庄的西南，从其所出土陶鬲的形制来看，这两座墓的年代被认为是属于周灭商之前的[2]。墓中出土的青铜器，包括具有商代晚期风格特征的礼器和戈。张家坡的西周早期遗存明显是为当时的上流社会提供一些必要服务的。那时，上层人物的活动中心就在附近的城中（丰都或是镐京，也可能二者兼而有之）。我们可以想象，等到这些城址被发掘之日，会出土大量更多的能体现周文明发展水平的东西，然而，张家坡出土的新材料足以说明，周在伐商之前，就已达到了比当地的客省庄新石器文化（陕西龙山文化）高得多的水平，而周文化显然又是从客省庄文化（或一个与之相似的文化）中

---

[1]《中研院历史语言研究所集刊》第 30 期，1959 年，第 1—69 页。
[2]《考古》1984 年第 9 期，第 779—783 页。

发端的。假如说,推翻了强大的安阳商王朝的周政权竟还处于新石器时代的野蛮状态中,那是不能令人信服的,因为商政权是不能被赤手空拳者所取代的。[1]

2 周原

为了寻访周的起源,我们从丰镐出发到岐,正如上文所述,周人在太王的统领下最初在这里建立了政权中心。根据《诗经》中《绵》篇的生动描述,太王所筑之城有着巨大的城墙,墙上有门,城内有宫殿、宗庙和大平台,所有这些都由夯土筑成,如此之类的记载,有待于考古学的发现来印证。1943年,石璋如探查了位于岐山以南的扶风县和岐山县一带的平原。勘查遗址,搜集了许多绳纹灰陶片。[2] 他认为,当地遗存没受到像殷墟那样大的扰动,从而表明,他希望能发现太王的宫殿。不过,直到70年代,这里才进行了深入的发掘。发掘一开始,就有了惊人的新发现。这项工作仍在继续,陕西考古研究所的徐锡台,正在准备对迄今为止的工作做出综合报告。只有等到该报告发表后,我才能描述其遗存的主要特征,才可以探讨几个主要的问题。

周原的考古遗存,分布于陕西中部扶风县和岐山县,其分布区域面积,约为东西3公里,南北5公里,在渭水的一条支流——向南流入渭水的沣水边(图299)。在周人居住区域的四周,分布着现代村落,东为樊村;西为岐阳堡;南为康家和庄白;北面当然坐落着岐山。[3] 这一片土地,如今甚至仍非常

---

[1] 见《庆祝李济先生七十岁论文集》所收录的Magdalene von Dewall 的文章,台北:清华学报社,1966年,第1—68页。
[2] 《大陆杂志特刊》第1辑,1952年,第368—370页。
[3] 《文物》1979年第10期,第46页。

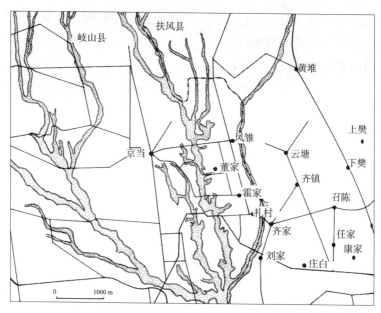

图 299　周原主要遗址分布图
（据《文物》1979 年第 10 期，第 46 页）

肥沃（图 300），可是，由于水土流失而被冲出了一道道沟壑，这些沟壑将土地切割成了一块块不相连的高地，从一块高地往另一块高地送东西都很难。

甚至在现代考古学来叩响周原的大门之前，实际上，自西汉开始，这一带就以出土西周青铜器而著称。已知文物收藏者所收集到的许多久负盛名的有铭文的青铜器就出自这里，诸如大盂鼎、小盂鼎、大丰簋、毛公鼎和克鼎。根据陈全方的统计，在 1976 年的发掘开始之前，周原已出土了大约 1000 件青铜器。既然在周族初兴时，这里是政权中枢之所在，而且终西周之世，这里一直为圣地，那么，此地出土青铜器的数量之多便不足为奇了。尽管这些青铜器中，绝大多数缺乏地层学方面的

图 300　从东南展望周原（承蒙周原考古队惠准使用）

资料，不过，从我们所知道的几组青铜器出土时的情况来看，我们可以相当肯定地说，大多数可能出自窖穴，可能是周贵族于公元前 771 年被迫东迁时匆匆埋下的。青铜器铭文的年代，包括西周时的各阶段，表明了周原遗存至少形成于整个西周时期的 200 多年间。因此，周原所出土的陶器，可被用作西周早期至晚期的标型器（图 301）。

在周原，从东面的下樊的东南部至西面的董家，在大约 250 米的范围内，是建于夯土台基上的宫殿或贵族宅院的所在地。1976 年，在凤雏村附近，发掘出了一处大型建筑基址群，其位于一块 45 米×32.5 米的台基上，有一个中心院落，南面为门道及影壁（图 302、303），[1] 1976 年，在召陈

---

[1]《文物》1979 年第 10 期，第 27—37 页；《文物》1981 年第 1 期，第 65—80 页。

附近，发现了一组由15处建筑基址构成的大型建筑基址群（图304）。[1]后者没有像凤雏村的那样形成一个院落布局，但其房屋面积更大，一些柱础直径达1.9米，柱础排间距达5.5米，表明了建筑规模之巨大。这些建筑物也位于夯土台基之上，一些墙是用土坯建成的。建筑上使用了瓦（图305）；以瓦覆顶，可能是周人的发明之一。尽管对于上述建筑基址群，究竟是王宫还是贵族府第的问题尚有分歧，[2]不过这些建筑基址，为我们研究周代的建筑技术提供了珍贵的资料，其价值之大是无法估量的。[3]

在宫殿所在的那块区域的中部，即从云塘到齐镇和齐家，是西周的作坊区和平民居住区。这些作坊中，包括制造骨质工具、青铜器和陶器的作坊。[4]在南部及别的地区，特别是在贺家、礼村和庄白附近，有100余座墓葬被发掘。[5]这些诱人的局部发现，还有已知的分布遍及整个地区的大量青铜器窖藏，表明了周原城市布局的复杂性，也突出了考古资料的不足。

周原上最出人意料的发现是周人卜辞的出土。殷人的卜辞自1899年以来就已为人知，可周人的卜辞仅是从1954年开始方为人知，当时一片上刻8个字的肩胛骨，出自山西洪洞坊堆村的西周遗址中。[6]从那以后，西周卜辞已被发现于西安的丰

---

[1]《文物》1981年第3期，第10—22、34—45页。
[2]《文物》1981年第3期，第23—33页；《文物》1981年第9期，第13—17页。
[3]《考古》1982年第4期，第398—401、424页。
[4]《文物》1979年第10期，第46—47页；《文物》1980年第4期，第27—38页。
[5]《文物》1979年第10期，第47页；《考古》1976年第1期，第31—38页；《文物》1976年第6期，第61—63页；《文物》1978年第2期，第94—95页；《文物》1979年第11期，第1—7页；《文物》1980年第4期，第39—54页；《考古与文物》1980年第1期，第7—27页。
[6]《文物参考资料》1956年第7期，第27页；《文物参考资料》1956年第11期，第16—17页。

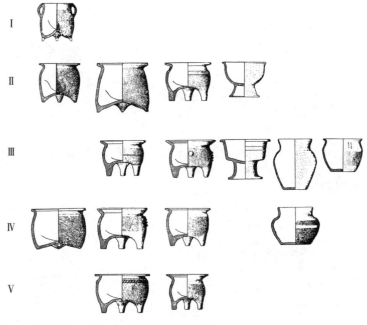

图 301　陕西扶风、召陈出土的西周陶器的五期划分
（据《文物》1981 年第 3 期，第 20 页）

镐地区[1]和北京昌平的白浮，[2]但每次只发现几个字。从 1977 年开始，三批刻有卜辞的甲骨出土于周原。第一批被发现于凤雏大型建筑基址的西厢房南头、第二间房屋的东南角下的一个窖穴——H_{11} 中。[3]第二批出土于同一房间内、沿北墙的第二个窖穴——H_{31} 中。[4]这两批合计有 292 片有字的卜骨和卜甲。[5]第三批出自扶风齐家村附近的几个灰坑中，其中有字的

---

[1]《文物参考资料》1956 年第 3 期，第 58 页。
[2]《考古》1976 年第 4 期，第 228、246—258 页。
[3]《文物》1979 年第 10 期，第 38—43 页。
[4]《考古与文物》1982 年第 3 期，第 10—22 页。
[5]《古文字研究论文集》，成都：四川人民出版社，1982 年，第 305—434 页。

图 302　发现于岐山凤雏的西周建筑基址之前视图
　　　　（照片承蒙周原考古队惠准使用）

为 6 片。[1]这些卜辞（图 306）也是占卜记录，但在几个方面，其与殷人卜辞有明显的差异。首先，它们非常小：最大的字长 8 毫米、宽 5 毫米，不过最小的字仅长、宽各 1 毫米，需用放大镜才能看清。其次，卜辞中的月相词语清楚地表明，被用于占卜的宗教历法是太阴历，这些月相词语颇有特点，殷人的甲骨文中没有这项词语。再次，卜辞的内容，是关于发生在周王朝朝廷中的事件及祭祀活动。[2]最后，其甲骨整治和钻凿形制

---

[1]《文物》1981 年第 9 期，第 1—7 页。
[2]同上，第 7—12 页；《西周甲骨探论》，北京：中国社会科学出版社，1984 年。

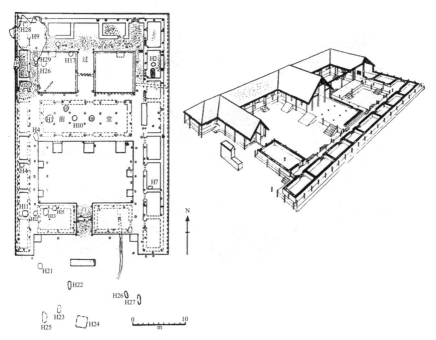

图 303　凤雏建筑基址的平面图（左）及复原图（右）
（据《文物》1979 年第 10 期，第 29 页；1981 年第 3 期，第 25 页）

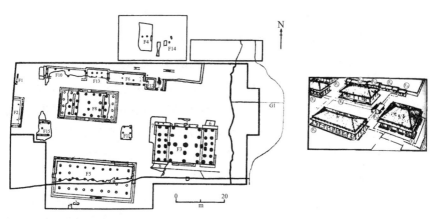

图 304　发现于召陈西周遗址的房基（左）及房屋复原图（右）
（据《文物》1981 年第 3 期，第 10、41 页）

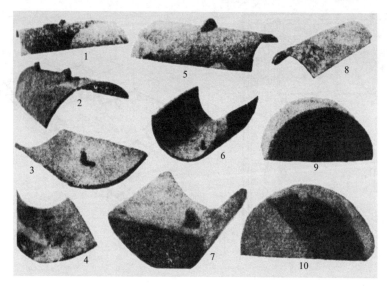

图 305　召陈遗址出土的西周瓦
　　　　（《文物》1981 年第 3 期，第 16 页）

与殷人的大不相同。[1]周人卜辞的年代，一般被认为是从文王时期至西周末年。[2]

　　近十年的周原考古，已使我们大大增加了对周文明早期阶段的了解，已将开端时间置于以早周都城岐邑为代表的阶段，该阶段是在周人伐殷建立西周王朝前不久。对于这短暂的间隔时期，我们既有商王朝在它最后的几十年间的考古和卜辞资料，又有周人在它发展的较早阶段的考古和卜辞资料，以及殷周相互关系的资料。这种相互影响关系的证明以及对该时期周人生活的多方面揭示，是近年来考古学对中国历史学研究的最重要的贡献之一。

---

〔1〕《考古与文物》1980 年第 2 期，第 30—31 页。
〔2〕《考古与文物》1984 年第 5 期，第 76—85 页。

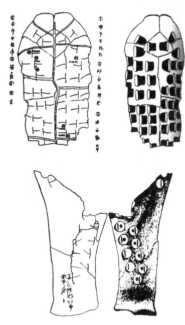

图 306　周原出土的西周刻辞卜骨和卜甲
　　（据《文物》1979 年第 10 期，图版 4；1981 年第 9 期，第 5 页）

3　周原之前的阶段

　　由于周原的考古工作尚在进行之中，其总体年代序列，尚未完全确立，所以，关于这里最早的周遗存在周族的世系中究竟能上溯到多远的问题，目前尚无法回答。即便这里能找到太王和王季时期的遗存，我们也无法去将它们鉴别出来。甚至，即使等到它们能被识别出的时候，对周族起源的探索，亦不能止于此，因为，在太王迁岐之前的周族历史上，仍存在着一个漫长的传说阶段，不过，除非将来周文明研究中的先太王或先岐周考古能得出不同的结论，否则太王在周原所建的都城可被当做周族历史上一个新阶段开始的标志,在该阶段,周人开始以同等的政治地位与殷王朝相互影响。

先岐周考古将来的发展方向已崭露头角。根据早期文献,在迁岐之前,太王居于豳。根据 D.C. 劳所翻译的《孟夫子》中(第一卷,B 篇)孟夫子的说法,"古时……当太王居于豳时,狄人来侵扰。太王试图用皮子和丝绸来买通他们;太王意欲用马和狗来收买他们;太王尝试用珠玉来笼络他们;但是这一切皆无济于事……于是太王率领族人离开了豳,过了梁山,来到岐山脚下建城而居"。[1] 周人居于豳,应归因于公刘,《诗经·公刘》中,描述了这样一件事:"笃公刘,于豳斯馆"(公刘忠于周之大业,又在豳地扩建宫室)。[2] 关于周人在豳之前的住所,还有更多的传说,但它们都介于历史传说、传奇与神话之间。至于豳所在的地点,大多数历史学家认为,它处于渭水流域,可能是在如今的豳县附近,在岐以北不到 100 公里的地方。[3] 换句话说,就文献所载的可靠的传说来看,周文明是在陕西渭水流域发展起来的土著文明,可能最初集中于陕西渭水流域的西部及西北部。

在该地区的史前史中,介于新石器时代的客省庄二期文化(陕西龙山文化)与周原和丰镐地区的西周文化之间有一个间隔期,此期以绳纹灰陶鬲和通常为商式的青铜器皿及武器为特征。这一文化尚未完全被了解,对它的称呼也不同,它被称作先周文化[4] 或早周文化。[5] 按邹衡的观点,先周遗存迄今已广

---

[1] D.C. 劳翻译的《企鹅丛书》中的《孟夫子》,1970 年,第 71 页。
[2] 译者注:据袁梅著,《诗经译注》,济南:齐鲁书社,1985 年。
[3] 见《燕京学报》1946 年第 30 期,第 63—106 页;《大陆杂志特刊》第 1 辑,1952 年,第 368—370 页。不过钱穆却认为豳在山西汾河流域,请看《燕京学报》1931 年第 10 期,第 1955—2008 页。
[4] 邹衡,《夏商周考古学论文集》,北京:文物出版社,1980 年,第 297—356 页;尹盛平、任周芳,《文物》1984 年第 7 期,第 42—49 页。
[5] 徐锡台,《文物》1979 年第 10 期,第 50—59 页。

泛出土于陕西泾水和渭水流域以及甘肃的东端,其与早期文献中所描述的早周时期周人活动的地域相一致。[1]他将这些遗址分为两期:

第一期大约有 20 个左右的墓和 3 处遗址。"墓葬可以分为以随葬陶器为主的陶器墓和以随葬铜器为主的铜器墓两种。前者都是小型或者中小型土坑墓,都没有腰坑,一般有棺而无椁。葬式几乎都是仰身直肢葬。铜器墓一般要稍大一些,有的已属于中型墓,但也都是土坑,没有腰坑。"有二层台,大概是棺椁具备的,随葬有一整套青铜器皿、武器和工具。

第二期:大约有 15 座左右的墓葬和 3 处遗址被归入本期。墓葬也随葬有陶器或铜器,不过"都出现了腰坑,有的坑内殉狗"。

据说,这些遗址的绝大部分材料尚未发表,关于这些遗址,我们需要知道更多的情况。从邹衡的简要概述中,我们可以清楚地了解到,这两期遗存显示,其受到来自商文明的日益强烈的影响,先周社会肯定分化出很明确的等级,并已经有了以礼器和武器为主的青铜器。陕西出土商式青铜器皿和武器已久为人知,不过,在商代陕西的青铜器已展示出了其地方特色。[2]其地方特色最可能是受到了源于陕西新石器时代文化的影响,商王朝推动了周人的社会过渡,这种过渡在太王建岐邑时达到了高峰,也促使周人成为殷人的主要政治对手。可是,该过渡历程还没有得到较多的考古遗址的充分证明。

邹衡就与周文明起源有关的先周遗址发表了重要意见。他发现在属于第一期的遗址中有两种类型的陶鬲,它们不共存于

---

[1] 邹衡,《夏商周考古学论文集》,第 312—313 页。
[2] Li Chi, *Metropolitan Museum Journal* 3(1970), 51—72.

图 307 郑家坡（上）和刘家（下）出土的两组西周陶器
（据《文物》1984 年第 7 期，第 5、9、22 页）

同一组合中；即分裆鬲与联裆鬲。该观点被两个新遗址中的发现所证实（被发掘于 1981 年）：武功郑家坡[1]和扶风刘家，[2]它们都位于陕西，离周原不远。郑家坡几乎所有的鬲都为联裆，而刘家的鬲都为分裆（图 307）。可邹衡发现，这两种鬲在第二期的遗址中却有共存关系。他推断两种不同类型的鬲分别代表着两个氏族，它们的起源不同，但后来却相互同化了。他将联裆鬲称为先周鬲，他认为，该种鬲属姬周族，而分裆鬲则属姜族，姜族在整个西周时期都是姬周族的盟友和伙伴。邹衡推知，姬周族（以联裆鬲为特色）源于光社文化，一个地处山西中部的鲜为人知的龙山文化类型，但姜族（以分裆鬲为特色）却来自甘肃寺洼文化。[3]陕西的许多考古学家对邹衡的上述观点耿耿于怀，[4]并由此导致了诸如"姬周陶鬲"之类的称谓。[5]我们在确认陶器的族属之前需予以大量的附加研究。

---

[1]《文物》1984 年第 7 期，第 1—15、66 页。
[2] 同上，第 16—29 页。
[3] 邹衡，《夏商周考古学论文集》。
[4] 尹盛平、任周芳，《文物》1984 年第 7 期，第 42—49 页。
[5]《考古与文物》1982 年第 1 期，第 69—74、93 页。

五 "三代"的兴起及其共同特征

当前黄河流域所最新出土的公元前3000年代和公元前2000年代的考古资料，使我们清楚地了解到，导致了文明出现的社会及文化发展进程，发生于一个并行的地域文化序列的框架内，其范围是在中华文化相互影响的文化圈内。不过作为文化发展成就的顶峰——顺理成章的政治盟主权，在地域上已从二里头转到商，最后落入周人之手。跨地域的相互影响、文化上的主导作用以及政治霸权，都可被引证为迈向文明的驱动力，但是，关键的重叠期的资料尚不完全，即商代早期与二里头文化的相互影响，先周时期与商朝的相互关系的问题。因为在我们所沿用的史料中有很多缺环，所以，我们应对该过程了解得更多。不过，我们所掌握的材料足以使我们强调所谓的"三代"，并非是由一个独一无二的高度发展的文明中心在四周野蛮人的包围中所构成的社会和文化的发展序列，更确切地说，"三代"是一个并行的相互联系的地域性发展体系，在其发展过程中伴随着重心的转换。"三邦"或许是一个比"三代"更好的名词。在《诗经》中所辑的周人诗歌《皇矣》中，我们见到了如下的诗句：

  皇矣上帝（伟大啊，上帝伟大）！
  临下有赫（面对下界，洞然明察）。
  监观四方（观察四方之国），
  求民之莫（觅求安民之所）。
  维此二国（夏、商两国昏庸暴君），
  其政不获（他那政令不得民心）。
  维彼四国（再向四方遍察），

爰究爰度（认真推求谋划）。
上帝耆之（上帝助成文王），
憎其式廓（增扩他的边疆）。
乃眷西顾（上帝顾视西方岐地），
此维与宅（审度此处定居为宜）。[1]

这里的夏、商"两国"以及"西方"的周是"四方之国"中的三个，上帝不喜欢夏或商，于是择周而居。不过，他显然并非总是与周在一起。甚至，在周人讲述历史时，夏、商也相继有受命于天之时。当我们考察"三代"中任何一代的历史时，必须从诸多的"四方之国"的空间分布及相互影响的背景中着眼。

而且，夏、商、周之间的争斗（一方偶尔凶猛地战胜另一方），并非不同性质的文化甚至不同种族间的斗争，其主要是同一文化体系中不同的亚文化体为了掌握政治支配权而进行的争斗。尽管其各自有着明显的枝节上的差异，可是从早期文献中所反映出的夏、商、周的特点来看，它们属于同一文化的不同变体。[2]通过考古资料，我们可以看到二里头、商及早周文明之间有许多共同的特征，这既见于由考古发现所表明的物质文化中，亦存在于文化发展历程中的重要方面上。

让我们仔细阅览一下考古学资料所提供的证明，指出这些共同特征吧。首先，处于二里头、商以及周文明中的人们，都是种植谷类作物的农民，其中既有粟，又有稷。他们使用石、骨、蚌锄和镰，并使用杵、臼。我们知道商人和周人也种植大豆、小麦和某种稻类，不过，我们仅是从卜辞和文献中了解

---

［1］译者注：据袁梅著《诗经译注》。
［2］《大陆杂志特刊》第1辑，1952年，第387—421页。

到这些的，而对于二里头文化，我们则无法进行这样的了解。"三代"的人们都养狗、猪、牛和羊，他们还进行渔猎。

城市是政治中心，它并不是一个建筑物的稠密聚合体，而是由诸多专门确定的区域所构成的网络，其中包括壮观的城堡、墓地、居住区和作坊区。其建筑物为地上建筑（经常位于低矮的台基上）或半地穴式建筑。在建筑技术上，半地穴式房屋的特点是以木骨为架，荆笆抹泥为墙。地上房屋由立于石柱础上的木柱与夯土构成。城墙亦是用层层夯土建成的。城墙、大型宫殿基址以及小型房屋全都为长方形，依东、西、南、北四大基本方向而定位，以南北向为主轴，正门开在南面。

死者被葬于长方形土坑墓内，通常为仰身直肢葬。富有者的葬具，棺椁齐备，棺椁皆木制。富有者的墓中随葬品丰富，有陶质食器、酒器、青铜器皿、装饰品、带有礼仪意味的玉器和饰绿松石器，并常见有朱砂。随葬品经常被置于二层台上。

其陶器皆以绳纹灰陶为主，陶器的器型组合也一致，包括瓮、罐、豆和三足器，特别是鬲。器型中明显包括盛器、炊器和酒器组合。同样的器型也见于青铜器中。青铜器皿是采用块范法铸造而成的，这是其特征。首先制成一个泥模，随后在模上敷泥以制成外范，外范被切割成数块而从模上脱下。从模表面刮去一个薄泥层后，块范被重新组装起来，这样就在模（现在已成为"芯"）和外范之间形成了一个型腔，然后就可以往型腔内浇注金属溶液而铸成器皿了。

除了被用于礼仪和实用的食器以及酒器之外，青铜还被用来制造武器和少量的工具，诸如锛、凿、钻和刀。从二里头文化至周代，戈这种富于特色的武器一直存在。商人和周人都使用了马拉战车，但二里头文化中尚未见到这种东西。

考古发掘中常见的其他有特色的遗物为青铜或石制的乐器；

玉璧、玉玦、玉圭、人或动物雕像、垂饰以及礼仪用刀和武器；可能被用作交换媒介的货币；漆器；纺织品（经常为*丝绸*）。

上述的器皿、武器、乐器和其他东西上一般都饰以动物纹饰，这些纹饰以现实中存在的和虚幻的动物及鸟为特征。所谓的饕餮就属于虚幻的动物，其形象在器表上为一个兽面或者除兽面外还有双身，其双身是以鼻部长线为中轴对称分开的。兽面上的基本特征为眉、目以及上颚，有时也可见到尖牙，不过却没有下颚或仅见一点痕迹。

无论是二里头文化的居民，还是商人和周人，都使用动物肩胛骨占卜，商人和周人还用龟甲占卜。商人和周人在一些卜甲和卜骨上刻字，他们也在许多其他东西上书写文字，并在青铜器上铸铭文。在所有的事例中，文字都被用于宗教、礼仪以及政治目的。迄今为止，我们所知道的只有同一种文字书写体系，这些文字所代表的也只是同一种语言。

二里头、商以及早周时期不仅物质文化的总体面貌相一致（对此我们已罗列于上），其考古资料也展示出或表明了它们的社会及政治制度也相同，也显示出同样的变化过程作用于其发展历程中。而且，从比较学的观点来看，这些变化过程中有一些是颇具特色的。我已在其他著述中详尽地探索了这个问题，[1] 但在这里，我着重强调一下其中的诸方面，以便使死气沉沉的考古资料变得生动些。

按时间顺序前后对比，黄河中游龙山文化时代、二里头文化时期、商代和周代，都显示出其社会性质方面的差异不断得以强化，艺术上的成就，在性质上日趋达到更高的程度，不

---

[1] K. C. Chang, *Early Chinese Civilization*, Cambridge: Harvard University Press, 1976; *Shang Civilization*, New Haven: Yale University Press, 1980; *Art, Myth, and Ritual*, Cambridge: Harvard University Press, 1983;《中国青铜时代》，北京：生活·读书·新知三联书店，1983 年。

过在这两个方面，它们展示出了异乎寻常的连续性，这不仅可以追溯至龙山时代的先人们，而且，可以一直追溯至仰韶和大汶口文化时代。一个方面是生产技术。根据考古资料，从新石器时代到青铜时代没有重大的技术革新：两个时代所使用的都是相同的石、骨、蚌器，据推测，还应有木器，这些工具被用于掘土、翻土、除草和收割。迄今为止，我们所掌握的考古资料表明：在中国，青铜时代的出现，并未伴随着金属农具和灌溉网络的有效使用，也未伴随有畜力的运用或犁的应用。在中国，农业技术上的突破，要等到大约公元前 600 年或前 500 年，此时，铸铁开始被广泛使用并被用于制造农具。

从新石器时代延续到文明时代的第二个方面是亲属关系的重要性。宗族和世系既被反映于已知的卜辞中，也见于墓地的布局与带有族徽的随葬品的相互关系上。宗族和世系，不但作为调整社会间相互关系的基本组织而继续存在，而且也为其成员分化成政治、经济等级提供家世基础，这些政治、经济等级是植根于等级制的结构之中的。在每一宗族内，有根据家世亲疏而定的嫡系和旁系血缘关系，血统上的等级与财产的分配相结合。

"三代"财富分配的等级体制，为我们探寻在没有新生产技术时决定财富积累的要素提供了有力的线索，任何文明的出现，都要求有分配财富的等级体制。就中国而言，这些要素主要存在于政治领域：财富的积累，通过资源分配的日益不平衡而实现，反过来，资源分配的不平衡，又是极强大的王权出现所带来的结果，在这里，极强大的王权的出现首先是与青铜器相联系的。对于中国文明的出现来说，青铜器是关键，因为青铜被用于铸造礼器和兵器，而"国之大事在祀与戎"，这话是古代中国人自己在《左传》鲁成公十三年（公元前 578 年）的条目中所表述的。

在中国古代，青铜主要被用于制造两种东西：礼器和兵器，这一点颇为重要。礼器似乎包括无数种食器、酒器和乐器；兵器包括战争用的武器（用于对内镇压的主要是刽子手用的斧子）以及马拉战车。也有青铜工具，诸如锛、凿、钻等，这些工具是制造车辆所必需的。

青铜武器在财富分配中所发挥的作用是显而易见的，不过，青铜礼器所扮演的角色就较次要些了。实际上，青铜并非是唯一用作该种用途的东西，玉器、象牙器、漆器、木器、陶器和其他东西，也被用于礼仪祭祀之目的。这些礼器是古代萨满们在完成其与逝去的祖先和其他神灵相沟通的任务时所使用的工具。卜骨和卜甲也被用于同样之目的。许多礼器上饰有动物图像，根据较晚的文献所言，这些动物肖像，十之八九是萨满们在与上天沟通时的代理者或助手。我们不妨回想一下遥远的仰韶文化所显示出的萨满的形象，"三代"的萨满们亦不过就是其后来的翻版。其主要的不同之处是，"三代"的萨满们或是自身就掌握着政权，或是专门服务于王，成为政权的工具，之所以如此，是源于萨满所具有的能与圣人和料事如神的祖先以及神灵相沟通的才能。

从这种意义上说，中国最初的文明为萨满文明，其艺术实际上是"萨满的"工具，它不但是外观上的标志，而且也是服务于政权的工具。我在这儿所使用的"萨满的"一词与彼得·福斯特在描述中美洲文明特点时使用该词的情形是一致的，中美洲文明也是萨满文明：

> 世界的起源来自于转化，而不是《圣经》上所说的那种创世纪，这是中美洲人宗教信仰的特点……他们认为人

类与动物存在着质的相同……他们用动物的皮、爪、牙、头以及其他部位来象征或达到这种转化。[1]

就中国文明兴起的问题来看，关键的是萨满教的强烈垄断，它使得仅有那些高高在上者及当权者方能与祖先和神灵沟通，才能有见识，从而才能执掌统治权。于是在古代中国，占有了艺术品便是掌握了政权。这些艺术品之所以如此重要，其自身的艺术价值是珍贵的，可由于其所具有的能沟通神灵的作用，它们甚至变得更宝贵。并非巧合的是，中国古代国家及国家正统性的象征是所谓的九鼎。在《左传》中，公元前606年（宣公三年）的条目里，我们见到了下述关于九鼎之作用的叙述：

> 昔夏之方有德也，远方图物，贡金九枚，铸鼎象物……用能协于上下以承天休。桀有昏德，鼎迁于商，载祀六百。商纣暴虐，鼎迁于周……成王定鼎于郏鄏，卜世三十，卜年七百，天所命也。周德虽衰，天命未改……[2]

以上的话再清楚不过地强调了青铜器在古代中国的作用：由于它上面的动物图像，青铜器能使人与天地相通，占有青铜器的人便是合法的统治者。如此一来，古代中国之内的诸多国家之间的激烈争斗，开始以彼此间对艺术珍宝的激烈争夺为象征，而由于金属的匮乏以及在采矿、熔炼和铸造中所遇到的麻

---

[1] "Shamanistic Survivals in Mesoamerican Religion", *Actas del XLI Congreso International de Americanistas*, Mexico, vol. 3(1976), 153.
[2] 译者注：见《左传》，长沙：岳麓书社，1988年12月第1版，1993年11月第4次印刷，第121页。

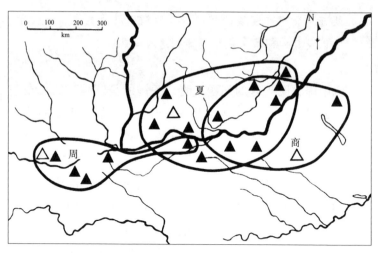

图 308 "三代"的都城遗址。其分布与中国古代铜矿和锡矿的分布相一致
（据《文物》1985 年第 2 期，第 65 页）

烦，青铜器便在诸象征物中取得了至上的地位。关于青铜器在古代中国所具有的核心的重要性，可通过一个假说而得以体现。该假说即"三代"都城的频繁迁移（见图 272—273、图 293）[1]是由于中国北方的铜、锡矿藏经常被耗尽而迫使的，也是对金属新资源孜孜以求的结果。在该假说中，都城被视为进行这种追寻的先导（图 308）。

---

[1]《文物》1985 年第 2 期，第 61—67 页。

第七章 "三代"以外的最早文明

在《礼记·王制》中，我们见到了周代末期周人对中华诸族的划分：

> 中国夷狄五方之民，皆有性也，不可推移。东方曰夷，被发文身，有不火食者矣；南方曰蛮，雕题交趾，有不火食者矣；西方曰戎，被发衣皮，有不粒食者矣；北方曰狄，衣羽毛穴居，有不粒食者矣。[1]

这五大民族的划分——"中国"（中原）的华夏族、东夷、南蛮、西戎、北狄，明显地反映出周人世界观中的两个方面：首先，反映出了其民族优越感；其次，反映出了他们头脑中"四"的观念，即"四方"、"四邦"、"四土"等。当然，周人的这些观念是从商人那里继承而来的，而商人可能又依次从夏人那里承袭而来。夏、商、周人都属于中原人，其活动的主要地域在黄河与洛河之间。

我在第六章中概述了已知的中原最早文明——"三代"的

---

[1] 译者注：见《评析本白话三礼》，北京：北京广播学院出版社，1992年，第411页。

考古资料。从多种意义上说,正如我们在上一章末尾罗列出的文化共性所显示的那样,中原地区的确构成了一个文化圈。该地区在一个非常重要的方面有别于周围地区,即该文化圈内的历史文献资料,记载了其自身范围内的事情,而这是古代中国有如此记载的唯一地区。除了吃不吃五谷和吃熟食还是吃生食的问题之外,这里的人们有理由觉得他们自身与夷、蛮、戎、狄有别。实际上,他们不仅觉得自己不同于夷、蛮、戎、狄,而且他们还有一种优越感。在《左传》中,人们会看到"戎"和"狄"被一再称作"豺狼"(鲁闵公元年,公元前661年)或"禽兽"(鲁襄公四年,公元前569年)。

出于编史这一名正言顺的理由,近60年来,中国的考古学者将其工作集中于中原地区,其结果是人们对这里的史前史的认识达到了最圆满的程度。这倾向于给人造成一种支持中原核心地位的错觉。所谓中原的核心地位,是指以中原为中心向周边地区扩散,这些周边地区的文化发展序列,经常还不够完整,因此看起来似乎是次要的和派生的。不过近十年左右,中国的考古工作的地域范围已有了重大的扩展,地方考古工作成就斐然。其结果是,我们对每一块周边地区的当地历史了解得更多了,也正因为如此,许多地区正着手在绵延不断的相互影响之范围的框架内,探寻其自身的发展史。在"三代"之外的这些地区中,愈来愈多者似乎已进入了文明阶段,其时间与中原出现文明的时间大体一致。还没有证据表明所有的地区都是如此。不过,在公元前2000年代,无论各地文明发展的状况如何,周边地区中有许多与中原地区进行了相互交流,这对双方都产生了重大影响。

在本章中,我简要核查一下当前关于这些周边地区在公元前2000年代的考古研究状况,当时这些地区的居民可能是中

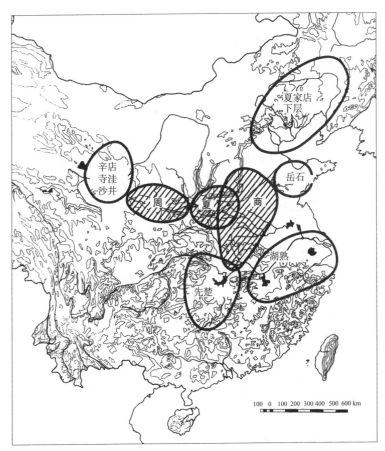

图 309　中国早期文明的核心区（画影线部分）和周边区（空白部分）

原地区居民所称的夷、蛮、戎、狄族。这五个地区是山东和苏北、辽河流域、陇东、长江下游、长江中游盆地（图 309）。

一　公元前 2000 年代的山东和苏北

1960 年春天，在鲁东的平度县东岳石村附近，发掘了一处新石器时代遗址。该遗址出土了一种有特色的原始灰黑陶器组合，代表其特征的器型为平底尊、饰有几圈突棱的圈足簋以及带有蘑菇形钮的器盖。[1]在辨认其风格特征时，发掘该遗址的考古学者仍将其划入龙山文化之中。只是到了70年代末和80年代初，在山东工作的考古学者开始认识到，东岳石村的器物组合，实际上代表了一个不同于龙山文化的文化，该文化的遗址已被发现于整个山东及苏北地区。已有人提议将该文化命名为岳石文化或岳石类型。[2]该文化的识别特征存在于其陶器上，陶器器型包括尊、圈足簋、甗、豆和器盖，许多陶器上饰有成圈的粗突棱（图310）。岳石文化的遗址中也发现了青铜钻和镞。鲁西岳石文化在年代学序列中的位置可被暂时置于"约相当于中原地区的夏代至早商时期"，而胶东岳石文化"延续的时间可能稍长一些"，[3]该文化可能是继山东龙山文化之后，山东最早的青铜时代文化，将来与其相关的考古工作会引起人们的兴趣和注意。

比岳石文化稍晚的是许多出土商式青铜器的商代遗址。根据截止于1972年的调查，除最北端的德州以外，整个山东省都发现有商遗存。[4]不过，最著名的是两个多年前发现的商遗址，那里所进行的新的调查已有了重大收获。这两处遗址是济南东郊的大辛庄遗址[5]和益都东北部的苏埠屯遗址。[6]苏埠屯

---

[1]《考古》1962年第10期，第509—518页。
[2]《文物》1981年第6期，第43页；《考古与文物》1984年第1期，第92—99页。
[3] 赵朝洪，《考古与文物》1984年第1期，第96页。
[4]《文物》1972年第5期，第3页；也见《考古》1961年第2期，第86—93页。
[5] F. S. Drake, *China Journal* 31(1939), 77–80; F. S. Drake, *China Journal* 33(1940), 8–10;《文物》1959年第11期，第8—9页；《文物》1972年第5期，第3页；《考古》1959年第4期，第185—187页；《考古》1973年第5期，第272—275页。
[6]《中国考古学报》第二册，1947年，第167—177页；《文物》1972年第8期，第17—30页。

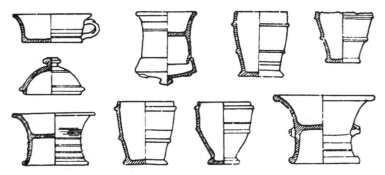

图 310 山东岳石文化类型的陶器器型
（据《考古学报》1984 年第 1 期，第 20 页）

商代大墓，于 1965—1966 年被发掘，共发现 4 座商代墓葬。迄今为止，只有 1 号墓的发掘资料被公之于众，它与安阳西北冈的王陵颇为相似。墓室为长方形，方向为北偏西 3°，深 8.25 米，南北长约 15 米，东西复原长约 10.7 米，共有四条墓道，"亞"字形的木椁室，三面被熟土二层台所围绕，墓底还挖有两个相连的坑，被称为"'T'字形'腰坑'"。整座墓的随葬品非常丰富，有青铜器，包括两个饰有饕餮纹的大钺、陶器、玉器、石质装饰品和 3790 枚贝（该墓曾经被盗过，大概许多完整的青铜器已被盗走）。此外，还发现了 48 名殉葬者的遗骨和 6 具狗骨架，其分布于墓内的多处地方——墓底、二层台以及南斜坡墓道的底部。苏埠屯大墓是安阳以外所发现的最大的商代陵墓（图 311）。

在山东以南、苏北的淮河平原上，有几处商代遗址被发现于徐州地区，特别是高皇庙遗址[1]和丘湾遗址；[2]皖北的阜

---

[1]《考古学报》1958 年第 4 期，第 7—17 页；《考古》1960 年第 3 期，第 25—29 页。
[2]《考古》1973 年第 2 期，第 71—79 页；《考古》1973 年第 5 期，第 296—298 页；《文物》1973 年第 12 期，第 55—58 页。

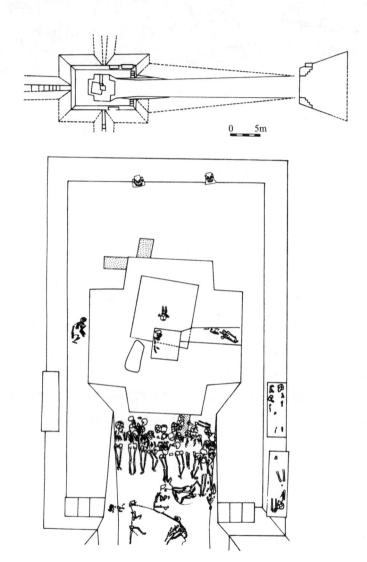

图 311　山东益都苏埠屯的商代墓葬
　　　（据《文物》1972 年第 8 期，第 25 页）

南、[1]寿县[2]和嘉山遗址，[3]甚至在安徽中部的长江流域也发现了肥西商代遗址。[4]

该区域的考古资料还没有详细发表，我们对淮河平原的商代文明的了解，尚有很大的局限性。仅据现有的资料来看，阜南遗址出土的青铜器之独特的铸造风格（其喇叭口尊，从外观形态上看来较早，而作为背景的雷纹与纹饰主题浑然一体——这些都应为早期特征，把这些与通常被认为是晚期特征的浮雕花纹结合了起来），使得一些研究者确信它们是当地青铜冶铸工艺的结晶。[5]1965年，在丘湾遗址发掘了一片墓地，在该墓地大约75平方米的范围内发现了20具人骨架，2个单独的颅骨以及12具狗骨架。位于其中间位置的是一组紧靠在一起的巨石，共4块，竖立于地面上（图312、313）。所有人骨的葬式，都是俯身屈膝，而且多数是双手被反绑在背后。显然，这是一处举行杀人祭祀仪式的场所。几位专家根据文献指出：在丘湾发现的是举行社祭（祭地神）仪式的典型遗迹，该仪式流行于中国古代东夷族中，其中包括献人祭。[6]徐州地区是商代方国——彭国的所在地，丘湾社祭遗址的发现，清晰地反映出当地的文明与河南的商王朝在社会分化方面达到了相似的程度，当地毋庸置疑地存在着冶金业，并有能力生产出装饰风格独具匠心的有地方特色的青铜器。

---

[1]《文物》1959年第1期封里；《文物》1972年第11期，第64—66页。
[2]《中国考古学报》第二册，1947年，第250页；《中研院历史语言研究所集刊》第23期，1951年，第612页。
[3]《文物》1965年第7期，第23—25页。
[4]《中华人民共和国考古发现展览》，北京，1974年，第18页。
[5] V. C. Kane, *Archives of Asian Art* 28(1974–1975), 80;《文物》1972年第11期，第64—66页。
[6]《考古》1973年第5期，第296—298页；《文物》1973年第12期，第55—58页。

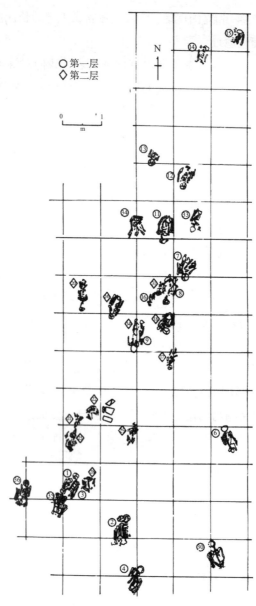

图 312　江苏丘湾的商代墓地
（据《考古》1973 年第 2 期，第 77 页）

图 313 发现于江苏丘湾商代墓地遗址中间的立石
（据《考古》1973 年第 2 期，图版 6）

二 冀北和辽河流域的夏家店下层文化

到了公元前 3000 年代的后半叶，辽河上游的红山文化消失了。而恰好在大约同一地区——辽河流域、辽西和冀北的热河高地以及京津平原一带，出现了一个新的文化，代表其特征的是一种全新的陶器组合。在这种全新的器物组合中，根本不见红山文化中的饰"之"字形压印纹的平底罐和瓮，代之以绳纹灰陶鬲和甗作为最主要的器型。这就是夏家店下层文化，它之所以被如此称呼，是因为代表该文化的新型陶器组合，最初被发现于辽西赤峰的夏家店遗址的下层。[1] 夏家店下层文化也有着独特的石器器型，其中包括柱形磨光石斧、扁平石锄、有肩石锄、穿孔扁平石斧、石刀以及细石器。该文化的鬲是其最具特色的陶器，根据腹部的弧度，被分成几种形式。其长腹鬲

---

[1]《考古》1961 年第 2 期，第 77—81 页；《考古学报》1974 年第 1 期，第 111—144 页；《文物》1973 年第 11 期，第 44—45、77 页。

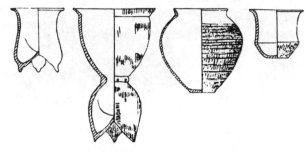

图 314　北票丰下夏家店下层文化的陶器器型
（据《中国考古学会第一次年会论文集》，1980 年，第 166 页）

为侈口、宽沿、深腹，并有着圆锥形的实足尖，是用来分辨该文化类型的典型器物（图 314）。

  目前，已有数百处遗址被认为是属于夏家店下层文化，其中有十多处已被发掘。该文化通常被区分为两个地域类型：以地处冀北的燕山为界，分为燕北类型和燕南类型。[1]燕山类型的主要遗址，除 1960 年发掘的赤峰的夏家店遗址和药王庙遗址之外，还有赤峰蜘蛛山、[2]敖汉旗的大甸子、[3]北票丰下，[4]这些遗址都在辽宁省（译者注：由于行政区的变动，上述遗址中，现在有些已属内蒙古自治区）。燕南类型中最著名的遗址为房山县琉璃河遗址、[5]大厂县大坨头遗址、[6]蓟县张家园遗址[7]和唐山大城山遗址。[8]这些遗址都在河北和京津地区（应说明的是，有一派学者把燕山以南的遗址称作大坨头类型，没

---

[1]　《中国考古学会第一次年会论文集》，第 163—170 页。
[2]　《考古学报》1979 年第 2 期，第 215—242 页。
[3]　《考古》1975 年第 2 期，第 99—101 页。
[4]　《考古》1976 年第 3 期，第 197—210、186 页。
[5]　《考古》1976 年第 1 期，第 59—60 页。
[6]　《考古》1966 年第 1 期，第 8—13 页。
[7]　《文物资料丛刊》(1)，北京：文物出版社，1977 年，第 91、163—171 页。
[8]　《考古学报》1959 年第 3 期，第 17—35 页。

将其纳入夏家店下层文化,而他们这样做的依据是,那里的房屋结构和陶器形制与夏家店下层文化有别)。[1]

夏家店下层文化的绳纹灰陶,特别是鬲,在当地的红山文化中是找不到先例的,却与河北龙山文化的陶器相类似。夏家店下层文化的许多遗址中,出土了青铜用具,诸如:镞、刀、环、耳环和带孔的小工具,墓葬中出土的一些陶器有红、白或黄色的彩绘,其图案有时令人联想到商朝青铜器上的云纹(图315)。许多居址被发现,它们是用石块和土坯建造的,土建的房屋与河南龙山文化的一些房屋相似。夏家店下层文化被认为是龙山文化或早商文化的地方变体。[2]不过,其地域分布与先前的红山文化实际上是一致的,这导致人们猜测夏家店下层文化的出现并非是龙山文化的闯入所造成的,而是对红山文化的必然取代,其原因是来自河北的强大影响,这种影响最初发生于龙山文化时期,而后在商和西周时期这种影响仍在继续。商遗存在这里的最初出现是以北京附近的平谷刘家河遗址为标志,该遗址出土了典型的郑州期的晚期遗存。[3]安阳期的青铜器已在向北远至大凌河流域的喀左县[4]和西拉木伦河畔的克什克腾旗被发现,其应出自窖藏或墓葬中。[5]这些青铜器与当地土著遗存的关系尚不清楚,不过其年代学序列确属夏家店下层文化时期。该地区夏家店下层文化与商和西周文明的关系问题将是我们理解公元前2000年代发生于这里

---

[1]《中国考古学会第三次年会论文集》,第220—229页。
[2]《中国考古学会第一次年会论文集》,第167页。
[3]《文物》1977年第11期,第1—8页。
[4]《考古》1973年第4期,第225—226页;《考古》1974年第6期,第364—372页;《文物》1977年第12期,第23—33、43页。
[5]《考古》1977年第5期,第354、356页。

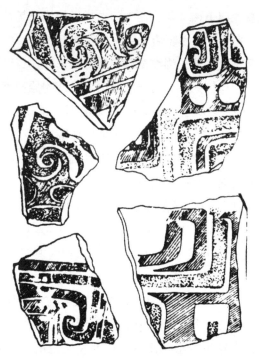

图 315　辽宁北票丰下夏家店下层文化的彩绘陶片
（据《考古》1976 年第 3 期，第 208 页）

的社会及文化变革的关键。[1]

三　甘肃的辛店、寺洼和沙井文化

1920 年，J. G. 安特生的田野助理——刘长山，在豫西发现了仰韶村遗址。1921 年，安特生亲自调查了该遗址，并于其他文化遗存中发现了一些彩陶，他认为，这些彩陶与阿瑙以及

---

[1]　邹衡，《夏商周考古学论文集》，第 262—271 页。

特里波利耶的彩陶文化有关。1923—1924年，安特生对陇东地区进行了广泛的勘查，将其推测为连接东西彩陶文化的地区。在陇东的兰州市附近的黄河流域，在洮河流域和湟水（西宁河）一带，安特生发现了相当数量的早期文化遗址。他把这些发现分为六期，认为它们是一种直线般连续发展的彩陶文化传统，并把各期都按顺序断代为公元前。[1] 根据安特生最后修订的说法，他对甘肃地区的考古年代划分排列如下：[2]

石器时代晚期

  齐家期（B.C. 2500年—B.C. 2200年）

  仰韶期（半山）（B.C. 2200年—B.C. 1700年）

  马厂期（B.C. 1700年—B.C. 1300年）

青铜时代

  辛店期（B.C. 1300年—B.C. 1000年）

  寺洼—卡约期（B.C. 1000年—B.C. 700年）

  沙井期（B.C. 700年—B.C. 500年）

这张表一度产生过影响，不过它仅被一些史学研究者所引用，因为其整个体系早已过时了。自从20世纪20年代早期以来陇东地区所积累的考古资料表明，最早据有陇东地区的农业居民是大地湾类型的早期农人，接踵而至的是甘肃仰韶文化（仰韶文化在甘肃的地方变体）的居民，该文化由中原仰韶文化体系中衍生而来。而此后在这里的是齐家文化的族众，齐家文化在时间上与东部的龙山文化时代相当，但它们可能族属不同，其文化传统亦应有别。在齐家文化与秦文明之间（秦文明席卷了该地并使之成为秦帝国的一部分），在时代上与黄河中

---

[1] J. G. Andersson, *Memoirs*《中国地质学会》系列A，1925年第5期。

[2] J. G. Andersson, *BMFEA* 15(1943), 295.

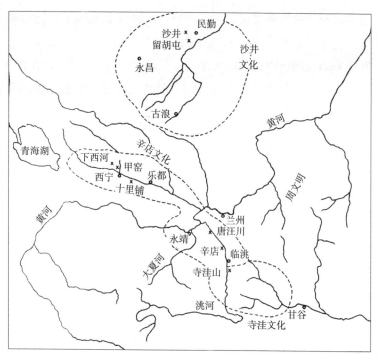

图 316　分布于甘肃的辛店、寺洼和沙井文化

下游的商周文明相当，占据陇东地区的是几个时代相同或部分相同的文化：辛店文化、寺洼文化和沙井文化（图 316）。

1　辛店文化

辛店文化的考古器物组合，被发现于临洮县城以北的洮河下游、永靖市一带的黄河流域和乐都县城以东的湟水下游。[1] 其器物组合包括石器、纯铜和青铜制品以及风格独特的陶器，其中首推陶器。其陶器以粗糙的红灰陶为特色，器表涂一层白

---

[1]　《考古通讯》1958 年第 9 期，第 47 页；《考古》1959 年第 7 期，第 379 页。

或红色的陶衣，并用黑颜料绘制出彩绘几何纹饰。陶器为手制，是通过泥条盘筑法再经拍打而成的。器表上的盘绕痕迹和拍打上的绳纹都用沾水的手指抹去。用黑颜色绘制的图画，既简单又充满活力，用手绘条纹于罐的肩部和腹部，图案大多为曲线形和圆形。陶器特征为：器身和器领间界线清晰，大口、单或双大耳（耳是竖直的位于罐的中间），一端接在器身上，另一端在口缘或缘下。[1]在该文化内，至少被区分出两个类型。辛店文化A类型，以洮河流域为中心；辛店文化B类型，集中于永靖市附近的黄河流域。另外，其他两组类型的陶器：永靖附近的唐汪类型和卡约类型（安特生将它归入寺洼文化中），它们都处于湟水下游，可能也与辛店文化有关。

辛店文化A类型，也被称为姬家川类型，即安特生所识别的辛店文化的典型类型，以洮沙县灰嘴和临夏县姬家川的居址以及洮沙县辛店（辛店文化A类型的发现地）的墓地为代表。该期的墓葬也被发现于临洮、临夏和洮沙的其他一些遗址中。[2]灰嘴遗址坐落于一处较高的梯形台地上，周围是深谷，很有利于防御。安特生认为，该遗址的自然地貌实际上至今未变。[3]安特生从该地发现了陶器、石器、骨器、珠子、半枚贝壳、一把青铜刀和一枚青铜扣。其青铜刀与殷墟的很相似，吴金鼎通过这里陶器上的一些回纹图案，联想到了中国北方青铜器上的图案。[4]该遗址出土了一枚汉代五铢钱，但安特生认为，此系扰入物，所出土的陶器质地粗糙，渗水性强，大多为灰色或红

---

[1] Chin-ting Wu, *Prehistoric Pottery in China*, London:Kegan Paul, Trench, & Trubner, 1938, pp.105-106.
[2] J. G. Andersson, *BMFEA* 15(1943), 167-179;《考古》1962年第2期，第69—71页。
[3] J. G. Andersson, *BMFEA* 15(1943), 168.
[4] Chin-ting Wu, *Prehistoric Pottery in China*, London: Kegan Paul, Trench, & Trubner, 1938, p.106.

色。器皿为泥条盘筑而成的，经拍打，然后用手指沾水抹擦，以两种器型居多——圜底碗和大口、高领、双大耳罐。耳都是竖直的，或置于腹部最大径处或位于口唇下，其一端接于缘上或领以下，另一端置于肩上，器底主要为凹底。总的说来，陶罐相对较小，平均高度和直径为15厘米。器表图案有拍打上的抹绳纹、锯齿纹，刻画上的短平行线纹以及黑色彩绘。彩绘大量集中于器物的肩和领部，由绘得有力而洒脱的粗大线条构成了简单的几何图案，比如：水平的黑色宽条、窄波纹、三角纹、回形纹和N形图案。也存在着一些传统的人形或动物形图案。姬家川遗址出土了相似的陶器，一座半地穴式长方形房屋建筑以及若干窖穴和一座屈肢墓葬。[1]

辛店文化B类型，以永靖县所发现的三处遗址为代表：张家嘴、韩家嘴和王家嘴。[2]在同一地区，也发现了辛店文化A类型的器物组合。尽管尚未得到地层学的证实，不过，辛店文化B类型和A类型在年代上仍然是相衔接的，其中B类型的年代较早。[3]在张家嘴遗址所发掘的165个圆形或长方形窖穴，都集中于一小块区域内，有丰富的文化遗物，出土了扁平磨刃石斧、石铲、石刀（长方形或多边形）、穿孔石盘、杵、臼以及纺轮，一同出土的还有骨铲、针、锥、梳、装饰品、一件青铜器残片、一个青铜矛头和两个青铜块。在陶器遗存中，一些红陶和灰陶器有引人注目的细腻陶质，但绝大多数陶器是一种夹砂或掺陶片碎末制成的砖红色陶器。这些陶器像A类型的一

---

[1]《考古》1962年第2期，第69—71页；《考古学报》1980年第2期，第187—219页。
[2]《考古》1959年第4期，第182—183页；《考古学报》1957年第2期，第30页；《考古学报》1980年第2期，第187—219页。
[3]《考古学报》1957年第2期，第30页。

样，也是泥条盘筑的，并被擦抹和磨光，但总的来看，与 A 类型相比较，其陶质细一些，涂白色陶衣的陶器标本所占的比例更大一些。在器表装饰上，见于报告的有绳纹、附加堆纹、拍打上的网纹，还有彩绘。彩绘又是用的黑彩，但也发现了少量的红彩图案。构成图案的有平行线纹、变形 S 纹、双涡纹、N 形纹、中间填有平行线的 A 形纹、十字纹和 X 形纹，其中大多数是 A 类型和 B 类型所共有的，但其他的则表现出了与唐汪类型的强烈的一致性。B 类型器皿形体更高，器耳也比 A 类型的大，器底普遍为平底而非凹底。除了罐、碗之外，盘、杯、鼎和鬲也是 A 类型和 B 类型所共有的（图 317）。

在另一处辛店文化 B 类型的遗址——永靖莲花台遗址中，出土了一把青铜刀、一把青铜钻、一把青铜匕和一件青铜器皿。那把青铜钻含铜 81.25%、锡 9.56%、铅 3.30%、锌 1.30%；青铜匕含铜 81.69%、锡 12.66%，那件青铜器皿含铜 92.50%、锡 6.80%[1]。

即使辛店文化不与被称为唐汪类型的那一个陶器发展阶段实际相同的话，那二者至少也是关系密切[2]。该类型的典型遗址是，位于洮河下游的甘肃东乡县唐汪川附近的山神遗址，但陶罐以及同类型的碎陶片，已从永靖附近的其他遗址、洮河下游的临洮县以及乐都以东的湟水下游沿岸遗址被采集到[3]。安特生发现了青海西宁附近的十里铺遗址，并将其划入了属于甘肃仰韶文化范畴的马厂类型，不过该遗址所出土的陶器表明，其与马厂类型没有任何关联，而与唐汪类型却有着可信的相似

---

[1]《考古》1980 年第 4 期，第 296—310 页；《文物》1984 年第 9 期，第 94—95 页。
[2]《考古学报》1957 年第 2 期，第 23—27 页。
[3] 同上；《考古》1959 年第 7 期，第 379 页；《文物》1981 年第 4 期，第 16—20 页；
　 J. G. Andersson, *BMFEA* 15(1943), 160–161.

图 317　甘肃辛店文化 B 类型的陶器
　　　（据《考古学报》1957 年第 2 期，第 32 页）

性[1]。其陶器以陶质粗糙的红陶为代表，掺和料为陶片碎末并偶有砂粒。大多数陶罐和碎陶片为素面，或是饰有绳纹的炊器，但有些陶器是经磨光并绘上了黑彩的。器表先被擦抹（这是为了消除泥条盘筑的痕迹），此后常常被涂上红陶衣。黑彩图案被绘于陶衣上，大多位于器身上的两组平行线之间，图案有涡纹和圆圈纹。另外还有几何图案装饰于罐的其余部分，如领、肩或耳，这类几何图案诸如 S 形纹、平行斜线纹、N 形纹、回纹以及中间填以平行线的 A 形纹。器型包括有双耳或四个竖直耳的罐、单耳杯、豆和鬲。陶器造型上最显著的特征是特大的环耳，其经常比口还高（图 318）。无论在器型上或装饰上，唐汪类型都与辛店文化很相似，特别是辛店文化 B 类型，一些调查研究者主张将其划分同一类型[2]。

在相同区域内，分布着以卡约遗址为代表的另一种文化类型，安特生曾将它归入寺洼文化，但其他许多田野考古工作者认为它是一个独立的文化[3]。而我的看法与这两种观点都不同，我认为它应是一个与辛店文化陶器相关的文化类型，我们可称之为卡约类型。其典型遗址——卡约遗址和下西河遗址最早由安特生在 1923—1924 年发现于青海西宁县，地处湟水的一条支流上。[4]卡约遗址——一处出土 13 具尸骨墓地，均为仰身直肢葬，大多头向西。一些尸骨上撒有红赭石粉。在下西河对岸的另一处墓葬遗址，出土了 8 座墓葬，发现于墓葬中的陶器为平底或凹底（较少见）、鼓腹，并有着各种高

---

[1] 张光直，《中研院历史语言研究所集刊》第 30 期，1959 年，第 298 页。
[2] 《考古》1959 年第 4 期，第 184 页。
[3] J. G. Andersson, *BMFEA* 15(1943), 222；《考古通讯》1956 年第 6 期；《文物》1960 年第 6 期，第 36 页。
[4] J. G. Andersson, *BMFEA* 15(1943), 185–197.

图 318　甘肃唐汪类型的陶器
　　　（据《考古学报》1957 年第 2 期，图版 1—3，第 33 页）

度的领。一些陶罐上出现了马鞍形口。绝大多数罐,都在肩或领部装有两个竖直耳。除此式样之外,也有四耳罐,即兼有两个大环耳和两个小肩耳。器表为砖红色或灰色,大多为素面,但报告中也有绳纹陶器标本。在安特生的报告中未见彩绘陶器标本。在卡约和下西河遗址的墓葬中,除陶器之外,还发现了穿孔石盘、骨锥、碟、镞、绿松石珠、陶纺轮、用青铜制作的扣、包扣、链、有网状小孔的漏器、一把刀和一些"长方形的东西"。安特生仅根据对卡约类型的一些马鞍形口陶罐的研究就将其器物组合归入了寺洼文化(鞍形口罐是寺洼文化的特征)。这种划分令人怀疑。根据下列理由,我认为同寺洼文化相比,卡约类型的器物组合与辛店文化的关系更密切:(1)马鞍形口陶器在卡约类型中并非常见,而且辛店文化中也发现有鞍形口陶器,所以,卡约类型的马鞍形口陶器,可能只反映了其与寺洼文化的接触;(2)卡约类型的陶器有大环耳,其中一些比口沿还高;(3)四耳罐的发现;(4)以凹底陶器为代表;(5)从地域分布上来看,卡约类型与寺洼文化之间被一片相当大的辛店文化分布区隔开了。这种把卡约类型从寺洼文化中分离出来而划入辛店文化的做法,通过人们对1959年以来在湟中县以及西宁市附近发掘的31个卡约文化类型遗存地点的资料所做的研究而得到了进一步的支持[1]。其陶器为粗红陶,掺和料为陶片碎末,偶见砂粒或云母。陶器采用泥条盘筑法制成,其中一些器表上涂有陶衣(红色或较少见的灰白色),纹饰有彩绘、绳纹、附加堆纹、刻划纹和篦纹。彩绘是用黑彩绘出"之"字形纹、三角纹和涡纹。陶器造型以广口和大口直耳为特点,耳大多在罐领部。

---

[1]《文物》1960年第6期,第35—36页;《考古》1964年第9期,第475—476页。

还发现了为数不多的鬲。此外，也发现一些石器、角器和青铜器。在青铜器中，据说其戈、扣和双翼镞与周代的相似[1]。卡约类型与唐汪类型有着相同的地域分布，其陶器组合颇为相似，这些我们已注意到了[2]，我们可以说，有某种推测认为，唐汪类型可能是卡约类型的前身。新发现表明，卡约类型与辛店文化至少是有关联的，这表现于下列方面：以碎陶屑为掺和料，采用泥条盘筑法，器表施红陶衣，黑色彩绘和涡纹图案。因而，辛店文化B类型和唐汪类型可能代表了辛店文化的一个早期阶段，其后来在洮河流域发展为辛店文化A类型，在湟水流域则发展为卡约类型。

2 寺洼文化

如今，已有十多处该文化的遗址见于报道，它们分布于临洮县南的洮河上游以及位于陇东和陕西最西端的渭水上游支流[3]。其典型遗址是安特生于1924年在临洮县发现的寺洼山墓地[4]。这里8座墓葬所出土的陶器为器形高大的素面砖红陶或红陶遗存。器形以马鞍形口罐为特色，还发现一些陶鬲，也为马鞍形口。器身基本上为椭圆形，以至于吴金鼎断定其陶罐的这种造型是为了便于携带[5]。陶制器皿上部装有双竖直耳，有时候双耳之间的领部，饰有锯齿状堆纹。陶器皿的平均高度为24厘米，为粗糙的夹砂陶，手制，器表在未干时被抹平。吴金

---

[1]《考古》1959年第7期，第380页。
[2] 同上，第379页。
[3]《考古通讯》1956年第6期，第15页；《考古通讯》1958年第9期，第47页；《考古》1959年第7期，第327、380页；《考古》1963年第1期，第48页；也见《文物集刊》第2辑，1980年，第118—125页。
[4] J. G. Andersson, *BMFEA* 15(1943), 179–185.
[5] Chin-ting Wu, *Prehistoric Pottery in China*, London: Kegan Paul, Trench, & Trubner, 1938, p.107.

鼎也注意到"看来陶器的每一特征都表明尽管寺洼文化可能受到了中华文化的影响,但它并非中华文化"[1]。除陶器之外,安特生还发现了一只青铜臂环、一把磨光石斧和两只羊角。根据他的观点,这些羊大概是被驯养的[2]。

　　夏鼐于1945年又调查了寺洼山遗址,他又发掘了6座墓葬,根据掌握的资料,他区分出了三种处置死者的方式:火葬,并将其骨灰放入骨灰坛;仰身直肢葬以及可能存在的二次葬。夏鼐争辩说:这些埋葬习俗表明,寺洼山人不属于中国汉族人,但很可能是中国古代文献上所记载的羌人[3]。夏鼐发现了与安特生所见相同的陶器,夏鼐亦认为其到了泥条盘筑技艺的使用和以陶片碎末作掺和料的时期。所采集到的一个石球和一个陶球可能是供投掷用的。在陶罐碎片的表面,还发现有粮食颗粒的痕迹[4]。

　　1956[5]、1957[6]、1958[7]和1980年[8],更多的位于洮河和渭水上游的寺洼文化遗址被进行了调查。1957年,在寺洼陶系中,发现了彩绘陶片,其图案为同心半圆纹、回纹以及用黑彩绘制的其他几何图案。与寺洼陶器共出的石器大多为片状,包括磨刃石斧、锯齿刃石刀以及有肩石斧。1980年,在陇东庄浪县徐家碾遗址发现了一片寺洼文化的墓地,发掘墓葬104座,内有两座车马坑。殉人墓共7座,每座墓只殉一人。有几座墓

---

[1] Chin-ting Wu, *Prehistoric Pottery in China*, London: Kegan Paul, Trench, & Trubner, 1938, p.107.
[2] J. G. Andersson, *BMFEA* 15(1943), 185.
[3] 《中国考古学报》第四册,1949年,第96页。
[4] 同上,第106—107页。
[5] 《考古通讯》1956年第6期,第15页。
[6] 《考古通讯》1958年第9期,第45页。
[7] 《考古》1959年第7期,第327页。
[8] 《考古》1982年第6期,第584—590页。

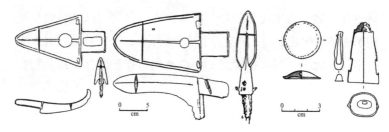

图 319　庄浪徐家碾寺洼文化遗址出土青铜武器，刀、扣和铃
　　　（据《考古》1982 年第 6 期，第 588 页）

中出土了青铜器，大多为武器（戣、矛、刀），还有铃、泡以及手镯（图 319）。一些青铜器与西周的器型相似。

3　沙井文化

该文化位于兰州以北约 200 公里的黄河与祁连山之间的干旱地带，在所谓的河西走廊的东部，有白亭河流经其间。该地区在生态学上处于黄河流域与草原地带的交界线上，但仍属长城以南。当南部的位于黄河和洮河流域的齐家文化让位于上述的辛店文化和寺洼文化时，北部的干旱地区则被一个属于不同体系的文化所占据，它就是沙井文化。

该文化的考古遗存被发现于民勤、永昌和古浪县[1]。安特生于 1923—1924 年，在民勤（镇番）县沙井村所发现的遗址是该文化的典型遗址[2]。该遗址是由一个设防居址——留胡屯以及一片墓地构成。那居址是一座泥壁堡垒，直径达 50 米。其中发现了鬲、一些有耳深腹碗、一件滑石盘、一些骨器（针、镞等）、一把青铜刀、一枚三棱青铜镞和一段金线。墓地在居

---

[1]　《考古通讯》1956 年第 6 期，第 16 页。
[2]　J. G. Andersson, *BMFEA* 15(1943), 197–215.

址以西260米处，发掘了40余座墓葬。死者为仰身葬，直肢或轻度屈肢。陶器掺和料为砂粒或云母，陶色微红，器壁经拍打，器身涂红陶衣。一些陶罐上有红色彩绘，特别流行的是平行线纹、三角纹和鸟纹。器型方面以两种器型为特色：单耳桶状杯以及肩部饰有一双小耳的小罐。罐的颈和身没有界限区别。除了陶器以外，安特生在墓中发现了石珠和绿松石珠、大理石环、磨光石器、贝壳（都磨得平整而且背部穿孔）以及纯铜和青铜制品，其中有一个矛头、一枚三棱式镞、一只环、一个刀尖、一件正面有涡纹的三连珠牌饰（与河北滦平战国墓所出土的那件相似）以及数根两头有环纹、中部扩大而光滑的管子和一枚扣。1976年，在永昌三角城，发现了另一座泥壁堡垒，其中出土了一把青铜刀、一枚青铜镞以及铁臿残片。在其西南1公里处是一片墓地，在这里收集到了一把青铜刀和几块青铜牌饰。其年代被表明为东周时期[1]。

地层关系表明，上述这三个文化的年代序列为早于汉代、但晚于当地的齐家文化。永靖县张家嘴和吴家的地层关系表明辛店文化肯定晚于齐家文化[2]，在寺洼山遗址，寺洼文化的地层晚于甘肃仰韶文化的马家窑类型[3]。而且，马鞍形口罐在辛店文化中时有发现，表明辛店文化和寺洼文化在年代上至少部分一致[4]。根据对这些时代大致相同的文化中的陶鬲之类型学排队（据说大多为殷周式），根据其金属制品与殷、周和河套文化的密切关系，根据毗邻渭水流域西周文明的寺洼文化中所发现的诸如有肩石斧、锯齿石刀以及青铜戈等文化要

---

[1]《考古》1984年第7期，第589—601页。
[2]《考古通讯》1956年第6期，第15页。
[3]《中国考古学报》第四册，1949年，第74页。
[4]《考古通讯》1956年第6期，第15页；《考古通讯》1958年第9期，第47页。

素（这表明了其与周的接触），我们得出了对有关上述各文化之绝对年代问题的某种看法。看来把当时甘肃诸文化的绝对年代定为公元前2000年代末至前1000年代的前半期是有道理的。对这样长的一段间隔，足以再进行细分，诸如辛店文化的各发展阶段（由辛店文化B类型和唐汪类型至辛店文化A类型以及卡约类型）。

四 长江下游的几何印纹陶文化

正如我们在前文中所提到的，20世纪30年代南京和上海地区的考古发现，促成了吴越史地研究会的组建，吴国和越国是周代长江下游的两个重要国家。卫聚贤在南京栖霞山[1]和陈志良在上海附近的奄城[2]所做的考古工作，引起了社会的关注。这两处遗址出土了古代的几何印纹陶片。从那以后，考古学者们已发现了拍印有几何纹饰的陶器和陶片在时空分布上的广泛性（图320），这些几何纹饰诸如：圆圈纹、平行线纹、波纹、编织纹、云雷纹、人字纹、折纹、三角纹、方格纹、涡纹及一系列其他纹饰。几何印纹陶文化，始于新石器时代末期，在商周时代发展到了顶峰，其影响在汉代及六朝时期的陶器制作上仍有所反映。在此期间，几何印纹陶经历了几何印纹软陶和几何印纹硬陶两个阶段。几何印纹软陶的器壁较厚，陶胎较粗，陶质较软；几何印纹硬陶的器壁较薄，陶胎较细，陶质坚硬像金属一般。就地域分布而言，几何印纹陶文化的核心区是在长江下游，在苏南、浙北以及安徽和江西的长江沿岸，不过有几

---

[1]《秦川月刊》1（1931）(2—3)，第59—79页。
[2]《奄城访古记》，秀洲学会，1935年。

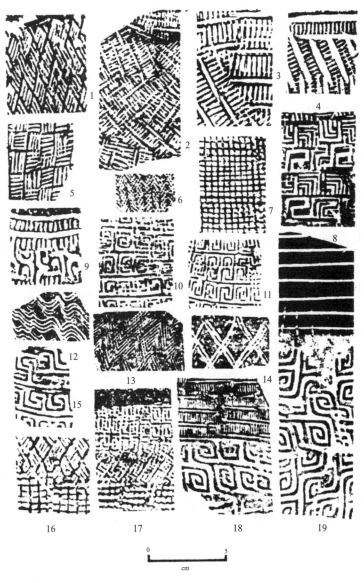

图 320　湖熟文化陶器上的几何纹饰之拓片
（据《考古学报》1958 年第 1 期，第 79 页）

何印纹特点的陶器,也出土于北方的河南以及中国东南部的大片地区内,特别是东南沿海地区,而且是按不同的比例,出现于当地的陶器组合中的。几何印纹陶的出土范围如此之广,在中国考古学上的地位如此之重要,以至于1978年夏在江西庐山举行了一次为期10天的全国性会议,会议的议题是关于江南的印纹陶问题[1]。几何印纹陶的广泛分布,使我们清楚地认识到,过去把几何印纹陶文化这一概念,仅用来指长江下游的几何印纹陶遗址是不恰当的[2]。不过,如果我们用这一概念来揭示各文化在陶器风格上的重要特点之间的联系,则该概念便是一个正确的术语。1978年的庐山会议,就几何印纹陶所分布的6个地域文化区达成了一致,即(1)太湖地区;(2)南京—镇江地区;(3)鄱阳湖和赣江地区;(4)浙江南部、福建以及粤东地区;(5)广东;(6)湖南。在本节中,我们简要看看头三个地区,它们都在长江下游,在那里发现的文明要素出现于公元前2000年代,关于湖南,我们将在下一节中讨论。至于广东和福建,本书就不予讨论了,因为该地直到公元前1000年代才出现文明的迹象。

1 鄱阳湖和赣江地区

该地区公元前2000年代的唯一重要遗址,是位于赣江边的赣北清江吴城遗址,从1973—1975年,该遗址被发掘了四次[3]。该遗址有时被称作商遗址,不过那主要是从年代学的角度去说的。这里的文化,肯定受到了来自河南的商文化的重

---

[1]《文物集刊》第3辑,1981年。
[2] 同上,第2页
[3]《文物》1975年第7期,第51—71页;《文物资料丛刊》(2),1978年,第1—13页。

大影响。不过总的来说，它是当地几何印纹陶文化环境所孕育出的结果。

在该遗址，发现了两座半地穴式房基，房基为圆角长方形，一座面积为 3.6 米 ×2.1 米，另一座长度为 2.65 米。墙和地面都焙烤过，有硬面，呈青灰色。还发现了两座陶窑，窑体呈现覆钵状，并发掘 30 余个灰坑和窖穴。发现墓葬 16 座，皆受严重腐蚀，随葬有陶器，偶尔也有青铜器。陶器器型有鬲、甗、甑、圈足豆、瓮、罐、大口尊等，以及爵、斝等酒器（图 321）。这些器物中的许多，诸如：鬲、豆、瓮、酒器和大口尊与二里头类型中的商式陶器，非常相似。从吴城遗址沿江上溯易于到达盘龙城遗址。不过，几何印纹陶器的风格在这里的广泛存在，表明了该遗址的特色（图 322）。此外，吴城遗址的许多陶器为釉陶，在第一期中陶片里的釉陶占 3.84%，在第二期中占 3.87%，在第三期中占 16.6%。还有少量的原始瓷片（在第一、二、三期中分别占 0.23%、1.21%、12.6%）。这些原始瓷片是用"瓷土"制成，颜色灰白，其化学成分从分类上说，可列入瓷器范畴[1]。在郑州也发现了与这相似的釉陶和原始瓷器，其可能来自南方。

这里出土的若干青铜器和石范，表明了吴城文化具有青铜铸造业的事实，其可能是吸收了商人的技术，不过，生产出的青铜器有地方特色。该遗址出土了两把青铜刀、一柄斧、一件矛头和一件戈；1976 年，在一座墓中，又偶然发现了两件青铜戈和一件矛头[2]，并从地表采集到一件青铜器皿的盖（图 323）。其纹饰中的涡纹和蝉纹，无疑受到了商文化的影响，但其器盖

---

[1]《文物》1975 年第 7 期，第 77—83 页。
[2]《文物》1980 年第 8 期，第 1—2 页。

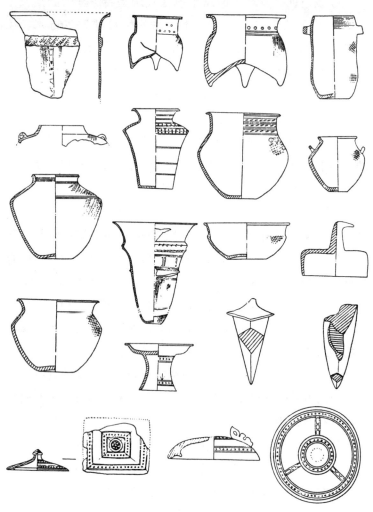

图 321　江西清江吴城出土的陶器器型
　　　　（据《文物》1975 年第 7 期，第 66 页）

图 322 吴城遗址出土的几何印纹陶片
（据《文物》1975 年第 7 期，第 62—64 页）

上由涡纹线条构成的兽面纹以及矛头上的圆圈纹却有地方特色，该遗址出土了大量的石范，这些石范，不仅用来铸造诸如锛、凿、斧、刀、镞等工具和武器，而且，还铸造更大、更复杂的器物，诸如戈和礼器等（图 324）。当地肯定有青铜铸造作坊，只不过目前尚未确认出而已。

吴城遗址的另一项非常重要的发现，便是刻于陶器和石范

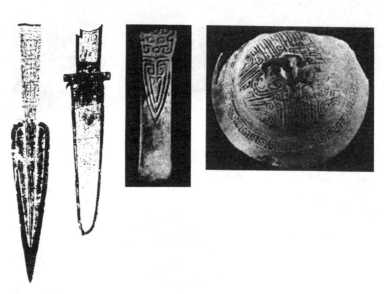

图 323　吴城出土的青铜器
（据《文物》1975 年第 7 期，第 67 页；1980 年第 8 期，第 2 页）

图 324　吴城遗址出土的用于铸造青铜的石范
（据《文物》1975 年第 7 期，第 67 页）

上的符号，从中共识别出143个不同的文字，其中有一些与安阳的甲骨刻辞相一致。这些文字大多是单个出现的，而非常重要的是在几件器物上是成行出现的：有一件器物上有7个字，另一件器物上有5个字，第三件器物上有12个字，第四件上有4个字，第五件上有11个字（图325）[1]。

吴城遗址，大概是最重要的中国南方早期文明的遗址。其向北与郑州期商文明的联系是明确的，但并非仅仅这些，吴城遗址在整体上所处的几何印纹陶的文化背景、青铜器及陶器上那些特征鲜明的纹饰、高度发达的釉陶及原始瓷器、固有的文字体系（除少数与甲骨卜辞相同者外，余者仍未解读），更不用说那些十足地体现着当地风格的工具（有段石锛和马鞍形陶刀），所有这些都暗示出一个早期文明的存在。该文明有着自己的金属铸造业和文字体系，而且又明显地源于中国南方的新石器时代文化。另一方面，这似乎亦是中国最早的文明在相互影响中兴起的另一种情形，因为郑州期的商文明，肯定对其产生了强烈的局部影响。[2]尽管这里的青铜，似乎在更大程度上被用于铸造工具，但重要的是其亦被用于铸造礼器和武器。吴城遗址的田野考古工作正在持续进行，我们期待着对其聚落形态的更具体的研究。该地区无疑还存在着与吴城遗址内涵相似的其他遗址[3]。

2 南京和镇江地区

这是所谓的湖熟文化区，其命名的根据是1951年在江苏

---

[1]《文物》1975年第7期，第51—71页；《文物资料丛刊》（2），1978年，第1—13页；《文物》1975年第7期，第72—76页。
[2]《文物集刊》第3辑，1981年，第133—143页。
[3]《文物》1977年第9期，第58—63页；《考古》1976年第4期，第273页；《文物考古工作三十年》，北京：文物出版社，1979年，第243页。

图 325　吴城所出土陶器上的符号
（据《文物》1975 年第 7 期，第 76 页及图版 10）

南京附近的江宁县发掘的典型遗址——湖熟遗址[1]。最早对该文化进行综述的是南京博物院的尹焕章和曾昭燏，他们于 1959 年发表文章，最先对该文化进行了时空界定，揭示了其特征[2]，1963 年，他们在《江苏省出土文物选集》中归纳如下[3]：

> 该文化最早发现于 1951 年，目前在宁静山秦淮河一带已发现了 190 处遗址……此外，太湖流域的许多遗址中，也包含有湖熟文化遗存……（后者有 15 处遗址）。从现有的资料来看，湖熟文化的中心是在宁镇地区，太湖流域则是其附属区。

---

[1]《南京附近考古报告》，上海：上海出版公司，1952 年。
[2]《考古学报》1959 年第 4 期，第 47—56 页。
[3]《江苏省出土文物选集》，北京：文物出版社，1963 年，第 5—6 页。

至于湖熟文化的内容,其要点如下:(1)其居址大多坐落于湖沼或河流沿岸的土墩上或山丘上,我们称之为"台形遗址"。不过,在太湖流域,一些湖熟文化遗址,位于山坡下或在如今的地平面以下。(2)湖熟文化的居民,善于对房屋建筑进行烘烤,其房基是一层层铺实,然后用火烤干而成的,墙壁亦显示出经火烘烤的迹象。(3)石头是制作工具的主要原料,已发现了非常大的石器加工场。在石制工具中,有许多的镰、锛、刀,也出现有石锄和石锤,表明其农业生产水平是相当高的。(4)少量家畜骨骸的发现,诸如牛、羊、猪和狗等,反映出动物的驯养是一项辅助性经济活动。(5)所发现的大量石镞、网坠、水生动物的骨骸和贝类的硬壳以及鹿角,表明渔猎在其经济生活中仍发挥着重要作用。(6)陶器以手制的夹砂红陶为主,不过泥质磨光黑皮陶、泥质几何印纹软陶和夹砂几何印纹陶亦有发现。最具代表性的器型为鬲、甗、瓮、带流的研磨盆、罍、瓿、盆和钵。(7)铜赭石、铜块、熔铜器皿以及小件青铜器的广泛出土,表明了湖熟文化的居民,已掌握了青铜熔铸技术,并使用了青铜器。(8)卜骨的广泛出现(肩胛骨和龟甲),反映出占卜之风的盛行。

由于我们现在对长江下游的史前史有了更好的了解,湖熟文化在史前的总体地位已清晰了很多,尽管如此,上述关于湖熟文化的描述,在经历了二十多年以后仍被采用着。首先,太湖一带的同时代的文化,已被证明与湖熟文化差异颇大,因而不属于该文化,现在学术界已同意将其单独列为马桥类型[1],关于该类型我们在下文中还会谈到。

---

[1]《南京大学史学论丛》第2辑,1979年,第169—180页。

尽管有证据表明，湖熟文化与早先的新石器文化一脉相承，但除几何印纹陶外，还出现了其他新的重要因素。青铜刀、镞、斧、鱼钩和青铜鼎耳及鼎足，已被发现于南京（图326）和丹徒附近的许多遗址[1]。陶坩埚和青铜器，在南京附近的北阴阳营遗址被发现于湖熟文化下层，表明当地村社已进行了青铜冶铸。

商周类型的青铜镞和刀以及铜矿石和陶匙（可能用于熔化青铜），已被发现于仪征和六合地区的多处遗址中[2]。1960年，在南京西善桥太岗寺遗址，发现了29件青铜器、3片卜甲和石、骨、蚌器以及陶器，一同还发现了10座墓葬。其中一些死者有身无首，还有一些有首无身，其他的则明显地被捆足[3]。

要评估湖熟文化的发展在多大程度上归因于商的影响是有困难的。尹焕章和曾昭燏指出，苏南几何印纹陶文化的下列特征源于殷或西周早期的影响[4]：（1）陶器上，诸如瓿、罍、鬲、甗、簋、盂、皿豆之类的器型，器耳等器物的附属部分，云雷纹、贝纹、三角纹和细绳纹等装饰图，都与殷末周初的青铜器相似；（2）石器类型方面，石戈和石镞，与殷周时期的青铜戈及殷墟出土的青铜镞造型相同；（3）殷末周初的青铜刀、镞和鼎耳、鼎足。根据饶宗颐的看法，向南远至粤东韩江流域一带所出土的陶片，在陶色的纹饰上与商朝的白陶是如此相似，反映出了文化上的影响[5]。但是，即使未到如此之南的区域，即在江西，商的影响便导致了吴城文化的出现。这是一个明显的由几何印纹陶文化下层发展而来的文化，而从某些方面来说，

---

[1] 《考古》1962年第1期，第32—33页。
[2] 《考古》1962年第3期，第128页。
[3] 同上，第117—124页。
[4] 《考古学报》1959年第4期，第54页。
[5] 《大陆杂志》1954年第8期，第65—67页。

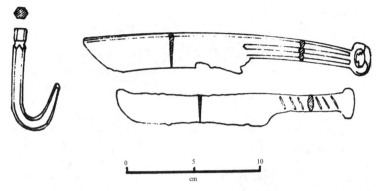

图 326　南京附近出土的青铜器
　　　　（据《考古学报》1957 年第 2 期，第 29 页）

江西还地处长江三角洲的上游。

如果商文明尚未完全延伸到长江下游，那么，西周文明达到了如此远的区域则是没有问题的。大概西周式的青铜器群已不仅被发现于长江下游苏南地区的丹徒、仪征、南京、溧水和丹阳，而且，也见于南至诸如位于浙北太湖西岸的长兴以及地处钱塘江（浙江）上游的皖南屯溪（图 327）[1]。这些青铜器，既展示了依据中国北方地区的标准所划分的殷周时代古典期的代表性特征，又表现出了本哈德·卡洛哥林所界定的中周期的显著特点。因此，这些遗址可被分为两个阶段：

1. 西周早期：丹徒、仪征、溧水和丹阳的发现是以古典期的风格为特色的，其风格属于西周，而非商代——四耳簋、卷耳盘。这二处遗址都位于长江下游的苏南地区。

---

[1]《文物参考资料》1955 年第 5 期，第 58—62 页；《文物参考资料》1956 年第 12 期，第 31 页；《文物》1960 年第 7 期，第 48 页；《文物》1965 年第 6 期，第 52 页；《文物》1973 年第 1 期，第 62 页；《文物》1975 年第 8 期，第 87—88 页；《文物》1980 年第 8 期，第 3—9 页；《考古》1960 年第 6 期，第 41 页；《考古》1961 年第 6 期，第 321—323 页；《考古学报》1959 年第 4 期，第 59—87 页；《文物资料丛刊》（2），1978 年出版，第 66—69 页。

图 327　发现于皖南屯溪的西周风格的青铜器
　　　　（据《考古学报》1959 年第 4 期，图版 1）

　　2. 西周晚期或东周早期：南京、溧水、丹阳、屯溪和长兴的遗存具有典型的中周期风格及地方特色。头三处遗址位于苏南的长江流域，而其余的两个遗址更偏南，在皖南的浙江流域和浙北地区，其地望已属太湖流域了。

　　这些发现，对于西周青铜器的研究是相当重要的。联系到目前所进行的讨论，其文化成分与地域分布都具有重大意义。上述年代不同的青铜器分布，表明了在西周王朝时期中国北方文化影响的南进——从长江下游延伸到了浙江流域。除了那些与中国北方相同的青铜器型（它们与北方的同类器型是如此相似，以至于使人们认为它们是北方的舶来品——该看法又被丹徒烟墩山遗址所出土的铭文簋所强化，其铭文为西周风格）

之外，还有未见于中国北方的其他器型和装饰图案，但它们被确认是铸于当地，其风格受到了当地传统文化的影响：

> 丹徒烟墩山那批铜器……一部分器物……和中原铜器的作风不很相同。例如那对兕觥，背上有小盖，盖上有立兽状钮；又如祔葬坑中出土的两件小铜鼎，鼎耳都作立兽状，这都是中原铜器所少见的。这两个小鼎的形制，如浅身和带弧形的扁足，与"湖熟文化"下层出土的一些陶鼎差不多完全一致。最特别的是那一对角状器，器上的纹饰为编织纹，与几何印纹软陶上的编织纹完全一样。另同出的几件马饰具上纹饰也有同样的编织纹。这部分铜器，可以相当肯定地说，是在本地铸造的，所以它们吸收了本地文化的某些特征而表现出来。[1]

发现于屯溪遗址的许多陶器，风格上与西周青铜器有联系，它们与该地区其他地点的几何印纹陶器难以区分，该地的文化背景不清，令人乏味[2]，其青铜器在纹饰、造型有时甚至是器类上（例如当地特有的一种乐器），有别于中国北方的青铜器。如果这些独有的特征，意味着其一些青铜器被制造于当地，那它们能够反映出当地负责制造、使用和埋葬这些青铜器的居民们所在社会的性质。

另一个颇具启发性的有关青铜器的事实——正如当今考古资料所显示的那样，即西周青铜器像是一座高度发达的孤岛而被落后的几何印纹陶土著文化汪洋大海般地包围着。在这些聚

---

[1]《考古学报》1959年第4期，第54页。
[2] 同上，第78页。

落中能显示出与西周接触的那些文化成分，诸如陶器造型、纹饰以及青铜器遗存，与遗址中所出土的占压倒多数的其他遗存相比，是罕见而次要的。后者由具有当地新石器文化传统的石、骨、蚌器以及体现着几何印纹陶文化风格的陶器构成。

这些情况表明，长江下游一些西周文明的产生，可能是由一个显贵阶层所带来的，其依据中国北方的模式而在此建立了一种工艺技术及社会发展形式。西周时，苏南地区被称作吴国，根据当地的传说，这里是两位西周王子——太伯和仲雍的葬身之地。据司马迁《史记》载，这两位王子逃到未开化的荆蛮之地，削发文身（入乡随俗），以示其不复返之决心……并自称为句吴。荆蛮人感其正直，有1000余家追随了他们。尽管该故事情节的可靠程度尚有争论，但这个故事所概括的主要内容，再加上考古资料，就共同确立了西周文明传入该地区的文化移入过程[1]。

这样的情况并不仅局限于长江下游和浙江流域，东周史书中记载了位于中国东南地区的许多文明王国，它们与周王室以及中国北方的其他国度，存在着交往、贸易甚至战争。其中，最著名的是江苏南部的吴国；闽、浙、粤一带的越国以及苏南的奄国。这些王国显然出现于西周时期，上文所描述的过程，可能很好地代表了其所出现的初始阶段。但在考古资料中，直到东周时期，中国南方这些早期王国之遗存才有了广泛的分布和重要的代表。

3 太湖地区

在太湖地区，继良渚文化之后，兴起了一个新的几何印纹陶文化，以上海马桥遗址第四层为代表[2]，也见于吴兴钱山漾

---

[1]《文物》1980年第8期，第35—40、84页。
[2]《考古学报》1978年第1期，第109—136页。

图 328　上海马桥出土的明显源于青铜器的陶器纹饰
　　（据《考古学报》1978 年第 1 期，第 126 页）

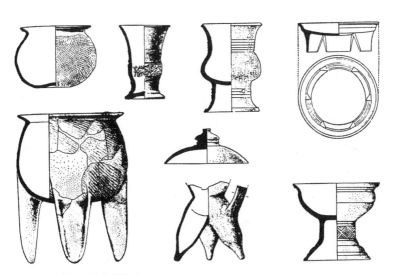

图 329　马桥出土的陶器器型
　　（据《考古学报》1978 年第 1 期，第 129—131 页）

第七章　"三代"以外的最早文明

和杭州水田畈遗址的上层，这两处遗址均在浙北，该文化遗存也被报道发现于江苏苏州[1]。

马桥遗址发掘于1960和1966年，文化层分为五层。第一层为近代地层；第二层的年代为从唐朝至五代时期；第三层为东周层；第四层具有马桥文化的特征；第五层为良渚文化层。第四层中，未见居址，不过发现了14个灰坑及10个浅坑。浅坑内有灰和烧土块，可能是火塘的遗迹。出土石器有石斧、石锄、石镰、石刀、石锛、石凿、石钻、石矛头、石镞和砺石。出土了一把铜凿和一把铜刀；铜刀经检测，含铜73.54%，硅酸盐2.29%以及其他少量杂质。

陶器以几何印纹陶为特点，其纹饰被分为三类：第一类为云雷纹和鱼鸟纹，这些纹饰明显来自于青铜器（图328）；第二类为编织纹，诸如篮纹、叶脉纹、方格纹；第三类为绳纹。陶系中，夹砂红陶占26%，泥质褐陶占41%，泥质灰陶占33%，陶器为轮制。在器型方面，有鼎、罐、豆、盉以及几种形式的尊，许多陶器与青铜的同类器型相似（图329）。

因为鼎在该文化中是首要的炊具，所以，马桥的陶器组合不同于湖熟文化，其陶器中有更多的器型和纹饰仿自青铜器。屯溪和长兴的西周青铜器与太湖地区关系密切，无论在器型还是纹饰上，其可能都是对马桥陶器产生了重大影响的青铜器原型。

五　长江中游盆地文明的兴起

在周代的多数时间内，长江中游盆地是楚文明的活动舞

---

[1]《南京大学史学论丛》第2辑，1979年出版，第172页。

台，楚文明是中国古代最强大、最出色、文化程度最高的文明之一，与它相关的"楚辞"，与《诗经》一道，被纳入了世界古代最伟大的文学作品之列。因此，楚文明起源及其早期历史是中国考古学研究的主要问题之一。

《诗经·鲁颂》中的"闷宫"篇中，将南方民族称为"荆"和"舒"。鄂北汉水下游的居民，被称为"舒"；"荆"本是一种植物的名称，也被称为"楚"，指生活于荆山一带的民族，该山被认为是位于现在湖北襄阳附近的南漳县。因此，在周代，"荆"和"楚"，被交替用来称呼汉水下游和长江中游的民族。"荆"这个名称的出现，似乎早于"楚"，不过后来被广泛使用的是"楚"[1]。传说中的楚国统治者的出现见于各种文献中，而建立于历史记载基础上的楚世系，仅能从西周文王时才得以确认。司马迁在《史记》中说，西周成王使当时的熊泽成为楚的统治者，封其为伯爵以统治楚人，以丹阳为都。关于丹阳的确切地望尚有争议。就该问题而言，共有四种假说，分别认为其位于现在地处长江边的安徽中部及东部的当涂，长江流域湖北西部的枝江或秭归，汉水上中游的位于陕东南的商县和豫西南的淅川一带。为此，大多数学者相信，丹阳位于汉水及长江中游的某个地方[2]，但当涂说是由权威的《汉书·地理志》所提出的，亦应被认真考虑。无论楚国最初的政治中心可能位于何处，到了东周开始时，在熊通伯爵的统治下，楚国已成为华中地区的主要强国。熊通在反抗周王室统治的道路上走得很远

---

[1] Oyanagi, Shigeta, *Tōhōgakuhō*, (Kyoto)I(1931), 196–228.
[2] 《中国古史的传说时代》，北京：科学出版社，1960年，第167—170页；《文物》1980年第10期，第72—73页；《楚史研究专集》，1983年，第39—64页；《江汉考古》1980年第2期，第13—21页；《江汉考古》1980第2期，第23—30页；《江汉考古》1980年第2期，第27—30页；《江汉考古》1980年第1期，第45—57页。

以至于自称为王。从此以后并贯穿于整个东周时代，楚不仅在华中地区，而且对中国北方而言，亦是主要的强国。在其最强盛之际，楚国的疆域，西起陕西东部，东到长江下游，北到河南腹地，南达鄂南和湘北的洞庭湖畔。楚国这个强国于公元前223年被秦国所灭，但楚民族和楚文化，一直将其自身特色保持到汉朝。

东周时代的楚文化遗存已被发现于华中的广阔地域内，包括豫东南和皖北的淮河流域以及湘鄂一带的云梦之泽。分布于如此宽广区域内的楚文化遗存，证实了历史上传说的东周伊始年间楚国的疆域拓展，该区域遗存所显示出的相对统一的文化风格也表明了这一点。

东周之前的楚遗存如何？在第四章、第五章中，我们查阅一下长江中游盆地新石器时代的考古资料，会发现一个很明确的考古学文化序列：大溪—屈家岭—青龙泉三期文化，其中的最后一个（青龙泉三期文化）与其他地区的龙山文化年代相当。楚史中的先东周部分，便是介于青龙泉三期文化和东周文化之间的部分，这是一片正在被逐步填补上的空白区，填补这片空白的是发现于湖北和湖南汉水及长江中游一带的一系列商代和西周时期的遗址。看来很清楚，导致该地区文明产生的原动力来自于北方；有商和西周青铜器或陶器器型及器物组合的一连串考古遗址，被发现于连接着长江中游盆地和河南的汉水沿岸（图330）。

发源于陕南的汉水，连接了河南和鄂东，在整个中国的历史上，汉水一直是一条沟通南北的交通要道。其汉口与华中湖沼盆地相通，该盆地地处长江中游，如今，中国的最大湖泊位于该盆

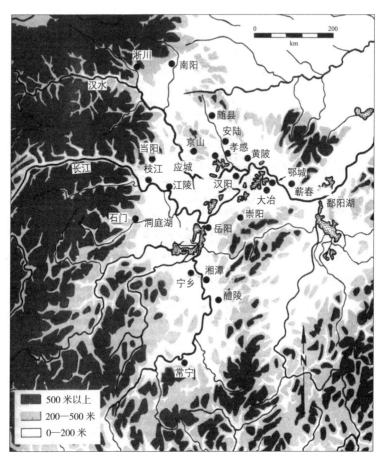

图 330　长江中游的商代和西周遗址

地，其中洞庭湖在西边，鄱阳湖在东边。在古代，这一带的大部分区域皆为云梦之泽。近年来，大量的遗址和遗存被发现于整个地区，从而将商文明向南的分布扩大到了始料未及的范围。

从豫西南汉水上游开始，商遗址被发现于南阳十里铺[1]和

---

[1]《考古》1959 年第 7 期，第 370 页。

淅川下王岗[1]。下王岗的商遗存，已经被学者们与二里头阶段的商代早期遗存相比较，这是豫西北和晋南地区之外的该类遗存中的最早者。沿汉水再向下，几处小遗址，在20世纪70年代晚期和80年代早期，被发现于安陆和孝感，在那里发现了具有商代郑州期风格及西周风格样式的陶器[2]。邻近这些遗址，在汉水和长江的交汇处附近是黄陂地区的重要遗址，特别是盘龙城遗址。该遗址有城墙、宫殿基址、土坑墓以及青铜礼器和武器[3]。盘龙城的青铜器实际上与豫中和豫北所出土的郑州期青铜器相同（图331），通常被认为是商文明闯入了这一带（长江中游盆地）的反映，而不只是施加影响[4]。继盘龙城之后，整个汉水流域商遗存，通过安阳期青铜礼器在随县、应城、黄陂和汉阳的发现而得以揭示[5]，不过这些发现的详情未见报道。黄陂也是重要的鲁台山西周墓地的所在地，1977—1978年，在该墓地发掘了五座随葬青铜礼器的土坑木椁墓；礼器上有铭文[6]。青铜器皿包括圆鼎、方鼎、甗、爵、觚、盂和簋，一般为西周早期风格，但与之相联系的陶器，包括有南方特点的几何印纹陶和原始瓷器[7]。

商和西周遗址已被报道于整个长江中游，从东面的蕲春到

---

[1]《文物》1972年第10期，第13—14页。
[2]《文物》1982年第7期，第8—10页。
[3]《考古通讯》1958年第1期，第56—58页；《考古通讯》1958年第9期，第72—73页；《考古》1964年第8期，第420—421页；《文物》1976年第1期，第49—55页；《文物》1976年第2期，第5—15、26—41页；Robert Bagley, *Artibus Asiae* 39(1977), 165-219.
[4] 宋焕文，《江汉考古》1983年第2期，第61—65页；高大伦，《江汉考古》1985年第1期，第82—89、98页；王劲，《江汉考古》1983年第4期，第47—51页。
[5]《中国考古学会第三次年会论文集》，第207—219页；《江汉考古》1984年第3期，第108—109页。
[6]《江汉考古》1982年第2期，第37—61页。
[7] 同上，第62—72页。

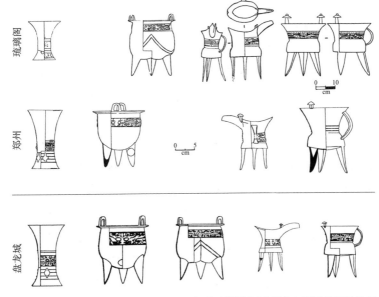

图 331　盘龙城出土的青铜器（下）与辉县（上）和郑州（中）所出土的相似器型之比较（据 K. C. Chang, *Shang Civilization*, 1980, 图 80）

西面的宜昌皆如此。我们从东面开始简要列举：1958 年于蕲春东北王家嘴所发掘出的一座木构村落遗址。该古代遗址被发现于一块约 3 万平方米的区域内，其木质构件遗存，成片地被发现于两个小池塘内及其周围。在西建筑群，发掘出了 109 根木柱（直径 20 厘米）和木墙遗存，有 3 个相邻的房间（每间面积为 8 米 × 5 米）被复原，它们明显是一处大型的连续的建筑结构中的三个相邻房间，还发现了楼梯遗存。在东建筑群，发现了 171 根木柱，不过，可复原的房间仅有 2 个。除了有龙山文化遗风的陶器和石器及陶制工具以外，还有商代及周初类型的青铜器足、青铜爵、木制容器、漆杯（上有体现青铜器风格的图案。图 332），卜骨和卜甲碎片以及稻壳遗存。该遗址的地域特征为黑陶、稻壳以及明显是干栏式的房屋建筑遗存。但其所出土的青铜器型、青铜与陶器纹饰以及卜骨,都很清晰地表明了属于中国北方体系特征[1]。沿长江逆流而上,商代晚期或西周早期的青铜器被发现于大冶[2]和鄂城[3]。在崇阳发现了一面铜鼓,其纹饰属郑州期晚段,而又具有南方特征[4]。

再逆流而上,则是一些重要遗址:江陵张家山遗址[5]和万城遗址[6]以及当阳磨盘山[7]和赵家湖遗址[8]。在张家山遗址,有着清晰可辨的商式风格(郑州期晚段)的陶器,被发现于青龙泉三期以及出土西周风格陶器的地层之间。这里还出土了一枚青铜时代早期类型的青铜镞。江陵和当阳的其他三处遗址,皆被定为西周时代。就楚的起源而言,赵家湖墓地无疑是最重要的。从1975—1979年,这里发掘了297座墓,其年代为从西周直至楚失去对此地的控制(大约公元前278年)。该墓地的晚期墓被公认为楚墓。这样一来,这里的西周遗存(早于楚)无疑与探讨楚文明所涉及的先东周史相关。

从湖北起,商和西周遗存,进一步向西、向南分布。在西面,从秭归到宜都,发现了若干大概属于商代的遗址[9]。我们循长江到川东。商代晚期和西周早期文明,似乎与四川的新石器文化已有过某种程度的接触,发现于四川最东端(与湖北的接合部)、长江沿岸的具有青铜时代风格的绳纹灰陶鬲和豆的

---

[1] 《考古》1962年第1期,第1—9页。
[2] 《文物资料丛刊》(5),1981年,第203—205页。
[3] 《考古》1982年第2期,第210页。
[4] 《文物》1978年第4期,第94页。
[5] 《江汉考古》1980年第2期,第77—86页。
[6] 《考古》1963年第4期,第224—225页。
[7] 《江汉考古》1984年第2期,第7—12、28页。
[8] 《中国考古学会第二次年会论文集》,1982年,第41—50页。
[9] 林春,《江汉考古》1984年第2期,第22、29—38页。

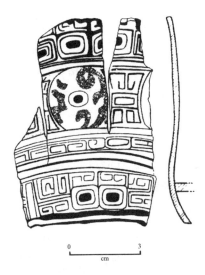

图 332　湖北蕲春西周遗址出土的漆杯碎片
（据《考古》1962 年第 1 期，第 7 页）

残片表明了这一点[1]。一些著者强调，诸如新繁县水观音之类的遗址，表明了商文化所达到的范围已远至岷江流域[2]。发现于彭县竹瓦街的青铜戈和饰有兽面纹的礼器，或许为这种说法提供了佐证[3]。

在南面，我们沿洞庭湖和湘江、资水、沅江和澧水而进入湖南省，近年来，大量的商代及西周早期青铜器出土于此地[4]。其中，已发表了发掘报告的遗址仅有岳阳费家河遗址[5]和石门皂市遗址[6]，这两处遗址都在湖南北部，不过，据报道，

---

[1]《考古》1959 年第 8 期，第 399—400 页。
[2]《考古》1959 年第 8 期，第 401 页。
[3]《文物》1961 年第 11 期，第 30 页。
[4]《中国考古学会第一次年会论文集》，第 195—203 页；《湖南考古集刊》(2)，1984 年，第 28、120—127 页。
[5]《考古》1985 年第 1 期，第 1—6 页。
[6]《考古》1962 年第 3 期，第 144—146 页。

年代异常晚的纹饰、有地方特色的商式青铜礼器,皆被发现于湘江流域,具体地点为宁乡[1]、湘潭[2]、醴陵[3]和常宁[4],其中,最后一处遗址,距粤北仅100余公里。当前通过全省的考古工作,已发现几十处商代及西周遗址,表明了当地曾存在着一支古代原住民文化,它是通过中原商周文化与湖南原住民文化的结合而产生的[5]。我们很简要地探讨过该整个区域,即古代云梦之泽一带,必定是楚文明的发祥地。该区域北至鄂北和豫西南的汉水流域,东到湖北的最东端,西至四川最东端,南到湖南的诸水系。商代和西周时期是楚文明的生长及发展时期,楚文明之发展过程,明显地包含有地域间的相互影响及促进。商和西周的文化影响,顺汉水而下,给长江流域的青龙泉三期文化施加了充分的影响,刺激了在东周时代达到顶峰的楚文明的发展。至于考古资料中所反映的楚文明最早开始形成的确切地点,近来学术界目光集中于江陵以西的沮漳河流域,诸如赵家湖等西周遗址以及似乎来自相反方向的新石器文化遗址,皆在该地交汇,形成了楚文明的最早中心[6]。大多数发掘资料尚未发表,大多数的探索仍在继续之中。尽管沮漳河地区符合假定的丹阳所在地之一,不过,此时便否定其他的可能性尚为时过早,关于楚文明的史前考古研究,还只是刚刚开始。

---

[1]《考古》1963年第12期,第646—648页;《文物》1960年第10期,第57—59页;《文物》1983年第10期,第72—74页。
[2]《湖南考古集刊》(1),1982年,第19—24页。
[3]《文物》1976年第7期,第49—50页。
[4] The Chinese Exhibition, Washington, D. C.: National Gallery of Art, 1974, No.92.
[5]《湖南考古集刊》(2),1984年,第121页。
[6]《文物》1980年第10期,第1—12页;《江汉考古》1980年第1期,第17—30页;《江汉考古》1982年第2期,第1—6页;《文物》1982年第4期,第49—52页。

结　语

综上所述，在中国文化相互作用的范围内，公元前2000年代是文明时代。已发表的考古资料表明，夏、商、周"三代"（皆为黄河中游龙山文化的后裔）首先迈入了文明的门槛，其周围地区——山东、蒙古东部、东北南部、甘肃、长江中下游亦在不同程度上效仿。不过，核心区与周边地区仍然存在着差异。"三代"是有文字的（其中关于夏朝的文字是被溯源推断出来的），但其周边地区却并非如此。尽管吴城发现了文字符号，但它过于简单化，亦未能被解读。"三代"遗存中常见城市、宫殿、王陵以及表现于青铜器和玉器上的宗教艺术，但是在周围地区，除了其青铜器上的宗教艺术是明显地效法中原地区的之外，上述所提及的各种现象皆不明显。到了大约公元前1000年代，文明的迹象随处可见，看起来它们是相互联系的，因为即使每个地区都独具特色，所有的地区也都出现了相同的主题及风格。公元前1000年代是本书内容的年代下限，这是一个便于使用的年代。

以公元前1000年代为本书的下限，迫使我们漏掉了中国历史上最激动人心的也是最富有创造性的1000年，或者说，在人类历史上亦确如此。从公元前1000年到耶稣降生（公元元年——译者注），在中国那几个自从大约公元前5000年以来就已经定型的文化区域内，其每个区域都进入了文化相当兴盛的时期。在技术工艺方面，中国人不久即掌握了冶金铸铁技术，并马上将其用于农业生产——首先被用来制造铁犁以及用铁工具兴修巨大的灌溉网。与这些明显相关的是，中国城市向政治和商贸中心的过渡。公元前500年左右，在这些城市中，"百家争鸣"进入了初始阶段。在该时期，出现了孔夫子、老子、庄子以及其他伟大的思想家。在艺术方面，我们很快就见到了"淮式"的多种变体，它们既复杂又充满生机，其通过中国考古学上的一些叹为观止的艺术品而得以再现。上述艺术品，诸如那些于20世纪20和30年代被发现于李峪村、新郑和金村的，以及那些于近年来被发现于平山、随县和江陵的。到公元前221年，所有这些成熟而瑰丽的地域文化传统，都被融入了秦文明之中——秦始皇控制下的中国历史上第一个统一的帝国。

上述这些内容之所以被漏掉，不只是因为仅东周考古就需要另一部长篇巨著才能囊括，而且，也是因为东周发展过程实质上是步古代中国在公元前2000年代的后尘。而整个中国文化相互作用范围内的文明发展模式在此前的几千年就已被确立，该发展史中的两个突出要素值得我们在这里探讨。因为，即使它们可能不是中国所特有的，但与其他地方相比，中国文化的框架亦肯定更全面、更清晰地说明了这两个要素。

我们所概括出的中国文明发展史上第一个重要因素是文化的相互作用范围及其每一组成地区的相互关系，这种关系是辩证的。其组成地区——甚至在它们未成为任何文化的"组成地区"之前，已从生态学的角度被界定，每一地区在被上溯到旧石器时代晚期时，都有其自身的发展史。目前的考古资料，表明了在黄河流域零散分布的早期文化——磁山、裴李岗、北首岭和大地湾，而在中国南方，则发现了出土绳纹陶器的孤立的洞穴遗址。在这些遗址中，存在着非常普遍的相似性，李家村类型从地域上将它们联系在一起。但是我们仍然对该阶段的情况所知甚少，以至于除其散乱的地域分布之外不能谈得更多。

然而，到公元前5000年，这几支地域文化的轮廓已经清晰：仰韶文化、大汶口文化、新乐文化、马家浜文化、河姆渡文化、大溪文化以及大坌坑文化。其各自的特点是，既明显又易于区分，但是在另一个1000年里（公元前4000年代），这些地域文化已开始扩张并相互作用到了足以使我们能够在延续发展的地域文化之上识别出一个大的相互作用范围。这些地域文化已经相互接触，相似的物质文化开始跨地域出现，仿佛它们已通过相连接的血管，流入了彼此的体内并相互融合。随着时间的推移，这种融合（相互作用及相互影响）得以强化，在龙山文化时期和文明的时代，其活动、现象、事件、文化特征，似乎都同时出现于相互作用范围内的各地区，而且变化频繁，渭水流域所流行的在太湖流域亦时兴。但地域差别仍被保持着，这与那种声称有大群移民存在的说法相悖。然而，跨地区的相似性，亦日益被表现出来。秦的统一，不仅凭武力，它实际上是一个已进行了约4000年的文化统一进程在政治上的继续推进。

整个区域内的各种事物为什么会相互作用呢？在政治等级被强化之后，特有资源的交换以及用珍稀物品作为权力的象征是颇为明显的，我们只能求助于老生常谈的人口统计学的解释（当人口增加、人们向周围扩张时）以说明早期未产生任何有诱惑力的动机。但历史上中国的诸水系相连接，形成了一个生机勃勃、与相互作用范围相一致的巨大网络，可以肯定地说，它至少是一个使相互作用得以实现或利于其实现的因素。中国的两大主要河流——黄河和长江，自西向东，横贯中国，彼此平行，其各自都系统化地连接着可通航的主要支流，这些支流从北向南流动。这些支流将长江、黄河两大水系联系到了一起，并将其与各自的周围地区相连。这两大河流，亦与淮河、珠江平行，各支流又将它们全都衔接起来，其中一些关键性的支流是汝河和颍河，其将黄河、洛河和淮河平原沟通起来，汉水将陕东、豫中与湖北联系起来；湘江和赣江把长江水系和珠江水系连接到了一起。中国考古学界尚未很注意水运工具的制造——无论新石器时代的还是青铜时代的船只，皆未见出土。不过史前时代的水上交通，必定是以河流为主，这是不言而喻的。其根据在于——考古遗址总是沿河岸分布，亦在于跨地区的联系，常清晰地沿河流的方向而被探寻出。有趣的是，华北的黄河流域与蒙古东部和东北的辽河流域，并未有江河交通相连。史前居民们的来往，不得不通过陆路经由山口来进行，其结果是辽河流域的红山文化和夏家店文化，比那些通过河流与中原相连的文化，在面貌上呈现出了更多的与众不同的特征。实际上，从东北到华北的交通，可能更多地通过沿海岸的路线。在龙山文化时期，辽东半岛和山东半岛，在文化上有着明显的相似性，其相互间的联系，只能通过航海船只来进行。

中国文明发展史上第二个突出的要素，是在这漫长的发展序列（不管是在每一具体区域内，还是在相互作用范围的总体上）之中，政治领域是文化的突出方面，以文明的出现而达到顶峰的阶级分化，最初可能是通过政治手段来实现的。通过这些，我们将已观察到的这种关于"三代"文明兴起的现象归纳为：石器时代的技术在青铜时代农业中的继续使用；亲属关系在调整人际关系方面持久的重要性，亲属关系连接着政治地位；在通向政治权位的路途上，萨满教和宗教艺术的重要性以及为兴修重大工程和创造财富所进行的强制性劳动。已进行的关于周边地区文明的考古调查，尚不足以使我们解决这些社会或其过渡过程中的细节问题。由于中原地区所做的更深入的考古工作以及文献的运用，所以这些细节问题，在中原地区是有办法解决的。但根据我们从这些周边地区所得到的实际资料，其文明发展的模式，与中原地区似乎无本质差别。金属（经常为青铜），也被用于制造小件工具、武器、宗教器皿和乐器，直到晚期才有迹象表明被用于农业生产上。与宗教器物（青铜、玉器、漆器之类）相联系的艺术主题，也以动物的形象为主。已被证实的最早的、最伟大的萨满文学作品是《楚辞》，其出现于楚国，颇有气势，并沿袭着萨满教的传统。所有这些资料趋向于表明，各种各样的地域文化的相互作用横贯于整个范围。这个结论的得出，不仅是根据相似的机械论原理，而且亦根据大的共同的文化传统背景。或许，我们把这些地区文化传统的总和称为中国传统（用贝内特所创造的术语），而不是中国文化的相互作用范围，我们能更好地把握这种情形的人文主义精神。不过，或许我们应该更加谨慎从事，并应该制止——无论是最终的结论还是过大的概括。

中国考古学最震撼人心、最有挑战性的特征（尤其是在先秦时代），是其所具有的极大的无法估量的潜力。过去，我们常常认为，由于中国有着汗牛充栋的文献资料，很久以前它即向我们展示了其4000年的历史，所以当新的考古资料出土时，考古资料所展示的文明史及史前史，应主要被用于补写或重申历史。当新遗址被发掘、新的器物出土时，便马上被用于复原中国史前史，这种复原是依据几百年乃至数千年来已在人们心目中所定型的历史格局来进行的。在经历了半个多世纪新资料的积累以后，直到20世纪70年代，我们才逐渐意识到，运用科学手段发掘地下文物，仅有几十年，那些文物的历史价值范围极大，我们所做过的研究只是隔靴搔痒。已发现的东西是如此新颖，以致我们不能再从中国传统历史的范围内构想中国史前史——迄今在该范围内，中国史前史被证明是一个完全未知的领域。我们处于中国考古学的黄金时代，因为，我们有机会目睹一个全新的知识主体，它与占人类 1/4 人口的国度的史前史相关联。就中国考古学而言，我们正处于一个新时代的门槛上，该时代的范围，目前只是隐约可见。不过，有一件事是肯定的——在目前或将来发表的考古资料的基础上，新的中国史前史和文明史，将有助于未来学者重书世界古代史，对历史真谛进行再思考。这是因为，当史前史和考古成果被置于基本形式之中时，它们便成为世界上所出现的最为壮观、一脉相承的文明的最完整的记录。

本书只使该知识主体初露端倪，它被构建于一个框架中，该框架可以容纳另一个短暂时期内的新发现。由于如今或将出土于不久以后的新考古资料（被明智而充分地收集起来）会是异乎寻常地重要，确切的理论已被尽可能地自觉地回避。另一方面，搜集资料的考古学家必须开始认真、仔细地思考资料被分析、被描述的方式，而这又是为了进行对比以及探究其相互关系。关于细节和特征分类的考古学文献是如此繁多，以致对遗址进行对比都变得极端困难，更不用说进行区域对比了。那些熟知类型学在日本史前史研究中复杂性和艰巨性的学者一想到中国的这一情况便会吓得战栗不已，因为在中国史前史研究中，运用类型学的难度数倍于日本。若得不到纠正，中国考古学可能不久将会因负荷过重而难以承受，中国的考古学家们认识到了这一点，人们都希望他们很快会为此做出努力，否则，像本书之类的著作将无法完成。

跋

由于考古学近35年的集中研究以及丰富的历史文献资料，目前，关于中国文明起源的研究仅仅才将其整个发展过程勾勒出一个恰如其分的轮廓。该过程不仅令汉学家感兴趣，而且对于我们理解世界古代史及其发展根源亦颇为重要。

就在50年前，研究古代中国及古代欧亚大陆的学者们尚在中国文化西来说的圈子内思考中国文明的出现，在随后的几十年里，大量的讨论及争论集中于中国文明是否是土生土长的问题上。当今我们所关心的早已超出了这些，目前，我们的兴趣在于探索中国文明的产生、发展的原动力及其独特的存在形式，亦在于将它们与其他的古代文明相比较，以形成和检验关于历史演变的普遍性理论。

如今，令我们激动不已的是这样的事实：当我们把中国文明的存在形式及原动力与许多我们所长期珍视的与文明起源相关的"不言而喻"的真理相比，我们发现它们并不相称。这里蕴含着挑战。

我以对中国最早文明之特征的简要概括作为篇首来解释从公元前2200—前500年的青铜时代。在开篇证实一下早期文明的共同标志是颇为重要的，这些标志是青铜冶炼、文字、城市、国家统治集团、宫殿建筑、神庙和不朽的艺术，社会等级制度的构成使这些标志得以产生，这种等级制度的构成是为法律所认可并以国家强制力为后盾的，当中国青铜时代进入全盛期之时，这些标志大量涌现。在这方面，中国文明与世界古代史上的其他文明是一致的，应该值得注意的是中国古代文明与萨满教的密切关系，这种关系使得这些相同的标志被赋予了特殊的意义。

在《艺术、神话与宗教仪式：通向中国古代政权的道路》[1]一书中，我提出了一个关于中国古代社会运行机制的假设以解释其在文明中的表现形式。该假设可以被概括为非常简短的公式：文明所赖以产生的基础——财富，其本身是政权集中的产物，而政权的掌握又是通过财富的积累才得以实现的。中国古代社会这种循环机制的关键是高度发达的萨满教的垄断权，它能使统治者与上天的、祖先的智慧进行至关重要的沟通，统治者们以此为其政权的基础。事实上，古代文明的绝大多数标志与这种萨满教直接相关。

人和神、生物和非生物、家族成员中的生者和死者——所有这些存在于中国古代社会的事物皆处于同一宇宙中，不过古代中国人将宇宙划分出层次，并再细分下去。最重要的划分是天上和人间，可以说，中国古代特别注重于天、人之间的沟通。萨满——在动物及一整套器具的帮助下，是具备了沟通宇宙间不同层次能力的巫师，主要负责天上和人间的沟通。萨满及其代表从天堂将音乐和诗歌带到了人间，但他们亦带来了智慧和预言，这些使统治者被赋予了发言权、支配权和统辖权。

为了进行沟通，萨满们依赖于一系列东西的帮助（大概是符咒之类）。萨满们通过神山上传天意，并将天意下达人间。

---

[1] K. C. Chang, *Art, Myth, and Ritual*, Cambridge, Harvard University Press, 1983.

图333 上海博物馆所收藏的一件东周时期青铜杯上所刻的祭仪场面。值得注意的是左边的鸟和树
（据《文物》1961年第10期，第29页）

被用于同一目的的还有神树。在艺术品中，神树上经常栖息着鸟类（图333）。占卜是借助于动物骨骼、蚌壳或欧蓍草棍来进行的。文字明显地与占卜相关联：用卜骨占卜的过程以卜辞的形式被记录下来（图334），古老的《易经》大概就是由记录用作占卜的欧蓍草棍的计算体系的手册演变来的。

古代萨满们的主要助手是动物，动物形象被装饰于青铜及其他质料的武器和宗教礼仪器皿之上（图335、336）。实际的天、人沟通发生于使用这些器皿的宗教仪式上，在这些场合上亦展示了其他的用于沟通的器皿：食器、酒器、音乐、舞蹈、服装及其附属物，或许尚带有点性挑逗的意味。无疑，萨满们有时要借助于含酒精的饮料使其进入痴迷的境界。

在上述萨满教的器具里包括有古代文明的许多标志。因这些东西带来了权力，对它们的占有导致了政治权力的产生。萨满们服务于政权：众所周知，国王本身就拥有萨满教的权力。当上天的通途为上述权力的拥有者所垄断时，古代的艺术和礼仪活动就成了政治魔力之源，艺术和礼仪活动的结果是提出了社会等级制度的构成并以此对政权予以支持。在该过程中，工艺技术并未发挥关键性的作用。实际上，青铜时代的食品生产技术仍与史前时代相同。青铜时代工艺技术上的唯一突破——青铜冶炼及青铜制品以礼仪器皿和武器的形式被用于政治领域。

跋

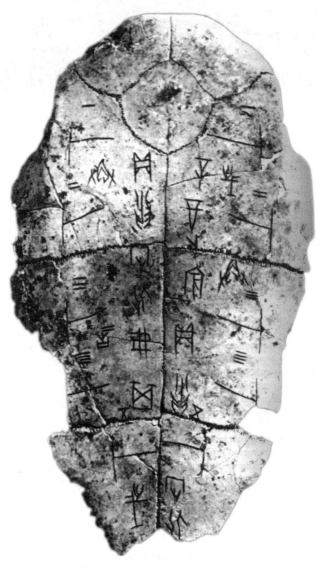

图 334　商朝的刻辞卜甲

（据 *China: A History in Art*, 1973）

图335 商代青铜器艺术中的人与动物形象。上：藏于日本京都的酒器，图片承蒙泉屋博物馆惠准使用；下：河南安阳妇好墓出土的一把青铜斧上的装饰（本照片承蒙北京中国社会科学院考古研究所惠准使用）

图336　正如这里所表现的，玉琮（1982年出土于江苏常州寺墩良渚文化遗址）是中国古代宇宙论和礼制的真实缩影，这个小器物代表了天地沟通的活动。圆的部分是苍穹，方的部分是大地。通过中间的圆孔由一根轴将它们系在一起（玉琮中的这根轴可能实质上象征神山），被萨满用作动物助手（采自《文物》1984年第2期，第3页）

中国古代文明之崛起与一个有特色的沟通方式相联系——而不是生产方式，它在基本方式上与我们关于文明崛起的传统观点不同。传统观点认为，我们常将文化上、社会上的质变与文明联系在一起，诸如金属工具和灌溉设施等技术创新、商贾和手工业者云集的城市、用于记录复杂的经济交往的文字、政治体系日益更多地建立于地域关系的基础上而较少地建立于亲属关系之上。这些特征糅合在一起，表明了人类历史上的一个新阶段，与我们那些生活于自然状态中的野蛮祖先相比，在该阶段出现的人类文明使人类进入了更高的水平。伦弗鲁说：

我们能够把文明的发展过程看做人类在一个更广阔而复杂的环境中逐步创造的产物,不仅是通过在自然领域内对生态资源更大规模地开发,而且亦是发生于社会及意识形态领域。尽管由于语言和多种多样的人工制品在文化中的使用,对生活于野蛮时代的猎人而言,其生活环境已被扩大,但在许多方面其生活环境与其他动物的环境却没有太大的差异,文明时代的人类完全生活于他们自己创造的环境中。从这种意义上说,文明意味着人类为自身创造环境,由此将自身与单纯的自然环境相隔离。[1]

关于最早文明社会的概念与中国古代的状况不符,中国古代社会是一个层次分明而又相互联系的统一体,有特权的人以及被赋予了特权的动物从其中的一个层次漫游到另一个层次(例如:天上、人间——译者注)。这种漫游是通过一些工具得以实施的,中国文明的外部特征就集中于那些工具上。在许多方面——其间包括自然和动物的沟通以及人类社会亲属关系的绵延,中国最初的文明社会延续了其野蛮时代祖先的许多本质特征。政治(而不是技术和贸易)是导致中国文明的主要社会变革的首要驱动力。

已确立的与中国相对应的文明模式究竟缺乏到何种程度呢?要解决这一问题,没有比人类学家更适合的了。人类学家能了解文化间的异同,他们能深入地研究文明的各种变体。由于中国所提供的明确而有力的实例,汉学的突出贡献是迫使我们提出关键性的问题再查验证据,当我们这样做的时候,中国的情况远不是独一无二的——更确切地说,其模式在其他许多古代文明中亦重复出现,例如,下面是关于阿兹台克人的描

---

[1] Colin Renfrew, *The Emergence of Civilization*, London:Methuen, 1972, p.11.

述，我们将它与上面所引用的伦弗鲁的描述相对比：

> 墨西哥人将他们的城市（特诺奇蒂特兰）与其环境之间的关系看做完整的宇宙观结构——一个有秩序的宇宙，其中自然现象的确被认为是颇为神圣、充满活力并与人类的活动密切相关的……西班牙的托钵僧和战士们自觉地将他们自己置于人类这一高于世界上其他任何形式的生命之上的更高层次上，但印度人怀有一种参与感而接近自然现象：宇宙被看做生命之间关系的反映，生命的每一方面都是互相贯穿的宇宙系统的一部分。[1]

阿兹台克人与西班牙人之间的对比，反映了中国与先前所提到的文明模式之间的对比。实际上，中国古代文明的大多数（如果不是全部）实质性特征亦相似于古代墨西哥人的特征。在公元前1000年代，典型的玛雅文明时期，我们未发现重大技术突破的结果，而是发现了另一个高度分化的社会，其中政治和宗教发挥着关键性的转变作用。我们见到了一个层次分明的宇宙，其中有栖息着鸟儿的宇宙树和联系着上、中、下三界的祭司（图337）。我们发现了文字的使用，其基本上被用于政治和宗教上。我们发现了与政治缠结在一起的亲属关系、祖先崇拜以及一种沟通上、中、下三界的艺术，其中动物发挥着信使的作用。

我们如何解释古代中国和古代中美洲之间的许多相似性呢？该相似性既有根本性的，又有细节上的。可将此现象归因于文化传播或跨太平洋的接触。不过诸如此类的接触若仅

---

[1] Richard F., Townsend, *State and Cosmos in the Art of Tenochtitlan*, Washington, D.C.:Dumbarton Oaks , 1979, p.9.

图337 左：玛雅文化中的雕刻；右：汉朝马王堆墓葬中出土的帛画
（玛雅雕刻图案选自 *The Sculpture of Palenque*, vol.1, Princeton: Princeton University Press，1983；马王堆帛画选自《考古》1973年第1期，第44页）

是偶尔的或断断续续的，则不能解释其社会发展方式上的广泛的相似性。此外，中美洲文明的发展方式根本就不是独一无二的，其文化要素见于整个欧洲。彼得·福斯特已谈过美洲及欧洲部分地区文明的萨满教基础问题。约瑟夫·坎普贝尔在其新著《动物强人之路》[1]中已收集了足够的证据以提供一个全景画面来展示印第安人的祖先是如何在最近一次冰期

---

[1] J.Campbell, *Historical Atlas of World Mythology*, London:Alfred van der Marck Editions, vol.1, 1983.

中越过白令海峡的。这些人带来了一整套萨满教的宇宙观以及植根于欧洲旧石器时代晚期基础上的宗教仪式。因此，无论中国古代文明模式，还是中美洲古代文明模式皆来自一个共同的源远流长的文化遗产。他们指出了一种长达数千年的文化统一性，古代文明国度皆经历了发展的过程才最终形成，这种过渡并非在技术领域，而在政治领域，其时间和地点亦各不相同。

从宽广的文化统一性（我将其称为玛雅—中国一致性）的范畴出发，欧洲文明及其东方的先行者取得了重大突破。其间的原因仅有我的研究近东的同人方可推测，公元前4000年代后期，两河流域（美索不达米亚平原）的古代居民经历了一个向文明过渡的过程，其也以建立文明的国家而告终，所经历的一系列全新的变化包括：制造金属工具以及修建灌溉渠道技术；大规模的资源贸易；由于订立经济契约的需要而产生的楔形文字；人际关系最初是以氏族和血缘关系来调节，而后来，则更多地建立于地域关系的基础上；最后，一种强调神的独立存在的宇宙观，它赋予神灵们以创造力，并创建了独立于国家的颇有势力的神庙。既然这些变化被搬入了西方文明并得以进一步发展，既然现代社会理论家从西方历史经历中搬出了它们，这些因素便被奉为圭臬，成为文明模式的一般要素。

就玛雅—中国文明统一体和近东文明的突破而言，我将依靠这些领域中的同人们以证实或修改我的观点，但关于文明起源的新范例的单一可能性，对于社会学家有着重要的含义。若这些观点是正确的，如今仍在发展中国家进行的现代化，可被看做一种为宇宙观和技术上的重新组合而做出的努力。这种努力发生于世界上那些与西方文明分手了9000余年之后而今正在追赶西方文明的地方。特别是对于人类学家而言，我们许多因袭的关于文明模式及动力的智慧实际上建立于一种单一文明的独特经历的基础上，尽管这种文明是伟大的，但它亦只能意味着一件事：任何统一的关于社会发展的理论，一定从玛雅—中国文明统一体以及西方历史中得出。

在这简短的后记中，我并非着力去强调对中国进行研究的重要性，其重要性早已被知晓。近来关于中国古代的研究再次提醒我们，作为人类学家，在我们试图系统地论述普遍性理论之前，我们完全有必要去研究我们文化的各种变体，亦有必要既研究过去的，又研究现代的，以便于更好地了解它们。一种完整的人类学——例如包容了旧石器时代猎人的宇宙观、宗教仪式和所有的古代文明以及现代的萨满教的人类学，仍然是研究我们人类自身的最好工具。

译 后 记

本书是美国科学院院士、哈佛大学人类学系教授张光直先生的英文名著——The Archaeology of Ancient China 一书的最新版（第四版）的中文译本，该书是海外学术界关于中国考古学研究的一部代表作。

这部译著的出版，得到了陈星灿先生的热心指导及辽宁教育出版社有关人士的鼎力相助，陈星灿先生还审阅了译稿内容，在这里一并表示深深的谢意！另外，我的爱妻邱晓红女士帮助誊录了手稿，借此机会，我仅以个人的名义向她致意。由于译者水平有限，再加之时间仓促，翻译过程中的不足之处恳望学术界同人指正。

译　者
2000 年 8 月于北京

中文版跋

陈星灿

如果说有哪一部关于中国考古学的书在世界范围内产生了持续而深远影响的话，也许知情的学者都会举这部《古代中国考古学》。这部著作，原是张光直先生在哈佛大学人类学系完成的博士学位论文。1963年正式由耶鲁大学出版社出版，此后在1968、1977年分别修订出版了第二和第三版。后者并很快由日本考古学家量博满先生译为日文出版（东京：雄山阁，1980年）。1987年，本书的第四版又由耶鲁大学出版社推出，但正像作者在本书卷首所说，这是一本全新的中国古代考古学著作，虽沿用旧名，但内容和解释都截然和前三版迥异，是真正的所谓"旧瓶装新酒"。

此书自1963年出版以来，不仅好评如潮，而且几乎成了所有非中文世界学习和研究中国古代考古学、上古史的教科书和参考书。它的引用率之高，恐怕罕有其匹。但是由于语言和中国大陆与外部世界的隔离等原因，它在国内的影响……尤其是本书的前三版……反而非常之小。本书第四版面世后，很快在国内有所反应。1988年我读到此书，并很快写了书评；长期从事商周考古的杨锡璋先生也著文予以介绍（两文均见《考古》1990年第11期）。在此之前，张光直先生曾经自己翻译其中的第五章，名为《中国相互作用圈与文明的形成》在国内发表(见《庆祝苏秉琦考古五十五周年论文集》,北京:文物出版社,1989年)。但90年代之前,国内一般读者只能从这些零星介绍和单独抽出的篇章中,体会原著的内容,难以窥见全豹。

　　1994年,本书译者印群先生选择该书第三版的商周部分翻译出版,经张先生同意,名为《中国古代文明之起源与发展——当代美国著名学者谈中华文明史》。全书仅15万字,由山东大学教授刘敦愿先生作序,在辽宁大学出版社印行。稍后,印群又选取本书第四版,翻译了新石器时代及其以后的部分,仍以同名经由辽宁大学出版社出版(增订本,1997年)。增订版为了吸引读者,改换了章节的名字和次序,把本书最精彩的第五章放在前面,又把新石器时代早期发展的部分,作为附录放在全书的最后。南开大学教授王玉哲先生为本书作序。本书原著第四版除对中国考古学发展的背景特别是它同历史学的关系有一个独到的概述外,还比较详细地介绍了中国的自然地理背景以及农业发生之前的漫长的旧石器时代文化。这是中国文化产生的舞台和背景,也是新版中张光直先生着力最多的部分之一。但是由于中文版书名的限制,这些部分全部省略了。因此,1997年出版的增订本,虽然篇幅扩大至30万字,但仍是一个不完全的节本。另外,两种中文版的印数很少,即使在考古界也没有多少影响。这次请印群先生重新翻译原著第四版,据我所知,这是中文的第一个全译本,也是迄今为止了解中国古代考古学最为精彩的一本书。

　　本书自1963年出版以来,几乎每隔6年就要修订再版一次,这一方面说明它拥有广大的读者,另一方面也显示中国考古学的发展日新月异。自90年代初期开始,张光直先生就收集资料准备本书第五版的修订工作。他把每一项重要的发现和与此相关的重要论文,都复印出来,分别门类,以备修订之用。但是,由于健康方面的原因,第五版迄今未完成。这对在病中的先生说来,肯定是一件不小的遗憾。但是就我所知,自本书第四版发行以来,虽然时间过去了14年,中国考古学在80年代中期以来又有许多新的重大发现,但是本书的框架结构和它对中国古代文化所做的解释,依然没有过时。作者在卷首所作本书在未来十年内其框架不会失效的预言,不仅体现了作者的自信和学术洞察力,大概也是先生没有急于动笔的一个原因。

80年代中期以来的中国古代考古学(夏商及其以前),其重大发现主要体现在长江流域及其以南地区、长城地带及其以北地区,这些重要的发现改变了传统上对中国历史一元的看法,尤其值得关注。关于这些新的发现,读者可以参看1999年出版的《新中国考古五十年》(北京:文物出版社),此不赘述。关于先生对这些发现以及这些发现所带来的对中国古代文化和历史的反思,同时也是对先生本人一生学术研究的反思,体现在近年来他的一系列文章和采访录中。这些文章不少已经收在他的文集《中国考古学论文集》、《考古人类学随笔》(北京:生活·读书·新知 三联书店,1999年)中。文集没来得及收集的两篇重要文章,一是《历史时代前夜的中国》(China on the eve of the historical period),收在新出的《剑桥中国上古史》(1999年)里,是全书的第一章。它基本上可看做《古代中国考古学》第四版的缩影,但补上了80年代中期以来的重要考古发现。另外一篇,名为《20世纪后半的中国考古学》(《古今论衡》创刊号,1998年),通过对《古代中国考古学》(张先生自谓此书为《中国古代考古》)一书前后几版的分析,解剖考古学新发现对中国传统史学的冲击和中国古代文明多元认识的形成。

最近十多年来,张光直先生一直在同病魔作斗争。在此期间,除承担繁重的教学和行政工作之外,又撰写了大量的论著。其用力之勤,用心之专,意志之坚强,都使我们后学感动。1994年9月至1995年10月在台北工作期间,有案可查的讲演记录就有六次(《田野考古》第六卷,1999年),内容涉及中国考古学的许多方面。1994—1997年他又数度坐轮椅来到北京,并曾奔赴他念念不忘的商丘考古工地。据说他在台北做脑细胞移植的手术期间,还完成了早年生活学习的自传《番薯人的故事》。要知道所有这一切的取得都是在常人所不能想象的痛苦和折磨中完成的。先生的身躯虽小,然骨头是最硬的。在他的身上,我真正体会了人之所以为人的伟大。

当我在北京的电脑上敲击这篇文字的时候,正是美国剑桥的午夜。睡梦中的张光直先生大概能够听到这悦耳的乒乓作响的击键声吧!我愿这悦耳的声音是一种祝福,祝福先生早日恢复健康,飞到北京来,我们再去考古所附近的胡同里吃饭、聊天。

2000年9月9日中午于郎家园